数字资产研究院
数字经济和科技丛书

U0644994

数字货币

从石板经济到数字经济的传承与创新

龙白滔 著

人民东方出版传媒
东方出版社

目 录

数字经济和科技丛书总序：

记录和认知数字经济时代

　　人类文明有多久，其经济活动就有多久。后来有了科学技术，不过是相对于经济活动的一条平行线。直到工业革命，经济活动和科学技术的两条平行线有了前所未有的交集。不过，这样的交集，并非常态。在大部分场景之下，经济活动和科学技术之间还处于若即若离的状态。

　　第二次世界大战之后，科学技术和经济活动的关系开始发生根本性改变。经济活动和科学技术之间的平行线不仅相互逼近，而且频繁相交。所以，在20世纪50年代之后，人们曾经将某种科学技术与所处的历史阶段联系在一起，有过"原子能时代""计算机时代""纳米时代"的提法。熊彼特是一位比较系统地探讨经济活动和科学技术之间的经济学家，他所提出的"创新"理论，揭示了经济活动和科学技术趋于融合的趋势。遗憾的是，熊彼特已经去世整整70年，其思想仅仅被不断阐述，却没有得以发展。托夫勒所代表的"未来学者"，虽然敏锐地观察到科学技术对经济生活日益剧烈的影响和改变，但是没有构成理论，其影响力是短暂的。

　　在过去的30余年间，因为IT革命成功，互联网和移动互联网成了全球经济的新基础结构，人类经济生态发生前所未有的改变。几乎同时，大数据、云计算扑面而来，人工智能再次登堂入室。2008年，比特币横空出世，数字货币在10余年时间内形成气候。到了21世纪第二个10年的中后期，不论是经济学家，还是银行家、科学家、企业家，达成"共识"，将所有这些经济和科技相互影响所形成的新经济，称之为"数字经济"。而且，"数字经济"概念替代了"信息经济""知识经济"。

为什么"数字经济"得以成为广泛"共识"？因为人类经济活动最终都可以被"数字化"，或者基于"数字化"展开。当乔布斯完成音乐"数字化"并得以传播，意味着没有不可以"数字化"的产品和产业，"数字化"迅速覆盖了艺术、文化、教育领域，并且呈现出主导观念和信息经济、实体经济、货币和资本经济的态势。

在"数字经济"的背后，是"数字技术"，是"硬"技术和"软"科学技术体系。所谓的"摩尔定律"就是解释支撑"数字技术"的芯片演进的规律。而"软"技术主要体现为各类代码软件的不断开发，"code is everything"。现在，量子计算和量子计算机正在加速发展，很可能将全方位地改变现阶段的"数字经济"。2020 年，霍尼韦尔宣布在近期推出世界上最强大的量子计算机，其技术和非技术意义都不可低估。因为推动"数字化"的是"算法"技术和"算法"工程。

2020 年，数字资产研究院开始组织撰写和出版数字经济和科技丛书，根本目的是与作者和读者一起，观察、记录和认知数字时代的经济、技术、思想、财富模式、人与人的关系，以及社会结构全方位改变的历史进程。这样的历史过程必定是波澜跌宕的、激动人心的。希望通过这套丛书，以数字经济和科技为主线，形成适应新的社会经济系统的思想和理论。

数字资产研究院

2020 年 3 月 5 日

朱嘉明序：

认知未来货币需要新的思想资源

我们已经进入 21 世纪的第三个十年。没有人可以真正预期在第三个十年会有怎样的事件影响和改变世界的经济、政治、社会和生态体系。但是，人们可以肯定的是，人类的经济活动还要继续，货币在未来十年没有可能消失，只是货币在未来十年会有重大改变，所有的端倪在 21 世纪的第二个十年，特别是最近的两三年已经全面显现。龙白滔的这本《数字货币：从石板经济到数字经济的传承与创新》的价值与意义正在于此。龙白滔在自序中提出："普罗大众已经了解到，货币是这个世界最强大的力量，超越了任何经济、军事和政治力量。"现在到了将货币置于一个历史大视野下考察，寻找数字货币与传统货币的全方位差别，展现人类货币演变的趋势的历史时刻。但是，现存货币理论不足以完成这样的历史使命。因此，需要引进新的思想资源，用以启发、诠释和认知货币的演变、现状与趋势。也唯有引进新的思想资源，方有利于理解龙白滔这本书"数字货币"的主线。

1. 生物学的遗传与变异理论。人类数千年的货币历史证明，货币具有难以想象的顽强生命力，从起源开始，其发育和演化过程从未间断。如果承认货币历史是一个延续的过程，承认货币存在内在的"遗传"机制，那么，不得不提出这样的问题：货币是否存在与生俱来的"基因"？如果存在，这个"基因"又是什么？龙白滔赞同货币起源于 3000 年前青铜时代两河流域的"石板经济"，宫殿和寺庙是经济主体，创造货币作为偿还债务的手段。如今，债务货币支撑着世界主要国家所通行的法币（Fiat Money）系统，货币就是欠条（Money is just an IOU）。是否可以说，"IOU"即货币的基因所在？还有一个人们熟知的关于货币起源的实证：即太平洋"雅浦岛"居民曾经使用的"石币"，当地人称之为"费"（Fei）。这个岛有着漫长历史，在受到现代化入侵之前，该岛居民以拥有石头的数量和大小代表财富多寡。有这样一个故事，一户人家曾经拥有一个巨大的"石币"，在运回雅浦岛途中石沉大海。尽管如此，其他居民仍然承认这户人家事实上拥有那块石币所代表的财富。说这个案例揭示了货币的"基因"本质，即人们常说的"价值"，绝不为过。这样的"价值"可以体现在交易过程中，也可以存在于人们的心理之中。基因是地球现存生命体遗传的基本单元。在生物世界，"遗传"并非是绝对的，基因非常可能发生结构性改变，导致遗传发生变异。因为遗传，可以保持物种的相对稳定性；因为变异，可能导致物种的进化和新物种的产生。这套理论，实在可以在货币历史中得以验证。从货币起源看，货币与生俱来的"IOU"和"价值"不可分割，很可能就是货币的基因所在，进而形成独特的DNA，使得货币具有强烈的"复制"特征，支持了货币稳定性的一面。龙白滔在本书中，注重以"贷款创造货币"理论分析商业银行和现代央行的运作机制，并且运用到数字货币领域的各种金融现象，确实触及了货币演变的深层机理。

2.量子特征的启示。在"量子力学"文献中，似乎没人反对"量子"具有"叠加""测量""纠缠"三个特征，而这三个特征完全违反人们认识宏观世界的常识。或者说，在经典力学里，找不到类似的现象。所谓"量子叠加"是指一个量子系统可以处于不同的量子态。"薛定谔猫"，即一只猫可以同时处于活和死的情况，就是卡通化的"量子叠加"。所谓"量子测量"是指量子会因为被测量而改变其存在状态。也就是说，在量子世界，任何外在的测量和观测，都会引发量子的不确定性。所谓的"量子纠缠"是指在量子系统内，虽然在两个粒子之间并不存在任何作用力和连接，但是，依然发生对其中一个粒子的量子态做任何改变，另一个会立刻感受到，并做相应改变的情况。也就是说，当各个粒子所具备的特征已经被综合为整体，就再也无法单独描述各个粒子特性。在人类所有的经济活动中，货币最接近"量子"的"叠加""测量""纠缠"特征：货币从来以不同形态同时存在，历史上，诸如黄金、白银和铜都可以同时作为货币存在；现在，数字货币和非数字货币同时存在，由此形成超过"量子叠加"的"货币叠加"现象。货币也可以因为不同的"测量"标准而改变。例如，黄金和白银因为实施"金本位"或者"银本位"的测量尺度而发生改变。还例如，利息也是货币的"测量"标准，利息的改变绝对影响货币本身的价值结构。货币具有强烈的纠缠本性，汇率就是最为典型的货币纠缠现象，任何一种货币价值的波动，至少影响其他一种以上货币的价值。在当今世界，将世界主要货币从世界货币体系中切割出来几乎没有可能性。

3. 突变理论。理解"突变理论"，有两个切入点。其一，以法国数学家勒内·托姆（René Thom, 1923—2002 年）于 1972 年发表的《结构稳定性和形态发生学》作为"突变理论"框架，该理论认为自然界或人类社会中任何一种运动状态，都存在稳定态和非稳定态之分，"突变"是指从一种稳定组态跃迁到另一种稳定组态的过程。或者这样定义，非线性系统从某一个稳定态（平衡态）到另一个稳定态的转化，是以"突变"形式发生的。一旦"突变"发生，具有不可逆性，一种新的稳定性可以替代原本的稳定性。其二，以生物学的"基因突变"理论为框架，"突变"属于"变异"的一种极端状态。"基因突变"具有普遍性、随机性、低频性、有害性和不定向性等特征。1944 年，薛定谔在《生命是什么？》一书中提出：生命及遗传的稳定性与辐射下的变异（突变）的不连续性（jump-like mutations），说明了生命受制于量子规律。以上两类"突变理论"的共同点是：自然界和人类社会系统演变从来是非线性的，都可能因为内在的和外部的原因导致突变。如果用"突变理论"解读货币演变历史，会发现太多的"突变"现象。布雷顿森林会议的建立和瓦解都属于全球货币制度的"突变"。在过去十年间，以比特币作为先导的数字货币群的形成则是一种更大的"突变"，这种"突变"不仅反映了来自外部的科技不断强化的影响力，也说明了货币本身具有非线性的演变机制。至于央行数字货币将怎样导致传统货币的"异化"，甚至刺激目前数字货币体系的"突变"，还有待观察。

4. 混沌理论。爱德华·诺顿·洛伦兹（Edward Norton Lorenz, 1917—

2008 年）被公认为这个理论的创立者，创立时间是 1963 年。但是，虽然混沌理论已经传播多年，仍然不存在被科学家普遍接受的"混沌理论"的定义，不同领域的科学家往往对其有不同的理解。但是，对于这一认知，几乎没有争议："混沌理论"是在数学和物理学领域，以研究非线性系统为对象的理论体系，它最大的贡献是用简单的模型来推出明确的非周期性结果。存在于自然界和社会中的不确定性、不可重复、随机的不规则运动，以及不可预测等"无序"现象，或者"混沌效应"，已经纳入"混沌理论"研究范围。此外，"混沌理论"提出的初始条件的微小变化经过不断放大，对其未来状态会造成极其巨大差别的理论，特别是洛伦兹描述的"蝴蝶效应"获得了广泛的认同。在进入信息社会和数字经济之后，货币具有越来越强的不确定性、不可重复、随机不规则运动的特性，非常符合"混沌理论"框架。因此，用"混沌理论"诠释货币现象，会得到很好的印证。最为典型的案例：后"布雷顿森林会议"的世界货币体系，已经呈现的越来越不可预测等"无序"特征。20 世纪 90 年代以来，因为现代政府和央行越来越受制于跨国资本影响，导致全球性和区域性的金融危机的频率和破坏程度增大，加剧全球货币经济的"无序"化。此外，太多的事例证明，央行的货币政策发生的任何微小错误，因为所谓的"蝴蝶效应"，最终都可能威胁整个国际货币的安全基础。2008 年世界金融危机从起因到结果，就是一个货币政策和金融体制错误不断被放大的过程。到后来，解释这场危机的逻辑十分困难。

5. 心理学。心理学和货币的结合，应该说始于美国经济学家欧文·费雪（Irving Fisher, 1867—1947 年）。费雪在 1928 年的"货币幻觉"理论，揭示人们习惯对货币的名义价值做出反应，而忽视其实际购买力变化的特定心理错觉。费雪希望人们摆脱"货币幻觉"，关注货币的购买力和潜在价值。现在，不仅民众继续深陷"货币幻觉"，而且政府更加有意识地利用民众的"货币幻觉"，实行通货膨胀政策。近年来，因为心理学和货币现象的结合，产生了货币心理学（The Psychology of Money），就相关的大部分著作和文章而言，将"货币心理学"集中于所谓的财富管理范畴。因为心理学和行为科学的内在联系，其实还应该有一门"货币行为学"。在人类历史上，从来没有像今天这样，

"普罗大众"如此关心货币金融,诸如"坎蒂隆"效应与民众生活也从来没有如此紧密。龙白滔在这本书中描述的数字货币从诞生到成长,与"普罗大众"一种对数字经济时代财富形态的信仰和认同的互动关系,强调了区块链智能合约有助于兼顾公平效率的关系,描述了分享铸币税,实现普惠金融,以及数字民主化的前景。值得注意的是龙白滔在书中提出,主要经济体中可能只有中国央行的运行真正符合公众利益。调整"普罗大众"关于货币财富的"心理预期"实在重要。2019年下半年遍布全球的、不同社会阶层参与的Libra热,几乎是一次前所未有的社会心理运动,其背后是理想、狂热、期待和忧虑等各种心理元素的集合。历史一再证明,"普罗大众"的经济和财富的心理和行为的改变,会对社会转型产生不可低估的影响,构成社会大转型的深层动力。

在急速发展的数字经济和数字货币面前,在急速发展的科学技术面前,在急速的社会转型面前,从新古典到凯恩斯的传统货币理论局限性显而易见,处于捉襟见肘的窘地。货币哲学家齐美尔(Georg Simmel, 1858—1918年)曾经希望借助"货币"去"理解"现代生活,所以,"我们的任务不是去抱怨或纵容,而只能是理解"。一个多世纪之后,齐美尔提出的使命依然存在。现在需要通过数字货币理解数字时代,通过数字时代理解数字货币,再通过数字经济和数字货币的结合理解这个被数字化的时代和文化。而认知数字货币,需要借助和引入新的思想资源,并逐渐形成新的货币理论。

"百年未有之大变局"还处于现在进行时,在这场大变局中,数字货币会扮演重要角色,货币经济的结构和体系面临全方位改变,影响全球货币金融资源分配。期待龙白滔继续秉承在历史大潮前,坚持求实、独立、勤奋、严谨和谦卑的研究精神,在货币理论和方法方面做出努力和突破。

2020年1月12日

美国麻省

衣锡群序：

传承货币金融理论，创新数字货币实践

2019 年 6 月 Facebook 发布 Libra 白皮书之后，我曾邀请龙白滔博士撰写了专题文章《从货币金融体系的历史、现状和未来评价 Libra》。此文在一定范围内引起了关注，也引起了经济学家朱嘉明教授的注意。我与嘉明于 20 世纪 80 年代曾在北京青年经济学会同为常务理事和副理事长。嘉明与白滔投缘，并结为师徒之谊，共同探索数字货币的理论前沿，之后嘉明鼓励并指导白滔撰写了此书。因此嘉明与白滔的师徒之谊和这本书的问世，与我都有一定关系。我从事金融工作多年，曾担任工商银行和招商银行独立董事，对银行体系有一定了解。对金融科技创新（包括数字货币），我保持着极大关注，也因此与白滔认识于 2014 年。为此书作序，甚是自然。

本书最大的价值和最鲜明的特点在于提供了一个独特的视角，桥接了传统货币金融理论与数字货币创新实践。虽然比特币发明迄今已经 11 年，但数字货币金融理论还未曾见到有系统性的思考。白滔在清华接受了系统的计算机科学和工程教育和训练，并且在金融科技领域有 10 多年的相关经历，让他可以从工程和技术层面理解传统金融现象和各种数字货币创新。另外，白滔在长达两年的时间中以自学的形式系统地研究了货币和银行的理论知识和运行实践，并且针对数字货币金融现象灵活运用了传统货币金融理论。白滔过去并无系统的金融理论训练，这反而成为他在运用理论时的优势，因为不会被各种学派的理论框架所束缚。

　　本书对货币金融、央行和数字货币等理论领域较为前沿的学术思想进行了总结。书中指出，人类历史上最早的货币起源于公元前 3000 年美索不达米亚的官殿和寺庙的债务安排，这突出了货币的信用本质而不是商品属性，货币起源于政府权威而不是私人交易。本书也明确指出商业银行"贷款创造货币"的机制和基于这项事实央行和商业银行的运行机制。"贷款创造货币"的理论准确反映了银行业运行实质，并且可以准确解释加密资产交易所的金融本质和重大系统风险来源，也能准确解释各个发达经济体央行对央行数字货币不同的态度和稳定币与央行数字货币对现有货币政策传导机制以及金融稳定性的影响。这些理论，少见于主流货币金融教科书，但已经体现在前沿学术论文和央行报告当中。针对这些理论，本书做了较好的学术普及和运用。本书也有一定的思考原创，例如，对原生通证实为通缩经济模型的批判和修正，将央行抵押品管理框架运用到基于数字资产抵押发行稳定币的机制，基于通证思想设计的普惠金融等。本书对数字货币国际学术领域和央行界的成果有一定的体现，例如数字货币带来传统货币竞争范式的转变，影响未来国际货币金融体系关键的概念"数字货币区"，央行数字货币的原理、分类（批发和零售）、设计原则和宏观经济影响，以及央行公共产品。

　　本书是数字金融相对完整的参考手册。针对主要的数字货币金融现象，本书都从传统货币金融原理出发分析了其金融和经济学本质，以及对金融稳定性的影响。本书指出通证兼具货币和证券的双重属性，并且提出了修订规则以防止通证被用作金融骗局。本书也从货币金融理论出发，分析并得出结论：加密资产交易所其实是凭空创造资产（或货币）的商业银行，但缺乏行业自律和中央监管，极高的杠杆比率是其最大的系统性风险来源。相比较第一代加密资产（如比特币和以太坊等），稳定币具有相对法币稳定的价值，因此可能实际地充当法币等价物。但是全球稳定币在反洗钱、反恐怖主义融资、反大规模杀伤性武器扩散融资、法律确定性、健全的治理架构、数据隐私、消费者保护等方面带来了挑战，对公平竞争、现有货币政策传导机制和金融稳定性等也带来了额外的公共政策挑战。本书也讨论了批发和零售央行数字货币对现有货币政策、金融稳定性、银行中介行为的影响、潜在风险和应对措施。

本书素材、内容和观点具有一定的全球视野。本书货币金融理论层面体现了货币金融学界和央行界前沿和先锋的学者的研究成果。基于发达经济体中央银行和国际标准制定机构主导的货币制度，本书有关数字货币的分析不仅体现了G20央行针对全球稳定币带来的法律、监管和公共政策的挑战形成的共识，也分析了最主要的三大经济体（美国、欧盟、中国）在央行数字货币方面的共识与分裂，以及造成分裂的相关思考。本书跟踪并分析了美联储、欧洲央行和欧元区国家央行、国际清算银行和金融稳定理事会等高级官员在过去半年期间就加密资产、稳定币、央行数字货币、支付、普惠金融、数字化、金融主权、大型科技公司、超主权货币、欧洲一体化等热点题目的发言或工作报告。

我很高兴看到嘉明与白滔师徒在不到半年时间内能为中国读者带来一本专著——《数字货币：从石板经济到数字经济的传承与创新》，也期待他们的师徒情谊长青，持续为我们带来创新的思想和深刻洞察。

2020 年 1 月 12 日

王巍序：

关注数字货币的潘多拉魔盒

历史就是一座森林，永远在展示不同的景观。在阳光下，在阴雨中，春夏秋冬或野火复生后，它永远在那里，炫耀自己，也隐藏各种秘密。而且，每一个进入森林的观察者，从不同的入口，怀着不同的心境和目的，与不同的伙伴，都会有全然不同的感觉，这就是历史的魅力。有太多不自量力的学者和人物，信心满满地做出无数论断，宣布历史的真相，却又瞬间成为被遗弃的历史。因此，保持起码的敬畏和谦卑，是敢于点评历史是非、臧否人物的道德底线。金融史更是如此，金融的驱动和滋润与人类的需求和欲望强烈地彼此裹挟着，使之成为文明史中最为隐秘和撕裂的环节，人们往往说不清道不明就将之推向阴谋论而心安了。

最近十年里，次贷危机、比特币和天秤币成为重新观察金融史的全新高地，也成为检点金融理论和政策的试金石。互联网和大数据正在迅速侵占和替代当下人类文明的全部生态环境，更为重要的是颠覆和改变了几千年来累积形成的社会基础。当我们还在挣扎着、焦虑着理解每天的技术和商业冲击波时，必须清晰地了解，我们据以成长和把握现实的基本认知体系和分析逻辑与工具都在迅速瓦解中。主张理论创新的同时，需要接受主流理论的破产。这对于习惯于修修补补并努力自圆其说的古典学派而言，实在是一个痛苦而难以接受的过程，而新一代人则没有这个心理障碍。

龙白滔博士便是这样一个新金融人，或者说是主流金融的门外汉，"野蛮人"。我注意到他是在老友朱嘉明约我参加的一个天秤币研讨会上。美国脸书公司拟发行的天秤币横空出世，震惊全球金融圈。美联储和欧洲央行等迅速做出打压的姿态，以为是一个干扰法币的商圈伎俩，继而又试图招安以夺回丧失的普惠金融道德高地，进退失据几个月，至今仍无对应章法。大洋彼岸的中国则突显罕见的景观，央行高屋建瓴正式打出数字货币的旗帜，不排除与民间合作。民间学者则拔帜登场纷纷提出各种技术方案和理论设计，与国外同行一争高下。龙白滔博士的发言和论文对通证经济、货币全球竞争、中国数字货币实施等都有别具一格的诠释，特别是锋芒直指传统金融理论与政策的诸多根基如货币起源，令人印象深刻。

货币源于交易是老生常谈，从亚当·斯密到马克思一脉相承，在中国似乎已成定论。但在当代学者看来，这是无法证明却可以轻易证伪的想象力论断。人类早期历史从来没有后来附加的所谓理性和文明，暴力和强权是真正的驱动力。即便到当下，文明、法治与规则也是非常脆弱的外表，轻易可以被蝴蝶效应和黑天鹅破局。货币源于权威，基于政治，这是活生生的历史与现实，与阴谋论无关。基于交易的货币起源模式主导了主流经济学、货币学和政策学，让刻意排除了一系列现实约束的数理模型优美地展现在商学院课题和教科书里，也导致了当年诺贝尔奖得主控制的长期资本公司和次级贷款组合的恶性癌变，我们记忆犹新。而基于权力赋能的货币起源说则被遗弃，从而使得"货币中性"和"货币面纱"成为规范，给予央行和数理学者更大的空间来解释和调控市场。货币这个精灵被人为阉割，似乎被人类理性最终驯服了。

且慢。吕底亚的狮币、春秋战国的刀布币、宋代交子和会子、法国指券、美国绿背、墨西哥鹰洋、民国袁大头，所有这些所谓的支付工具，除了描述的价值尺度和收藏手段外，还带来了巨大的额外能量，通货膨胀只是一个大而化之的货币说法，商业周期、市场崩溃和政权兴亡往往都用金融之外的因素解读。我们太习惯于认定金融和货币仅仅是工具了，货币能量被大大低估。

在互联网、大数据、区块链和人工智能的环境下，数字货币时代突然展开，给我们全新的视野。比特币的点对点（P2P）交易是区块链的基础功能，算法技术成为所谓人类理性的竞争对手，数字货币可能如潘多拉魔盒一样释放太多能量，我们也许无法预测或理解，这才是新货币学和金融学的魅力。对于功成名就的主流学者们，龙白滔这类人的观念和逻辑过于杂乱无章，浅薄外行，咄咄逼人，他们甚至不屑一顾。他们还沉浸在几十年前求学时代的认知水平，不再关注最新网络媒体上的新货币观念，享受在课堂、电视和论坛上循环往复地自我强化权威地位，爱惜自己的羽毛。

我也算是学金融出身，也从事金融市场相关的工作多年。创建中国金融博物馆以来，深以为之前所有金融认知几乎全面被淘汰，需要重新学习和理解。有幸认识了一批年轻人，为国内最早的比特币和区块链等书写过许多序言，有了先睹为快的体验。龙白滔看得起我，希望我能写序，这是对我这个即将落伍者的一个鞭策，欣欣然。祝愿有更多年轻的学者关注货币与金融，参与再造金融理论。我也特别向同时作序的朱嘉明致敬，他年轻时曾爆得学术圈大名，后来深入研究货币思想史，留下足以进入历史的巨著，如今又在数字资产领域披荆斩棘。

中国金融博物馆理事长

2019 年 11 月 28 日

自序：

数字金融理论的正本清源

一、写作宗旨

本书旨在运用货币金融理论考察数字经济的各种金融现象。2008 年全球金融危机激励中本聪发明了比特币，他试图在数字世界中创造与现实世界对等的货币体系，让普通人重获"铸币权"，因此从根本上消除金融危机。比特币白皮书——《比特币：一种点对点电子现金系统》——表明中本聪的目标是货币体系，因此这个行业的理论核心是货币金融理论。

稍微多了解一些经济学常识，即可发现比特币设计机制中的缺陷使其不能达到通常理解的"货币"的目标。中本聪相信政府超发货币导致通货膨胀和资产价值缩水，只要约束、控制了货币发行总量，即可避免金融危机。因此比特币被设计成通缩机制，其总量被设定为 2100 万枚，产量随着给定的周期逐渐减半。中本聪的逻辑从理论层面存在两个缺陷。首先，随着生产力的提升，一个经济体将产出更多的商品和服务，因此需要更多的货币供给。因此一个健康的经济体通常是微通胀的，例如现代央行基本都把 2% 的微通胀作为货币管理的目标。从经济学的角度来看，通缩的危害甚至大于通胀，因为大家预期商品和服务价格降低而抑制当前的消费。其次，中本聪混淆了金融危机与货币超发的因果关系。严格来说，现代货币当局缺乏明显动机通过故意超发货币来制造金融危机，货币超发往往是货币当局应对宏观经济挑战的货币政策手段，例如增加货币投放刺激消费和投资以提振经济。因此货币超发往往是应对宏观经济的"果",而非"因"。认为只要控制了货币发行就可以避免金融危机,中本聪是混淆了其中的因果关系。

此外,这个行业仍然处于初级阶段,需要有正确的理论引导其健康地发展。当一个行业处于泡沫阶段,大量从业者或者宣传自己是"新物种",不应当受任何现有的理论和制度的约束,或者发明新理论和新术语,为自己的"破坏性创新"寻找理论依据。比特币发明到现在,我们看到各种五花八门的金融创新,无论是资产交易、ICO/IEO 融资、资金盘 / 庞氏骗局、通证经济、Staking 经济、去中心金融等,无一脱离传统金融和经济的影子。所有骗局都能找到丰富的先例。地球表面有大量的"新物种"在"蒙眼狂奔",各种新术语和新理论层出不穷。互联网、新媒体、自媒体降低了内容创造和传播的门槛,也显著提升了读者选择优质内容的成本,以致面对大量新知识和新理论无所适从。

因此我认为一本正本清源的书非常有必要,它应该从货币金融理论和制度的角度去理解与数字经济有关的金融现象,我试图在本书中回答以下问题。

第一,有关货币起源的争论。

货币起源是一个长期被错误理论误导但对当前货币金融制度又非常根本性的问题,因为它涉及政府还是私人机构获得铸币权的合法性问题。它表面看是学术争议,实质是意识形态之争。目前传播最为广泛的是货币起源于易货贸易的理论,缺乏人类学和历史证据。最新的研究证实,货币起源于青铜时代两河流域的宫殿和寺庙经济。古老的经济体以信贷为经营,创造货币作为偿还债务的手段。两种矛盾的货币起源理论体现的是货币应该由私人(银行)还是政府控制。历史上国家和私人控制货币有明显的分界线,也得到截然不同的结果。但商业银行和国家控制货币的争论在现代越来越模糊,因为国家力量和非国家力量的边界在模糊。主要经济体中,代表政府行使货币主权的中央银行,真正谈得上完全符合公众利益的只有极少数(如中国央行),大部分央行是被

"不代表任何主权国家和民族的跨国资本集团"所影响甚至控制的。对货币起源的理解有助于理解数字形态的货币的本质，以及影响它的驱动力量。

第二，有关现代货币金融体系运行的原理，即货币的创造、供给和流通，商业银行和央行的运作机制等。

这也是一个长期被错误理论统治的领域。经济学长期忽视了银行对宏观经济的作用，因为错误地假想银行只是储蓄者和贷款人之间的金融中介。这就是长期占统治地位的银行中介论和货币乘数论的理论基础。但实际上现代货币体系是基于债务的体系，央行和商业银行分享了货币的创造和发行权力，商业银行通过发放贷款或者购买资产（如黄金、外汇和证券等）等方式创造存款货币，并在归还贷款或者出售资产时销毁存款货币。商业银行的存款货币一般能占到流通货币的95%以上。因此"贷款创造货币"才是符合现代银行业运转的真实理论。因为商业银行创造了绝大部分流通货币，因此它对宏观经济的影响是决定性的，我们已经从无休止的金融危机和旷日持久的经济衰退体会到真实理论的力量。学习正确的货币创造理论有助于理解金融危机发生的根源（这是中本聪没有理解之处），有助于数字先锋们避免在数字世界中重蹈金融危机的覆辙，也为探索用数字货币缓解或解决金融危机的难题指明了可能的方向。了解货币金融体系的运行原理也是正确理解数字经济中所有金融现象的基础，例如 ICO/IEO、通证经济、加密资产交易所、Staking 经济、去中心金融、资金盘、庞氏骗局等。

第三，有关当前货币金融体系的制度和秩序。

在比特币发明之前，普罗大众缺乏对货币金融理论和制度的直接兴趣，这种兴趣现在被点燃了。普罗大众已经了解到，货币是这个世界最强大的力量，超越了任何经济、军事和政治力量。那么，谁在制定货币金融体系的顶层制度和秩序呢？美联储、欧洲央行、国际清算银行（包括金融稳定理事会）、国际货币基金组织和世界银行等货币政策机构或国际标准制定机构的权力核心，是国际货币金融体系顶层制度和秩序的设计者。这些机构的权力核心——核心高管、股东或者实际控制人等——由代表了"不代表任何主权国家和民族利益的跨国资本集团"的银行家、央行官员① 和学者组成，信奉全球一体化和欧洲一体化。中国过去 40 年高速经济增长受益于全球一体化，但目前并不属于这个权力核心。这个群体的认知、决策和行动塑造了全球数字金融监管格局并决定了数字货币如何被纳入全球金融体系。因此了解这个群体的人事关系、机构运行机制、工作方法、决策流程、学术、发言、工作动态等有助于理解数字货币的发展趋势和未来格局。

第四，如何理解各种数字金融现象的金融本质？

太阳底下没有新鲜事。所有数字货币的金融现象都可以被传统金融理论所解释，尤其是货币金融理论。时髦的通证理论，严格地说，"通证"最初只是作为一种没有明确定义的概念或现象被提了出来，缺乏严谨、系统的理论阐述。怀揣着各种目的的通证实践者提出和总结了五花八门的通证理论。截至目前，通证经济无一成功案例，反倒是一地鸡毛。笔者对流行的通证模型进行了学术分析，指出其实际为通缩经济模型，与传统资金盘和庞氏金融骗局拥有共同特征。这也解释了为什么数字货币金融骗局大多以通证经济模型作为话术。通证的经济价值来自于通证的货币属性和证券属性，因此笔者提出了改进的通证金融模型。从货币金融角度我们也能够知晓，基于资产抵押的稳定币的发行和稳定机制与中央银行的抵押品管理框架、公开市场操作等工具一脉相承。作为加密资产领域的王者，加密资产交易所其业务模式核心是可以"通过放贷创造货币"的商业银行，其最大的风险来自不受约束、高企的杠杆率和可能的"挤兑"（即提币）。从货币创造原理可知，80% 的新增货币进入资产投机领域带来的信贷盛衰和资产价格周期是金融危机的根源，借助区块链和智能合约或许可以有效鼓励新增货币进入生产性投资领域并抑制它们进入资产投机领域，金融危机的病因可因此能得以缓解；如果视货币体系为一个通证经济体，铸币税或

---

① 在一些专业论文中也称央行官员为"央行技术官僚"。

许可以更公平、合理地在货币体系的所有利益相关方之间分配而不仅是由银行阶层独享；因此我们可以实现公平、健全、金融稳定和可持续发展的货币体系，这是中本聪未竟之业。

第五，哪些力量在塑造货币金融体系的现状和未来格局？

1.由密码朋克和技术极客推动的区块链技术的发展。这支力量点燃了数字经济的第一把火，并持续为之贡献创新和理念。数字经济的第一波是比特币和加密资产表亲们（如以太坊等）的兴起，但因为极高的波动性、（有争议地）缺乏内在价值、不可预测的交易成本和确认延迟、治理不透明等原因，导致它们无法作为可靠的货币工具而目前主要被用于投机。虽然第二波——加密资产稳定币——也是由这支力量所推动，但真正引起主流的关注却是以大型科技公司进入稳定币领域为开始的。这支力量的缺点和优点一样突出：优点是理想主义（纯粹的民主和去中心理念）驱动、技术精湛、创新源源不绝和社区影响力强等；缺点是极端的理想主义会阻碍与传统世界的融合并且容易落入小众和非主流，技术驱动意味着缺乏理论指引（例如中本聪的比特币"货币"理想也许永远不会实现）因此易入歧途（ICO、IEO等无一不是最终一地鸡毛）。因此这支力量能够为数字经济持续贡献颠覆性的技术和理念，但却不能成为未来货币格局的决定性力量，甚至不是有关键影响力的力量。

2.在线交易和跨境交易的流行，促进了消费者对更安全、方便、快捷和低成本的跨境支付的需求。全球化的浪潮、在线服务的快速发展，以及以数字形式交付的服务的日益增长，都推动了这种变化。全球旅游流量在过去15年中翻了一番，互联网用户的数量增加了一倍，手机用户数量增加了一倍。短短10年中，全球汇款增长了50%以上，而跨境电子商务活动增加了两倍。因此新兴的私人支付解决方案主要针对消费者和劳动者，而不是商家。消费者和劳动者构成更大的潜在用户群，并产生相关的网络效应，这意味着新的数字货币举措可能被用户很快接受。传统地，国际支付主要由公司、商户、银行和政府进行，他们的国际货币使用惰性历来很大。现有的证据表明，在零售消费者支付方面，交易和转换成本比用于批发跨境贸易和金融的传统货币要小得多。这种网络效应对于全球网络来说更强大，可能使国际货币竞争未来成为一场更具活力的竞争。

3.非银行参与者的兴起和消费者支付偏好的变化推动了非现金支付日益数字化。这导致在某些国家，从瑞典到中国，现金使用量急剧下降。

4.以 DNA（Data Analytics, Network Effect 和 Interwoven Activities）商业模式为基础的大型科技公司，携庞大用户基数、完整的经济生态和大数据以及大数据处理经验，渗透并主导一个市场，并通过技术建立竞争壁垒，让传统金融企业产生严重依赖甚至被脱媒。这些大型科技公司通常以支付为切入点并以之为中心建立了私有网络平台和封闭、隔离的生态系统。很多还发展了以支付为中心的金融服务，如借贷、理财、保险等，颠覆了传统金融部门以银行为中心的产业组织结构。大型科技公司在推动创新和更好的支付服务方面起了决定性的作用。在中国，2018 年移动支付的交易金额占 16% 的 GDP，支付宝和微信支付占据了移动支付 93% 的市场份额。大型科技公司还进入了传统银行的核心领域——货币发行。实际上，在中国，蚂蚁金服和微信支付很早就以打通货币市场基金与支付功能的形式实现并发展了人民币数字货币业务[1]，蚂蚁金服的货币市场基金余额宝资产规模超过 1 万亿元人民币，这约占 0.5% 的广义人民币（M2）[2]。但直到 Facebook 发布 Libra 计划，大型科技公司进入货币发行领域才引起全球瞩目。他们都在自己私有的网络平台里面提供了自己的支付工具和货币（虽然是锚定于法币），并且这些网络是以数字形式进行支付和交易的，这就是"影响国际货币金融体系未来形态最具颠覆性的概念——数字货币区"[3]。与数字货币区相关的一个概念是数字美元化，指一个经济体的法定货币被其他数字货币所取代。经济上或社交上对大型数字货币区开放的经济体尤

---

[1] 笔者持有的观点，存争议。

[2] 中国央行自 2018 年 1 月 1 日起将非存款机构部门持有的货币市场基金份额纳入广义人民币（M2）统计。

[3] 欧洲央行执行委员会成员 **Benoît Cœuré** 先生的题为《国际货币和金融体系面临的数字挑战》的发言。

其容易受到数字美元化的影响，即使是拥有稳定货币的经济体。各个国家应对大型科技公司的私人数字货币举措的挑战时，有不同的策略，这都深刻地影响了全球货币金融体系未来的格局。

5. 主要经济体的货币政策制定机构和国际标准制定机构是决定性的力量，如前所述。当 Facebook 发布 Libra 计划之后，G7 轮值主席国法国央行即委托欧洲央行执委 **Benoît Cœuré** 领导稳定币工作组对其进行调研并于 2019 年 10 月向 G20 财政部长和央行行长会议提交了《全球稳定币调查报告》，阐述了稳定币给监管和公共政策带来的挑战。G20 会议后，FSB 稳定币工作组已经从 G7 工作组接手稳定币监管政策建议制定的工作，预计 2020 年 4 月将会提交咨询报告的初稿。这说明全球监管已经达成共识，进入稳定币监管政策制定的阶段，意味着为稳定币的推出做好法律和监管的准备。作为对比，比特币等加密资产已经发展超过 10 年，全球监管尚未形成统一的监管方法。这说明稳定币真正具有成为"货币"的潜力，已经引起了货币金融体系顶层制度和秩序设计者的强烈关注。主要经济体的货币政策制定机构，如美联储、欧洲央行和中国央行等，针对面临的货币和支付体系的挑战，他们的共识是改进现有的支付系统以更好地满足用户的支付需求，但在是否发展央行数字货币（Central Bank Digital Currency: CBDC），以及发展什么类型（零售还是批发）的 CBDC 方面存在明显的分歧，这与他们在国际货币金融体系的地位有关。美联储是事实上的全球央行，美元拥有霸权地位，美国一直持"大国小政府"理念，更鼓励私人货币创新，而 Libra 实质上代表了美元的利益，因此美联储没有计划发行 CBDC。欧洲央行和中国央行都认为 Libra 会侵蚀自身的货币主权，但欧洲央行选择发展批发 CBDC 而对零售 CBDC 保持高度谨慎，因为后者对"已经形成的家庭、商业银行和央行之间的经济关系"是一种范式转变[①]，中国央行则选择了发展零售 CBDC。发展批发 CBDC 作为应对 Libra 对欧洲货币主权的挑战是很无力的，因为批发 CBDC 和 Libra 基本是针对完全不同需求的两类场景，前者主要用于提升机构支付清算的效率，而后者用于零售场景。欧洲央行对零售 CBDC

① 德国央行执委 Johannes Beermann 博士的题为《央行眼中的现金和数字货币》的发言。

保持谨慎的主要原因是零售方案会削弱商业银行创造货币的权力，欧洲央行在权衡维护货币主权和保护商业银行利益的时候，天平倾向了后者。欧洲央行的成立基础是超主权理念——实质上是反国家意识，而欧洲央行的权力核心代表了支持欧洲一体化的跨国资本集团（银行家们）的利益，所以不难理解欧洲央行的选择。

6. 以美元为主的全球货币金融体系的强烈溢出效应，是国际货币金融体系脆弱性的根源。这在全球一体化精英群体内部也获得了更多共识。英格兰银行行长 Mark Carney 称"美元为基础的全球货币金融体系不可持续，基于多国 CBDC 的网络并由公共部门提供的一篮子合成霸权货币可能是最佳替代方案"；BIS 货币与经济部门负责人 Claudio Borio 称，国际货币金融体系最大的脆弱性来自"总资本流动和累积的库存"，其中宽松偏见从核心经济体（暗指美国）蔓延至世界其他地区，一个国家的宽松导致了全世界的宽松；各个新兴经济体所采用的外汇干预工具，有效减少了不受欢迎的溢出效应。

7. 人民币国际化经历长时间努力但进展缓慢。人民币计价的商品和服务贸易少于 2%，全球储备货币人民币也少于 2%，与中国占全球经济总量六分之一的地位严重不相称。类似 Libra 的全球稳定币的出现，不仅可能侵蚀人民币货币主权，也让人民币国际化面临更大挑战。

第六，如何理解 CBDC？

从国内货币管理的角度来看，发展 CBDC 有如下好处：（1）央行可更好地管理货币的创造和供给，使得货币政策传导机制更加有效，提升央行应对商业周期的能力；（2）基于区块链技术的支付和清算体系的降本增效；（3）央行获得更强的货币体系管控能力，如 KYC、反洗钱、反恐融资和定向功能（如定向降准、定向货币投放）等；（4）在现金使用量迅速降低的国家，或者面临像 Libra 这样的私营部门的倡议时，让公众可以访问央行货币以维护对金融体系的信心和维护货币权威。有关 CBDC 采取的形式，公众和金融机构对此的预期有很大不同。从长远看，CBDC 有两种不同用途可能并存。批发 CBDC 用于金融机构参与者之间的支付，他们会使用区块链技术及其所有潜力（尤其是智能合约）。金融机构已经通过他们在央行持有的银行账户（即准备金账户）以数字形式访问央行货币，因此批发 CBDC 相当于央行准备金的"代币化"。它能够提高金融部门的生产效率，对现有货币政策几乎没有影响。零售 CBDC 针对普通大众，更适合零售交易。零售 CBDC 会削弱商业银行创造货币的权力，对流动性、盈利能力和银行中介行为产生潜在的负面外部性。无论零售 CBDC 是否作为一种新的、独立的货币工具，它都可能带来潜在的金融稳定性风险（如银行存款大规模和 / 或突然转换为 CBDC 的"挤兑"）和削弱已有货币政策传导机制的有效性（如不能精确控制基准利率和流动性供给）。因此各国央行对零售 CBDC 持更谨慎的态度。我们已经看到主要经济体的央行对 CBDC 采取了不同的策略，这背后体现了他们各自在全球货币金融体系中的不同地位，以及在面临货币和支付挑战时，维护货币主权和保护商业银行利益的复杂均衡。

第七，如何理解 Libra 为代表的全球稳定币？

Libra 的设计 100% 保护了传统商业银行的利益，满足了央行针对加密资产稳定币监管的所有胃口。Libra 基于货币篮子的方案也符合全球一体化精英对降低全球霸权货币（美元）溢出效应的诉求。Libra 基础货币篮子中美元的比例（无论是 60% 还是单一挂钩 100%）加强了美元作为全球储备货币的地位，Facebook 全球近 28 亿的用户基础和 Libra 作为稳定币拥有的潜在全球影响力和规模也赢得了美联储的青睐。因此 Libra 符合全球货币金融体系核心利益相关方的诉求，无论 Libra 在美国国会遭受多少"风暴"，也都只是"茶壶风暴"而已。全球监管机构已经确认 Libra 等全球稳定币对法律、监管和公共政策带来的挑战，并已经着手制定监管政策建议，所以 Libra 在主要经济体（除中国外）的推出是可以预期的事情。Libra 捆绑的是 Facebook 网络平台和经济生态的数字货币区，它可能成为全球第一种真正的私营数字货币。

二、内容概说

这本书的内容主要分为五篇。

第一篇是关于货币起源与货币金融体系的现状，这里为读者理解所有与数字货币相关的货币金融理论问题建立基础共识。第二篇是关于数字货币的基础理论与货币体系的未来，重点是以货币金融理论的视角审视数字货币领域的金融现象，例如通证金融、稳定币发行机制、普惠金融（指民主、公平、金融稳定和可持续发展的货币金融体系）、加密资产交易所的货币银行本质、数字时代货币竞争范式的变化和未来的货币金融体系的重塑等。第三篇是关于央行数字货币 CBDC 与中国央行的法定数字货币 DC/EP，从货币金融原理角度讨论了 CBDC 的缘起、设计原则和典型设计方案，以及对公共政策的影响，针对中国的 DC/EP 分析了其对金融稳定性的影响和可能对策。第四篇是关于 Libra 和全球稳定币的风险与挑战。第五篇是笔者对全球主要经济体央行官员和国际标准制定机构官员在加密资产、稳定币、央行数字货币、支付、金融包容性、金融主权等领域的发言的评论。

下面是每篇内容的介绍。

第一篇：货币起源与货币金融体系的现状

■ 货币起源与意识形态之争

本文是有关货币本质和起源的讨论，主要引用和介绍了美国著名金融历史学者 Michael Hudson 研究青铜时代美索不达米亚货币体系的相关成果，以及古典时代的希腊和罗马货币体系的演变。Hudson 以详细的考古和人类史学资料阐明了货币起源于公元前 3000 年的官殿和寺庙经济。青铜时代的古老经济体是以信用为基础经营的，它创造了货币作为偿还债务的手段，债务主要是居民欠美索不达米亚官殿和寺庙的。古典时代的希腊和罗马，早期通过贸易学习并建立了与近东类似的信用货币体系，但后期其货币和债务走向了与近东不同的发展路径。古典时代的货币经验，通过亚里士多德教义等对后世学者产生了重要影响。文章有力反驳了流传甚广的货币起源于易货贸易的理论，易货理论缺乏基本的考古或人类学资料支持。本文表达的货币起源观点已经是国际金融史学界的共识，也获得了绝大部分央行人士的认同。中国金融博物馆理事长王巍在 2019 年 8 月的公开演讲中提到"要纠正错误的货币起源观点，现在共识是货币最早起源于国家的权威"。本文还深入讨论了货币两种起源理论背后的意识形态之争和对现代公共政策的影响，对比了近现代历史阶段私人和政府控制货币发行的结果。这是一篇正本清源的文章，同时也向 Michael Hudson 致敬。

■ 货币金融体系的历史和现状

本文为理解数字货币和与 Libra 相关的全部货币金融理论问题建立了宏观背景——介绍货币金融体系的历史和现状。本文描述了现代货币创造的三种理论，以美元为例着重分析了"贷款创造货币"的原理以及铸币税的创造和分配机制；介绍了全球金融体系的关键政策制定机构和与 Libra 制度有关的央行，包括国际清算银行、金融稳定理事会、美联储、欧洲央行、中国的香港金融管理局和德国银行等；回顾了 2008 年全球金融危机爆发的原因和危机后业界在理论、实践和治理方面的进展；概述 G20/FSB 推动的全球银行监管框架的改进，着重介绍了全储备银行方案芝加哥计划，概述了央行在区块链和 CBDC 领域的研究工作。即使你是货币金融专业人士，本文呈现的内容也可能与你的认知不完全相同。

第二篇：数字货币的基础理论与货币体系的未来

■ CFMI 通证金融模型和稳定币机制

本文是迄今唯一对流行的通证经济理论从学术角度进行考察的文章。本文指出了标准通证经济模型实为通缩经济模型，且存在较多规则漏洞，不法者可能滥用这些规则来进行资金盘和庞氏金融骗局。文章因此提出了较为完整的改进思路，并进一步讨论了稳定币是一种公共基础设施而不是个别通证项目需要建设的能力，因此提出了通证经济的稳定币发行机制，推导出通证价值来源于通证的证券属性和货币属性。本文提出了完整的基于原生数字资产发行稳定币的业务方案，并定量和定性地讨论了稳定币发行中的市场风险、货币增发和赎回、债发行和回购、稳定机制等核心问题。此文成稿于2018年8月，公开发表于2019年7月，受到广泛好评。朱嘉明老师、通证概念提出者元道和孟岩、巴比特创始人长铗、火星财经创始人王峰都对此文给出了极高的评价。

除学术和实用价值之外，本文最重要的贡献在于其社会意义。只要按照文中提出的原则设计通证经济模型，虽然不能保证项目成功，但绝对可以避免项目成为资金盘和庞氏骗局。

■ 数字货币潮下的货币竞争与体系重塑

本文讨论了数字货币的关键问题和经济影响。第一，讨论了数字货币将传统货币的功能（价值存储、交换媒介和账户单位）进行解构，从而使货币之间的竞争更加激烈。数字货币可以专门于某些角色，可仅作为交换媒介或仅作为价值存储进行竞争。第二，数字货币发行者通过将货币功能与传统分离的功能（如数据收集和社交网络服务）重新捆绑在一起，以差异化他们的货币。数字货币之间的可兑换性和平台的互操作性对最大限度实现竞争的收益至关重要。第三，数字连接的重要性可能超越宏观经济联系，将导致建立"数字货币区"，将货币与使用特定数字网络的用户关联起来，而不是将货币与国家关联起来。这些数字货币的国际化特性将使经济体容易受到"数字美元化"的影响，即本国货币被数字平台货币而非另一个发达国家货币所取代。第四，数字货币与强大的平台和服务进行整合，会引发有关私人和公共货币竞争的问题。在数字经济中，现金可能实际上消失，支付可能围绕社会和经济平台而非传统银行，这将削弱传统货币政策传导机制。政府可能需要提供 CBDC 以保持货币独立性。第五，使用本文建立的分析框架讨论了典型的数字货币案例，如中国科技巨头数字货币发展路径，Facebook 提出的 Libra 计划，人民币国际化战略以及 Telegram 被叫停的发币计划。

本文在中国首次介绍了"数字货币区"的概念，这是影响未来数字经济和重塑全球货币体系格局的关键要素。

■ 数字货币与普惠金融

本文是作者在 2019 年 9 月举行的第十届新莫干山会议（2019 年秋季论坛）上的发言。发言从铸币权、铸币税和可持续的金融稳定性角度重新讨论了"普惠金融"的内涵。发言指出现代货币体系是基于债务的体系，商业银行通过贷款创造货币的实质，银行体系的道德风险，以及 80% 的新增货币用于投机性投资形成资产价格周期并导致金融危机和经济危机。发言指出，在数字经济时代，在基于资产抵押发行加密货币稳定币的机制下，应允许人人可以参与铸币、公平对待每个人对货币体系的贡献并分配铸币税，通过智能合约抑制新增货币用于资产投机，以维护金融稳定性。可以借鉴德国成功运营近 200 年的合作银行实现银行业均衡的集中/民主化治理结构。文末讨论了从普惠金融角度看人民币国际化的问题。

■ 货币金融视角下加密货币交易所的本质、风险与新机会

本文是业界唯一一篇从货币金融视角来考察加密货币交易所的文章。文章回顾了货币金融理论基础，并指出交易所核心商业模式其实是商业银行的揽储和通过借贷创造货币。交易所形成资金池后，除通过杠杆创造资产外，还可能挪用其中资产进行自营投机和操纵市场。交易所最大的风险是挤兑，没有任何一家交易所经得起用户大量提币。交易所未来的新机会可能在稳定币发行，但这是一项复杂的系统工程，很多人低估了其中的复杂性。交易所未来应该

为机构用户大规模入场做好准备，要改变流量为核心、本质为割韭菜的运营模式。交易所的技术也有很大提升空间。

■ 数字资产交易所的万恶之源就在于控制用户的账户

本文发表于 2018 年 7 月，文中直指的问题仍然是数字货币行业的罪恶根源——控制用户账户。交易所有很多技术方案供选择来放弃对用户账户的控制并且自证清白，其商业模式不允许他们这么做。交易所应该为老钱入场做准备，但存在几个障碍：数字货币金融衍生工具缺乏、数字资产安全性、操作透明度和整个行业面向专业用户的服务能力。一个健康成熟的金融市场具有层次化的结构，最底层是现货、期货和衍生品等底层金融工具，基于这些工具的组合是中间层的资产管理业务，最上层完成资金和资管产品的对接。其中资产管理业务是金融市场流动性最主要的贡献者。

第三篇：央行数字货币 CBDC 与中国央行的法定数字货币 DC/EP

■ 央行数字货币问答手册，一文带你看懂 CBDC 与 Libra

本文发表于中国央行公布 DC/EP 细节设计之前，以问答的形式解答了有关 CBDC 的诸多热点问题，如中国 CBDC 的主要目的、货币形式、挤兑的系统风险、发行机制、与商业存款的关系以及面临的挑战，并且对央行已公开的数字货币原型作评价。本文不一定适应于 DC/EP 的某些细节，但从基础性原理角度对 CBDC 进行了讨论。学界和业界对 CBDC 的定义不完全一致，中国央行完全可能根据不同的考量，赋予 CBDC 不同的使命和特征。本文的目的仅在进行启发思考和讨论中国民间版本的 Libra 的可行方案。

■ 一个实用的中国央行数字货币和 Libra 设计方案

本文发表于中国央行公布 DC/EP 之前，是业内第一篇系统详细、学术严谨的整体设计文章。以中国 CBDC 作为对象，讨论了央行发行 CBDC 应遵循的四项核心原则：CBDC 支付可调节的利率；CBDC 不同于央行储备金，两者不能兑换；央行或者商业银行不担保银行存款到 CBDC 的兑换；央行仅依据合资格抵押品（主要是政府债券）发行 CBDC。本文提出了中国 CBDC 经济模型并分析了金融稳定性影响。进而论证了该 CBDC 方案具有与央行现有货币体系充分解耦的潜在优势，因此可以参考 Libra 建立协会的设想，吸纳企业联合体建设中国对等的 Libra 方案。

■ 央行法定数字货币实践中的风险防范

本文介绍了全球央行典型的 CBDC 设计模式和设计原则，针对中国的 DC/EP，从金融稳定性角度讨论 DC/EP 实践面临的挤兑风险、对银行存款的替代性、对现行货币政策的影响、对社会总信贷和流动性供给的影响等，并给出针对性建议。

■ 央行数字货币——全球共识与分裂

本文分析了在面临加密资产的兴起、大型科技公司进入金融服务领域和全球稳定币的兴起等对货币和支付体系的挑战时，全球央行都已经明确，它们需要以更加积极主动的方式处理与技术创新及其对货币和支付的影响有关的问题。虽然在是否发展 CBDC 以及发展什么类型的 CBDC 方面全球央行存在显著不同的观点，他们在加强央行货币作为公共产品的属性、加强货币治理以及支持创新的支付解决方案方面，拥有广泛共识。

各个主要经济体在发行 CBDC 方面的立场，充分体现了各个经济体目前在国际货币金融体系中的地位以及各自央行属性的显著差异。美联储和欧洲央行的权力核心代表的是跨国资本集团的利益，而不是公众利益。美联储位居"全球央行"之位，美元拥有全球霸权地位，没有必要发行（零售）CBDC，因为这会损害商业银行的商业模式。通过支持 Libra，美联储不仅能够获得与零售 CBDC 对等的战略性的货币武器，还能够隐藏其战略意图，因此短期不发行 CBDC 并支持 Facebook 的 Libra 计划，对美联储是适当的策略。在面临非欧洲公司在支付创新和数字货币方面的挑战时，欧洲央行选择了快速发行批发 CBDC 而不是发行零售 CBDC，这体现了欧洲央行维护商业银行铸币权优先于保护欧洲国家货币主权的考虑，也体现了超主权的欧洲央行背后的反国家意识。快速发行批发 CBDC 也体现了欧盟领导国法国的极度政治投机心态。中国央行的 DC/EP 起始于 2014 年，其初始动力可能源自人民币国际化长期努力受阻；2019 年 Facebook 宣布 Libra 之后，DC/EP 得以加速。因此 DC/EP 承担起对外提升人民币国际化竞争力对内维护货币主权之责，它兼具批发和零售 CBDC 的特征。中国制度优势，保证了央行能够从公众利益出发而不是受制于少数利益群体的游说和影响。

第四篇：Libra 和全球稳定币的风险与挑战

■ 初步评价 Libra

本文按照《货币金融体系的历史和现状》建立的分析框架，对 Libra 项目进行了讨论。Libra 是在脆弱的法币货币金融体系之上构造了宏伟的加密货币金融体系。这是沙滩上的摩天大楼。Libra 不仅百分百保护了既有货币体系的利益，满足了央行针对加密货币监管的所有胃口，还在新世界激发了广泛的热情和共鸣。Libra 通过制度化的设计，让一小群人垄断了 Libra 经济体全部铸币税收益。Libra 通过表面民主化的治理结构保证了核心团队对 Libra 的长远绝对控制。中国应该学习并超越 Libra，本文给出了针对性建议。关于中本聪最初的梦想，Libra 不是答案，更准确地说，Libra 是把旧世界的统治力量带进新世界的"特洛伊木马"！

■ 货币视角下的天秤币

本文是 2019 年 7 月 2 日由中国区块链应用研究中心、全联并购工会区块链专业委员会主办的《天秤币（Libra）的影响及中国对策》上海恳谈会上笔者的发言。发言指出 Libra 建筑于脆弱的法币体系之上，是"建立在沙滩上的摩天大楼"。Libra 完全保护了传统商业银行的利益，但又把自己打扮成极客英雄挑战传统货币霸权，因此具有相当迷惑性。Libra 是基于区块链和智能合约技术发行的数字货币，它符合监管机构对数字货币监管的需求和偏好，不仅为央行提供了统一入口可以严格控制货币发行，而且提供给央行前所未有的强大权力管控货币体系。Libra 的储备物选择是法币和/或法币资产（债券），因此完全保护了传统商业银行的利益。如果 Libra 储备物基于比特币，将减少主权国家主导/影响 Libra 的色彩。Libra 的发展对比特币是利好，因为扩大了对加密资产的认知。Libra 的发行可能带来数字殖民的风险。

■ Facebook 法律顾问、Libra 专著作者、加密货币大佬激辩 Libra 困境

本文是 2019 年 10 月 15 日在 Libra 第一次理事会召开之前由深链财经举办的《非共识对话》线上讨论，当时正值 Facebook 面临 PayPal 等六家巨头盟友"叛变"，Libra 协会面临四面楚歌之时。讨论的主题包括七家巨头退出 Libra 协会的深层原因、美国欧盟等反对 Libra 的原因、会员退出对 Libra 的影响、Libra 的合规问题、Libra 与比特币的关系等。

■ 美元的 Libra，美元的未来

本文于 2019 年 10 月 18 日首发于《财经》，正值 Libra 面临四面楚歌之时。本文从全球货币体系顶层治理格局出发，深入分析了决定 Libra 命运的利益相关者如 FED、ECB 和 FSB 的立场与动态，指出相关的监管者和政策制定者已经达成共识，实质已经进入监管政策建议制定阶段，以应对以 Libra 为代表的全球稳定币带来的风险和挑战。本文详细分析了 FED 理事的发言体现出的 FED 对 Libra 的强烈偏好，文末指出 Libra 可能就是美元的央行数字货币。

■ 呼之欲出还是困难重重，全球稳定币的风险与挑战 ——解析 G7《全球稳定币评估报告》

2019 年 10 月 18 日 G7 稳定币工作组向 G20 央行和财政部长会议提交了《全球稳定币评估报告》。本文即 G7 报告的解读，并结合了 Libra、USDT 和大型科技公司的数字货币方案进行案例分析。报告指出稳定币对公共政策、监督和管理提出了一系列潜在的挑战和风险，例如金融诚信、数据保护、法律确定性、完善地治理、市场诚信、消费者/投资者保护、支付系统的安全/效率和完整性、网络安全和税收合规等。全球稳定币对公共政策会有更大的挑战，包括公平竞争、金融稳定和货币政策传导等。针对全球稳定币有效地监管，需要各个机构、部门和辖区之间进行协调。

第五篇：针对国外央行官员发言的评论

第五篇是笔者对货币金融体系有关的全球主要经济体央行官员和国际标准制定机构的官员的发言的点评。因为版权原因，所有发言的中文译文通过"数字资产研究院"的微信公众号免费提供给读者。读者可以扫描笔者点评文字后的二维码直接访问发言的中文译文。所有发言的中文译稿由笔者亲自翻译或校对。发言人具有广泛代表性，包括如美联储理事、纽约联储主席和副总裁、国际清算银行总经理、金融稳定理事会主席和欧洲央行执委等，也有欧盟领导国德国和法国央行行长和央行执委、非欧元区欧盟国家丹麦和挪威等国的央行行长，发言覆盖广泛的与本书主题相关的话题，如全球货币金融体系、加密资产、稳定币、支付、央行数字货币、金融主权和金融包容性等。这个群体是塑造数字货币顶层制度和秩序的决定性力量，因此他们的思想、决策和行动，对于数字货币未来格局至关重要。

■ 国际货币和金融体系面临的数字挑战

欧洲央行执行委员会成员 Benoît Cœuré 于 2019 年 9 月 17 日在卢森堡中

央银行——图卢兹经济学院关于"国际货币体系的未来"会议上做如题发言。这是一次高屋建瓴的发言，分析了数字潮下国际货币竞争和体系重塑的关键要素。G7《全球稳定币评估报告》指出，全球稳定币"带来了额外的公共政策挑战，包括竞争政策、金融稳定、货币政策传导以及国际货币体系的长期影响"，但报告中仅讨论了前三者而对"国际货币体系的长期影响"未着一字。此次演讲内容与G7报告形成互补，可以认为是报告的"未尽之言"，可能是发言人最想表达但又极具争议因此没有写入官方报告的内容。发言认为私人数字形式的货币将更容易挑战美元霸权地位，因为庞大用户基数带来的货币切换成本的降低以及国际货币使用驱动因素的可能变化，如便利性和与隐私相关的偏好。数字化能显著改变货币相互竞争的方式，未来国际货币和金融体系格局可能存在三种均衡，维持现状、合成霸权货币和数字货币区，第三者更具颠覆性。

■ 致 20 国集团财政部长们和央行行长们

2019 年 10 月 13 日 FSB 主席给 G20 财长和央行行长的公开信着重讨论了全球稳定币的潜在金融稳定性风险。公开信指出，具有潜在全球影响力和规模的稳定币项目必须符合最高监管标准，并接受审慎监督和监管。G7 稳定币工作组正在把监管问题的工作移交给 FSB。FSB 已经成立了一个工作组形成监管政策。FSB 将于 2020 年 4 月向 G20 财长和央行行长提交一份咨询报告，并在 2020 年 7 月提交最终报告。这表明全球监管机构已形成共识开始去制定针对稳定币的监管政策建议，这将为稳定币的推出做好法律和监管的准备。

■ 加密资产在支付系统中的作用

法国央行第一副行长 Denis Beau 先生于 2019 年 10 月 15 日在伦敦举行的官方货币和金融机构官方论坛会议上的讲话。发言讨论了加密资产为支付系统带来的新机会以及挑战，承认加密资产为支付系统带来的创新价值并指出了风险，强调了央行通过尝试发行央行数字货币和加强全球政策协调等来应对这些挑战。他承认加密资产具有独特的金融、货币和技术的特点，因此有优势也有缺点。针对加密资产带来的机会和风险，公共当局应适当回应，本着既解决风险也保护创新的原则。央行可以发行公众使用的零售央行数字货币和只有金融中介机构使用的批发央行数字货币，来改善现有的结算资产的条件。央行可以做的一个贡献是解决跨境零售支付的缺陷。

■ 数字货币、稳定币和不断发展的支付格局

美联储理事 Lael Brainard 在 2019 年 10 月 16 日发言中系统地阐述了美联储在稳定币、央行数字货币和支付创新方面的立场和逻辑。发言表现出对 Libra 明显的偏好，因为其庞大的用户基数和全球扩张速度和渗透力。虽然提到 Libra 必须解决一系列法律和监管问题才能上线，但这是监管机构的合理关切。笔者一直认为，Libra 代表了美元霸权在数字经济世界的延伸，Brainard 理事的发言为这个判断做了很好的解释。Libra 的命运只取决于美联储，因为美联储实际上承担了全球央行的角色，在货币体系顶层制度设计和政策制定方面拥有权威。

■ 丹麦国家数字化经验

丹麦央行行长 2019 年 10 月 16 日在纽约 SUERF 会议的讲话分享了丹麦国家数字化的经验教训。丹麦是一个高度数字化的国家，可能会成为最早的无现金国家之一。丹麦国家数字化领跑全球最重要的经验有两点：一是政府远见卓识建立起国家级的身份识别制度，为公共战略和金融部门数字化奠定基础；二是合理的制度（灵活的劳动力市场和福利制度的结合）让丹麦人更乐意拥抱变革。

■ 掀开支付未来的帘幕：从科技巨头和金融科技企业到智能手机和稳定币

德国央行执委 Burkhard Balz 先生于 2019 年 10 月 30 日在德国日本研究所

数字化圆桌会议上的讲话着重讨论了科技巨头、用户支付行为的变化和 Libra 稳定币对支付的影响。作者的发言更多体现出欧洲国家在金融科技和数字化浪潮下的忧虑和危机感，也提供给读者一个快速了解欧洲数字化、支付和央行数字货币等概况的机会。

■ 货币市场和联邦基金利率：前进之路

2019 年 10 月 17 日纽约联储主席 John C. Williams 在纽约 2019 年外交部展望会上的讲话准确地描述了美联储货币政策的操作框架，具有超越教科书的意义。美联储主要通过控制联邦基金利率来实现最大限度的就业和物价稳定两项目标，通过"充足储备"制度来维持联邦公开市场会员会（FOMC）所期望的利率。充足储备框架有三个要素，其目的在于保持联邦基金利率在目标范围之内：（1）为银行提供在美联储持有的"充足"储备金；（2）利率，包括美联储自己设定的利率，以及影响联邦基金利率的利率；（3）公开市场操作，即纽约联储交易室执行 FOMC 的指令，可以通过直接购买或回购国债和机构债券来永久性或临时增加系统中的储备水平。发言还着重强调了重要的回购基准利率，即有担保隔夜融资利率，或 SOFR。它被选择作为伦敦银行同业拆借利率 LIBOR 的替代。点评中分析了 SOFR 代替 LIBOR 的原因，以及对中国利率市场化的重要启示。

■ 货币颜色的变化——支付系统、货币的新方向

本文为 BIS 总经理 Agustín Carstens 于 2019 年 11 月 13 日发表于《新加坡商业时代》的评论文章。本篇评论通过介绍 BIS 创新枢纽的首次登台亮相向世界宣告了其重大使命。BIS 同时任命了即将卸任的欧洲央行执委 Benoît Cœuré 作为这一机构的负责人。这位资深银行家领导了 10 月结束工作的 G7 稳定币工作小组并继续领导金融稳定理事会的稳定币工作小组，是目前全球稳定币顶层治理结构设计的最核心人物（没有之一），凸显了 BIS 希望再次引领全球央行在数字货币创新的雄心。作者强调为更好地服务公共利益，货币本身

不需要为持续变化的环境而重新发明，重点应放在改进货币的提供和使用方式上。作者倾向于不改变货币制度的根本。不过在是否允许大型科技公司管理全球稳定币的问题上，作者并没有给出明确答案。

■ 央行眼中的现金和数字货币

德国央行执委 Johannes Beermann 博士在 2019 年 11 月 22 日中国深圳支付亚洲峰会上发表主题演讲，讨论了现金提供了独特的独立形式、数字支付增加了支付方式的多样性以及 CBDC 作为现金替代品的话题。在德国和欧元区，在数字浪潮中，现金的使用和流通水平仍然很高，因为现金提供了三种独特的独立形式——独立于一个人的社会经济背景、独立于技术生态和独立于社会控制和数据收集，这些特征使得现金有助于加强金融包容性、维护社会凝聚力、保护用户被锁定到特定的支付生态系统以及保护用户的个人隐私等。发言指出，向现金较少的社会过渡必须由用户而不是供应商推动。发言认为，批发 CBDC 是现有结构的改进，对货币政策影响很小或者根本没有影响，因此是可以发展的，但零售 CBDC 涉及对现有经济关系范式的改变，因此影响太大需要谨慎对待。点评认为，中国在支付和数字货币方面的创新，虽然领先但显得冷冰冰，缺乏德国/欧洲那种温度和人文关怀；中国与欧盟在 CBDC 创新方面的差异，体现了主权意识和超主权背后的反国家意识的区别。

■ 数字世界中的欧洲金融主权

2019 年 10 月 17 日，法兰西银行（即法国央行）第一副行长 Denis Beau 先生在巴黎"科技金融协会"会议上发言并讨论了数字化热潮中欧洲金融主权的问题。这里有两个有趣的话题，什么是金融主权？为什么欧洲有这种担忧？数字化浪潮正在深刻地改变金融行业的商业模式，最突出的特征是大型科技企业基于数字优势（如庞大客户基数的网络效应、大数据和数据处理经验）和现金储备渗透、主导一个市场并建立进入壁垒，让传统金融企业产生严重依赖甚至被脱媒。在应对欧洲金融主权的挑战时，作者认为应坚持三项基础：明确地评估；以足够开放的思想提出适应新范式的框架；集体创新的勇气。点评认为欧洲忧虑金融主权的根本原因，是因为欧洲虽然已经基本形成一个统一市场（欧盟）和货币联盟（欧元区），但实际上欧洲一直未能在互联网大潮下形成本土的互联网科技巨头，其传统互联网领域基本被美国科技巨头，如 Google、Facebook、Apple 和 Amazon 等所垄断。点评认为，欧盟国家在应对金融主权挑战时的策略值得中国监管当局借鉴。中国通常做法是针对创新（如近几年的 P2P、金融科技、加密资产等）给予一定灰度空间，让行业在不确定和不可预测的环境下自发野蛮生长，在产生负面结果后进行"一刀切"式的粗暴监管。各个公共部门之间也缺乏沟通和协作，难以形成一致和协调的监管框架。因此法国监管机构在面对挑战时开放的思想和切实创新态度尤其值得中国借鉴。

■ 数据、技术和政策协调

BIS 总经理 Agustín Carstens 先生于 2019 年 11 月 14 日在新加坡举行的第 55 届 SEACEN（东南亚央行总裁联合会）行长会议和主题为"数据和技术：拥抱创新"的高级别研讨会上发表了主题演讲。BIS 总经理在演讲中讨论了个人数据在数字金融创新中的作用，提出了由此带来的金融稳定性、公平竞争和数据保护等方面的公共政策目标的复杂均衡，强调了未来国际和国内政策协调的必要性。个人数据对金融服务的价值毋庸置疑，但如何最好地定义数据的权限或对数据的控制，基于数据使用的收益分配以及对竞争的影响，都存在问题。针对三项公共政策目标复杂的均衡，存在诸多挑战，包括：明确界定个人数据的所有权；数据使用的网络效应；不同国家和不同年龄组对数据隐私的文化观有不同；如何处理数据，以及歧视、金融排斥和剥削的可能性等。政策考虑面临三个挑战。首先，国内层面，央行和金融监管者可能尚未了解个人数据问题的最新情况。其次，在国际层面，个人数据使用的法规存在很大差异。再次，所有相关国际当局就金融中个人数据问题进行讨论和协调也面临挑战。BIS 可以从两个方面为有关数据的国际讨论做出贡献。首先，与全球标准制定机构合作，可以在国际公共部门当局之间召集协作性的讨论。其次，BIS 创新枢纽可以帮助开发与个人数据相关的公共产品，包括数字身份和所谓的全局堆栈。BIS 力图在央行的创新努力中发挥领导作用。

■ 数字时代的金融包容性——如何改变现状

法国央行第一副行长 Denis Beau 先生于 2019 年 11 月 13 日在 2019 年新加坡金融科技节上作的小组讨论，介绍了法国央行在支持金融包容性方面所做的工作，分析了数字化如何改变对待金融包容性的方式，讨论了法国央行如何适应数字时代和使用数字工具以进一步完善有利于金融包容性的政策和行动。发言内容相对简单和清晰，因此笔者无意针对发言内容做点评，但希望借"金融包容性（也称普惠金融）"发挥一下。"金融普惠"是一个被几乎所有金融机构滥用的词，用来凸显自己的社会责任感和道德高地。在银行业这个天然具有垄断性的行业里面谈"普惠金融"是一件很可笑的事情。在不改变垄断本质的前提下，为不能访问银行服务的人提供基础的银行服务，最多只能称为"改善服务质量"，绝对没有资格自称"普惠金融"。点评讨论了数字时代下的"终极普惠金融"应该是：人人无门槛参与铸币；人人以合理的成本使用资金；公平地度量每个参与者对货币生态的贡献并给予奖励；健壮、金融稳定和可持续发展的货币金融体系。

■ 一个国家拥有支付系统有多重要？

挪威央行副行长 Jon Nicolaisen 先生在 2019 年 11 月 14 日奥斯陆挪威金融支付会议上的讲话认为，支付市场新的结构化的特征，如垂直整合、国际化、新的市场进入者和供应商集中度提高，都表明挪威央行必须评估自己将如何发挥作用。支付市场的垂直整合让传统产品公司极大地延伸了在支付价值链上的影响力。支付系统的所有权越来越被国际资本所拥有，这引发了支付系统不从挪威社会的最佳利益出发的担忧。从支付效率来看，更便宜和更安全的IT 基础设施的发展以及其他国家在发展实时全天候支付结算方面的进展，都激励了挪威央行考虑建立一个中立平台和一组规则以支持所有类型的支付在央行可以直接实时结算。挪威的银行和私人金融基础设施提供商依赖于极少数 ICT 和数据中心提供商，这可能对一些具有系统重要性的机构形成挑战。点评将中国的支付体系和大型科技企业的创新与挪威或欧洲做一个比较。总体来说，中国在支付技术、大型科技企业的数字货币创新以及对他们的有效监管方面，都显著领先于全球其他国家。

■ 金融科技和大型科技公司以及中央银行——利益冲突还是共同的使命？

2019 年 11 月 11 日，德国央行执委 Burkhard Balz 先生，在德国驻新加坡大使馆发表演讲，介绍了德国金融科技的概况，分析了大型科技公司带来的风险和对公共政策的影响。点评对比了中国与德国的大型科技公司的发展和监管。蚂蚁金服和腾讯已经成为全球大型科技企业最典型的代表。他们的发展历程除去自身的庞大用户基数、品牌、巨大的技术和财务优势之外，还与中国单一市场优势、2008 年全球金融危机（GFC）后中国宏观经济和金融的相对稳定的优势以及中国的监管智慧密不可分。相比较对大型科技企业的监管，中国对其他金融科技领域的监管，如 P2P 和加密资产行业等，就显得相对简单、直接和粗暴。

■ 走向明天的零售支付——欧洲的战略

欧洲央行执委 Benoît Cœuré 先生在 2019 年 11 月 26 日于布鲁塞尔举行的欧洲中央银行和比利时国家银行联席会议上就"跨越明天的零售支付的鸿沟"的讲话，表达了欧洲金融精英群体对欧洲支付系统自主性的忧虑以及应对措施——欧元体系零售支付战略，该项战略的核心是市场化的泛欧零售支付解决方案。发言认为，完全依赖非欧洲的和新的生态系统可能带来两种风险。第一，全球稳定币带来的未经验证的性质的风险。第二，可能损害欧洲支付系统自主性和弹性。拥有全球市场力量的服务提供商不一定会从欧洲利益相关者最佳利益出发。其他国家的货币力量不会从欧盟的最佳利益出发，甚至被用来对付欧盟。点评分析了欧洲实施零售支付战略的挑战有两点——全球大型科技公司的挑战和欧洲国家的碎片化，认为欧洲最佳应对方式应该是巩固和扩大欧元贸易结算量和发行零售的欧元央行数字货币，但欧洲金融精英因为希望保护商业银行利益而选择自断手臂放弃了零售 CBDC 方案。这里本质的原因是零售 CBDC 意味着央行削弱商业银行创造货币的权力。因此欧洲所谓的零售支付战略，只是在面临全球大型科技公司在跨境支付和数字货币创新带来的挑战时，欧洲金融精英的权宜之策——丧失（主权政府的）货币主权和零售支付的阵地，还是从商业银行回收一部分铸币权给"央行"（政府）以增强抵御其他货币对其主权的侵蚀。欧洲金融精英的选择反映的是欧盟超主权理念背后的反国家意识和削弱成员国主权。

■ 现代金融科技的风险与收益，源自 17 世纪的教训

荷兰银行总裁 Klaas Knot 先生于 2019 年 12 月 2 日在阿姆斯特丹召开的 RiskMinds 国际研讨会第一天"风险监管峰会"上，以阿姆斯特丹银行货币治理失败的历史教训为例，讨论了现代金融科技的风险与收益。阿姆斯特丹银行作为存款和支付银行成立，在长达 170 年时间内拥有绝对安全的资产负债表，但 18 世纪 70 年代后期在服务客户时不时偏离其章程——通过透支向市场参与者提供流动性援助。储备资产的质量逐渐消失，到 1795 年因挤兑破产时其金属库存仅有 25%。该银行对现代的经验教训是：金融创新和风险管理是所有时代的共同点；私人发行稳定币存在根本悖论——要求完全储备以建立信任，但也限制了清算流动性。现代金融科技的收益有：在传统金融机构可能忽视的领域出现商机，为新进入者开辟了道路；为社会福祉和福利带来巨大潜力；消费者从中受益。金融科技活动仍然需要承受传统风险，如流动性错配、潜在的挤兑、投机泡沫、公司达到足够规模后形成系统重要性等。金融科技的风险和收益之间面临复杂均衡：技术本身目前并不对金融稳定性造成重大风险，但大型科技公司进入金融服务领域可能对金融稳定性带来风险。

■ 美国针对加密货币的监管和方法

纽约联邦储备银行法律组执行副总裁 Michael Held 先生于 2019 年 12 月 3

日在巴塞尔的国际清算银行央行法律专家会议上的发言重点介绍了美国针对私人发行的数字货币的监管格局，称美国政策制定者和监管机构尚未制定出监管私人数字货币的总体框架。Held 回顾了美国历史上私人发行货币的历史——自由银行时代和"野猫银行"，认为当今的数字货币与"野猫时代"发行的银行券之间存在某些相似之处——数字货币是在缺乏完善的监管体系的情况下发展起来的。虽然各家联邦监管机构都表现出将现有监督工具用于数字货币的意愿，但监管效果一部分取决于数字货币的功能使用，一部分取决于有权监督数字货币的各种立法者和监管机构的优先事项。这里存在的挑战有，数字货币的资产类别（商品、证券或货币）的边界模糊；各州方法有不一致处理的风险，可能有对许可标准进行"底线竞速"的风险；联邦银行监管机构对数字货币的发行、持有和转移等活动的可准许性基本上保持沉默。

Held 发言两周后，12 月 19 日福布斯文章称美国国会正在起草和讨论《2020 加密货币法案》，法案初步审核内容将数字资产分为三类，并将数字资产的监管权按三种类别——加密货币、加密商品和加密证券——分别分配给金融犯罪执法网络、商品期货交易委员会和证券交易委员会。设计的监管方案缺乏跨部门协调、美联储作为最适当的监管者"可耻"地保持沉默，这体现了美国国内针对数字货币行业强大的监管游说力量。

■ 单一货币：未完成的议程

欧洲央行执行委员会成员 Benoît Cœuré 先生于 2019 年 12 月 3 日在布鲁塞尔欧洲央行代表处的讲话指出，欧洲央行既需要加强体制框架以使货币联盟更具弹性，也需要实施正确的政策以提高经济的增长潜力。发言中阐述了"欧元区的三道防线"：（1）要完善单一市场，特别是服务业，促进资源有效分配和成立资本市场联盟。（2）建设可持续和促进增长的财政政策。有财政空间的国家应该利用它来促进投资。债务高企的国家应调整其政策，以便在将来重新获得财政空间，从而限制他们对邻国带来的风险。所有国家都可以提高支出质量。（3）加强有效的区域工具包——统一存款保险计划、共同的财政能力和共同的安全资产。Cœuré 以直截了当的方式道出了欧洲央行权力核心的政治诉求——获得欧元区成员国财政政策的权力。当作为经济与货币联盟的欧元区的成员国政府，将自身的财政权力从民选政府移交到未经选举的欧洲央行技术官僚手中时，欧洲央行将成功地实现经济、货币和财政联盟的政治目标。在已经移交了外交权力（到欧盟政府）、军事权力（到北约）、货币和财政权力（到欧洲央行）以后，成员国政府还剩下什么？将会扮演什么角色？最可能的结果是变成一场财政战争中代表金融征服者来对付本国人民。理解这些逻辑有助于理解国际货币和金融体系格局，以及欧洲央行在面临数字货币革命时的应对策略。

■ 央行数字货币与创新支付

法国央行行长、法国审慎监管管理局（ACPR）主席 François Villeroy de Galhau 先生于 2019 年 12 月 4 日在巴黎 ACPR 的讲话讨论了与支付行业私人举措相关的进步和挑战，并且重申了法国央行作为监管者的双重目标——维护信心和支持创新。作为 G7 轮值主席国法国的央行推动了对 Libra 为代表的全球稳定币的调查工作。从支持创新角度，法国央行在大力推进真正的泛欧支付解决方案，作为针对支付行业私人举措挑战的应对。为应对国际货币和金融体系未来面临的挑战，法国央行可能会创建 CBDC。发行 CBDC 有三项理由——维护公众对金融体系的信心、央行货币"代币化"后的降本增效和在应对 Libra 等私人举措时有强大的杠杆可以维护货币主权。法国央行至少应该先发行批发 CBDC 以成为世界第一个这样的发行人，获得基准 CBDC 的好处，对零售 CBDC 保持高度警惕，因为在流动性、盈利能力和银行中介行为方面产生潜在的负面外部性。法国央行在 CBDC 方面的立场和欧洲央行一致——不仅体现了法国人的政治投机心态，不放过任何一次充当世界领袖的机会，也体现了在面临 Libra 等私人举措挑战欧洲货币主权时，欧洲金融精英选择维护商业银行的铸币权优先于维护欧洲货币主权的复杂均衡。

导论：还原货币历史真相，
以科学的态度发展数字经济

第一节　缘起和概述

人生总是这么有趣，作为长久以来对码文字和画演示文档深恶痛绝的计算机博士，我竟然现在要写人生第一本公开出版的专著，而且是在一个与我10年计算机博士教育背景和15年金融科技职业和创业生涯看起来相隔遥远的领域。我将在这本书里面讨论货币的起源、通证经济理论、货币竞争要素和全球体系、以 Libra 为代表的全球稳定币和以中国的 DC/EP 为代表的央行数字货币的理论、治理、监管和公共政策影响等，就是不讨论技术。

2019年6月18日，Facebook 发布 Libra 白皮书，激发了全球范围对数字货币/稳定币的关注，我应邀撰写了《从货币金融体系的历史、现状和未来评价 Libra》一文，发表于巴比特。迄今为止，此文仍然是中国互联网上阅读量最高的有关 Libra 的主题评论，也有幸此文发表后被收录进由著名经济学家朱嘉明老师领衔的数字资产研究院编辑出版的全球第一本 Libra 专著《Libra：一种金融创新实验》（以下简称《Libra》）。

2019年8月，《Libra》新书发布之前，朱老师希望我在年底之前完成一部个人专著，并表达了对《Libra》出版的遗憾：时间仓促，在6月底之前截稿，因此大家对 Libra 相关的问题研究有待深入；新书也没有给予更广泛的话题，例如央行数字货币等足够的讨论空间。我向朱老师表达了忐忑，认为自己尚不具备驾驭这些话题的广度和深度并形成一本专著的能力。朱老师拍着我的肩膀鼓励我："你之前的文章体现出你做研究足够深入、洞察足够深刻、文字表达足够充分，你要相信自己有巨大的潜力。"

在朱老师的鼓励之下，我开始投入这本书的准备工作。这是一个快速变化、充满活力的领域，从 2019 年 8 月到现在，经历了多个话题的讨论和演进，包括全球央行数字货币及其中国版本的 DC/EP、Libra 监管困局、全球稳定币的监管共识等。这本书集结了过去半年研究、思考和写作的成果，一部分内容已经通过各个媒体，如财经、财新、巴比特、火星财经等得到广泛传播，一部分内容是基于已经发表内容的修改，一部分内容属于首次发布。

媒体的好处是短时间内能够得到广泛的传播，但缺点是时效性太强，短暂的传播热潮之后读者不容易获得作者系统和完整的思想。我对自己所撰写的每篇文章都有一个最基本的要求，要经得起时间的检验。互联网、新媒体、自媒体降低了内容创造和传播的门槛，也显著提升了读者选择优质内容的成本。自媒体从内容和形式上对读者的"快餐、速食"阅读习惯做了"优化"，也限制了我的文章的传播，例如选题、篇幅、深度和写作方式等。我倾向于选择根本性的问题而非追逐短期热点；喜欢在一篇文章里用足够的篇幅把一个问题分析得深入、透彻和全面，而不是把一个问题分解成很多碎片，通过看起来"易读"的短文字去迎合读者的阅读和传播习惯；倾向于深入分析而非流于表面或口号式的，也喜欢把自己尚未想清楚的问题抛给读者供开放地讨论，这也可能让读者视阅读我的文章为畏途；倾向于使用严肃和严谨的写作风格，因此文字可能缺少一些温度和亲和力。不过，我一向坚持，只有经历过自己深入思考的内容才能真正变成一个人的知识。因此，我认为通过一本书比通过互联网、自媒体能够让读者更系统全面、更有效地理解我的想法，这样我的文章能够给大家的工作有实际的影响力和价值。

我首先在第二节里回顾一下自己的计算机教育、金融科技的职业和创业经历，这里有较多技术内容的探讨，但全书仅在这里有技术的讨论；第三节检讨自己因为傲慢与偏见错过了 2013 年成为比特币早期创业者的遗憾往事，并且在上次创业失败之后，我明确了自己的历史使命——希望去实现中本聪未竟事宜，创造真正的数字货币金融体系，以及为实现这个目标，我决定以独立学习和研究的形式补充自己在货币金融理论方面的短板；第四节分析了过去两年独立学习和研究历经的挑战，以及我的应对措施；第五节描述了迎来 Libra 的历史性机遇之后，我幸运地遇到朱嘉明老师之后，在独立学习和研究的路上走得更快和更远；第六节总结了独立学习和研究的基本原则；第七节展望了当前的历史性机遇和我（们）的使命；第八节是致谢。

第二节　历史机遇的错失——回顾进入这个领域的背景和动机

本节是本书唯一一处讨论技术的内容，主要回顾了我的教育背景、职业和创业经历。希望通过展示我的工程技术背景表明我为参与数字经济做好了工程方面的准备，并且多次创业经历也为我做好了未来商业实践的准备。对技术不感兴趣的读者可以直接跨过进入下一节。

我于 2017 年年底全力投入比特币和区块链领域的，看起来并不是"早鸟"。不过现在并不太感到遗憾，因为回顾自己过去的教育、职业和创业经历，会发现每段经历、每个重要抉择，都在使自己为未来的某项使命做准备。

1994 年我进入清华大学计算机科学与技术系学习。在清华的头两年，我有幸和一群国际奥赛金牌获得者和各省前 10 名的同学在"实验班"学习，从实验班走出了多位包括 IEEE 院士在内的我辈翘楚。在清华的环境里面我实属平庸之辈。在计算机系，编程水平是评估一位"大神"的硬指标，多位"大神"都抵得上十个龙白滔。我自己唯一的"特长"可能是喜欢系统底层技术。1996—1997 年大家都在外面接一些类似 Foxpro 的数据库开发工作，我天天泡在实验室捣鼓 SoftICE/Windows SDK/Windows DDK/Windriver/ 网络编程 / 异步

IO/Linux 的玩意儿。

本科的最后一年和硕士阶段，我与胡华智[①]一道创立了五矿腾龙，这可能是中国第一家流媒体企业。我的硕士研究课题和创业项目都有关高性能媒体服务器和网络视频，在他们的系统架构设计中着重参考了 Apple Darwin 的全异步任务分配与调度（类似现在的轻量级进程）机制，大规模使用了 Windows 平台上高级的异步文件和网络通信机制，如我在 1998 年就开始使用 IO 完成端口技术了。

2002 年年初第一次创业失败后我回到学校继续完成博士学业，这次经历给我留下的阴影是未来不想继续技术研发的生涯，所以刻意回避编程，甚至博士课题中需要的网络仿真编程，我也是请他人帮忙完成。

博士阶段的课题是应用层组播，它的另一个更流行的名字是 "peer-to-peer network unicast"，是不是很熟悉？我确实曾考虑过借助家庭网络节点的带宽来提升整个传输网络的吞吐量、降低延迟和提升网络弹性，但苦于从经济层面缺乏动机。谁想到，现在的通证模型是最好的解决该经济动机的方案，目前已经有多项基于这种思想的 P2P 网络传输技术投入大规模运营。

2004 年博士毕业后我刻意地没有寻找技术方向的职业机会而选择进了著名的 IT 咨询公司埃森哲。我的想法是在这里完成从工科到商业咨询背景的过渡，下一步去商学院深造。

虽然我并不喜欢咨询这份需要很好画演示文档能力的工作，但至少不用编程了，心底还是欣慰的。没想到，这种幻觉仅仅维持了不到半年。半年后我被派到上海证券交易所的项目上，很快迎来人生的第一次高光时刻。

---

① 胡华智是亿航无人机的创始人，在 1998 年我和他一道创业时，他就是无人机的超级发烧友。他在无人机领域取得的商业成功证明了人要做自己最喜欢的事情。

这是当时埃森哲内部全球瞩目的高规格项目，国际化团队超过 100 人。客户一眼就挑中了我的简历，原因很简单，甲方团队里有三名清华计算机系背景的博士（包括总负责人白硕），而我是乙方团队唯一的一名博士，还是清华计算机系毕业的。

我进入项目后被分配进了撮合引擎组，从此我的人生和这几个字关联在了一起。这是一个系统实施的项目。项目上每个人几乎都需要编程，而我因为前面说的原因，已经两年没有编过程序了。

项目上超过一半同事来自国际团队，如德国、美国、马来西亚等。当时，全球 70% 的交易所都是埃森哲设计实现的，包括纽交所、纳斯达克、伦交所、德国交易所（当然后来这些交易所有的合并形成更大的洲际交易所）。第一个月是煎熬的，我每天都在"编"还是"不编"中挣扎。当初选择埃森哲，不就是为了未来不用再编程吗？

埃森哲的企业文化很特别，笃信"人定胜天"。不管新人什么背景，只要扔到一个项目里，很快就能适应项目的技能的需要。例如，这个项目就有很多外语专业毕业的同学每天努力学习 COBOL 甚至 C 语言编程。

不到一个月我投降了，因为从最顶层的合伙人到刚入职的新毕业生，每天都在做同样一件事情——编程序。考虑到中断编程已经有两年，我买了一本谭浩强的《C 语言程序设计》并准备把编程技能捡起来。感谢清华给我的扎实基础教育，以及上一次创业积累的工程架构经验，我很快在这里脱颖而出。

第一件事情是我自发为项目设立了 C 语言编程规范和最佳编程实践，并开发了很多自动化代码检查工具。项目有大量非计算机背景的文科生程序员；DEC Alpha 小型机的开发环境只提供最有限的编译链接支持，不提供 IDE 和各种强大的语法和代码检查工具。我的工作显著提升了代码交付质量。三个月后，我被任命为项目首席程序员，之前这个角色是一位德国经理（比我当时高一个级别）担任的。

第二件事情是我开始对项目核心架构设计发起挑战，因为过去的工程背景让我对交易系统的工程项目有深刻洞察。项目技术总架构师是一个希腊老先生，合伙人，据说过去 20 年都在做交易所，并且代表埃森哲提出了"交替式内存撮合"的撮合引擎全球专利。每当我挑战其技术决策时，他总喜欢以"my experience tells me that..."开始他的应答。这引起我强烈反感。当年的我也是年轻气盛毫不相让，官司经常打到项目负责人甚至客户那里。没想到 10 多年后，当我被自己创业公司里的"90 后"程序员挑战时，我也不自觉地说"我的经验是……"。

真正的转折点来自第一次用户验收测试。非常遗憾，它是一次完全的失败，不仅系统崩溃，而且当时完成的系统性能指标只有合同约定 SLA[①] 的不到十分之一。客户震怒，埃森哲海外团队高层全部被客户"炒鱿鱼"。我被任命为项目首席架构师，到后期是项目负责人，承担起拯救项目的责任。根据埃森哲与客户的约定，如果系统不能达到约定的 SLA，埃森哲不仅要退还项目费用，还要支付两倍罚金。项目开发费用 1500 万美金，那还是一个一美元兑换八元人民币的年代。

简单地说一下当时我面临的挑战在哪里。国家级交易系统被誉为所有金融核心业务系统里面的王冠，因为它对技术的极致追求，特别是考虑到中国的社会经济生态的特殊性，任何技术的不稳定都可能演变成社会性事件，因此中国对此类系统的要求比全球任何国家都要极端，吞吐量、延迟、系统稳定性、可靠性、事务完整性和一致性等。撮合引擎本身是计算密集型和 IO 密集型任务，而 DEC Alpha 服务器虽然可以有 64 颗处理器，但只提供进程而没有线程。针对单个产品的交易性能无法通过水平扩展，只能通过硬件垂直扩展和极致 / 精巧的软件架构和编程技巧实现对处理器的充分利用。在 64 颗处理器的小型

---

① SLA: Service Level Agreement，服务水平协议。

机上，我的程序要做到在单个进程内通过全异步系统实现多个同步计算操作和大量异步磁盘 / 网络 IO 操作，几乎 100% 的无锁操作等。事务的一致性体现在内存、进程间和服务器集群内部。内存一致性无法依赖商业数据库，需要自行从头设计和实现基于虚拟内存的内存事务管理。任何失效恢复事件（无论是进程内、进程间、主机间、集群间）都不能影响数据完整性，不能对市场有任何影响，而市场仍然可以保持常规报单速度。几乎所有数据都是在 64 颗处理器的进程之间共享（增删改查），包括数亿条中国人的持仓数据（投资者账户类型 + 投资者账户识别符 + 交易品种的组合）、全天所有订单和成交，以亿计算。例如，仅考虑持仓数据查询，某个进程需要在一秒内完成数百万次对数亿条持仓数据的查询。除撮合之外，整个系统还要保证全市场报单进入的流畅性和全市场成交和行情数据广播的流畅性。进入的报单在任何极端情形下（例如发生失效）都不能丢失、乱序和重复，不能拥塞市场报单；向市场广播成交数据也是如此。例如，一个真实测试案例，所谓"一撮 100 万"，在一个交易周期内（可能百分之一秒），一个买单可能与反方向的 100 万个卖单进行撮合，这样会产生超出正常情况下 1000 倍的需要广播的成交数据，系统被要求设计成能够平滑处理这样的极端情况，海量的成交数据需要被内存存储、永久化和网络广播。任何软 / 硬件资源耗尽 / 失效的情况，如操作系统、内存、处理器、网线等，都必须保证数据的完整性和一致性。

在代码层面，我个人贡献了整个交易系统 C 语言核心代码约 4 万行的 90%，这里有不少细节的架构设计和编程技巧。我曾经与技术大咖陈利人讨论持仓数据的数据结构设计，被热心的微信群友梁寒写成了《史上最强算法论战：请不要嘻哈，这是哈希》广为流传。不过也确实被人鄙视，例如我的一位清华计算机系的奥赛金牌师弟就在微博公开鄙视"这是什么破玩意儿"。其实，大型计算机系统最需要的并不是算法层面的小聪明，它更多体现的是全局观和抽象能力，以及在适当的时候选择 / 设计合适的算法和数据结构。我不怀疑这位师弟的单兵编程能力能顶得上十个龙白滔。但我在 2005 年的时候面临了这么一个历史性的机遇并且很漂亮地把它完成了，到今天为止这一系统仍然在为大部分中国人服务。

最后埃森哲有惊无险地通过了考核，在我的领导之下，项目取得的成就是多方面的。首先，系统指标全部超越 SLA 要求，在非交易需求方面大幅超越。其次，满足多方面业务需求，如交易、非交易、系统启动 / 恢复、与第三方系统对接（如登记结算等）的技术架构从之前的分散到统一到一个被反复重构优化的架构，系统核心代码数量减少四分之三以上，极大提升系统的可维护性。

项目也遗留了大量的遗产。首先，埃森哲中国金融服务领域的精英超过半数来自这个项目，包括我的两位平辈分别成为平安和复星的集团副总，我的直接上司后来从埃森哲退休加入马来西亚证监会任监管加密货币交易所的高官。其次，项目成为埃森哲中国有史以来最成功案例，即使放到全球范围内，也长时间保持全球技术最领先的交易所的地位。最后，系统从 2007 年上线以来，运行超过 12 年无一故障，支撑了全中国每天平均三分之二的证券交易量。我作为首席架构师也参加了 2007 年埃森哲对港交所新交易系统的成功投标。如果不是因为 2007 年夏天港交所收盘价被逆向工程，港交所高层引咎辞职新项目被取消，我将会是又一家全球前三的交易所的总架构师。

接下来两年时间我的工作主要集中在银行业咨询，最有趣的经历是与埃森哲法国团队合作将全球最先进的银行业务实践介绍给中国客户。在一年时间里，带领一个国际化的团队，用高绩效银行业务模型，帮助浦发银行完成新一代业务系统的业务、应用和技术规划工作。

不过在服务国内金融服务机构的过程中，我日益感觉到与业界最前沿的领域，例如云计算大数据等领域的脱节。因此 2013 年年初，我作为联合创始人兼首席战略官和第一名全职员工，加入了万向控股旗下的通联数据，它可能是中国最早的金融科技企业，专注于资产管理领域的云计算和大数据工作。我一部分工作是负责万向控股层面的金融科技战略，有机会近距离向中国比特币早期布道者肖风学习。在 2013 年，比特币的趋势是通联数据管理层管理例会的保留话题。肖风非常具有远见卓识地指出，比特币未来一定会颠覆传统金融行业，特别是投行，因为它完全取消了融资中介。通联数据很多小朋友利用业余时间"搬砖"，他们都成了比特币早期红利受益者。作为公司联合创始人，我为公司招募了云计算团队大部分骨干，大部分人后来都成了万向区块链的核心。非常遗憾，当时有非常好的比特币启蒙和学习环境，但我在第一时间认定它是一种传销工具，错过了成为比特币早期创业者的机会。

2014年，我以首席技术官的身份加入了北京中金甲子投资基金，负责金融科技、云计算和大数据领域早期项目的投资。我不确认自己是否会是一个好的早期项目投资人，因为没有足够时间去证明，在任内我曾经力荐过一些后来相当成功的创业企业，包括安全领域安天实验室和众享比特，大数据领域的百分点金融和法海风控以及后来被美团大众点评收购的屏芯科技等。

2015年5月至2017年年底，我创业了知象科技。知象定位于为专业量化资产管理者提供基于云端、端到端的量化开发、研究、交易、资管和风控的平台，从产品和技术层面最终是一家成功的公司。知象是彼时中国唯一一家支持金融级别/高频交易的金融云，是唯一与华尔街高频交易云Lucera可对标的中国企业。为满足金融级别的高性能、极低延迟和企业级安全隔离。自2013年我在通联数据就坚持了如下技术路线。通联数据做了短暂尝试，但因为过高技术挑战而放弃，我最终在自己创业的知象完整地实现了。首先，金融云底层是基于Erlang开发的去中心计算框架，实现了流言传播协议、矢量时钟、默克尔树、反熵算法等。其次，金融云的物理节点基于Open Solaris的后续版本SmartOS操作系统，提供企业级文件系统zfs、容器技术Solaris zones、接近物理网卡性能的网络虚拟化技术Crossbow（10年前，在Solaris平台上与现在Intel DPDK对等的技术）等，并且通过已经被移植进入Solaris内核的虚拟化技术KVM和bhyve兼容所有Linux/Windows计算任务。

可能到目前知象仍然是唯一一家有效支持股票高频数据的基于云端、端到端的量化平台。这是数十万行C++源程序构成大规模、高复杂度和任务关键型工程。以一个例子来说明其领先性：中国沪深两市每天产生高频股票数据

8000 万至 1 亿条，知象平台不仅轻松支持实时极低延迟地存储和分发全量高频数据，也能够在 5 秒以内查询并获得历史上任意交易日全量股票高频数据并在一分钟内完成（空转）回测。某传统交易所提供访问高频股票数据的云服务，但从来不敢公开展示其高频数据的功能。据传曾经一次展示获取和回放某交易日全市场股票高频数据耗时 24 小时也未能完成。

2017 年年底，我去加州安静地待了三个月，不用再去焦虑创业公司里面各种烦心事，有了足够的时间来决定人生的下一步。

第三节　傲慢与偏见让我错失了比特币早期创业机会。我的使命在哪里？

这个时候我第一次有机会把中本聪的比特币白皮书完整地读一遍。虽然自 2013 年第一次近距离接触比特币起，我就给它打上了"传销工具"的标签，但从来没有真正地去看过它的白皮书。有很好的工程背景和基本的经济学常识，我理解中本聪的白皮书的思想并不困难。简单地说，我认同了他的理想和发明。

什么导致了我在 2013 年对比特币的抗拒呢？答案很简单：傲慢与偏见。傲慢体现在甚至没有花最基本的努力去弄明白其基本原理，偏见体现在我基于自己的认知给它打上了标签，之后一直戴上有色眼镜去看待与之有关的所有事情，并拒绝与这个行业的主流群体交流。曾经有四线城市的亲戚打电话向我咨询比特币投资事宜，我告诉他，一种金融工具，如果已经传销到四线城市的居民都参与的话，金融骗局已经进入病入膏肓阶段了。过去我认为自己并不是一个保守的人，对创新的技术和事物都有很强的好奇心。那为什么在比特币的事情上面我自认的"创新"和实际的"保守"表现得如此分裂呢？过去我所好奇、拥抱的创新，基本在我已有认知框架范围之内，因此我能够快速对它们进行判断和接受。比特币背后所涉及的数字货币、密码学、博弈论、分布式计算、控制论等，虽然独立来看，都没有超出我的认知范围，但它们组合、裂变之后产生的对传统技术、商业、经济和社会的影响超出了我认知的"舒适区"。傲慢与偏见，是一个人世界观的一部分，与其受教育水平没有直接关系。一个人受过更好的教育，可能会扩大其认知"舒适区"，他看起来因此对更广泛的事物有好奇心，但实际上不会削减他本来的"傲慢与偏见"的程度。好的教育甚至可能深化本来的"傲慢与偏见"，因为一个人对自己的认知能力更加自信以致恶化了他对未知事物的判断标准。

虽然比特币有很强的基本面，但我相信短期它被群体性的投机行为放大并催生了巨大的泡沫。2017年年底和2018年年初，是数字货币ICO最高潮的时候，不断有朋友从国内给我来电话劝说："你这么好的背景不开交易所和发币真的是浪费了。"越是泡沫大的时候，越需要人能够看清前路。虽然我并不身处这个行业中心，甚至不在边缘，但我一直密切关注它的动态。在我看来，当时的ICO几乎100%都是骗局，交易所只是这个巨大骗局中最大的"镰刀"而已，这个行业的核心竞争力是底线和心黑程度。自认为有相对正常的"三观"，我如果选择贸然进入，不得不做和其他人一样的事情。我做不到比这个行业大部分人更心黑和底线更低。不仅项目方，投资人都属于极度投机的心态。我并不认为我这样的人有什么机会。我曾在2018年5月与某著名Token基金的投资人交流，被评价"你与玉红比较，缺乏某种基因"。我直接回怼："你是想说我没有传销气质吗？"

我相信泡沫不会永远持续，那么我应该以什么姿势切入这个领域呢？

从宏观大背景可知，2008年的全球金融危机催生了中本聪的发明。他试图在数字世界创造与现实世界对等的货币体系，让普通人重获"铸币权"，从根本上消除金融危机。但在2017年年底的时候，比特币作为一种通用货币的前途已经基本不存在，因为它实际上已经成为一种高度投机性的资产，具有不可预测的交易成本和处理延迟（不管它是否存在内在价值）。但毋庸置疑，比特币具有的安全、透明、匿名、不可撤销和流动性等特性，使其成为有史以来人类发明的最好的资产类型以及价值存储和转移工具。

但比特币设计的通缩机制使其不能达到通常理解的"货币"的目标，所以中本聪并不是神。比特币没能实现中本聪的既定"货币"目标，本质原因在于他本身对经济和金融，特别是货币相关的原理理解有限。从中本聪的白皮书可知，他的目标是货币体系，因此这个行业的理论基础其实是货币金融理论。

此外，这个行业仍然处于初级阶段，需要有正确的理论引导其健康地发展。因为缺乏正确的理论指引，行业里面充斥了各种金融骗局。随着骗局受害者增多，整个世界对比特币的认知理解加深，更多正常人投身到这个领域，影响它往健康的方向发展。我不清楚这个时间点什么时候到来。但在这一刻来临之前，我们应该做好准备。

我的目标是完成中本聪未竟事宜，建设真正的数字世界的货币金融体系。这对大部分非专业领域人士是一个很抽象的概念。

我为这个目标做好准备了吗？从技术和工程层面来看，是的。我的经历中包含P2P网络稳定性研究、国家级交易所的设计、去中心的金融云计算、量化投资完整技术平台体系、大数据和人工智能技术等，看起来除了缺少与密码学直接相关的经历，我的背景与这个领域的工程需求完美匹配。从理论层面来讲，虽然我有一些与金融业务相关的经历，但多集中在业务的流程和技术方面，缺乏直接对货币和宏观经济根本性原理的理解。

作为数字货币的创新者，创新的维度有关货币创造、供给、经济体的运行和控制（激励和抑制等）。如果一个创新者缺乏对这些基本问题的认知而叫嚣"创造货币新世界"，无异于白日做梦。对现实世界中货币体系运转、发生问题（如金融危机）的根源和潜在解决方案的理解，才真正有助于建立成功的数字货币金融体系。但学习经典理论和现实实践并不意味着在数字世界复制和照搬，而是为了避免再犯同样的错误。

在 2017 年年底，我并不认为自己已经为上述目标做好准备。我需要补充货币金融理论相关的知识。但这意味着我将抛弃自己的所有经历，进入一个完全陌生的领域。

作为一个已年过四旬的计算机博士，贸然进入一个完全新的理论领域意味着过去的教育和职业经验的"清零"，这对绝大部分人来讲可能都是不可承担的一种风险。因为无人确保这些理论知识未来真的发挥价值。从职业发展角度来看，也是进入了一个看起来完全反常的状态，从过去的技术专家、行业专家、创业者的角色变成了"学者"。我其实并不喜欢"学者"这个标签，货币金融理论的研究只是作为我希望承担一项历史使命所必备的技能之一。我现在缺乏这项技能，因此愿意花上一段时间投入精力去弥补它，仅此而已。

对使命的笃信来自对比特币创造的顽强生命力的信仰。过去 10 年我们已经看到比特币这种发自草根并体现了去中心和民主化的核心价值观的新生事物的顽强生命力，它穿越熊牛市并且对传统商业和社会的组织模式产生了颠覆性的影响。只要有正确的理论指导，只要真正体现和贯彻去中心和民主化的核心价值观，真正的数字货币金融体系是可实现的。我不一定是承担这项历史使命的最佳人选，但我相信这些价值观并愿意去践行它，我相信自己有机会创造历史。

我的人生进入了一个新阶段。

第四节　孤独的研究者——独立研究的挑战、方法和过程

对任何人来说，学习和研究与货币金融相关的理论都是极具挑战的，我

只能是孤独的前行者。

第一，货币是这个地球上最强大的力量，拥有货币特权的群体垄断了巨大利益。因此存在强烈动机，向公众掩盖货币的运转机制和理论。掩盖的方式是淡化和模糊货币和银行在宏观经济的作用，或者对反映真实的学术思想进行打压。美国银行家曾说过："我只要货币发行的权力，我不在乎谁执政这个国家。"货币的力量超越了所有的政权、政治、经济和军事的力量。英国金融服务管理局前主席 Adair Turner 勋爵指出，现代宏观经济学很大程度上忽略了金融体系的运行，尤其是银行扮演的角色，并批评经典金融教科书有关银行"金融中介"的理论是错误的，全球银行业的实质是银行通过贷款创造货币。通过几十年如一日的影响，一般公众很难了解货币体系运行的真相。几乎所有公众都认为流通货币是由政府（央行）发行的，但实质上绝大部分流通货币是私人银行创造的。《日元王子》的作者 Richard Werner 和美国金融学者 Michael Hudson 都指出，货币本质是金融食利阶层从实体经济进行转移支付的工具。2018 年，美国银行业铸币税的收入占美国 GDP 的 3%[1]。利益集团还对不符合其利益的学术思想进行全方位打压。Michael Hudson 曾被前美国财政部助理部长、《华尔街日报》副主编 Paul Craig Roberts 称为"世界上最好的经济学家"。他极具洞察的著作《金融帝国》[2]揭露了美元霸权形成的真相，因此他的书籍在美国不能出版，日文版在美国外交压力下撤回，他本人在美国主流大学经济系也难觅教职，指导出来的学生也无法在主流机构找到工作，被很彻底地边缘化了。

第二，因为极强的利益群体的影响，公众从教科书和媒体接触到的货币知识一般都与事实不相符合、被误导甚至是错误的。例如，曾经误导过我的一本经典教材，弗雷德里克·S·米什金的《货币金融学》中着重描述的"货币

---

[1] 龙白滔：《从货币金融体系的历史、现状和未来评价 Libra》。

[2] 2008 年，中央编译出版社。目前仅有二手书。笔者曾于 2019 年 4 月在京东以 20 元购得二手版本，当笔者写本书序时，价格已经涨到 150 元。Michael Hudson 的书具有洞穿一切的力量，很高兴看到读者认可他的价值。

乘数"理论解释货币的创造机制，也着力描述了美联储通过法定准备金率和准备金利率等常规货币政策工具控制货币供给。这完全不符合美国银行和美联储运行事实。法定准备金仅用于央行和银行间借贷关系，而不能被贷出给非银机构。美联储也已经长期不使用法定准备金率这种工具，美联储 2010 年的论文也指出"货币乘数的神话并不存在"。美联储主要通过《巴塞尔协议 III》规定的资本充足率、流动性比率和净稳定融资比率等指标约束商业银行创造货币的能力。教材教授的是不存在的"货币乘数"理论，如果提及《巴塞尔协议 III》将无法自圆其说。Turner 很吃惊为什么早期经济学界形成主流共识的"银行通过贷款创造货币"的理论从现代金融教科书完全消失，以致经济、金融专业的学生在学校里面接受错误的教育。我曾经与国内一位年轻货币学者交流，他就提到传统货币金融教科书只教授"金融中介"和"货币乘数"理论，他并不知道历史上"贷款创造货币"理论曾经是学界主流，结果自己在硕士论文中当作"创新"提出了该理论[①]。

第三，其实没有多少人真正懂货币金融理论和实践。因为体制化的掩盖和误导，真正理解货币运转实质的人非常少。货币体系已经成为一个庞大的机器，大部分在银行、央行工作的人只是在个别岗位上发挥角色。即使体系内也很少有人从全局角度去考察体系。前述年轻学者曾指出，2007—2008 年他在雷曼兄弟实习期间遇到的原巴克莱银行董事，承认银行高管对于存贷业务的实际操作不了解。体系外的人更没有机会接触银行、央行实操，并且主流教科书和媒体都在传播虚假的、与事实不符合的理论，所以更没有机会通过学习了解真相。体系外只有极少数人（如笔者）通过持续探索和挖掘，找到了正确的知识来源。很多学者凭借想象来描述银行和货币。如前 IMF 研究部副主管现任英格兰银行研究部主管，Michael Kumhof 批评其他支持"金融中介"理论的经济学家时说，"他们不知道自己在谈论什么……我可以用更刺

---

① 中国央行官员孙国峰也认为自己于 2000 年前后独立提出了"贷款创造货币"的理论。朱嘉明在 1983 年出版的《国民经济结构学浅说》中描述"银行相当部分的存款是由银行贷款派生出来"。

耳的字眼"[①]。

第四，我身边没有学习和研究这个课题的主客观条件。客观上，我不属于传统货币金融理论的学术圈，没有任何这方面的学术资源可以请教、讨论和学习。货币理论也属于相对比较窄的领域，即使存在学术圈也非常小。我也猜测，传统货币金融理论这个圈子不屑与我这个圈外人士进行交流。就像货币体系运行者是事实上的特权阶层，研究货币体系的小众学术圈可能也会滋生同样的优越感。因此地球上普罗大众都应该感谢中本聪，无论比特币最终能否获得更大成功，他都成功地把货币学从传统高高在上且充满了虚假和谎言的神坛上拉了下来，几乎变成"喜闻乐见"的话题。我很乐见微信朋友圈里面不少喜欢炫耀的年轻姑娘们每天展示"央行公开市场操作执行流程"的内容，这至少表明了货币不再只存在于"庙堂之高"，而已经流行于"江湖之远"了。主观上，身边的朋友也很少理解我的选择，为什么一个曾经的技术和业务专家、创业者"不做正经的工作，每天只是看论文学货币理论"，也有好心的朋友担忧我不能从上次知象经历中走出来，给自己制造了一个货币幻觉，甚至有人为避免直接刺激而从微信上给我分享百度百科里面"精神病"症状的描述。也许我就是网民们常说的"住地下室，吃方便面，抽烟屁股，但关心国家大事"的青年，也许这就是笃信比特币带给我的动力。

虽然很难，但多亏清华博士经历的历练，我用了比做博士课题更大的努力来研究货币。

第一，要清楚与货币金融体系有关的制度和秩序设计者，了解他们的人事关系、运作机制、工作方法和决策流程等。简单地说，美联储（FED）、国际货币基金组织（IMF）、世界银行（WB）、国际清算银行（BIS）/金融稳定理事会（FSB）、欧洲央行（ECB）等国际机构或货币政策制定者，他们是全球货币顶层制度设计者，FED是事实上的全球央行，其他央行的货币政策会跟

---

① Michael Kumhof 在进入学界之前，曾经在巴克莱银行实操贷款业务五年。

随或受 FED 显著影响。这些机构的核心权力群体（核心高管、股东或者实际控制群体）是一群信奉全球一体化的精英，是代表了"不代表任何主权国家和民族的跨国资本集团"的银行家、央行官员和学者们。《巴塞尔之塔》[①]、《还原真实的美联储》和《欧元思想之争》分别讲述了 BIS、FED 和 ECB 的历史。其他一些组织也值得关注，例如金融行动工作组[②]。全球银行监管标准《巴塞尔协议》由 BIS 制定。FSB 负责制定与全球金融体系稳定性相关的政策建议和监督执行，例如《巴塞尔协议》/影子银行/OTC/金融衍生品等，也包括现在全球瞩目的加密货币稳定币。知道 FED 监管副主席 Randal K. Quarles 同时担任 FSB 主席就知道 FED 是稳定币监管政策制定最重要的决策者；知道 FSB 的稳定币工作组由 ECB 执委和新加坡金管局高管任联席主席，就知道 Libra 可能最早在瑞士和新加坡推出不是空穴来风。

第二，要学会避免踩雷，防止错误的教科书带来的影响，例如弗雷德里克·S·米什金的《货币金融学》以及国内各种货币金融、银行教科书。避免踩雷需要对各种理论和学术思想保持敏感，保持相当阅读量并对它们进行交叉验证。信息的可靠程度不一定与渠道和媒体的权威性有直接关系。我就经常在 BIS 的工作论文里面找到明显谄媚利益群体出卖学术贞操的文章。

第三，定位到相关领域的非营利组织、学术网络和学者，跟踪他们的会议、论坛、论文、著作、Twitter、Youtube 和博客等。在没有人指导的情况下，最初定位到相关学者有一定随机性，但不二法宝是好奇和敏感。一些与国际货币改革运动相关的非营利组织，如现代货币网络[③]、国际货币改革运动[④]和英国的 Positive Banking，值得关注。我最初在 Youtube 观看国际货币改革运动的会议视频，并且针对发言有洞察力的学者进行了进一步搜索。在新视频中偶

---

① 朱嘉明老师曾经为《巴塞尔之塔》中国台湾版作序言。
② Financial Action Task Force，主要负责反洗钱/反恐怖主义融资/反非法金融活动的国际标准制定。
③ Modern Money Network.
④ International Movement for Monetary Reform.

然听到一个学者讲"德国社区银行运营非常成功，但是 ECB 的合规政策正在杀死他们"。这引起了我极大的兴趣。我定位到这名学者，从而打开了一个宝藏库。他就是畅销书《日元王子》的作者 Richard Werner，也是"量化宽松（Quantitative Easing）"概念的发明人。他的论文完整和系统化地对三种货币创造理论进行了比较，并且用实证[①]方法证明了只有"贷款创造货币"的理论符合现代银行业实操。通过他的论文定位到一个学术网络，更多熟悉的名字就逐一呈现出来，包括 Michael Hudson、Michael Kumhof 和 Adair Turner 等。通过类似的方法，我也定位到一个从历史和法律等角度来研究货币的学术网络，包括哈佛法学院的 Christine A. Desan、哥伦比亚大学的 William Vernon Harris 和特拉华大学的 Farley Grubb。

第四，关注与全球货币治理相关的机构的动态。一般来说，这些机构的日常运作都相对透明，会以研究报告、工作论文、白皮书和发言稿的形式披露大量有关他们的工作重点、进展和观点的内容。这些内容与教科书不同，后者是为愚民和洗脑，前者为同行交流。这些内容虽然都可以公开获得但基本还是定向给圈内读者访问，因此不会出现明显的虚假或不真实的信息。这些材料是了解、学习和研究银行和央行实操的绝佳材料。这些机构的决策者的发言也非常有价值，可以帮助了解这些机构在关键政策问题上的立场和态度。例如，理解 FED 理事 Lael Brainard 有关稳定币、央行数字货币和支付的发言内容，就容易理解 FED 短期内不发展央行数字货币（CBDC）的逻辑和对 Libra 持明显偏好，这样就无须被纷繁芜杂的信息蒙蔽双眼以致看不清大势。读完 ECB 执委和 G7/FSB 稳定币工作组主席 Benoît Cœuré 的观点，就很容易判断 ECB 并不反对 Libra，明了 BIS 正在努力推进 CBDC 的工作并希望承担领导角色。

第五，中国政府机构相比较境外机构，可能出于文化差异，工作透明度有较大差异。在中国央行网站能够查阅到最新的工作论文发表于一年前的

---

① 所谓实证，就是找到一家愿意配合做研究的银行。在实际贷款业务发生之后，通过对比银行前后资产负债表细节变化，来证明只有"贷款创造货币"这种理论符合现代银行业的实操。

2018 年 11 月，而 BIS 可以查阅到当天最新的工作论文。中国央行在对外沟通方面有较大提升空间。例如 2019 年 8 月媒体盛传中国央行将于 11 月推出央行法定数字货币 DC/EP，央行在保持近一个月沉默后出来辟谣，这显然会损害央行的公信力。

总体来看，我的学习和研究方法与本科生和研究生成体系地学习一门学科差异很大，更接近博士课题研究方法。这样的好处是不受固定学派和学术思想的束缚，偏实用主义，注重事实、结果和逻辑判断。需要专注哪方面的课题，如货币创造、货币政策、外汇、港币、德国和欧洲社区银行、人民币国际化、央行抵押品管理框架、影子银行、央行数字货币、稳定币、支付等，就集中阅读那个方面的文章，如果发现明显知识盲区，再进一步拓展资料范围。

这两年我阅读了 200 多篇论文（英文）和 10 多本专著。英格兰银行前行长 Mervyn King 的《金融炼金术的终结》是我最早阅读的一本有关央行和银行业的读物，虽然该书面向初级读者，但初始阅读体验并不好，因为涉及很多我不理解的术语和央行 / 银行业实践。

学习曲线提升之后，我才发现"炼金术"只是一碟开胃小菜，真正的大餐是 Adair Turner 的《债务和魔鬼：货币、信贷和全球金融体系重建》，被誉为"货币经济学的标志性著作"（诺贝尔经济学奖得主 Joseph Stiglitz）和"扛鼎之作"（FED 前主席 Paul Volcker）。

2018 年 7 月我目睹多个曾经的明星通证经济项目沦为资金盘游戏之后，花了相当时间思考通证经济的本质。当冥思苦想几天发现标准通证经济模型是通缩经济并与资金盘、庞氏骗局等有诸多共同点，那一刻我的心情是怀疑、纠结和兴奋的，并在第一时间电话告之之前的投资人启赋资本的顾凯。顾凯沉默良久回答说我是对的。受到鼓励后，我进一步研究发现标准通证模型里面的规则漏洞，滥用这些规则的后果就是资金盘骗局。按照现在的结果来看，似乎没有幸免的项目。我进一步提出了标准通证经济的改进模型和相关的稳定币模型。文章的第一位读者通证经济的提出者元道鼓励我"你的学习和创造能力非常强大"。后来也陆续给了几个通证的前沿推广者阅读，总体反馈是被我的文章吓到了。作为通证的信仰者，他们被我冷静、残酷但无可辩驳的文字定性为资金盘和庞氏骗局的参与者。毁灭他们的信仰总不是好事情，但帮助他们从不自知的骗局解放出来是不是功德一件呢？我第一次发现正确理论指导正确地做事情的意义。

2019 年 8 月朱嘉明老师评价"这是近年来在加密数字货币理论和方法领域，同时具有学术和实用价值的论文"，在不同范围引起了显著不同的反应。通证经济另一个提出人孟岩、巴比特创始人长铗、火星财经创始人王峰都主动找我做过长时间深刻探讨，并认同文章的思想和表达"相见恨晚"。众多通证经济模型咨询和培训师没有反馈。我猜测，他们可能是从几乎 100% 失败的通证案例中总结出了一些独门秘籍可以传授给大家，我非常期待看到他们的分享。通证经济的学员，我猜测大部分人被几万字的篇幅给吓退了，但确实有少部分人认真读完，并发来文字："作为从业者，要去做，去成长，反复探索论证是必经之路。一个好的老师，不拿高深的东西去恐吓人，只用真知灼见去引导和启发人，传道授业解惑，是良师。"

不过我终究还是不喜欢码文字的。自 2018 年 8 月后，我再无文字创作，虽然私下里，我给一些朋友也分享过货币金融的研究。从 2018 年年底到 2019 年 6 月，好友谷燕西反复提醒我应该把研究成果写出来以获得更有效的传播。我终究还是太懒，一字未写，直到一天的来临。

第五节　厚积薄发的开始——Libra 横空出世对我研究的影响

在 2019 年 6 月 18 日之前数次被询问在做什么，我回答计划做数字世界的货币金融体系，但普罗大众对货币金融体系的概念是抽象和遥远的。5月底的一天，在微软做首席科学家的弟弟问我知道 Facebook 的 Libra 吗？我回答不知。过了两天随手搜索了一下，才发现原来 Libra 就是自己过去两年一直研究的对象。不过我不能和 Facebook 比较，它可以从海量用户的支付需求切入，我只能从自己擅长的交易所切入。即使在 Facebook 发布 Libra 白皮书之后，我也认为这件事情与自己关系不大。

6月19日顾凯建议我写一篇大文章分析一下 Libra。很遗憾，过了两天我把这事给完全忘记了。直到现在我都觉得对顾凯很抱歉。6月21日衣锡群前辈建议我写一篇分析报告，因为他和身边的朋友对这个话题都很感兴趣。

即使再懒我也无法再退缩了。之后三天三夜我连续撰写这份报告，它可以理解为我对过去两年工作的一次全面总结。我对 Libra 的每个文字都感到亲切，因为几乎每句话我都能从过去两年的学习内容充分展开。

三天之后题为《从货币金融体系的历史、现状和未来评价 Libra》的3万字长文面世了。要充分理解 Libra 的影响必须对现代货币体系有一个概括了解，因此我花了一半篇幅来给读者建立理解 Libra 的大背景，现代法币体系的原理、问题根源和潜在的解决方案，货币治理体系顶层格局和铸币税，央行数字货币的尝试。之后从 Libra 与法币体系的关系、金融稳定性、铸币税、去中心治理结构等方面进行了分析。有朋友看了初稿之后，建议我不要发表，因为内容过于深刻和极具洞察，有暴露火力的可能性。我不以为然。这仅仅是我的一次思想总结，只是自己对数字经济理解的冰山一角。我从来不怕有人剽窃我的思想，因为我是走在最前面的那个孤独的前行者。

文章于6月27日首发于巴比特，收获的反馈出乎我的意料。半年过去，这篇文章的分析框架和表达的观点依然不过时。到目前为止，它仍然是中国互联网阅读量最高的 Libra 主题评论文。

第一，震惊来自家里人。我太太突然转发给我一段文字："您先生是一位十分先锋、大胆而有为的思想家……里面的 Werner 和 Turner 是十几年前有交往的朋友。我很熟悉贷款创造货币的理论，也是我的硕士论文主题……"这是她一位毕业于北大经济专业的高中同学发来的消息，这位同学是典型的"庙堂之高"货币学者，从来不这么肯定地评价一个人。

第二，各种背景的读者纷至沓来，有学者、官员、投资人、行业从业者，都为我分享"真知灼见"或"深刻洞察"诚恳表达谢意。

第三，许多认识或是不认识的创始人朋友，纷纷要求公司全员认真学习我的文章，包括一位著名的大矿霸朋友。他还专门请我给他解释了银行运作机制，并感慨"挖矿这么多年从来不知银行是如何运转的，今天一个小时解答了十年的疑惑"，并力邀我担任他的首席经济学家。我很感激朋友的抬爱，但坚持自己"只做独立研究员而不是学者"的原则。我研究仅仅为弥补完成未来使命所需的技能短板，而非想做学者！

第四，朱嘉明老师领衔的数字资产研究院正在编撰全球第一本 Libra 专著，朱老师发现我的文章并将其收录到新书当中。不过略有遗憾的是，考虑到篇幅，原文 3 万字被缩减到一半。本书的出版包含了此文的修正版，可以把最完整的思想奉献给读者。7 月 2 日朱老师与我在上海首次见面，并热情鼓励了我的研究、思考和写作。我们俩开启了甜蜜温馨的"师徒之旅"。

朱老师展示给我一张 1988 年的报纸的照片题为"北京青年经济学会组织机构名单"，其中朱嘉明和衣锡群位列副理事长和常务理事，邀请我撰写 Libra 长文的衣前辈与朱老师在 30 年前就曾经并肩战斗过啊。我突然觉得冥冥之中命运安排了这一切，如此神奇！

郭宇航建议我持续研究和写作，通过文章传播思想，聚集志同道合之人。我曾经一度特别希望将文章发表在传统金融学术媒体上。Libra 雄文写就当天，被转发给某顶级金融学院院长。院长迅速反馈询问可否将文章发表于学院公众号，我自然求之不得。之后，7月初我也应学院邀请参加内部 Libra 讨论会。很遗憾，会上我有关"Libra 代表了美元霸权利益"的观点被主持会议的某高级教授批评为"阴谋论"，场面一度很尴尬。

接下来和朱老师讨论了中国 Libra 的可能性以及中国发展 CBDC 的可能路径，并且写成《一个实用的中国央行数字货币和 Libra 设计方案》于 7 月 30 日首发于巴比特。8 月 2 日央行称加快推进我国法定数字货币 DC/EP 研发步伐，8 月 10 日穆长春司长在中国金融四十人伊春论坛上公布了 DC/EP 设计细节。到此时，我是在央行发布 DC/EP 计划之前唯一完整详细对央行数字货币从理论层面进行探讨的作者。很多媒体询问我是否与央行存在某种联系，其实并不存在。我只是分享研究了近两年的成果，赶巧和央行计划吻合而已。

8 月中旬朱老师邀请我参加《Libra》新书发布会。会前在一个热烈的气氛下，我正式拜朱老师为师。这是无上的光荣。

8 月在朱老师的支持下，我也发起了"北京数字经济公社"[①]，旨在进行数字经济技术和商业模式理论层面的讨论，成立后在行业内引领了多项颇具争议的话题讨论，包括货币中性、人民币国际化、Libra 和央行数字货币等。该社群汇聚了华人数字经济领域最顶尖的学术和技术智慧，已经成为数字经济的理论高地。

9 月朱老师邀请我参加莫干山会议。与 35 年前莫干山会议的核心发起者一起参会是一次与历史伟人的同行。参会路上，陪同朱老师拜访了他在南京的老友刘佑成，另一位莫干山会议的发起者。听两位前辈讨论历史与现实、科学与政治，我被这一群具有崇高人格的前辈所震撼。他们这一辈人，对国家和社会贡献得多，索取却很少，社会回馈他们的也很渺小。虽然遭遇不公平，尽管

---

① 后更名为"数字经济公社"。

已经不再年轻，但他们依旧表现出对国家民族深沉的爱和对真理的不懈追求，作为晚辈的我肃然起敬、无地自容。

在过去半年陆续发表的数篇文章，为我吸引来更多的同行者。

多位区块连行业大咖和著名数字经济学者，非常诚恳地感谢我，表示对我的每篇文章都认真阅读、吸收和消化。

许多技术大咖和行业新锐，紧密团结在我的周围希望可以为未来我倡导的数字经济事业出力。

拥有丰富的中国国际商贸企业资源的政府机构主动寻找过来，希望发展国际商贸环境下的数字经济生态并赋能中国企业。

第六节　独立研究的基本原则

我想简单讨论一下独立学习和研究的一些基本原则。

第一，实事求是，尊重历史事实和现实实践。这里最典型的是对货币起源问题、货币创造机制的真相还原，并相应建立、运用理论体系和分析框架。此外，很多从业者过于强调基于区块链的去中心金融（DeFi）的潜力，完全无视德国社区银行是已成功运营近 200 年的大规模去中心金融的事实。从商业角度来说，社区银行与私有银行比较，没有更成功或更不成功，但在金融稳定性、盈利稳定性等方面略胜一筹。但行业里对去中心金融是"新物种"或者"未来可能产生万亿级别的企业"等鼓吹不绝于耳。绝对的去中心商业模式很难广泛存在，现在多数 DeFi 都存在不可消除的中心化漏洞，包括 DeFi 明星 MakerDAO。大量从业者完全纸上谈兵凭借想象做事情。正确的方式是学习德国社区银行实践的治理机制（包括中心化妥协）、商业模式以及历史经验教训①。

第二，客观独立，超越自身所在的阶层以及个人利益看待问题。金融理论是一个最易被利益群体游说和影响的领域，很多学者或从业者罔顾学术真实，受利益群体或自身利益影响胡说八道，货币领域比较典型的例子是"美元是市场选择的结果"，以及"人民币国际化不成功是因为自身价值不稳定"。近期一位投资行业大佬发言称"人民币超发厉害，美元 M2 占比 GDP 仅 70%，而人民币却达到了 200%"。这里有诸多错误和误导。

1. 根据费雪公式，中美货币超发程度如果能直接比较的前提是两者货币流转效率（速度）接近或可比较。但实际上中国货币流转效率比美国要低得多。原因有二：第一，中国以实体经济为主，金融行业占 GDP 不到 10%；美国经济空心化严重，实体经济比重不到 25%。第二，中美两国金融体系效率差异很大，美国发达得多。

2. 货币等价物的统计口径不一定完全一样。因为美国金融创新和监管都比中国灵活得多，他创造的货币等价物比中国更超前，例如影子银行美国就比中国发达得多，中美效率差可能超过一个数量级②。

3. 中国的债务 /GDP 比率看起来明显超出美国，但实际上中国债务问题比美国小得多。原因有三：第一，中国的债务以本币债为主，外债极少。第二，国外债权人只持有 2% 的人民币债务，其余 70% 由境内金融机构持有，绝大部分是地方政府欠银行的债；美元债务就不一样，国际债权人占很大的比例，或者是类似中日的主权政府，或者是国际私人资本。我欠老妈 100 万

---

① 笔者正在撰写一篇有关德国社区银行和去中心金融的新论文，但遗憾来不及收录进本书。

② 有学者表示中美金融市场结构的差异导致 M2/GDP 的巨大的差异，中国以银行融资为主，美国以资本市场为主。笔者认为从金融市场结构和从影子银行体系差别的解释本质相同只是表述不同。

元和我欠老板 100 万元，看起来一样的债务水平但债务风险显著不同。第三，中国银行大部分是公有制经济，相对来说有更灵活地处理坏账的手段，例如直接债务勾销或者重组；而美国的债务基本都是欠主权国家或者私人资本，不能勾销，如果政府收入赶不上利息的支出，那只好很悲催地"旧债未偿新债又至"。

但必须承认能够超越自身阶层为真理代言不是轻松的事情，兼具极高学术水平和社会良知的学者是人类的共同财富。Michael Hudson 曾作为华尔街资深分析师和作为 20 世纪 70 年代美元与黄金脱钩制度的主要设计者，他撰写著作揭露美元霸权形成的真相，后来长期被美国主流经济界和学界彻底边缘化。曾经作为 WB 首席经济学家的诺奖学者 Joseph Stiglitz 因为公开反对美国财政部和 WB 传播内部都不相信的理论（经济衰退中的平衡预算）误导他国，被 WB 踢了出去。曾作为英国金融监管最高官员和危机后银行监管制度的核心设计者，Adair Turner 被 Richard Werner 说服并认同有关货币创造的真相而对银行业加强监管，触动了银行阶层利益，因此没能成功竞选上英格兰银行行长之职，之后也处于某种被边缘化的状态。

第三，抓关键矛盾。与货币体系相关的问题尤其复杂。不同的利益相关方发出不同的声音，虚实结合，真假难辨。这种时候更需要我们有识别关键矛盾抓住事物本质的能力。例如，数字经济的宏观格局看似复杂，但真正的驱动力量不外乎以下几种：密码朋克和技术极客群体，全球主要的货币政策制定机构和国际标准制定机构，大型科技公司进入银行领域，消费者对跨境支付需求的变化，无现金支付的日益数字化，美元为主的全球货币金融体系的强烈溢出效应和人民币国际化的努力。有关这七种驱动力量的阐述，读者可参阅本书作者序中"本书宗旨"的段落。

第四，勤奋。2019 年 10 月 18 日发布了 G7《全球稳定币评估报告》，我在 20 日朱老师组织的区块链与法律学术会议上分享了报告的主要内容，并且在 11 月初撰写了该报告的解读文章《呼之欲出还是困难重重？全球稳定币的

风险与挑战》，发表于《财经》，央行穆长春司长于一周以后在财经年会上做了
《全球稳定币放大公共风险》的报告，内容与我的 G7 报告解读完全一致。

第五，避免傲慢与偏见，不再赘述。

第六，英文真的要好。英文世界有更多真正有价值的原创思想，很多中
文翻译传递的英文世界的思想和信息，有可能是错误或者变形的。

第七节　未来工作重点

中国政府已经很明确地理解 Libra 对中国的挑战，中国国家金融研究院院
长朱民撰文指出"Libra 代表了美元霸权的利益……最后会变成实际上美元的
数字货币"，央行穆长春司长指出"Libra 会侵蚀人民币主权"。Libra 因其是数
字化形式的美元，更容易穿越地理和司法管辖区的边界，即使是拥有稳定货币
体系的国家（如中国），也很难抵御 Libra 对其渗透和"数字美元化"的效果。
美联储、国会和 Libra 协会也联手在全球媒体面前演出了双簧，成功地打造了
Libra 挑战美元霸权的形象，因此人民币在国际化的过程之中，将遭遇到一个
比美元更难缠的对手——Libra。

中国政府、央行在 Libra 发布白皮书后，明显加快推进央行数字货币
DC/EP 的节奏，我认为这是应对 Libra 在境内对人民币主权的侵蚀、在境外阻
碍人民币国际化进程的英明之策。但 DC/EP 作为央行法定货币的数字形式的
代表，在助力人民币国际化进程中的作用相对有限。第一，在数字化形式的人
民币 DC/EP 改变的人民币国际化的影响因素中，实质上只有一项，即货币的
物理形态。人民币更容易获得、使用和流通，并且支付结算的效率更高，但其
他在国际贸易中选择计价、结算或者储备货币的决定性因素，例如经济规模、
市场力量、货币可兑换性、金融市场的深度和广度等，都没有明显变化。因此

央行 DC/EP 即使推出，也不会从根本上改变人民币在国际商贸环境下的竞争力。第二，虽然央行在境内可以使用行政命令推进 DC/EP 可接受性，但在境外国际商贸场景下缺乏这种权威。第三，央行目前的 DC/EP 推广策略可能是绑定中国成功的出海互联网应用（如支付宝、腾讯和抖音等）以及与拥有巨大国际贸易需求的中国企业（如华为）合作，但这只覆盖了 2C 的支付需求和很少一部分中国商贸企业在国际商贸情形下的支付需求。

我们需要找到能够直接获得或服务国际商贸和金融场景下企业客户的入口，针对不管是希望走出去的中国企业还是希望走进来的国外企业。因此，拥有此类资源的机构，在区块链和数字潮的历史大机遇面前，可以并且应该在人民币国际化进程中发挥关键作用。第一，从历史来看，任何货币成为国际主要货币的第一步，都无一例外是首先在国际支付环节取得国际主导地位，英镑和美元的历史都是如此。虽然 2C 互联网应用的跨境支付需求有了爆发性的增长，但面向机构和企业的支付容量仍然大幅超越 2C 互联网应用，而前者是由公司、银行和政府的支付行为主导的。在中国，拥有最广泛和直接到国际商贸企业的入口将无疑具有竞争力。第二，数字形式的货币，其竞争力的来源不仅仅是其挂钩法币的稳定性、便利性，更多来自数字形式的货币相关的网络平台对用户提供的多样化的经济活动支持和服务（对用户形成黏性）。这样的入口可能一直处于服务企业需求的最前沿，包括传统的会展服务、商机对接、合规培训、商事认证、仲裁等。这些服务加上支付服务，将使得这种入口的平台形成对企业用户巨大的黏性，成为企业国际支付最佳入口。第三，不仅仅是传统服务需求，这种入口还在了解和服务企业在国际商贸和金融场景下的金融需求上位于最前沿，如跨币种支付、融资借贷、金融交易和储备等。第四，借助区块链和数字金融创新，这种入口的网络平台可以比央行 DC/EP 提供更大的灵活性，例如中国商贸企业与其他国家贸易对手方形成去中心、风险均担和利益分享的合作共赢格局，这是根本性改变人民币国际竞争力的要素。

央行和民间的商贸企业入口会在人民币国际化的战役中发挥互补协同作

用，就像抗日战争正面战场和敌后战场一样都发挥了关键作用。央行和 DC/EP
更多发挥官方法币的主导作用，宣导了人民币的货币主权；后者更多以商业中
性的去中心、多中心商业联合体形式推进人民币数字经济的使用场景，并且有
相比较央行更多的灵活机制提升人民币的吸引力。

这本书是吹响的号角，我的使命从未像今天这般清晰，即借助区块链和
数字经济的历史机遇，致力于为中国国际商贸和金融环境，建设数字金融生态
和数字金融基础设施，赋能国际商贸和金融环境下的中外企业。

第八节　致谢

第一要致谢朱嘉明老师。没有他的识才、鼓励、指导和言传身教，我不
会在这么短的时间内在独立研究这条路上走得如此之远。比学术重要得多的
是，朱老师虽老骥伏枥仍志在千里的精神风貌极大地鼓励了我从更宏大的历史
格局来看待现在的历史机遇。以前，我只是一个笃信比特币去中心和民主化核
心价值观的有志青年，拥有一个相对模糊的鸿鹄之志；现在，我更加坚信我一
直为之准备的历史使命，是与一个国家和伟大民族的历史进程紧密地联系在一
起。这本书完稿之时，正值嘉明老师 69 岁的生日，因此此书是给嘉明老师最
好的生日献礼。同时致谢衣锡群和王巍两位前辈，在此书撰写过程中给予鼓励
并作序。

第二要致谢我曾经的投资人启赋资本和顾凯。

第三要致谢现在团结在我身边的诸位朋友和伙伴，让我们一起为天赋使
命去奋斗。

第四要致谢东方出版社的编辑团队。没有许剑秋、陈丽娜和许正阳老师们

辛勤、高效的工作，本书不可能在这么短的时间内得以出版。

第五要致敬那一群兼具极高学术才华和社会良知的学者们——朱嘉明、Michael Hudson、Richard Werner、Michael Kumhof、Adair Turner 和 Joseph Stiglitz。

第一篇

货币起源与
货币金融体系现状

第一章 货币起源与意识形态之争 ①

第一节 概述

2008 年中本聪发明比特币极大激发了普罗大众对铸币权的关注，自然货币起源变成一个广泛争议的话题。最初，有关货币起源的不同理论之争更多体现在政府与私人机构对货币创造和发行的控制权之争。在过去，这种争论发生在政府和私人银行之间。现在，比特币的拥趸们加入私人银行，来为自己争取铸币权的行为找到理论依据。

大部分讲述宏观经济和货币金融学的教科书里面，货币被描述为起源于易货贸易。比特币布道者和拥趸宣扬最多的口号也是"货币起源于物物交换"。这其实是一个天大的笑话。这个笑话最初起源于对易货理论有偏好的学者和银行利益群体的有意识地掩盖（历史事实和符合历史事实的理论）和误导，现在这个笑话被受错误理论"愚弄"的普罗大众（相当一部分是数字货币社群）进一步放大。笔者对货币是否应该由国家或私人机构控制不预设立场，仅仅希望还原与货币有关的历史真相，如货币起源、货币演进过程、私人和政府控制货币造成的金融危机等。

---

① 本章有关美索不达米亚货币体系的内容主要引用自 Michael Hudson 的研究成果。作者借此章内容向 Michael Hudson 致敬。

中国金融博物馆理事长王巍在公开演讲[①]中称，货币起源于物物交换的理论是错误的，现在的主流共识是货币起源于政府的权威。这里的"主流"不是普罗大众，而是与货币历史有关的考古学、人类学、货币历史学学者和央行人士。

货币历史学家 Alexander Del Mar 在一个多世纪前写道："一般来说，政治经济学家不会费力研究货币的历史，想象并推断出这种假想知识的原则更简单。"这句话今天仍然适用。一个很好的例子就是教科书对货币起源的解释，它认为货币起源于私人交易，以克服易货贸易（也称为"物物交换"）中的双重巧合的需求难题。正如 Graeber（2011）所展示的，基于可回溯到数千年前广泛的人类学和历史证据，这个故事没有任何根据。在原始和古代社会，易货贸易几乎不存在，相反，第一次商业交易是在精心设计的信贷制度基础上进行的，这些信贷体系通常以农业商品的形式（包括牛、粮食和工具等）计价。此外，Graeber（2011）、Zarlenga（2002）及其引用的文献提供了大量证据，证明这些信贷系统和后来的货币系统，其起源是国家、宗教 / 寺庙机构和社会仪式的需要，而不是私人交易关系的需要。

青铜时代美索不达米亚的经济主要依靠信贷。由于种植和收获之间的时间差，人们在购买时很少付款。当巴比伦人去当地的酒馆时，不会把粮食装在口袋里去支付。他们会欠账，直到收获时在打谷场清偿债务。经营这些"酒吧"的酒妇们将大部分粮食交给皇宫，用于支付皇宫在作物年预支给她们的物资。这些付款是财务性质的，而不是现场易货型的交换。

作为一种早期使用的支付手段，货币化的粮食和白银主要是为了清偿债务。这种货币化不是物理的，而是行政和财政的。典型的付款涉及宫殿或寺庙，它规定了可接受货币的重量、测量和纯度标准。他们的会计师将货币作为

---

① 2019 年 8 月 10 日于《Libra：一种金融创新实验》读书论坛暨新书发布会上王巍的《金融创新与监管的博弈》主题演讲。

一种管理工具，用于远期规划和资源分配，以及与经济体其他部门进行交易，以此来收取土地租金，并为贸易货物分配价值。每次航海或商队周期结束时，人们会以银款来支付这些货物。

本文第二节将着重描述青铜时代美索不达米亚的货币体系。第三节描述受近东影响，古典时代早期罗马和希腊学习并发展了与近东类似的信用货币体系，但后来其货币和债务发展经历了与近东不同的路径。第四节描述后古典时代货币的演进，着重对比了政府和私人控制货币在不同历史阶段的结果。第五节对货币典型的问题进行了讨论，如高利贷、货币起源理论的意识形态，以及货币起源于易货理论的不足之处。最后一节总结了不同货币起源理论对现代公共政策的影响。

第二节　青铜时代的美索不达米亚货币体系

一、货币在美索不达米亚寺庙和宫殿经济中的作用

货币债务和支付手段起源于公元前 3000 年，苏美尔寺庙和宫殿发明了一种会计实务，用于管理一个需要通过对外贸易获取金属、石头和其他材料的农业经济。这些大型机构雇用了织布工和其他手工艺人员，后者靠在宫殿/寺庙土地上种植的作物来养活自己。这些手工艺人还从寺庙/宫殿的畜群获得羊毛供给，这些畜群由企业家管理或者由寺庙/宫殿之外的机构拥有。

建设公共基础设施的劳动力和工匠需要食物、工具和啤酒，也需要节日庆祝。为了计算远期规划和厘清盈余或短缺，需要对这些流量进行测算，并向宫殿提交账目，用于管理农田和牧群、啤酒的酿造和销售、面包烘焙和手工艺品生产，帮助这些机构管理内部、本地或长途贸易。

纺织品和其他产品被委托给贸易商以获取银、铜和其他原材料，而土地、专业职能或企业则委托给企业家管理，以换取规定的收入，通常以基于正常经验的固定费率预先计算。Hudson 和 Wunsch（2004）从发源于公元前 4000 年晚期到新巴比伦时期的书面记载考察了美索不达米亚和埃及经济的记账和货币化情况。

大型机构运作的规模需要提前规划，以安排和跟踪粮食和原材料在其领域和工坊的流动。第一个需求是为关键商品分配标准化的价值。此问题通过创建管理价格的网格得到解决，该网格以整数设置，便于计算和记账。谷物被指定为一个记账单位和支付手段，用于计算价值和共同衡量农业和手工业领域资源分配的劳动时间和土地收益。

这些大型机构的第二个需求是一种向其官员支付税款和费用的工具，以及为贸易企业提供资金的工具。白银作为账户货币，也作为贸易和商业企业的支付手段。通过将银的谢克尔重量（8 克）设置为相当于一古尔"夸脱"谷物或 300 西拉，建立双货币体系，用于支付宫殿和寺庙，并为不同的商品和功能估价。谷物和白银用于清算官方债务余额的可接受性，促进了其作为货币在整个经济体中的使用。

二、会计与货币的起源

与作为评估美索不达米亚生产和分配的双重价值度量的谷物和白银不同，迈锡尼人[①] 的 B 类线性文字的账本（公元前 1400—前 1200 年）中找不到货币的公共（计价）标准。朝贡清单以及从农业中心和工坊交付的物品都是用实物支付的，没有迹象表明货币被用作价值度量或通用支付手段。Ventris 和 Chadwick（1956）讲到他们"没有发现任何以白银或黄金支付的服务"，并且没有证据表明有"任何接近货币的东西"。每种商品都单独列出，一个单位与

---

① 迈锡尼希腊是古希腊青铜时代的最后阶段，从公元前 1600 年至前 1100 年。

另一个单位之间没有任何等价的迹象。这表明古希腊货币发展可能远落后于美索不达米亚。

古代会计师面临不小的挑战，他们不仅要记录一次汇款，还要将大量汇款合并汇总。当信息堆积起来却没有合成时，它就变得毫无用处。一个好的大机构官员需要能够压缩数据。汇总账户要求抄写员合并各种记录中的信息。美索不达米亚的宫殿和寺庙解决了这个问题，指定谷物和白银作为参考点，共同度量他们机构内以及与经济体其他部分进行的广泛交易，这些交易涉及粮食、纺织品、啤酒、船运和礼仪服务表演等。

建立一组价格等价，就可以分配价值，并按此类一览表所列的任何商品付款。Englund（2004）引用了铜、羊毛和芝麻油等主要商品在整体价格网格中被分配的价值，与谷物、白银或相互间可转换。

Cripps（2017）对白银、谷物和其他商品的价格进行了回顾，发现苏美尔城市之间的大麦 / 白银价格比率差异很大，这种差异与文本的地理来源以及区域的行政背景相关，无论我们是否将其理解为价格或等价物。然而，这些变化似乎并不反映市场供求，而是被操控的。"大麦相对于白银的价值变化不是来源于自然事件造成的丰盈或短缺，或者由于市场的变化导致这些商品供需的变化。"

1:1 的谢克尔 / 古尔比率使月度和年度的收入支出统计能够以最基本的通用标准表示，并用于标示欠大型机构的费用、税款和其他债务。但为了完成货币程序，还需要采取更多措施。为了提供价值标准并成为支付手段，谷物和白银必须以标准化单位计量或称重。为了便于计算大型机构内部的资源分配，这些单位以寺庙为每月定期分配资源而设立的行政日历为基础。

这反过来又需要用标准化的 30 天月取代不同长度的农历月（Englund，1988）。每月的粮食单位按体积单位古尔计量，分为 60 个，显然是为了计算劳动力在每个行政月每天两次的口粮。Lambert（1960）描述了巴比伦账户如何将粮食配给转化为每一类劳动力（男性、女性和儿童）的劳动时间。这种由分数划分的 60 进制系统使大型机构能够计算在任何给定时期内生产纺织品或砖块、建造公共建筑或挖运河所需的配给。白银和其他金属的称重紧随其后，将米娜分为 60 谢克尔。

这种白银和谷物货币作为价格系数，被寺庙和宫殿用于评估劳动力的产品和他们委托给商人的手工艺品。以白银计价的商业预付款的利率是以最简单的 60 进制方式设定的：每月 1/60，5 年（60 个月）本金翻倍。这一标准化费率被整个经济体所采用。

三、货币和价格

到公元前第三个千年结束时，大型机构将外贸和其他宫殿企业的价值以白银计算，白银因此作为"世界货币"兴起。黄金在不太公开的情况下使用，例如公元前 2000 年后对亚述外贸企业进行资本投资。黄金相对于白银的价格，因城市而异，也因时期而异。但就青铜时代美索不达米亚而言，任何将价格变化与货币供应变化联系起来的尝试都不适当。这是因为"货币"只是一种商品形态，被寺庙和宫殿以保证价格用于支付。这些大型机构通过接受小麦、羊毛和其他关键产品作为税费的支付，为它们提供了货币价值。

货币价值必须稳定，以便生产者提前计划，尽量减少因破坏性价格变化降低偿债能力的风险。因此，官方价格等价物作为财政政策的辅助，同时避免不稳定。《汉谟拉比法典》（公元前 1776 年）规定，欠 Tamkarum[①] 商人（包括宫

[①] 古巴比伦居民划分为三个等级：阿维鲁（Awilum）、穆什钦努（Muskenum）和奴隶（男奴为 Wardum，女奴为 Amatum）。阿维鲁是在公社中占有土地并享有全部权利的公民，拥有土地是保持公民身份和地位的必要前提，一旦丧失公社土地，也就丧失了阿维鲁身份或公民地位，上层阿维鲁为少数王族、大官吏、高级祭司和大商人（称 Tamkarum）等，下层主要为小块土地所有者、自耕农以及自由的小手工业者和一般商人（称 Sarnallum）。

殿收税者）大麦或白银的公民，可以支付等值的货物，如谷物、芝麻或其他一些在官方价格网格的基本商品（Roth，1997）。

这一规定，对于依赖借款的农业企业家和畜群管理者来说，想必是很重要的。但最重要的是，《汉谟拉比法典》规定稳定谷物 / 白银汇率，"旨在给脆弱的债务人（小农或租户）一些法律保护和帮助"。收获季节支付到期时，在大型机构以外粮食价格相对白银价格可能处于季节性低位。因此，这些规定使巴比伦的债务人在收获时免于受到价格波动的伤害。宫殿的汇率担保使欠费、税款和其他以白银计价的债务的种植者能直接用大麦进行支付，而无须通过出售大麦来换取白银。

因此，所谓的"白银"债务并不意味着实际需要支付白银，而只是意味着一定的利率。标准的以白银计价的美索不达米亚商业贷款的利率等价于 20% 的年利率。如果债权人真的想要白银，他们将不得不在收获季以较低的市场价格转换粮食。向宫殿的收税者运送的物量也是稳定的，最大限度地减少了宫殿外价格波动的影响，例如幼发拉底河沿岸城门外的码头区。其效果与现代农民签订"远期"合同一样，避免受到市场价格变动的伤害。

对于不涉及大型机构的交易，（统治者）几乎没有什么想法去防止价格变化。在农作物歉收、干旱或洪水时，粮食价格大幅上涨，就像公元前 2022 年乌尔第三王朝的末期，乌尔人不得不从上游的伊辛城镇购买粮食一样。但是，这些价格变动是自然原因造成的稀缺性，而不是货币现象。

在一些情况下，当农业债务无法偿还时，通过皇家的"恢复秩序"（苏美尔 amargi[①]、巴比伦 andurarum[②]）取消农业债务，这就避免了资金外流。面对

---

① Amargi 是苏美尔语，可以翻译为"自由"或"债务自由"。
② 亚甲文的记载，在古巴比伦，每当新王登基，通常宣告"设立自由 andurarum"是免除债项的特赦。

不断增加的欠款，为了维持总体经济平衡，新统治者在登基后宣布清除这些石板[1]，免除个人债务人的偿还义务（但商业债务仍然保持不变）。公元前1645年的阿米萨杜卡法令详细阐述了这些细节。

尽管大型机构以外的交易市场价格发生变化，但巴比伦的双货币标准并没有"廉价币或劣币驱逐良币"的问题。谷物没有赶走白银。当农业部门的企业家试图在收获季偿还官方粮食债务时，这是结构化稳定关系的一部分。青铜时代的寺庙和宫殿没有创造法定货币用于经济，也没有货币通货膨胀。早期的"货币"只是向大型机构偿还债务的官方价格表，与20世纪30年代后美国支持农产品价格的"平价定价"政策类似。例如，羊毛价格因市场状况而变化，但名义上由皇家法令固定了150年，这一事实表明，这一标准化价格指的是欠宫殿及其收税者的债务支付。

统治者承诺以相对较低的价格提供植物油和其他商品，以此来促进繁荣。公元前1930年左右，埃什努纳[2]法典宣布的官方汇率为，300西拉的大麦为1谢克尔的白银，或是3西拉的精油、12西拉的普通油、15西拉的猪油、360谢克尔的羊毛、2古尔盐、600西拉的盐、3米纳斯原铜，或2米纳斯的精铜（Roth，1997）。

这些低价格不是通过减少货币供应来实现的。与粮食/白银比率不同，这种价格承诺不是货币规则。

---

[1] 石板：苏美尔的书写工具。两河流域书写的材料是用黏土制成的半干的泥板，笔是用芦苇秆（或骨棒、木棒）做的，削成三角形尖头，用它在半干的泥板上刻压，留下的字迹笔画很自然地成了楔形，因此称为楔形文字（cuneiform）。写好后的泥板晾干或烧干，长期保存。苏美尔人所创造的楔形文字，被后来的阿卡德人、巴比伦人、亚述人所承袭，并随着商业和文化交流的扩大而传到整个西亚。

[2] 乌尔王朝以北，位于底格里斯河上。

第三节 古典时代希腊和罗马的货币体系

一、早期的货币与债务

在公元前 8 世纪左右，有息债务向西蔓延到地中海地区，主要是由于叙利亚和腓尼基[①]商人建立了贸易飞地。这些商人带来了希腊人和意大利人后来接纳的度量衡。A. E. Berriman 的历史计量学（1953）指出，克拉最初是角豆粒[②]的重量，是一种原产于美索不达米亚子午线的角豆树的种子，重 1/60 谢克尔，希腊术语是"小谷物"。

希腊和罗马的精英们也采用了近东的做法，即根据当地的单位分数设定利率，例如，罗马的双十进制体系将英镑分割成 12 金衡盎司[③]。每年一盎司（1/12）相当于 8 1/3% 的利率。这远远低于美索不达米亚三分之一的本金（或商业贷款的五分之一）的农业利率，但罗马和希腊的债务（因为缺乏债务减免机制）最终更加沉重。

古希腊的经历证明，可以从早期近东货币发展中得出一些一般共性。Salmon（1984）描述了商业地峡城市科林斯（希腊海港城市）在公元前 575 年到前 550 年如何采纳硬币，并支持了货币学家 C.M.Kraay（1976）的结论："硬币没被打算用来促进贸易，无论是在地方一级还是在更广泛的范围内。早期的货币是为信贷交易融资，而不是为货物交换提供资金……从最早的发行到 4 世纪下半叶，至少在科林斯，硬币和贸易之间的关联主要是它们提供了一种信贷手段。如果硬币本身是贸易项目，它们本该从科林斯出发，比实际上走得更远，数量也大得多。它们的主要功能是在科林斯贷出，用于购买交易的物品。"（Salmon，1984）

[①] 腓尼基人是希腊人对迦南人（Canaanites）的称呼。迦南在希腊语中翻译为腓尼基（Phoenicia）。腓尼基文明对爱琴海文明有深远的影响，希腊字母便是源自腓尼基字母。

[②] 英文即 carob grain。

[③] 金衡盎司是国际稀有金属度量衡，每金衡盎司相当于 31.10 克。

货币主要用于支付税款和费用，Salmon 的文章继续说："科林斯最初发行硬币，是为了服务于造币当局。城市会发现，如果以纯度和重量固定的硬币支付款项（税款、罚款等），这会很方便。如果能使用值得信赖的硬币，那么国家不时为建筑计划、雇佣兵和其他目的支付款项也将得到简化。"

希腊历史上已知最早的债务危机的例子是公元前599年索隆的改革，这是对小农严重债务危机的回应，此次危机是由一个富有的寡头对造币收取利息引起的。索隆的改革在非常早期已经包含了许多要素，Henry Simons（1948），芝加哥计划的主要支持者，后来称之为"金融良好社会"。认识到这些是极其有启发性的。第一，普遍取消债务，归还被债权人没收的土地。第二，通过为农产品设定官方货币底价，将农产品货币化。由于偿还农业债务人贷款的来源是这些商品的产出，这就使债务融资变成了更接近股权融资的东西。第三，索隆提供了更为丰富的政府发行的非债务硬币，减少了对私人债务的需求。

索隆的改革非常成功，150年后，早期的罗马共和国派代表团到希腊学习。从公元前454年（Lex Aternia）到迦太基战争时期，它们（索隆的改革）成为罗马货币体系的基础（Peruzzi，1985）。也正是在这个时候，这些古老的货币理解和更现代的解释之间建立了联系。这发生在亚里士多德的教义中，这些教义对早期的西方思想有非常关键的影响。在《伦理学》中，亚里士多德明确指出了货币的国家和制度性理论，并拒绝任何以商品为基础的货币概念或交易的货币概念，说"货币本质上并不存在，而是通过法律存在"。柏拉图的对话包含类似的观点（Jowett，1937）。这种洞察反映在当时的许多货币体系中，这与货币历史学家中的一种普遍偏见相反，这些货币体系是基于国家支持的法定货币，而不是商品货币。例子包括极其成功的斯巴达系统（约公元前750—前415年），由 Lycurgus 引入，它基于低内在价值的铁盘；公元前390—前350年雅典系统是基于铜；最重要的是早期罗马系统（公元前700—前150年），它基于青铜片，后来的硬币，其材料价值远远低于其面值。

二、晚期的货币与债务

希腊城市的税收发展缓慢。希腊和罗马不是从税收或公共企业获得金条，而是从战利品、征收贡品或从雅典当地的银矿获得。支出是关键，主要是支付士兵和雇佣军。在小亚细亚的爱奥尼亚城市，货币的主要作用是给水手们支付津贴。米利都（古代爱奥尼亚城市）的赫克特斯没有提议征收大资本税或其他形式的税收来建立盟军舰队，而是没收布朗奇达伊的宝藏。这可能表明，5 世纪初税收在爱奥尼亚是原始的。

直到古罗马结束前，亚历山大大帝不断地掠夺寺庙和宫殿，所以军事征服一直是获取金属货币的主要手段。军队带着铸币工人熔化战利品，分发给他们的指挥官和部队，一小部分给城市庙宇。当没有更多的王国供罗马帝国征服和获得贡品时，（帝国）无力对寡头经济征税导致了硬币的贬值。

希腊和罗马经济与古代近东经济的主要区别是缺乏债务减免，导致了一系列政治危机。这些危机从公元前 7 世纪古典斯巴达和科林斯的"暴君"一直延续到公元前 1 世纪的罗马。19 世纪中叶的历史学家将这些债务危机归因于公元前 7 世纪和前 6 世纪左右硬币的引入，当时希腊城邦发行了印有城市形象的硬币，如雅典的猫头鹰。但是，货币兑换商仍然对各个城市的硬币进行称重，与大约 2000 年前称重金条的使用保持一致。

在古代的债权人寡头统治下，造成两极分化的不是金钱、硬币，甚至不是利息债务，而是社会处理计息债务激增的方式。

随着信贷日益私有化，债务成为一种强大动力，足以化解塑造货币最初发展的社会环境的制衡机制。美索不达米亚有高利贷和债务束缚，但其统治者设法避免了困扰地中海土地的不可逆转的剥夺权利和最终的农奴制。近东的目标是保护一个有土地的公民，为宫殿提供劳役和兵役。尽管宫殿扮演主要债权人的角色，但它通过债务特赦保护债务人，从而解除了有息债务的极化效应。

早期美索不达米亚的大部分债务都是欠宫殿的，所以统治者们基本上要取消欠自己和收税者的债务，因此他们宣布"Clean Slate"（清洁石板，重新开始），以此将经济从广泛的债务束缚中拯救出来。如果不是这样，债务人将被转向为债权人工作，这将转移劳动力，从而牺牲宫殿的利益。

但是，随着希腊和罗马寡头成为主要的债务拥有者，债务不再被取消，除非是为了在军事或社会紧急情况下维持军队的忠诚。债权人有权取消抵押赎回权被"神圣化"，而不是取消债务以恢复经济平衡。

在希腊与罗马，货币和债务走上了一条不同于美索不达米亚的发展道路。寡头们获得了足够的权力来阻止公民债务的取消。希腊和罗马的农村高利贷以不可逆转的方式剥夺了负债累累的公民的土地，后者通常成为军队的雇佣军，而这些雇佣军以前是由自食其力的公民组成的。土地所有权比青铜时代美索不达米亚甚至当代新巴比伦经济更为集中。

今天的主流意识形态坚持这种向强硬的债权人导向的法律的转变，并将不偿还债务描述为导致混乱。然而，这些被清除的债务（Clean Slates）将近东经济体从经济极化和广泛奴役的混乱中拯救出来。如果统治者采用现代以债权人为导向的规则，美索不达米亚的经济腾飞是不可能维持的。

古典时期的起飞也不是持续的。到罗马帝国的末期，富有的精英们垄断了土地，剥夺了经济的货币，他们把大部分的钱都花在了进口上，这些进口使白银和黄金流到了东方。其结果是易货经济看起来重新"兴起"，货币化进入下一阶段：（在民间）货币被剥夺，导致贫穷和两极分化。

这种后罗马寡头的瓦解变成了当地的自给自足和易货，扭转了一度持有的（正确）观点：即易货经济由信贷经济的货币化发展而来。然而，教科书仍然重复这一顺序（先有易货），而不承认信贷的早期作用，没有提及货币化进化初期的宫殿和寺庙，也没有提到当债务不受压制时（通过债务减记和"清洁石板"）它将在数学上呈现自我扩张的趋势。如果这种经济理论真的具有普遍性，历史就不会以它的方式发生。

第四节　后古典时代货币演进

一、古代（1689 年前）和近代（1689—1917 年）

许多历史学家将罗马共和国的最终崩溃归因于财阀政权的出现，它以牺牲普通公民为代价积累了巨额私人财富。迦太基战争的紧急时期引入了私人控制的银币和后来的金币，价格远远超过了他们早先商品价值的价格，这巩固了财阀政权的统治地位。随着罗马的崩溃，许多古老的货币知识和经验在西方消失了。但是亚里士多德教义仍然很重要，因为它们对后世学者产生了影响，包括 St. Thomas Acquinas（1225—1274 年）。这可能解释了在工业革命之前，西方的货币控制一般仍掌握在政府或宗教手中并与社会最终主权密不可分的部分原因。然而，这种情况最终被改变了，其开始可以追溯到 1204 年 Byzantium 垮台后私人银行业务的首次出现，统治者越来越依赖私人银行家的贷款为战争融资。但最终货币控制掌握在君主手中的状况仍持续了数百年。荷兰的阿姆斯特丹银行（1609—1820 年）仍为政府所有，并维持 100% 的存款准备金支撑。英格兰的爱尔兰 Mixt Moneys 法案证实了主权国家有权发行本质上毫无价值的贱金属铸币作为法定货币的权利。1666 年的《英国自由铸币法》将货币供应的控制权交到私人手中，而私人控制的英格兰银行于 1694 年成立，这首次见证了一个主要的主权放弃货币控制，不仅是放弃给中央银行也放弃给央行背后的私人银行利益。接下来的几个世纪将提供充分的机会来比较政府和私人控制货币发行的结果。

英国的结果很清楚。Shaw（1896）研究了英国历史上君主的记录，发现除了一个例外（亨利八世），国王都能为国家的利益负责任地使用他的货币特权，没有发生重大的金融危机。另外，Del Mar（1895）发现，《自由铸币法》开启了一系列商业恐慌和灾难，而当时这些恐慌和灾难是完全未知的。1694 年至 1890 年间，英国只有 25 年没有发生金融危机。

这种私人货币发行制度的主要倡导者是 Adam Smith（1776）和 Jeremy Bentham（1818），他们的论点是基于商品货币的谬误概念。但是，一长串杰出的思想家主张回归政府货币发行制度（或取决于国家和时间，制度维持），货币金属（或材料）的内在价值是无关紧要的。几个世纪以来，他们的名字包括 John Locke、Benjamin Franklin、George Berkeley、Charles de Montesquieu、Thomas Paine、Thomas Jefferson、David Ricardo、Benjamin Butler、Henry George、Georg Friedrich Knapp。

美国的货币经验与英国相似。各个州发行的殖民纸币对这个国家有最大的经济利益，而英国对此类货币的压制是革命的主要原因之一（Del Mar，1895）。美国革命战争期间发行的大陆币对于允许大陆国会为战争融资至关重要。殖民地没有过度发行，通货膨胀最终发生的唯一原因是英国大规模造假。政府还在 1812—1817 年和 1837—1857 年保守和负责任地管理了纸币的发行（Zarlenga，2002）。林肯在内战期间发行的美元再次成为为战争筹资的重要工具，它们的发行是负责任地管理的，结果比第一次世界大战战争筹资的通胀要低一些。最后，1907—1913 年期间的 Aldrich-Vreeland 制度，即货币发行由政府通过货币监理署控制，也是非常有效的管理（Friedman 和 Schwartz，1963）。政府货币发行记录上的一个瑕疵是通缩，而不是通货膨胀。Van Buren 的总统任期引发了 1837 年的萧条，坚持政府发行的货币有 100% 的金 / 银支撑。这种完全不必要的束缚意味着货币供应不足以支持经济增长。至于美国在私人货币发行方面的经验，记录要糟糕得多。私人银行和私人拥有的美国第一银行，特别是第二银行，由于最初的货币过度扩张，伴随着高债务水平，以及随之而来的货币紧缩和债务通缩，一再引发灾难性的商业周期，银行家最终没收了违约债务人的抵押品，从而加剧了财富的集中。1810—1820 年期间，伪造的私人银行券的发行也造成了巨大的损失，类似的经历在整个世纪中一直持续。在大萧条前时期，私人信贷的大规模扩张是银行引发的繁荣—萧条周期的又一例证，尽管美联储的错误加剧了其严重性（Friedman 和 Schwartz，1963）。

二、现代（1917 年后）

简要地说一下私人控制货币发行的拥趸最喜欢的一个例子——1923 年的德国恶性通货膨胀，据称是由于过度的政府印钞造成的。时任德国央行行长 Hjalmar Schacht 在 Schacht（1967）中还原了这一事件的真正原因。具体来说，在 1922 年 5 月，盟军坚持完全私人控制德意志银行（即德国央行）。这个私人机构当时允许私人银行发行大量货币，直到流通中一半货币由私人银行发行，且德国央行随时可以按需兑换到德国马克。私人的德国央行也使得投机者能够卖空货币，由于 Keynes（1929）指出的赔款的转移问题[1]，货币已经承受了巨大的压力。为此，央行向投机者提供了慷慨的德国马克贷款，当德国马克的远期销售到期时，他们可以用这些贷款兑换外汇。1923 年年底，Schacht 被任命后，他停止按需将私人货币兑换为德国马克，不再按需发放德国马克贷款，此外，他还使新的列登马克[2]不可兑换为外币。结果是投机者被压垮，恶性通货膨胀被制止了。Dawes 计划进一步支持了货币，该计划大大减少了不切实际的高额赔款。因此，这一事件显然不能归咎于政府运行的中央银行过度印钞，而应该归咎于过度的战争赔款和私人投机者在私人中央央行的资助和恣惠下大量创造货币。应该指出，新兴市场最近发生的许多恶性通货膨胀也是在存在大规模转移问题和针对货币的剧烈私人投机的情况下发生的。

另一个例子是 2008 年的全球金融危机（GFC）。GFC 代表了国家还是私人控制货币的失败，是一个"可解释"的问题。GFC 后，批判国家控制货币失

---

[1] 转移问题是指债务国向债权国付款后可能最终情况好转的可能性。这是 John Maynard Keynes 和 Bertil Ohlin 在 20 世纪 20 年代就第一次世界大战后德国赔偿支付能力问题展开辩论的主题。

[2] 列登马克，也叫地租马克，即地产抵押马克，进入 20 世纪 20 年代，纸马克贬值加剧，成了废纸，1923 年，发行列登马克（Rentenmark），即地产抵押马克，由国家工业和农用耕地作抵押保障，一个列登马克等于原来的一个金马克，等于 1000000000000 纸马克。

败和批判私人控制货币失败的一样多，就像美国国会辩论双方都引用宪法同一条款。像美国宪法条款一样，美联储的公共属性是"可解释的"。他虽然由国会授权行使政府发行货币的权力，但是否尽责并完全以公共利益优先，值得怀疑。名义上美联储由数千家成员银行组成，并且形成了相对制衡的权力结构，但可信服的事实显示纽约联储为其实际控制人。联邦储备委员会的七名高级雇员（包括正副主席）提名短名单由纽约联储提交给总统，总统从中选择提名经国会通过。纽约联储在联邦公开市场委员会的五个[①]投票席位中，拥有永久一席，其他 11 家地区联储轮庄四个席位。美联储主席不在位时，纽约联储主席行使其权力。纽约联储的交易室执行美联储的公开市场操作决策。纽约联储与美联储同时拥有 BIS 的会员身份，而其他国家和地区在 BIS 都只有唯一代表。这些设置都清晰表明纽约联储是美联储的实际控制人，而前者的大股东是数家华尔街银行。GFC 期间，受救助的银行甚至用"救命钱"给自己的高级雇员发奖金。Adair Turner 严厉批评歧视性的法律允许金融机构破产而不允许个人贷款违约人破产。林林总总，很难让人信服美联储的行为完全符合公众利益。

现代央行的独立性给了央行官员独立于政治（很多时候是独立于政府）的合法性，但缺乏机制约束、问责他们是否可以合理、合法、以公众利益优先地行使权力。央行顶层官员的遴选过程也不透明，国有英格兰银行和超主权欧洲央行的高级官员遴选过程一直被批评充满黑箱。被赋予巨大独立性的央行官员，可能利用手中不受约束的权力实现特殊群体的政治目标。例如《日元王子》（Werner，2003）揭露，日本央行官员 20 世纪 90 年代故意创造房地产信贷泡沫，以衰退为由推动"日本经济结构化转型"，也在 10 多年前预测欧洲央行会通过持续大规模量化宽松操作创造资产价格泡沫，以制造衰退逼迫欧元区国家向欧洲央行出让财政主权，以促进建设财政联盟和推进欧洲一体化进程。不论该书对欧洲央行的动机判断准确与否，对其行为的预测是如实的。欧洲央行与成员国财政高官对 Libra 也表现了截然不同的观点。因此现代央行独立性和超主权特征虽然有其学术层面的合理性，但实际上是反国家意识的体现。

---

① 联邦储备委员会的七名理事拥有其余七个投票席位。

对公共利益的定义也更加撕裂，因为现代社会利益群体更加碎片化，占人口少数的精英群体拥有更强的舆论和立法影响力。前述日本央行和欧洲央行的行为在精英眼中可以是符合公众利益的。因此国家和私人控制边界的模糊以及更加撕裂的公共利益格局，让有关国家和私人控制货币的争论缺乏明确的基础。就像政府一直为 1923 年德国超级通货膨胀背黑锅一样。但与 1923 年德国央行明显被私人控制的事实不一样的是，现代央行被非国家力量控制显得更隐蔽和模糊。

中国政府控制人民币的积极成果可能会引起最少争议。Richard Werner、Michael Kumhof 和 Adair Turner 都不同程度称赞了中国央行的"窗口指导"政策在实现中国经济腾飞过程中发挥的积极作用。

第五节 货币典型问题之争

一、高利贷

Zarlenga（2002）的一部大师级作品，讨论了关于货币的本质和控制的历史，并追溯到古代美索不达米亚、希腊和罗马。与 Graeber（2011）一样，其表明，由于与私人债务相关的高利贷，私人发行货币在有记录的历史中屡次导致重大社会问题。

Zarlenga 没有采用高利贷这一普遍但过于简单的定义，即收取"超额利息"，而是采用了通过蓄意滥用一个国家的货币体系谋取私利的"不劳而获"的定义。从历史上看，高利贷有两种形式。

高利贷的第一种形式是私人占有一种社会货币的便利收益（货币的非货币收益被称为"便利收益"）。私人货币必须以正利率借入，而该货币的持有者由于其流动性的非货币利益，同意不收利息或收取非常低的利息。因此，针对贷款利率和货币利率之间的息差，虽然一部分是因为贷款风险溢价，但另一大部分是因为货币的流动性服务的收益。这里的息差被拥有私人创造货币特权的小团体私下挪用了。这是一种特权，由于其巨大的利益，往往由于强烈的寻租行为或牌照等制度保护（例如现代银行制度）而获得。Zarlenga（2002）记录了多个类似的历史情节。

高利贷的第二种形式是货币的私人创造者有能力操纵货币供应谋取利益，在经济扩张时期创造大量信贷和货币，从而造成商品价格高企，之后在经济收缩时期收缩信贷和货币，因此商品价格低迷。一个典型的例子是古代农业社会的收获周期，但 Zarlenga（2002）、Del Mar（1895），其中引用的著作包含许多其他证明这种机制有效的历史例子。它一再导致系统性的借款人违约、抵押物被没收，从而将财富集中到贷款人手中。对于宏观经济后果而言，这是否代表蓄意和恶意操纵，或者它是否是基于私人货币创造的制度的固有特征并不重要。

二、货币起源的两种意识形态

（一）国家货币理论

钱币学（numismatics——硬币的研究或收藏）一词的词根（nomos），是"法律"或"习惯"。在《伦理学》中，亚里士多德明确指出了货币的国家和制度性理论，并拒绝任何以商品为基础的货币概念或交易的货币概念，说"货币本质上并不存在，而是通过法律存在"。柏拉图的对话包含类似的观点（Jowett，1937）。

这种货币"国家理论"在现代的政策含义是，政府在出现赤字时不必向私人银行和债券持有人借款。他们可以通过发行法定货币来货币化其支出（所谓"货币化融资"）。正如亚里士多德所补充的，"我们有能力改变货币的价值，使其变得毫无用处"，不管它的实际使用价值如何。

Georg Friedrich Knapp 的《国家货币理论》（Knapp, 1924）描述了货币如何被其财政角色赋予价值：国家在纳税时愿意接受它。Innes（1913, 1914）通过描述货币在偿还债务中的起源，增加了一个重要的维度。这使货币与信贷过程而非商品建立了关联。Karl Polanyi（1944, 1957）领导的一个学派，强调"再分配"经济体中，受管理的价格等价物优先于供需关系决定的市场交换价格。Renger（1979, 1984）阐述了美索不达米亚宫殿经济的行政性质。

货币化融资在现代央行属于政策禁忌。GFC 之后，多数央行持续进行的大规模量化宽松并且没有退出的迹象，或者发行低息永续债。Adair Turner 在《债务与魔鬼》（Turner, 2016）中指出，现代央行为应对 GFC 所推出的没完没了的 QE 或者低息永续债，已经实质上接近货币化融资只是尚未突破红线。为化解债务积压并使经济不陷入长期的衰退，Turner 建议通过法定货币创造，或用于新增的财政赤字融资，或用于核销存量公共债务。Turner 认为，为了防止未来因债务积压造成的债务危机，我们需要控制私人信贷创造，需要打破财政赤字融资的政策禁忌，同时确保该政策不被滥用。同时他认为任何货币融资的使用都应该是一次性的，但某些情况下，货币融资持续发挥作用可能比其他代替政策的风险更小。

（二）商品货币理论

国家货币理论的这些变体淡化了个人和纯粹商业谋利的作用，这些谋利行为主导了大多数早期对货币起源的看法。Carl Menger（1892）阐述了 Adam Smith 所描述的"以物交易和物物交易"是人的本能，提出了经典版本的货币起源的商品理论，没有提及纳税或欠公共部门的其他债务。他推测货币是个体生产者和消费者之间易货贸易的结果。根据这一观点，金属成了这种交易最合意的媒介，因为其能发挥三项主要功能：

1. 紧凑、统一的价值存储，以存储购买力将价值（储蓄）压缩到相对较小的空间，并且不变质（与谷物不同）；

2. 一种便利的付款方式，可分割成标准化的部分重量单位（假设其纯度或成色已证明）；

3. 价值的度量。

由于上述功能，白银和黄金是被广泛接受的商品，用来衡量其他产品的价格。

商品或易货理论将货币描述为新石器时代生产者、商人和富有的储蓄者在相互交换作物和手工艺品时首选的商品。在这个起源神话中，金条成为价值度量和支付手段，不受宫殿或寺庙监督。由于个人可以储蓄和贷出赚取利息，因此，货币升级成为资本，由个人而不是由公共机构提供。

关于货币起源的不同看法有不同的政策含义。将货币视为个人选择供自己使用和储蓄的商品，意味着银行自然而然地居间货币创造。银行利益支持这种假设，即货币在政府不扮演任何角色的情况下是如何产生的。政治信息是，他们/银行——由富有的债券持有人和储户支持——应该拥有货币权力来决定是否为政府提供资金，政府的支出应该通过借贷而不是通过法定货币创造来融资。作为对19世纪和20世纪初公共监管和货币创造上升趋势的反对，这个学派将货币的价值描述为基于其贵金属含量或可兑换性，或基于银行存款和其他金融资产。

货币起源于史前的个体相互交换商品的理论，其政策含义是，政府创造自己的货币是不负责任的。

货币的功能、价值来源的两种理论都植根于关于货币是公共还是私有，以及货币应该由公共法币还是黄金作为支撑的争论。Charles Goodhart（1998）表明，货币是为了促进个体间交换的易货理论甚至不适用于现代。他提供了长期争论的参考书目，以突出当今易货理论偏好背后的政治党派动机。

Zarlenga（2002）指出，关于"真正的"由贵金属支撑的货币与法币的辩论主要是转移注意力，因为即使在以贵金属为基础的历史政权中，贵金属相对价值高的主要原因恰恰是它们作为货币的作用，其价值源自政府法令而不是来自金属的内在品质。这些问题在 Smith（1776）中尤其令人费解，其对于货币持原始商品观，尽管当时的私人英格兰银行早已开始发行一种法币，其价值与贵金属的生产成本基本无关。此外，正如 Smith 所了解的，英格兰银行和私人银行都在为没有存入硬币（甚至银行券）的借款客户在账户中创建可用支票支付的账面贷记。

三、货币起源易货理论的不足

Paul Samuelson（1973）的长期占据统治地位的大学教科书总结教授给数代经济学学生的易货理论的逻辑：

易货显然不方便，它代表着从自给自足状态迈出的一大步，在这个状态中，每个人都必须是门门皆通但样样稀松……如果我们要按照假设的、合乎逻辑的思路来构建历史，我们自然应该让商品货币的时代跟随易货时代。

Samuelson 无视信贷安排，也排除了对近东货币化初期的宫殿或寺庙的引用，然后试图通过转向伪人类学来将这种猜测作为表面上的经验证据：

从历史上看，各种各样的商品曾经作为交换媒介：……烟草，皮革和皮，毛皮，橄榄油，啤酒或烈酒，奴隶或妻子……巨大的岩石和地标和烟头。商品货币的时代让位于纸币时代……最后，伴随着纸币时代，是银行货币或银行支票存款的时代。

这种观点将商品货币描述为原始和自然，认为历史的方向在今天商业银行达到顶峰。它把信贷放在"易货—货币—信贷"序列的末尾，而不是在开始。在 Samuelson 写作的时候，货币史前史已经成为自由市场经济学家与政府监管倡导者争夺的一个舞台，讨论私营部门或公共部门是否应该占据主导地位，以及政府是否应该监管信贷和创造自己的货币或把它留给私人机构。自由市场经济学家的一些理念，如信贷和债权人导向的债务催收规则留给银行家、债券持有人和富人，尽量减少政府"干预"等。这些理念对公共政策的影响有利于金融利益集团。

史前学家和人类学家都没有为这种易货理论提供支持证据。人类学家 Caroline Humphrey（1985）强调说："没有一种纯粹和简单的易货经济的例子被描述过，更不用说货币的出现了。"他说："所有可用的人种学都表明，从来没有这样的事。"至于楔形文字记录，它表明，大多数美索不达米亚人最初的主要货币活动是支付税款、费用或购买宫殿和寺庙制造或进口的产品，基于这些大型机构提供或监管的信贷。

就便利性而言，进行交换的最简单和成本最低的方式是避免用金属直接付款。如果不得不为零售甚至大型交易的货币称重，将会最大化交易成本。然而，当反政府理论家认为商品货币和银行信贷将交易成本降至最低（Ober，2008）时，他们只将硬币与易货进行比较，而不与信贷比较，例如，在收获季的打谷场结算。"易货理论"排斥了一种想法，即宫殿的信用创造和监管有助于将交易成本降至最低，实际上也有助于维护经济稳定。

易货理论的证据缺乏并没有困扰 Menger，因为他的逻辑纯粹是推测性的："即使钱不是来自易货，但有没有这个可能性呢?"史前学家和人类学家会回答："不，不可能这样发生。货币总是嵌入到公共环境中。如果没有公共催化剂和持续监督，货币就很难发展起来并被接受。"

任何实用的信用和贸易支付系统都需要精确地称重和测量。这就需要公共监督来检查欺诈行为。从事易货或自身信贷的个人无法被赋予信任。历史上，骗子在出售商品或贷出货币时使用轻的衡器，以少给顾客，在购买或收债时使用重的衡器，以获得过多的白银或其他商品。

《圣经》中谴责商人使用虚假的度量衡，其实他们的巴比伦祖先早就这么干了。《汉谟拉比法典》规定，对于以小的衡器借出谷物或货币，却用较大衡器来付款的商人，应没收他们借出的任何东西。阿勒妇女被发现用动过手脚的度量衡出售啤酒，则会被扔进水中。许多其他涉及债权人滥用的裁决，可以追溯到公元前 2350 年拉格什的乌鲁卡基那的统治。

历史上永远不缺这种滥用的例子。公元前 7 世纪的先知 Amos 描述上帝谴责富有的以色列人，他们克扣度量（把伊法①弄小），提高价格（把谢克尔弄大），用不诚实的秤欺骗。《圣经》和《古兰经》里都有谴责不诚实商人的例子。

管理度量衡是远远超出个人之间原始易货的一步。它需要对交换和信贷进行官方组织和监督。如上所述，用 60 进制的称重来标示米纳斯和谢克尔，反映了美索不达米亚宫殿和寺庙内交易的优先地位，其发源于以谷物为基础的会计制度安排和分配粮食。犹太寺庙同样提供了标准化的量器，雅典的公共市场监管机构 agoranomoi 也是如此。整个古代位于城门或寺庙前的空地上的市场，都提供了便于获取的官方度量衡防止欺诈。

除了对度量衡的公共监督外，对白银和黄金成色的质量标准也是必需的。公元前第二个千年和第一个千年的销售和债务合同通常规定，以 7/8 纯度的白银付款（0.875 纯度，相当于 21 克拉）。为了避免掺假，在寺庙里铸银以保证特定的纯度。Money 一词源自罗马的 Juno Moneta 神庙，在迦太基战争期间，这里铸造银币和金币，主要是为了武装士兵、建立海军和支付雇佣兵，不是为易货交换。

---

① 英文即 ephah，古希伯来人的干量单位。

与当今世界不同，古代没有公共债务作为银行储备的货币基础。纵观古代，寺庙是社会的最终银行家和紧急情况下的资金来源。寺庙里的雕塑装饰着金色的饰品，在需要支付雇佣兵（或者支付赎金或朝贡）时，这些装饰物可以熔化。寺庙这种角色与现代央行"最后贷款人"角色很相近。

许多易货理论拥趸引用石币岛等例子，这里有几个严重的逻辑错误。首先，最常见的逻辑错误是以易货现象的存在证明货币起源。证明货币起源的最基本要求是，时间上是最早的货币形态，功能上支持了广泛大规模经济活动。其次，考察货币起源首先需要基本的文献、考古和人类学证据支持，形成承上启下的逻辑关系。仅凭想象，确实可以从几个石币推演出很多故事来，但无法形成延续、逻辑、完整的历史拼图。再次，要评估对历史主线的影响。青铜时代的近东文明影响了人类文明进程的主线[1]，从近东到地中海，从地中海到整个欧洲，这条人类文明的主线异常清晰并且有充足历史文献和人类学证据。最后，作为货币，要有广泛的可接受性，意即能够支持大型经济体的需要。两个村口顽童交换玻璃弹珠确实是原始易货贸易，但非要牵强地理解为货币起源就贻笑大方了。

第六节　总结

与历史记载相悖的货币起源神话，是既得利益者与改革者之间发生冲突的结果，即货币和信贷体系应该由银行还是政府控制。信贷和债务是由有利于债权人的法律管理的，还是应该保护广大负债人口的繁荣？经济作家回答这个问题的方式，取决于他们对货币、信贷和利息的起源和特征的易货或国家理论的偏好。比特币兴起之后，数字经济社区中易货理论的拥趸加入传统的既得利益群体成为私人控制货币的拥护者，但他们没有结盟（严格地说，前者没有

---

① 卢浮宫、大英博物馆和大都会博物馆等，最珍贵的史料就来自中东/近东文明。

资格与后者结盟），只是为铸币权的竞争增加了除国家、私营银行之外的新力量——普通民众。

亚述学[①]和人类学研究证实，货币和货币利息不是由个人之间物物交易作物和手工艺品或相互借出作物和动物而创造的。古老的经济体以信贷为经营，创造货币作为偿还债务的手段。这些债务主要是欠美索不达米亚宫殿和寺庙的。利息成为一种主要由宫殿官员管理的手段，为长途贸易融资，并将土地预付给种植者或管理人员。

承认货币和利息的这种宫殿来源，与商业银行将自己对货币和信贷的控制描述为自然和原始的动机是相悖的。自从罗马法律被写成有利于债权人以来，历史就一直被书写来捍卫这个观点，即私人信贷和所偿还债务的"神圣性"是自然的。由此产生的解释货币和利息的起源的神话，反映了银行家和其他债权人的公关游说。

商业银行和国家控制货币的争论在现代越来越模糊，因为国家力量和非国家力量的边界在模糊。这种非国家的力量通过现代央行理论的塑造（如独立性）和全球货币顶层制度和秩序的设计，影响、控制了绝大部分货币和信贷的创造和供给。这种影响具有相当迷惑性，因为货币制度通过代表主权政府的央行来执行。某种程度上可以理解为现代社会中不代表任何国家的跨国私人资本通过影响央行理论塑造和货币制度的建立，通过各主权国家的央行执行并维护了符合他们利益的全球货币金融秩序。这里的主角是美联储、欧洲央行、国际清算银行、国际货币基金组织和世界银行等机构的权力精英[②]。

---

① 亚述学（Assyriology）是研究古代美索不达米亚地区（Mesopotamia，来自希腊语，意思是两河之间的土地，包括今伊拉克境内幼发拉底河和底格里斯河中下游地区及叙利亚东北部地区）语言、文字、社会和历史的学科。因起始于对亚述文字的研究而得名。

② 这个影响全球货币金融体系制度和秩序的权力核心由欧美信奉全球一体化的精英组成，中国的金融精英并不在这个圈子里。

这个群体已经攫取了全球货币体系控制权的一大部分，在他们眼里，普通民众或许根本没有资格与他们竞争铸币权。而比特币的拥趸们，也应该有更清醒的认识，在铸币权的竞争中，谁才是他们最大的对手，中本聪发明比特币真正要革谁的命。

参考文献

Adair Turner，《债务和魔鬼：货币、信贷和全球金融体系重建》，2016 年。

Bentham, J., *Defense of Usury*, London: Payne & Foss, 1818.

Graeber, D., *Debt: The First 5000 Years*, Melville House Publishers, 2011.

Zarlenga, S., *The Lost Science of Money*, Valatie, NY: American Monetary Institute, 2002.

Hudson and Wunsch, "Accounting in Early Mesopotamia: Some Remarks", in Hudson and Wunsch, *Creating Economic Order*（ISLET, Dresden）:47–64, 2004.

Ventris, Michael, and John Chadwick, *Documents in Mycenaean Greek: Three Hundred Selected Tablets from Knossos, Pylos and Mycenae with Commentary and Vocabulary*, Cambridge, England: Cambridge University Press, 1956.

Cripps, Eric L., "The Structure of Prices in the neo-Sumerian Economy（I）: Barley: Silver Price Ratios", 2017.

Englund, Robert, "Administrative Timekeeping in Ancient Mesopotamia", *Journal of the Economic and Social History of the Orient*, 31:121–85, 1988.

Englund, Robert, "Proto-Cuneiform Account-Books and Journals", in Hudson and Wunsch, 23–46, 2004.

Lambert, Maurice, "La naissance de la bureaucratie", Revue Historique, 224:1–26, 1960.

Roth, Martha T., *Law Collections from Mesopotamia and Asia Minor*, 2nd ed.,

Atlanta: Scholars Press, 1997.

Salmon, J. B., Wealthy Corinth (Oxford), 1984.

Kraay, C.M. (1976), *Archaic and Classical Greek Coin*, London, 1976.

Simons, H., *Economic Policy for a Free Society*, Chicago: University of Chicago Press, 1948.

Peruzzi, E., *Money in Ancient Rome*, Florence: Academia Toscana Di Sciencze E Lettere, 1985. pp. 9–10.

Jowett, B., *Translation of Dialogues of Plato*, *Socrates dialogue Eryxias*, p. 814, New York: Random House, 1937.

Shaw, W., *The History of Currency*, *1252–1896*, Putnams, reprinted by New York: A.M. Kelley, 1967.

Del Mar, A. (1895), *History of Monetary Systems*, reprint: New York, A.M. Kelley (1978) .

Zarlenga, S., *The Lost Science of Money*, Valatie, NY: American Monetary Institute, 2002.

Friedman, M. and Schwartz, A., *A Monetary History of the United States, 1867– 1960*, Washington, DC: National Bureau of Economic Research, 1963.

Schacht, H., *The Magic of Money*, translation by P. Erskine, London: Oldbourne, 1967.

Keynes, M., "The German Transfer Problem", in Readings in the Theory of International Trade, 1949, Philadelphia and Toronto: The Blakiston Company, 1929.

Knapp, Georg Friedrich (1924), *The State Theory of Money*, 1905.

Humphrey, Caroline, "Barter and Economic Disintegration", Man, New Series 20, 1985.

Innes, Alfred Mitchell, "What is money ? " *Banking Law Journal*, May, 1913: 377–408, reprinted in L. Randall Wary (ed), Credit and State Theory of Money. The Contributions of A. Mitchell Innes (Cheltenham: Edward Elgar) .

Innes, Alfred Mitchell, "The credit theory of money", *Banking Law Journal* (Dec./Jan., 1914) :151–68, reprinted in L. Randall Wary (ed), Credit and State

Theory of Money. The Contributions of A. Mitchell Innes (Cheltenham: Edward Elgar) .

Ober, Josiah, *Democracy and Knowledge. Innovation and Learning in Classical Athens*, Princeton: Princeton University Press, 2008.

Polanyi, Karl, *The Great Transformation*, Beacon Press, 1944.

Polanyi, Karl, Arensberg, Conrad M. and Pearson, Harry W., eds., *Trade and Market in the Early Empires: Economies in History and Theory*, New York, 1957.

Werner, Richard, *Princes of the Yen: Japan's Central Bankers and the Transformation of the Economy*, East Gate Books, 2003.

Renger, Johannes, "Interaction of Temple, Palace, and 'Private Enterprise' in the Old Babylonian Economy", in Lipinski, Eduard (ed.), State and Temple Economy in the Ancient Near East (Leuven) I, 249–56, 1979.

Renger, Johannes, "Patterns of Non–Institutional Trade and Non–Commercial Exchange in Ancient Mesopotamia at the Beginning of the Second Millennium BC", in Circulation of Goods in Non–Palatial Context in the Ancient Near East, ed. Alfonso Archi (=Incunabula Graeca, LXXII, Rome, 1984) : 31–115, 1984.

Menger, Carl, "On the Origins of Money", *Economic Journal*, 2:238–255. Originally published in 1871. (1981), Principles of Economics (New York: New York University Press), 1892.

Goodhart, Charles "The two concepts of money: implications for the analysis of optimal currency areas", *European Journal of Political Economy*, 14: 407–432, 1998.

Smith, A., *The Wealth of Nations*, Great Books, Encyclopedia Britannica, University of Chicago Press, Vol. 39, 1952, 1776.

Samuelson, Paul, *Economics*, 9th ed., New York: McGraw Hill, 1973.

第二章　货币金融体系的历史和现状 ①

导读：

中本聪 2009 年发明比特币，以技术极客的方法给出了全球金融危机的解决方案。十年以后的今天，2019 年 Facebook 的稳定加密货币项目 Libra 横空出世，在新旧世界激发了广泛的讨论和热情。很多人把扎克伯格视为以一人力量挑战全球金融业霸权和倡导金融开放和普惠的极客英雄，但真实情况如何？美国银行家说："我才不管谁统治这个世界，我只要铸币权！"货币超越了所有政府和军事的力量！

作为这个星球上最强大的权力，货币体系是如何运转的？谁创造了这个世界的货币？谁从货币的创造中攫取了利润？谁在影响这个星球上货币体系的规则？ 2008 年全球金融危机爆发的真正原因是什么？金融危机后这个世界有什么变化，未来还可能发生类似的金融危机吗？央行为什么关心区块链和数字货币？

本章为理解数字货币和 Libra 相关的全部货币金融理论问题建立了宏观背景——介绍货币金融体系的历史和现状。本章描述了现代法币创造的三种理论，以美元为例着重分析了"贷款创造货币"的原理以及铸币税的创造和分配

---

① 本章是首发于 2019 年 6 月 27 日的中国最高阅读量的 Libra 主题评论《从货币金融体系的历史、现状和未来评价 Libra》文章的第一部分内容，货币金融体系的历史和现状。

机制；介绍了全球金融体系的关键政策制定机构和与数字货币制度有关的央行，包括国际清算银行、金融稳定理事会、美联储、欧洲央行、中国的香港金融管理局和德国银行等；回顾了 2008 年全球金融危机爆发的原因和危机后业界在理论、实践和治理方面的进展；概述了 G20/FSB 推动的全球银行监管框架的改进，着重介绍了全储备银行方案——芝加哥计划，概述了央行在区块链和 CBDCs 领域的研究工作。建议读者完整阅读本章，即使是货币金融专业人士，本章呈现的内容也可能与你的认知不完全相同。

正文：

传统地，货币金融体系一直笼罩神秘面纱。因为掌握铸币权带来巨大的垄断利益，导致有关货币和银行的知识长期对公众隐瞒、模糊甚至误导。经济和金融学界也长期忽视货币和银行在宏观经济中发挥的作用。经典的货币金融教科书长期也以错误或与实际情况不符的理论误导学生。只有极少数人能从系统的角度了解银行业的真相，包括货币的创造和供给、货币政策、银行业监管等。

数字货币的兴起激发起广泛的人群对货币金融体系的兴趣，带来的挑战是缺乏准确的知识来源描述货币创造原理，全球货币金融制度、秩序和治理格局，以及银行和央行的运转实质等。所以本章的目的是为读者建立对货币金融体系运转真实状况的基础共识。本章简述了货币的历史、创造机制、铸币税及其归属、全球货币金融领域主要的政策制定机构和国际标准制定机构，探讨了 2008 年全球金融危机发生的根源，描述了危机后货币改革运动、银行理论的反思和探索，以及全球银行监管框架和金融稳定性的改进，概述了央行数字货币的情况。

第一节　货币起源

货币的历史包括信用货币、商品货币和物物交换的不同历史阶段。主流宏观经济和货币金融教科书的典型描述是货币起源于最初的物物交换，逐渐发展到商品货币，最终发展到信用货币。但目前货币金融学界（学界不等于教科书）认为，也包括一部分监管者亦认同，物物交换的货币起源理论缺乏依据，新观点是货币起源于公元前 3000 年的美索不达米亚的宫殿和寺庙经济。青铜时代的古老经济体是以信用为基础经营的，它创造了货币作为偿还债务的手段，债务主要是由居民欠美索不达米亚宫殿和寺庙的。古典时代的希腊和罗马，早期通过贸易学习并建立与近东类似的信用货币体系，但后期其货币和债务走向了与近东不同的发展路径。古罗马逐渐发展为寡头财阀政权，迦太基战争期间引入了私人控制的银币和后来的金币。罗马帝国末期富有精英垄断了土地和经济的货币，把大部分钱用于进口，导致白银和黄金流失到东方。货币外流和过度的民间债务束缚都加速了罗马的崩溃，迫使人们诉诸易货贸易。古典时代的货币经验，通过亚里士多德教义等对后世学者产生了重要影响。美国经济学家和金融历史学者 Michael Hudson 对货币起源有精辟的描述（Hudson，2018），Michael Kumhof 在《重提芝加哥计划》（Benes 和 Kumhof，2013）中对货币历史也有概述。本章把讨论的重点放到信用货币、法币上。

第二节　货币创造机制

法币主要的发行机制是货币发行主体（如央行）抵押一定的资产作为储备物来发行货币。观察央行的资产负债表，负债端是央行发行的货币，一般来说，资产端主要的储备物包含少量黄金，绝大部分是外汇、本币国债、各种主权债以及其他债券。外汇是其他主权国家的法币。因此，可以认为**法币主要是基于国家信用发行的货币，国债是最主要的储备物**。央行发行货币的形式包括硬币（硬币在美国是财政部而非美联储发行）、纸币和储备金。硬币和纸币是进入流通领域的货币，储备金并不进入流通，是各个商业银行（或其他有权利开设储备金账户的金融机构）在央行的存款。

一般流通货币，包括硬币和纸币和商业银行的活期存款。央行为商业银行开设储备金账户，且通过银行间支付和清算体系，商业银行的活期存款实质上拥有了与硬币、纸币等同效力的购买力。对一个经济体而言，储蓄并不增加流通货币总量，而只涉及存量的货币在银行体系内部的流动。在央行大规模实施量化宽松的货币政策之前，新增活期存款主要来自商业银行发放的贷款。银行在发放贷款的时候，在自己资产负债表的资产端增加一项贷款的资产项（未来借款人按照约定的时间表归还利息和本金），同时在负债端新增一项同等额度的活期存款项（发放给借款人）。这个活期存款项里面的金额立刻拥有了与现金等价的购买力。当贷款被归还时，货币被销毁，所以银行并不需要有事先已经存在的货币才能发放贷款，而是"在发放贷款的同时创造货币和在贷款归还时销毁货币"。除商业银行的活期存款之外，影子银行体系通过货币市场也可以创造出货币等价物（货币市场基金份额）。下文如果不特别说明，针对货币的讨论不包括影子银行体系部分。根据英格兰银行的统计，超过97%的流通货币是商业银行通过贷款创造的，这个数字在美国是95%。

虽然银行业的真实运转状况是"通过贷款创造货币"[1]，但几乎所有主流的货币金融教科书都把银行描述为"金融中介，一方面吸收储蓄，另一方面发放贷款"。这是所谓的银行"金融中介"理论。同时，商业银行把储户的资金按照一定的百分比（所谓的"存款准备金率"）存入央行的储备金账户，剩余的资金可以继续放贷。被借出的钱通过新的储户又存入银行（可以是其他银行），银行继续把一定的百分比存入央行储备金账户，剩余的资金继续放贷。因此，给定一定的初始资金，通过这种循环放贷的过程，在整个银行体系而言，可以创造出这个百分比倒数倍的货币来，这就是经典的货币乘数理论。在经典的货

[1] "贷款创造货币"理论曾在历史上是学界主流。从20世纪50年代以后该理论逐渐被"金融中介"和"货币乘数"理论所取代，直至20世纪80年代完全从教科书中消失。以后有不同学者重提该理论。如新货币银行理论提出者、中国央行货币政策司长孙国锋称在2000年左右独立提出了"货币创造贷款"理论。经济学家朱嘉明在1983年出版的《国民经济结构学浅说》中描述"银行相当部分的存款是由银行贷款派生出来"。

币理论中，央行通过储备金和存款准备金率等工具，来约束商业银行创造货币的规模。

在实际银行的运作过程中，包括英格兰银行、瑞士央行等在内的央行，已经**取消储蓄准备金**接近 20 年了。储备金账户只用于银行间支付和清算，以及商业银行管理短期流动性的用途。即使保留存款准备金制度的央行，如美联储，也在不断减少对该工具的依赖。20 世纪 60 年代美联储副主席曾说过，"商业银行首先是做出贷款决策，然后寻找储备金"。这说明储备金不能约束新增贷款。美联储 2010 年的工作论文也明确指出，**"货币乘数只是一个神话"**。在现代央行的通胀目标管理的制度下，理论上央行会为商业银行无限制地提供准备金。因此通过存款准备金要求来约束商业银行创造贷款 / 货币的规模，实际上并不有效（中国银行体系的存款准备金制度是有效的，本章不展开讨论）。

通过央行的储备金账户，商业银行不仅让自己为储户提供的活期账户拥有了法定的购买力，商业银行实际拥有了创造货币的权力，而且获得了访问央行资产负债表的权力。这意味着，商业银行在发生流动性危机的时候，可以**向央行获得流动性支持**。央行还作为商业银行的"最后贷款人"，在商业银行从银行间市场不能获得流动性支持的时候，以接近政策利率（政策利率，这里统一指央行针对商业银行的短期贷款利率。例如，在美国，就指联邦基金利率）为银行提供贷款。若商业银行资不抵债，如果央行评估该行（例如所谓全球具有系统重要性的银行——Global Systematically Import Banks: GSIB）的倒闭将带来严重的经济和社会后果，央行就会介入使用纳税人的资金对银行进行救助。

商业银行为什么可以绑架经济，做到"大而不倒"？因为商业银行创造了绝大部分流通的货币。在银行业市场集中度高的国家，例如英国大商业银行占据了近 90% 的银行业总资产，美国前五大商业银行占据 54% 的银行业总资产。在英国如果一家大银行倒闭，意味着整个经济体立刻缺失接近 20% 的流动性，以及相关大量的公司和家庭不能进行日常支付，这确实是一场无人敢承担后果的灾难。

大部分央行为商业银行的储备金账户的存款支付利率，利率接近政策利率。一般来说，央行倾向鼓励商业银行将多余的储备金投向银行间市场，因此央行支付给商业银行的超额储备金利率会略低于政策利率，以此鼓励商业银行将多余的储备金投向银行间市场并在缺乏流动性的时候首先向银行间市场寻求帮助。

全球央行目前最主要的调节流动性的方式是公开市场操作，通过基于合格抵押债券的回购操作，释放和回收流动性。商业银行相当于通过向央行借出 / 回收债券以获得 / 归还流动性（货币）。当然，只有合格资质的交易商或者银行，能够参与央行的公开市场操作。

第三节　铸币税和铸币税的归属

铸币税本意指货币铸造当局铸造和流通货币的成本与货币所代表真实购买力之间的差，为货币铸造的利润。在商品货币时代，货币铸造的成本主要是铸造货币所需的贵金属，如金或银。铸币税归货币铸造当局所拥有。进入信用货币时代之后，货币的形式主要是数字形式。因此更广义的铸币税定义是货币发行部门创造货币的利润。

在法币时代，铸币税的情况会更加复杂一些，以美元为例说明。美元货币主要由现金（包括硬币和纸币）、储备金和银行活期存款组成。

美元硬币由美国财政部铸造发行，在财政部的资产负债表上，硬币被视为资产而非负债。铸币税是美元硬币代表的法定购买力与其铸造和流通成本的差。根据美国铸币厂年度报告，2016 年 1 美分硬币的铸造成本是 1.5 美分，

1美元硬币铸造成本在几美分左右。铸币税归属美国财政部，实际就是美国政府。

美元纸币和储备金由美联储基于美国国债发行，在美联储资产负债表上，纸币和储备金属于负债，国债属于资产。根据广义铸币税定义来理解美联储货币发行的成本和收益。美联储的成本主要来自商业银行在央行储备金账户存款利息支出、纸币美元的印刷和流通成本以及人员工资等，美联储的收入主要来自持有美元国债的利息收入。储备金相当于计算机系统中账户数字，没有制造和流通成本。任何面值的纸币美元印刷成本都在 5 美分以下，流通成本也不大。美联储人力成本虽然不便宜，但与储备金存款利息支出比较可大致忽略。因此为简化计算，美联储收益主要来自持有的国债利息收入，支出主要来自商业银行储备金存款利息的支出。由此**美联储铸币税的收益大致等于持有国债利息收入减去商业银行储备金账户存款利息支出**。美联储的净收益，除 6% 作为股息分配给股东，其余 94% 全部上缴给美国财政部（王健，2013）。

在 2008 年全球金融危机（Global Financial Crisis: GFC）前的五年里，美联储对财政部的年平均贡献为 230 亿美元。自 2010 年以来，美联储的年平均贡献为 860 亿美元。GFC 之后，美联储因为在危机当中购买了大量低价证券，危机过后全部售出，因此盈利颇丰。看起来美元铸币税大部分被分配给了美国政府，其实不然。在正常年景下（即美联储不通过出售危机中购买的低价证券赢利），美联储支出的绝大部分是商业银行储备金利息，2017 年美联储向商业银行支付了近 260 亿美元的储备金存款利息。如果把美联储持有国债的利息收入视为铸币税，商业银行其实是参与分配铸币税的主体。

在美国，商业银行创造了 95% 的流通货币。商业银行创造货币的成本主要是获得资金的成本，商业银行获取资金主要有几个来源：揽储（相当于零售资金）、银行间市场（资金批发）、央行（作为最后贷款人）和股本。资金获得的成本，揽储最低，银行间市场略低于央行基准利率，股本最高。例如目前美国零售银行储户的活期存款利息为 0.01%，银行间市场和央行基准利率接近

2%—2.25%。0.01% 和 2% 的对比非常令人吃惊，但这就是真实状况。这也解释了为什么商业银行虽然并不需要事先存在的存款才能放贷，但还大力揽储，因为银行从该渠道获得的资金成本是最低的。也解释了为什么银行倾向于降低股本支出，因为通过股权融资获得的资金成本是最高的。全球银行体系大抵如此，但本文不就此问题展开讨论。银行的收益主要来自放贷获得利息收入，所以**银行的铸币税其实就是银行的利差收入**。

根据来自 FDIC 的数据，美国前五大商业银行 2018 年资产总规模 9.7 万亿美元，美国银行业资产总规模 17.9 万亿美元，占比 54%。2018 年年底美国银行业贷款余额 10.14 万亿美元，2018 年美国银行业平均息差水平 3.45%。因此净息差收入近 3500 亿美元。进一步分析，这 3500 亿美元是商业银行的净利息收入（利息收入 – 利息支出），前面有描述商业银行需要为从多个渠道获得资金支付利息成本。美联储联邦基金利率可以理解为银行从市场上获得资金的利率的上限，美联储 2018 年平均利率为 2%，因此可以估算美国银行业 2018 年的利息支出近 2000 亿美元。这 2000 亿美元可以理解为商业银行为"铸币"付出的成本，那么这 2000 亿美元支付给谁了呢？它支付给了净储蓄者。很多人在银行里面既有借款，也有存款（或者其他形式参与，如通过货币市场基金向银行提供资金），因此既向银行体系支付利息也收取利息。据统计，60%的美国人不能支付计划外的 1000 美元的账单，只有富人才有更多的资产用于储蓄。芬兰 Patrizio Lainà 的博士论文《全储备银行》（Lainà，2019），提供了不同人群利息净收入水平的详细统计。美联储两周前发布的统计报告显示，自20 世纪 80 年代到现在，美国前 1% 的富人财富增加了 29 万亿美元，后 50%群体的净财富从 7000 亿美元降低到 –2000 亿美元。有兴趣的读者可以进一步研究，净储蓄者在社会财富拥有者的前 1% 和 10% 的人群分布，这里就不给出答案了。

因此简单小结一下，美国货币金融体系中（在不考虑影子银行体系前提下），美联储创造了纸币现金和储备金，商业银行创造了近 95% 的流通货币，净储蓄者、美国政府和商业银行成为铸币税主要的受益者。2018 年，净储蓄者、美国政府和商业银行分别被分配了近 2000 亿美元、800 亿美元和 3500 亿美元的铸币税。美国前五大商业银行占据了银行业总资产规模的近 54%，因此他们的股东和高管实质上是美元体系铸币税的最大受益者。净储蓄者与商业银行股东群体可能存在相当程度重叠，因此铸币税的分配可能趋向于更加集中。

美国 2018 年 GDP 为 20 万亿美元，因此（支付给美国政府之外的）铸币税占据约 3% 的 GDP。这可以理解为全社会（包括政府、企业和家庭）使用货币的成本。Richard Werner 和 Michael Hudson 都指出货币本质上是金融食利阶层从实体经济进行转移支付的工具（Hudson, 1993）。主流货币金融理论描述货币为一种稀有物，与土地类似。土地与货币都被视为生产要素，生产部门需要从自己创造的经济收益中为使用土地和货币等生产要素付费。从本章描述可知，信用货币创造实际上基于信用，理论上任何人都可以对任何人生成信用，即私人信用并不是稀有物。现代银行体系中，贷款活动创造了私人信用，通过商业银行在央行开设的储备金账户，商业银行让私人信用获得了法定购买力；在私人信贷面临违约风险时，商业银行通过存款保护计划和政府救助计划等，使私人债务可以转化为公共债务。

第四节　全球货币金融体系主要标准制定机构和政策制定机构

世界银行（World Bank）和国际货币基金组织（International Monetary Fund）大家都比较熟悉，介绍略过。

国际清算银行（Bank of International Settlement: BIS）比较低调，它确实是一家真正的银行，只不过它的客户和股东只是全球的 60 家央行和货币当局。BIS 成立于"一战"后为管理德国战争赔款。在之后几十年，历经"二战"、"二战"后布雷顿森林体系建立和破裂、欧盟建立以及欧洲央行建立，BIS 在每次重要历史关头都抓住机会成功转型，到现在成为全球银行业政策研究和制定最重要的机构。各国央行行长以个人身份加入 BIS，因此 BIS 也称为"央行行长俱乐部"。BIS 内部包括多个委员会。大家耳熟能详的全球银行业监管框架《巴塞尔协议 I/II/III》就由 BIS 制定，以及前文提及的 GSIB 也是由 BIS"认证"。成为 GSIB 虽然会面临更严格的监管（例如更高的资本充足率要求），但无疑是一块"免死金牌"。当监管或者执法部门调查甚至追责银行时，GSIB 让银行脱罪、或者减轻罪责仅对公司处以少量罚金、涉事高管免予刑事处罚等。作为全球银行业的另一极，欧洲央行（ECB）的建立可以说是 BIS 推进欧洲一体化进程的产物。BIS 总部位于瑞士巴塞尔，是一家真正超主权的国际机构，任何主权国家包括瑞士，对 BIS、其高管甚至建筑物，都没有执法权（Lebor, 2014）。

金融稳定理事会（Financial Stability Board: FSB）成立于 2009 年伦敦 G20 峰会之后，受 G20 官方委托为全球金融系统提供观察报告和政策建议。它由 BIS 赞助并主持，但与 BIS 不存在汇报关系。FSB 现任主席是美联储监管副主席 Randal K. Quarles，前任为现任英格兰银行行长 Mark Carney。FSB 的使命是以前瞻性的工作方法为 G20 政府提交有关全球金融体系稳定性的任何政策建议，一般工作方法是 FSB 就全球金融体系的问题进行调研、分析、研究并制定监管政策建议，提交给 G20 各国负责具体实施并监督落实。金融危机后全球银行和金融体系的变革政策建议和落地执行监督就是由 FSB 负责的，例如《巴塞尔协议 III》、影子银行监管、金融衍生品和 OTC 的监管等问题，目前全球稳定币的监管政策是 FSB 的新任务。

欧洲央行（European Central Bank: ECB）是第一个真正超主权的中央银行，负责发行欧元并实施欧元区国家的货币政策（Brunnermeier 和 James 等，2017）。虽然它没有成员国的财政权力，但已经通过某些制度设立有效地影响各成员国的财政政策。ECB 的股东只包括欧盟成员国的央行，但不是每家成员国央行都可以被认定为是国有，如意大利央行就被认为是一家私人银行。ECB 有很高的独立性，虽然其领导人任命需要欧盟理事会批准，但不接受欧盟领导机构和成员国政府的指令，常被批评其民主化程度不高和黑箱作业般的决策过程。如果成员国遵守 ECB 制定的财政规则，则其发行的国债有资格参加 ECB 主导的债券购买计划，因此其国债被视为无风险的信贷资产。ECB 行长 Mario Draghi 设立了这种制度，ECB 已有效地纠正希腊和意大利的财政投机取巧。除此之外，ECB 也曾短暂关闭与希腊的清算通道，迫使后者遵守 ECB 财政规则。Draghi 也担任 BIS 董事会成员并曾任 FSB 第一任主席。

美联储系统是美国中央银行系统，是以私有形式组织的行使公共目的的私营银行系统。这个系统主要由联邦储备委员会、12 家地区联储银行、联邦公开市场委员会等组成，拥有约 4000 家会员银行。联邦公开市场委员会由 12 名有投票权的委员组成，包括七名联邦储备委员会委员，纽约联储主席，还有其余 11 家地区联储主席每年轮庄四个席位，决定利率、公开市场操作等货币政策。纽约联储地位超然，代表美联储拥有在国际清算银行的席位，其交易室与美联储的 22 家一级经纪商进行公开市场操作。美联储财政独立于美国政府，美国政府也不拥有美联储的股份。美国政府任命美联储所有高级雇员但不能撤销其职务。美联储虽然需向国会负责，但国会议员因专业所限，无法有效对美联储监管或问责。Jerome Powell 为现任美联储主席。美联储神秘之处是无人知晓其实际拥有者。*The Secrets of Federal Reserve* 显示，纽约联储银行为美联储实际控制者，它向美国总统提供美联储高级雇员提名名单，其在美国货币审计署（Office of the Comptroller of the Currency）报备的文件显示，截至 1983 年，六家华尔街银行共持有纽约联储 53% 的股份。

因为 Libra 明确地说明自己是与中国香港地区类似的货币局制度，这里对港币的联系汇率制度进行简要介绍。中国的**香港金融管理局**最重要的职责是在联系汇率制度的架构内维持货币稳定。中国香港地区于 1983 年 10 月开始实施联汇制度，通过利率自动调节维持与美元 1 : 7.8 的汇率。自联汇制度实施以来，承受了外来冲击，包括 1987 年全球股灾、1997 年亚洲金融风暴和 2008 年全球金融危机等。中国的香港金融管理局推出多项技术措施，维持汇率的稳定，包括强方兑换保证（保证以 7.75 港元兑 1 美元的汇率向持牌银行买入美元）、弱方兑换保证（保证以 7.85 港元兑 1 美元向持牌银行卖出美元）和贴现窗为银行提供流动资金（通过合资格证券作抵押品订立回购协议）。此外，香港特区政府拥有独立的财政政策并奉行审慎的理财政策，积累了庞大的财政盈余，因此联汇制度不会因为支持政府赤字而受到影响，反而可能收到财政补贴。香港特区政府的庞大外汇储备由外汇基金持有并管理，为联汇制度提供支持。截至 2016 年年底，外汇基金资产规模接近 4600 亿美元，为流通货币的七倍多，达到全球最高水平之一。此外，香港特区政府还受到中国政府庞大外汇储备的支持（香港金融管理局，2016）。

德国银行（Francke 和 Hudson，1984）体系与美英有较大差异，由私人银行、储蓄银行[①]（Ayadi 和 Schmidt 等，2009）和合作银行[②]（Ayadi 和 Llewellyn 等，2010）组成了德国银行业的"三极"，此三极约占德国银行业总资产 70%，且比较均衡。与美英私人银行占有行业垄断地位不同，德国的前四大私人银行（例如最大的是德意志银行）约占银行总资产 12%（Behr 和 Schmidt，2015）。目前总共有约 1500 家储蓄银行和合作银行，都是非营利性（或不以营利为主要目的）的社区银行，每家银行都是独立法人，人员和资产规模都比较小，主要针对地方上的项目提供信贷支持。他们的盈利水平、盈利波动、运营成本等经营指标，都超越了私有银行，且金融危机中无一需要接受政府救助（私人银行有），成立 200 年来无一破产。社区银行通过合理的治理形式，避免了传统大银行的代理人问题，以及提供有效的问责机制。例如，合作银行，股东是会员，最初只吸收会员的储蓄和向会员提供贷款，决策机制上一人一票，德国法律限制了对社区银行的并购；区域经营，区域间不存在竞争关系（同一区域内，合作银行和储蓄银行有竞争关系）；更大区域范围内的多家合作银行以联盟的形式为单家银行提供技术、培训甚至流动性保险等服务（Beck 和 Hesse 等，2009）。德国拥有 1200 家世界隐性冠军公司（美国约 300 家），主要由社区银行服务。储蓄银行和合作银行发源于德国，在欧洲多个国家，如法国、西班牙和意大利等，都有不错的发展。在笔者看来，德国的银行体系可能是全球最

[①] Saving bank.

[②] Cooperative bank.

佳实践，但因为"二战"德国战败的原因，其模式并非世界银行业主流。德国社区银行具有极强的去中心特征，与区块链倡导的去中心民主化不谋而合，其200年来成功实践为区块链去中心架构治理提供了绝佳的参考。因此虽然德国银行不是本文的重点，但仍列举出来，供对开放金融感兴趣的读者参考。

第五节　金融危机发生的根源

GFC 之后，回顾和反思金融危机根源的著作汗牛充栋，本文摘录 Richard Werner、Adair Turner、Mervyn King、Michael Kumhof 的观点，这也是笔者认同的观点。

《魔鬼与债务》作者 Adair Turner 勋爵（GFC 期间英国 Financial Service Authority 主席）指出，（信用）货币具有内生的不稳定性，这种不稳定性来自基于债务的货币创造机制。英格兰银行前行长 Mervyn King 勋爵在《金融炼金术的终结》（King, 2016）一书中指出，2008 年全球金融危机的根源来自基于国家信用的货币银行体系。那么这种基于债务的货币体系是如何导致金融危机的呢？

现代银行通过贷款创造了最大量的信用货币。基于贷款的货币创造过程是很迅速的，只要银行评估某项贷款有利可图且风险可控，只需要敲几下键盘，就可以通过计算机系统发放贷款同时创造新的购买力。新增货币有三种用途。

第一种用途是进入**生产性投资**领域，即投资建设新厂房，或者新技术新工艺等，未来可以产生现金流偿还利息和本金以及获得额外的收益。这种资金的用途对经济增长有实际的贡献。

第二种用途是用于**消费**。在一个经济体生产力没有得到改善之前，它在单位时间创造的产品和服务是有限的。因此新增货币用于消费有限的产品和服务，其结果是推高消费者价格指数（即 CPI），即通货膨胀。

第三种用途是用于购买已经存在的资产，特别是房地产资产和金融资产。资产购买只涉及所有权转移，而没有新产品和服务的创造，因此对经济增长没有贡献，这种货币用途称之为**投机性投资**。因为资产数量有限或者资产新增速度有限，新增的大量货币追逐有限的资产会推高资产价格。当资产价格推高之后，资产持有人对资产价格的持续升高持乐观态度，因此愿意以资产抵押向银行获得更多贷款并将之继续用于投机性投资。银行对用增值的资产作为抵押物发放贷款也持乐观情绪，乐意借出更多的抵押贷款。市场所有的参与者，包括资产投机者（亦为借款人）和银行都对资产持续增值持乐观预期，因此更多的贷款被发放，更多的新增货币进入资产投机。这是一个自我强化的过程（顺周期），资产价格被迅速推高，形成资产价格泡沫。市场整体的乐观情绪不可永远持续，在某一刻市场情绪发生逆转，要么是资产投机者发现他的收入或其资产增值部分不能支付其贷款利息（所谓的"明斯基时刻"）而违约，要么是银行感觉到风险将临而停止新增贷款或提前收回贷款，结果引发资产抛售。与资产价格繁荣的过程一样，资产的抛售也是一个自我强化的过程，引发资产价格的雪崩。这样就形成了资产价格的繁荣与破裂的资产价格周期。资产价格周期是金融危机发生的根源。借款人在资产价格泡沫阶段积累了大量的债务，这种债务不会随着资产价格的破裂而减少。金融危机发生之后，触发家庭和企业的去杠杆。家庭去杠杆意味着减少消费和增加储蓄，企业去杠杆意味着减少投资。因此家庭和企业的去杠杆，导致经济需求的减少，引发长时间经济衰退，所以金融危机引发经济危机，并带来长期的衰退。

Turner 指出，货币的三种用途中，超过 80% 的新增货币进入资产投机，少于 10% 的新增货币用于生产性投资。

银行业天然更喜欢第三种用途的贷款。这是因为从银行业角度来说，一般生产性投资的贷款借款人是新生企业，不仅投资项目有较高的风险，而且缺乏可用的抵押物，并且银行业也缺乏评估个别项目所需的能力。但抵押贷款就不一样了，首先是针对房地产资产或金融资产的风险评估相对标准化，银行很容易实现流水线操作；其次，抵押物的价值，尤其是持续增值的价值，使银行感到很安全，即使遭遇违约也可以取消抵押物的赎回权挽回银行损失。在 GFC 之前的长时间，房地产抵押贷款一直被银行业视为最安全的资产之一。

Werner、Kumhof 和 Turner 都指出，信贷创造和分配是一种巨大的特权，它能非常有效地影响经济局面。为避免或削弱金融危机的影响，需要**对信贷总量和分配进行控制**，鼓励信贷 / 货币流向生产性投资和抑制其流向投机性领域。他们三人都不同程度赞扬了中国央行执行的"信贷窗口指导"（credit guidance）和与之配套的产业政策，这在中国过去几十年的经济奇迹中发挥了关键作用。

第六节　GFC 后货币金融改革运动

GFC 之后，央行官员、学者、民间货币运动组织都在积极从理论和实践进行探索。GFC 之前，全球银行治理的理论基础大抵是以 Hayek（Hayek，2007）为代表的金融自由化，崇尚去监管和让市场发挥其调节作用。自 20 世纪 70 年代 Hayek 获得诺奖之后成为金融自由化的旗手，他的理论为 IMF 在 20 世纪 80 年代起在全球推广的金融自由化运动提供了理论依据。美国前总统里根和英国前首相撒切尔夫人都是 Hayek 的忠实信徒，金融自由化运动伴随全球银行业大规模去监管，GFC 前几任美联储主席（尤其是格林斯潘）都因力推银行业去监管而受到赞誉。2003 年时任美国经济学会主席罗伯特·卢卡斯充满信心地宣称"防止萧条的核心问题已经解决了"，2006 年 IMF 相信金融创新"增强了金融体系的稳定性"，使商业银行倒闭的可能性变小。然而这一切幻象在 2008 年夏天戛然而止。

第七节 GFC 后银行理论反思和探索

GFC 带来的惨痛后果，让很多先知卓见的人对银行治理的理论基础、货币创造、政府和私人控制货币创造、国际资本自由流动等课题进行了深刻反思。

索罗斯在新经济思想学会（Institute for New Economy Thinking: INET）在 2016 年年会上指出有效市场假说和理性预期假说是经典经济学的两个"根本性错误"（fundamentally flawed）。INET 主席 Adair Turner 指出，现代宏观经济学很大程度上忽略了金融体系的运行，尤其是银行扮演的角色，并批评经典金融教科书有关银行"金融中介"的理论是错误的，全球银行业的实质是银行通过贷款创造货币。Turner 很吃惊为什么早期经济学界形成主流共识的"银行通过贷款创造货币"的理论从现代金融教科书完全消失，以致经济 / 金融专业的学生在学校里面接受错误的教育。Turner 指出当代经济学家犯错的原因，源自相信自由市场能一直产生最优结果的"致命的自负"，这种自负与哈耶克曾经批判的"社会主义计划经济中存在着致命的自负，不仅使计划经济不可取，而且也不可能成功"如出一辙（Turner, 2016）。

前 IMF 研究部副主管现任英格兰银行研究部主管 Michael Kumhof 批评其他支持"金融中介"理论的经济学家时说，"他们不知道自己在谈论什么……我可以用更刺耳的字眼"。他与曾经 IMF 的同事 Zoltan Jakab 的论文（Jakab 和 Kumhof, 2019）提出了一个基于"商业银行通过贷款创造货币"理论的银行建模框架，该框架的 DSGE[①] 仿真结果准确匹配了真实金融周期数据，并且已经被 IMF 和中国央行等多家货币政策机构采用。

畅销书《日元王子》作者，量化宽松（Quantitative Easing: QE）概念发明

---

① DSGE：Dynamic Stochastic General Equilibrium，动态随机一般均衡模型，目前央行研究宏观和货币政策的主要工具。

人，全球著名央行观察员 Richard Werner 比较了三种货币创造理论——金融中介、货币乘数和银行贷款创造货币，并且通过实证方法证明了后一种的正确性（Werner，2016）。Werner（2012）批判了货币利率理论的基础——市场均衡理论，指其基于假设的演绎而非基于实证归纳的科学方法（Turner 在《债务与魔鬼》中也指出当代经济学家同样的问题）。他指出，在配额限制的领域，数量而非价格起决定作用，因此他提出"信贷数量理论"，并建议央行货币政策需要从价格引导转向数量引导。Lee 和 Werner（2018）根据过去 50 年美英德日的宏观数据，发现"利率跟随 GDP 增长并呈持续正相关"。诺奖获得者 Finn E. Kydland 和 Edward C. Prescott 在 Kydland 和 Prescott（1990）中指出，"虽然无证据显示货币基础或 M1 引导周期，但一些经济学家仍然相信这个货币神话……M2 展现了一些证据，它领先周期几个季度……"。我们已经看到，央行虽然仍使用利率政策工具，但越来越多地依赖公开市场操作和 QE 这些数量型政策工具。

在谈及政府或私人控制货币时，Turner 明确指出："货币是一种社会公共基础设施，它不同于酒店、旅游等服务可以完全交给市场经济来运行。**货币不能交给以追逐利润为主要目的的私营机构**。2008 年金融危机表明，将货币交给私人机构和将货币交给政府一样不靠谱。"Turner 和 Kumhof 同时提到："20 世纪 30 年代经历大萧条之后，芝加哥学派的经济学家们，包括 Henry Simons、Irving Fisher 和 Milton Friedman 等，他们是放任市场经济学说的开山鼻祖，但都无一例外地一致同意把货币铸造的权力交给政府。"中国央行前行长周小川在 2018 年年底时发言说："私营部门可以参与数字货币体系，但需具备公共精神。"可以看到，在过去和现代主流经济学家和监管者当中，货币是一种重要的公共基础设施，这点已经具有广泛共识。Kumhof 在论文《重提芝加哥计划》中也对政府和私营部门控制货币的历史进行了简要回顾。证据表明，人类历史上政府控制货币的历史阶段，经济表现好于私人控制的时期。"一战"后德国的超级通货膨胀被作为一个政府控制货币体系失败的典型案例广为传播。Kumhof 也澄清了这段历史。时任德国央行行长于 20 世纪 60 年代自传中说明那段历史，实际是过度的战争赔款和私人控制央行滥发货币及疯狂的外汇投机引发的超级通货膨胀。

在谈及国际资本自由流动时，Turner 给出了看起来"反市场化"的建议。在 GFC 之前，主流思想是支持国际金融一体化，"华盛顿共识"甚至敦促新兴市场经济体推进国内金融市场自由化和资本项目自由化。但 BIS 全球金融体系委员会在 2009 年的《资本流动和新兴市场经济体》中指出："尽管世界各国对资本项目自由化的影响做了大量跨国分析，但支持自由化能促进经济增长的证据似乎非常有限。"资本在极短时期内大规模流进流出，将使新兴市场经济体的货币政策实施和流动性管理更趋复杂。Turner 认为全球资本市场如果过度自由，也可能创造出太多错误的资本流动。全球债务资本流动可能破坏新兴市场经济体的金融稳定。在欧元区，不稳定的债务资本流动是酿成 2008 年欧债危机的重要原因之一。净资本流动与有效资本投资脱节。多数资本流动既没有从富国流向穷国，也没有支持可持续的资本投资。相反，资本流动往往是从穷国流向富国，或穿梭于收入水平相当的不同国家之间（如欧盟）。资本所支持的是不可持续的消费、铺张浪费的投资以及已有资产投机。许多资本流动增加了不可持续的债务创造规模，加剧了后危机时期的债务积压。因此 Turner 建议"应该对**国际资本自由流动设置一些障碍，全球金融体系一定程度的分割也是好事**"。

第八节　FSB 推动的全球银行监管框架的改进

自 2009 年以后，G20 已经推进了一系列金融监管改革措施，旨在减少发生未来金融危机的可能性并削弱其有效性（FSB，2019），FSB 负责具体推动这些措施。

先是落实由《巴塞尔协议 III》规定的全球银行业监管框架的改进，旨在提升银行业针对逆向冲击的弹性。协定要求银行更高的资本充足率、流动性比率、杠杆比例和稳定融资比例等，也首次要求银行逆周期额外的资本缓冲。为避免银行"大而不能倒"的道德风险，新协定要求大银行和 GSIB 额外的资本要求和银行处置框架。针对他们的总体吸收亏损能力（total loss-absorbing capacity: TLAC）的要求是保证其发行足够数量的自救债务工具，这样可以避免动用纳税人的资金即可处置银行。但新协定仍面临一些批评。例如，King 在《金融炼金术的终结》中批评新协定过于冗长，数千页协定文本不仅难以理解，也极大增加了银行（特别是小银行）的合规成本。King 建议简洁和清晰的监管指标，易于理解和执行。例如他建议"全天候当铺"式的央行，其监管的流动性比率指标即要求银行所有按抵押折扣率（haircut）折算后的短期（一年内）流动性资产的总和大于或者等于所有按抵押折扣率折算过的短期流动性负债的总和。King 建议资产预置机制，即商业银行事先将自己一组资产暴露给央行，后者持续评估资产的抵押折扣率，在商业银行需要流动性支持时央行可以即时根据预置的资产组合和当时抵押折扣率快速提供，避免资产"折价火线出售"和提升流动性供给效率。澳大利亚央行已经开始实施这样的机制。Turner 认为应该更严格地限制银行创造货币的能力，对银行应要求更高的资本充足率，例如 25%—30%，认为上限仅为 2.5% 的逆周期资本缓冲要求"不足以对抗信贷周期性波动"。Richard Werner 批评欧洲央行执行新协定其实是在进行逆淘汰，正在"杀死"那些稳健经营但承担不了新协定合规成本的德国社区银行。德国银行体系和美英银行体系有较大差别，其治理结构有极强的去中心特点，对加密数字货币的银行治理结构有较强的借鉴意义。

GFC 之前，影子银行体系创造了大量的货币等价物但没有得到央行的有效监管。GFC 之后，FSB 推动了**影子银行体系的监管措施制定**，包括对货币市场基金和证券化的监管，意在减少非银行金融中介的系统风险，把影子银行转型为弹性的基于市场的融资机构。Turner 批评，银行业的证券化、结构化和衍生品化等金融创新过度，他们在 GFC 中虽然不是元凶，但屏蔽了风险、增加了资金成本和加剧了系统风险。

FSB 还推动了**衍生品市场的监管政策**制定，力图使其更安全和透明，新增需求包括交易汇报、中央清算、平台交易和针对非中央清算的衍生品的保证金和更高资本要求。

GFC 后，央行发展了非常规货币政策，如 QE 和信贷分配指导等，这也体现了危机后货币金融理论方面的变化。QE 指央行通过向公开市场购买金融资产（如债券和股票）从而创造货币向市场注入流动性。虽然美英欧（欧指代"欧元区"，下同）央行依赖多轮大规模 QE 操作勉强挣脱了经济衰退，但 QE 传导机制很受怀疑，最直接的结果是推高了资产价格，让商业银行拥有了过量的储备金却没能有效激发商业银行放贷的需求。

第九节　重提芝加哥计划和其他民间货币改革运动

货币金融学界业界和民间，也在推动多项货币运动改革。虽然多个项目名称不同，例如 The Narrow Bank（TNB）、Limited Purpose Banking（Kotlikoff，2013）和 Positive Banking 等，但大多都包含一个共同特征——全储备银行（百分百储备金银行）。意裔芬兰籍货币金融学者 Patrizio Lainà 的博士论文《全储备银行》中对历史上和当前所有具备全储备银行特征的方案进行了综述和比较。

20 世纪 30 年代经历大萧条后，包括 Henry Simons 在内的多位后来成为芝加哥经济学派创始人的经济学家，在深刻反思商业银行创造过量货币引发金融危机的教训之后，提出了废除部分准备金制度的全储备银行计划，称之为"芝加哥计划"。后来，包括 Irving Fisher 和 Milton Friedman 在内的多位经济学家也为该计划背书。遗憾的是，当时该计划因过于激进遭遇银行业强烈反对而最终未能实施。GFC 之后，多种力量都在重新考虑全储备银行的可能性，其中时任 IMF 研究部副主管的 Michael Kumhof 的工作最完整和引人注目，因此本文着重介绍这项工作。

全储备银行的初衷是分离银行的货币和信贷功能（在本章提及信用货币的场景，货币与信贷可以互换，这也充分体现了当代信用货币的核心特征），要求银行为储户的所有存款提供百分之百由政府发行的（非债务基础的）货币的支持。Kumhof 使用高超的 DSGE 建模工具对芝加哥计划进行建模，仿真结果验证了 Fisher 声称的芝加哥计划的四项优点：

第一，通过避免银行在信贷繁荣阶段创造货币和在后续的收缩阶段销毁货币（意即取消商业银行创造货币的能力），央行可以更好地控制信贷周期。

第二，完全消除银行挤兑。

第三，允许政府直接以零利率发行货币，而不是向银行借入货币并支付利息。这不仅减少了政府融资的利率负担，也显著减少了政府的净负债，因为政府发行的货币代表了政府的资产而非债务。

第四，因为货币创造不再需要同时在银行资产负债表上创造（私人）债务，整个经济体将看到显著的公共债务和私人债务的减少。

除上述四点之外，Kumhof 的仿真结果还发现芝加哥计划额外的好处，利率陷阱不再存在，可以维持零通胀稳定状态而不影响货币政策的执行。

芝加哥计划中，**政府发行的非债务（debt-free）的货币**称为 treasury credit，被视为政府的权益资产而非债务（equity rather than debt）。透彻理解非债务货币对于理解芝加哥计划的精髓极其重要。我们已知，美联储资产负债表上货币属于债务，国债属于资产；美国财政部资产负债表上国债属于负债，货币属于资产。如果把美联储视为美国政府一部分（虽然实际上不是），合并与财政部的资产负债表，则并表后大部分国债和货币被抵消，剩下的权益（可能为正也可能为负）就是美国政府真正的权益资产，即芝加哥计划里面 treasury credit 的组成。

债务的创造非常容易，现代计算机系统的几次输入即可创造出新的债务。基于债务的货币体系，无论货币发行权被政府还是私人部门所控制，对短期

（政治）利益的诉求或人性的贪婪，都可能促使债务激增并导致过量货币供给。基于非债务的货币扩张，由于其储备物的创造过程因生产力或者原材料供给等原因而受限，无论储备物是实物黄金，或者累积的财政盈余，或比特币。

芝加哥计划实施后，商业银行将不能再"绑架"经济。在芝加哥计划当中，储户的存款被政府发行的非债务货币100%支持，因此是绝对安全的；货币的创造和供给更加稳定，不受商业银行破产的影响。因此，商业银行的破产不会影响经济的稳定，芝加哥计划的确能够解决现代银行业根本性的系统风险。传统银行体系的存款保护计划和政府救助计划等可以取消，进一步降低银行业社会总体成本。

因为央行不再为银行提供存款保护计划和政府救助计划，储户会更主动关心自己资金的安全，因此会积极参与银行借贷的风险管理。商业银行也会被迫更负责地管理信贷风险和减少投机性投资。传统商业银行的道德风险将得到根本性的消除。具有相同风险偏好的储户的资金会被聚集在一起参加与其风险偏好相匹配的信贷投资，商业银行也可能会被要求投入自己的资金（股本、利润或借入资金等）。因此芝加哥计划中，银行借贷功能的业务组织形式会与传统借贷有明显不同，可能更接近目前的共同基金。The Limited Purpose Banking 和 Positive Banking 就建议类似共同基金的业务组织形式。

芝加哥计划能消除现代银行体系不稳定性的根本原因是基于债务的货币体系和商业银行创造信贷货币。而现代银行业烦琐冗长的监管框架如《巴塞尔协议》本质上可以理解为在"捍卫"商业银行创造信用货币这项特权的前提下，如何降低金融体系的风险。芝加哥计划的实施能够极大简化银行业监管。大部分与杠杆比率、流动性比率、资本充足率相关的宏观审慎策略可以取消或者显著简化，央行将监管重点放在欺诈和消费者保护等微观审慎策略上面。

芝加哥计划没有对商业银行的账户体系做出明确规定，仍然可保留目前央行和商业银行的二级清算体系。不同全储备银行方案可能在银行账户体系的设置上会有不同，但这仅仅是技术层面的差异，不影响他们实质的同一性。例如，Positive Banking 建议银行账户分成交易账户和投资账户，交易账户其实就是央行的储备金账户，负责支付。投资账户类似前文描述的共同基金形式的存款账户。因此，Positive Banking 实际上建议将央行储备金账户开放给全社会。

也有民间发起设立和运营真正的全储备银行。例如 2018 年由前纽约联储高管发起的 Plaintiff TNB 银行，起诉纽约联储拒绝为其开设储备金账户。该银行实现了 TNB 的业务模式，意在聚集储户资金存放到纽约联储的储备金账户，并且只从这些资金里面进行放贷（亦即不通过贷款创造货币而只是贷出已经存在的存款），希望这些存款享受美联储的准备金利息（或超额准备金利息）。2019 年 3 月，斯坦福大学著名经济学家、《资产定价》一书作者 John H. Cochrane，在其博客"暴躁经济学家"上发文猛烈抨击"美联储是垄断大银行的保护者"，批评其 "These vague, unscientific, speculative and incoherent arguments——many of which would make easy spot-the-fallacy exam questions——make you look foolish"（Cochrane，2019）。

第十节　央行对区块链和数字货币的研究

BIS 最早于 2003 年开始针对中央银行货币（central bank money）、数字货币（digital currencies）和零售快速支付（retailer fast payments）和央行服务访问（access to central bank services）等领域的研究。2017 年 BIS 在其季度评论论文中提出著名的"the money flower"（Bech 和 Garratt，2017），2018 年 3 月 BIS 支付与市场基础设施委员会和市场委员会（2018）对央行数字货币[1]进行了全面综述，分析了其对支付、货币政策和金融稳定性的影响。自此，全球各大央行都如火如荼开展了针对 CBDCs 的研究工作。Barrdear 和 Kumhof（2016）

---

[1] Central Bank Digital Currencies: CBDCs.

通过 DSGE 建模校准了危机前美国宏观数据，发现基于国债发行 30% GDP 数量的 CBDCs 可永久提升 3% 的 GDP，此外采用逆周期的 CBDCs 价格和数量规则作为次要的货币政策工具，能显著提升央行稳定商业周期的能力。ECB 实质上是 BIS 内部 CBDCs 的研究工作推动力量，研究课题包括针对 CBDCs 流动性管理、利率支付和法币兑换 / 并存 / 过渡阶段执行计划等。

简单总结一下全球货币政策和治理机构对 CBDCs 感兴趣的重点领域：

√ 发行 CBDCs，实质上是让央行从商业银行手中"重新夺回"货币发行的权力；

√ 央行发行 CBDCs，使货币的创造和供给更加稳定，货币政策传导机制更加有效，更容易实现包括负利率在内的非常规货币政策；

√ 基于区块链技术的支付和清算体系更加有效，降低市场基础设施的成本；

√ 区块链技术提供给央行针对货币体系更强的管控，包括 KYC、反洗钱、反恐融资等。

政策机构感兴趣的区块链技术主要是联盟链而非公链，根本原因在于货币金融体系治理架构与公链的去中心机制不匹配。

参考文献

Hudson, Michael, 2018, https://michael-hudson.com/2018/04/palatial-credit-origins-of-money-and-interest/.

Benes, Jaromir and Kumhof, Michael, "The Chicago Plan Revisited", 2013, https://www.imf.org/external/pubs/ft/wp/2012/wp12202.pdf.

王健：《还原真实的美联储》，浙江大学出版社 2013 年版。

Lainà, Patrizio, Ph.D Dissertation, Full-Reserve Banking: Separating Money

Creation From Bank Lending, 2019.

Hudson, Michael, "Trade, Development and Foreign Debt", Pluto Press, 1993.

Lebor, Adam：《巴塞尔之塔：揭秘国际清算银行主导的世界》，机械工业出版社 2014 年版。

Brunnermeier, Markus, James, Harold and Landau, Jean-Pierre：《欧元的思想之争》，中信出版社 2017 年版。

香港金融管理局，《香港金融管理局年报》，2016 年。

Francke, Hans-Hermann and Hudson, Michael, *Banking and Finance in West Germany*, Routledge, 1984.

Rym Ayadi, Reinhard H. Schmidt, Santiago Carbo-Valverde, Emrah Arbak and Francisco Rodriguez-Fernandez, *Investigating Diversity in the Banking Sector in Europe: The Performance and Role of Savings Banks*, 2009.

Rym Ayadi, David T. Llewellyn, Reinhard H. Schmidt, Emrah Arbak and Willem Pieter De Groen, *Investigating Diversity in the Banking Sector in Europe: Key Developments, Performance and Role of Cooperative Banks*, 2010.

Behr, Patrick and Schmidt, Reinhard, *The German Banking System: Caracteristics and Challenges*, white paper No.32, Sustainable Architecture for Finance in Europe, 2015.

Beck, Thorsten, Hesse, Heiko, Kick, Thomas and Westernhagen, Natalja, *Bank Ownership and Stability: Evidence from Germany*, 2009.

King, Mervyn：《金融炼金术的终结》，中信出版社 2016 年版。

Hayek, Friedrich：《货币的非国家化》，新星出版社 2007 年版。

Turner, Adair：《债务和魔鬼：货币、信贷和全球金融体系重建》，中信出版社 2016 年版。

Jakab, Zoltan and Kumhof, Michael, *Banks are not intermediaries of loanable funds—facts, theory and evidence*, staff working paper No.761, Bank of England, 2019.

Werner, Richard, "A lost century in economics: Three theories of banking and the conclusive evidence", *International Review of Finnacial Analysis*, 46,361–379,2016.

Werner, Richard, *The Quantity Theory of Credit and Some of its Applications*, 2012.

Lee, Kang–Soek, Werner, Richard 2018, "Reconsidering Monetary Policy: An Empirical Examination of the Relationship Between Interest Rates and Nominal GDP Growth in the U.S., U.K., Germany and Japan", *Ecological Economics*, 146（2018）26–34.

Kydland, Finn and Prescott, Edward, "Business Cycles: Real Facts and a Monetary Myth", *Quarterly Review*, Federal Reserve Bank of Minneapolis, 1990.

FSB, Implementation and Effects of the G20 Financial Regulatory Reforms: Fifth Annual Report, 2019.

Kotlikoff, Laurence, "Limiting Global Financial Instability with Limited Purpose Banking", 2013.

Cochrane, John H., 2019, https://johnhcochrane.blogspot.com/2019/03/fed–vs–narrow–banks.html.

Bech, Morten and Garratt, Rodney, "Central bank cryptocurrencies", *BIS Quarterly Review*, September, pp 55 – 70, 2017.

BIS Committee on Payments and Market Infrastructures and Markets Committee, "Central bank digital currencies", 2018.

Barrdear, John and Kumhof, Michael, "The macroeconomics of central bank issued digital currencies", staff working paper No.605, Bank of England, 2016.

FSB Workstream on Securities Lending and Repos, "Securities Lending and Repos: Market Overview and Financial Stability Issues", Interim Report, 2012.

Domhoff, G. William：《谁统治美国？》（第 7 版），外语教学与研究出版社 2017 年版。

第二篇
数字货币的基础理论
与货币体系的未来

第三章 CFMI 通证金融模型和稳定币机制 ①

　　本章首先对标准通证模型进行了回顾，分析其不足，相应提出 CFMI 通证金融模型，并建议了加密货币金融市场基础设施必要的能力支持该通证金融模型。

　　我们即将看到，稳定币发行和稳定机制是支持 CFMI 通证金融模型必要的基础设施能力。因此，本章亦将回顾典型的稳定币发行和稳定机制，分析其优缺点，并提出 CFMI 稳定币发行和稳定机制。

第一节　标准通证经济模型回顾

　　参考《通证经济的模型与实践白皮书》文中，通证经济激励机制设计的通用模型如图 3-1：

---

① 本章内容成稿于 2018 年 8 月，公开发表于 2019 年 7 月 23 日。公开发表时未做任何修订。朱嘉明点评见本章最后。

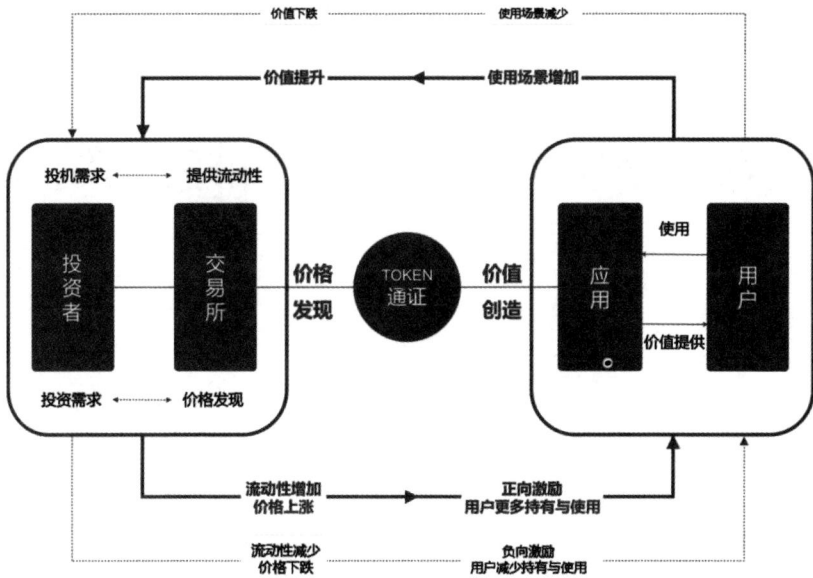

图 3-1　通证经济激励机制设计的通用模型

区块链的商业落地，将推动区块链进化到 3.0 即用阶段。在区块链 1.0（货币）、2.0（资产）阶段，区块链应呈现为类金融式的运转，在市场交易中进行"价格发现"——将资产通证表示为数字资产，使其能够流动和便于交换，并由市场交易对它进行定价。但在发展中也暴露出一些问题。除了高度投机性和价格幅涨跌外，其中的主要问题是，以通证表示的数字资产仅在数字货币世界中"空转"，未能与互联普通用户产生关联，更无法赋能实体经济。

告别"空转"，是通证经济新应用要解决的关键问题。现有的通证交易由投资者与投机者主导，其生态圈的主导者是外部交易所。而通证经济新应用是回归商业落地，利用通证作为连接媒介，将通证交换、平台功能、产业功能、用户社区融为一体，形成以一个个全新的运用通证的产业生态圈。同时，社区和治理也都在统一的通证激励逻辑下、在区块链上运转。新应用将把互联网平台核心业务与区块链通证经济融合成一个闭环循环，让通证融入业务实际流程，而非"空转"。

通证经济模型可以从以下几方面进行改进。

第一，改变通缩为核心的经济模型。

为减少交易市场上可流通的数字资产（以抑制过度投机），通证经济模型鼓励用户长久持有通证，强调通证对用户的"使用价值"，甚至更明确地描述"通证亦代表了用户对产品和服务的使用权"。我们必须明确指出，强调数字资产的使用价值，甚至作为产品和服务的使用权凭证，这本质上是一种通缩经济模型。

通缩经济模型中，产品和服务的供给是有限的，无论这种有限的供给来自因生产力不足（如艺术大师的名画，或通过挖矿获得黄金或比特币）或者是人为限制其供给（如政府控制产量的食盐，限量生产的奢侈品，或通过智能合约限制不可超发的加密货币）而需求却是持续上升的，因此长期地看，产品和服务的供需严重失去平衡，因此产品和服务（或者代表他们使用权的凭证）的价格是上升的。

从财务角度，比较难给稀有物进行精确定价，因为其定价原则不是基于成本利润。如果稀有物有实际使用价值，如食盐，那么其定价取决于权力机构的贪婪程度和老百姓承受痛苦的程度——即愿意为生活必需品付出多大代价；如果稀有物缺乏实际使用价值，则需要创造"共识"来维持其价值，如名画的艺术价值，黄金、邮票和比特币等的稀有价值，这种共识体系的建立基本上和宗教建立过程很像。

因此通缩经济模型中缺乏真实的价值来源。或者价值来自权力机构背书的垄断利润，或者投资者"感受"的价值增长来自后来者愿意支付的更高价格。针对后者，一旦"共识"不足以支撑后来者愿意支付的更高价格，整个经济体系就会崩溃。

如果"通证代表了用户对产品和服务的使用权",这里隐含的前提是产品和服务的供给是有限的,一部分用户会因为通证的使用价值而持续持有它,因此交易市场上流通的通证会越来越少,新用户因为希望使用产品和服务需要从交易市场上购得通证,因此会持续推高通证的价格。通证价格很难精确定义。短期地,通证价格受当时市场情绪和市场操纵者的影响;长期地,通证价格取决于用户群体共识达成的程度以及用户愿意为通证支付的价格水平。

通缩不是健康的经济模型,以太坊是一个鲜活的例子。以太坊创立之初其目标是成为支持大规模商业活动的基础公链,其经济模型的核心就是有限供给的 GAS 燃烧。当基于以太坊的 DAPP 稍微多一点,DAPP 去竞争有限的GAS,导致其价格飞涨,这导致了在以太坊上运行大规模的商业应用,从经济角度变得不可行。我们很难想象,一个基础设施,例如亚马逊或者阿里云,用户越多,价格反而越贵。

小结一下,通缩经济模型有三个特征。第一,创造一种稀有物,要么生产力不能支持其大规模生产,要么人为限制其供给;第二,从财务角度稀有物比较难精确定价,因为其定价原则不是基于成本利润而是基于用户承受痛苦的程度,或者基于"共识";第三,稀有物会显著激励囤积居奇的投机行为。

以上述特征来看,中央政府的盐税、奢侈品、贵金属交易、炒邮票、所有资金盘金融骗局以及标准通证经济模型都符合通缩经济模型的特征。

虽然有它可以运用的商业场景,但我们认为,通缩经济模型显然不足以支撑构造与现实商业世界对等的数字新经济世界。

一个合理的经济模型中,随着生产力的提升产品和服务的价格越来越便宜,价值来源应该是满足不断扩大的产品和服务需求,以及提供这些产品和服务的合理利润(定价减去成本),这些合理利润可以分红或者以税收的形式体现。在健康的通证经济模型中,通证不是商品和服务使用权的凭证,用户是因为其经济价值而不是使用价值持有通证，因此需要明晰通证价值来源和夯实其价值基础。

第二，建立金融计价基准和会计记账单位。

通证虽然已经具有很强的流动性和便于交换，但它波动性过大，因此无法作为标准的会计记账单位支持计价、支付和价值存储等，因此也无法进一步开展类似支付和存贷等基础金融服务。虽然当前的通证模型可以在一定程度上支持通证经济体内部的价值交换，但它实质上无法大规模对通证经济体内的产品和服务进行定价、支付和价值存储等。目前，行业已经形成共识，稳定币是实现标准会计记账单位的途径。

第三，建立通证经济的稳定币机制。

虽然通证经济模型已经提到稳定币，但并没有就稳定币发行和稳定机制进行描述。此外，一些通证经济前沿实践者，正在探索通证"双币"结构，即一个通证项目可同时发行权益型通证和支付型通证，后者即稳定币。但目前尚未发展出成熟的机制来指导双币的发行。权益型通证和支付型通证，其合计的价值代表了一个通证经济体的价值。一般地，权益型通证不增发，其价值预期是增长；支付型通证发行量可以变化，其价值预期是稳定。支付型通证的发行机制可以是中心化资产抵押、去中心化资产抵押和算法银行等。通证经济提出者孟岩"比较看好算法银行的未来"。

一个通证经济体的支付型通证，首先是在全市场具有流动性和可交易的数字货币，其次代表了一个精确的财务记账单元。因此它不仅可以支持本经济体内部产品和服务的交换，也可以支持其他经济体内部，或者跨经济体之间的交易。如果把支付型通证想象成"货币"，这其实相当于每个通证经济体都可以发行自己的"货币"。这体现了哈耶克在《货币的非国家化》中的理念，货币由私人银行发行，多种货币自由竞争。

第四，发展间接融资（币）服务满足投资者不同的风险和收益的需求。

加密货币交易所本质上是直接融资服务。在传统金融世界，通过银行或基金等金融中介进行的间接融资其实是企业融资最主要的渠道。如，美国金融市场债券融资规模是股票融资规模的 10 倍（《货币金融学》，p32）。

在通证经济模型中，投资者除非是一个通证经济体产品和服务的消费者，通证对他具有使用价值；否则投资者持有通证唯一的出路就是在交易所进行投机。实际情况下，投资者可能是因为看好一个通证经济体的未来而不是因为需要使用该经济体的产品和服务而持有通证。因此投资者持有通证可能预期的仅仅是相对稳定和安全的低收益。此外，投资者也可能因为交易成本和风险分担的考虑而希望多样化自己的资产组合。这些诉求都体现了加密货币间接融资服务的需求。而当前以交易所为中心的直接融资服务，不仅未能很好满足投资人多样化的投资需求，实际上还在加剧投机需求。

总结来说，标准的通证经济激励模型，需要改变通缩为核心的经济模型，建立基准的财务记账单位，建立稳定币发行机制，和发展加密货币存款机构或者投资中介等间接融资服务。在讨论通证金融模型的稳定币机制之前，我们先回顾一下现有的典型稳定币机制。

第二节　稳定币发展现状

一、"稳定"具体指什么？

在讨论稳定币之前，我们先明确一下"稳定"具体指什么含义。稳定币，一般对应到传统金融概念中的货币或者法定货币（法币）。那么法币的稳定性，具体指什么呢？一般来说，法币的价值稳定，是指其代表的购买力相对稳定。

购买力衡量的重要指标是通胀率。作为世界第一货币的美元，其价值以通胀锚定。一般认为，每年 2% 的通胀率是正常的，因此美元的稳定目标就是保证通胀率在 2% 上下一个百分点范围内波动。通胀的计算，是以一组定义好的产品和服务（例如鸡蛋、猪肉、日用品、房租等）价格来计算，类似 CPI（居民消费价格指数）。此外，作为世界第一货币，美元成了其他很多法币的锚定对象，如港币与美元 7.8 的固定汇率和人民币与美元 6.x 的浮动汇率。因此其他锚定美元的法币的稳定性，是通过锚定美元价值来保持自己稳定性的。因此，我们知道，法币价值的稳定，主要通过锚定通胀或世界主要货币的价值来实现。

对于数字货币，我们是否也可以通过锚定通胀来实现其价值稳定呢？这里存在诸多挑战。第一，需要定义数字货币世界中一组基本的产品和服务，它们代表了区块链和数字货币世界的基础和通用需求，并且其供需相对稳定因此价值变化不大。现实世界经历过数千年发展，全球各国基本对代表本国法币购买力的一组基准产品和服务的选择达成共识，并且生产力发展水平也保证了这组产品和服务的供需相对稳定。区块链和数字货币世界，基础公链领域提供的服务和其价值都尚未达成共识，更不要提其他可以作为基准的商业服务了。第二，要实现法币锚定通胀的目标，需要中央银行以及相应的货币政策和财政政策等手段。数字货币领域当前还缺乏最基本的金融市场基础设施来实现锚定通胀的目标。第三，数字货币世界的价值基本是锚定在主流法币上的，如美元或人民币，虽然也有很小一部分锚定在黄金上。因此我们可以合理地认为，在区块链和数字货币领域的基础公链和商业公链成熟并获得广泛应用之前，不存在讨论数字货币锚定通胀的基础，所以目前数字货币稳定币只能锚定于法币价值。因此本章讨论的数币稳定币，其稳定性来自于锚定某种法币的价值。根据不同的投资需求，数币稳定币价值可锚定不同的法币，如美元或人民币。

典型稳定币发行机制有四种，中心化资产抵押模式、去中心资产抵押模式、算法银行模式和主权国家以政府信誉背书发行，下面分别分析其优缺点。

二、中心化资产抵押模式

代表项目包括 Tether（USDT）、TrueUSD 和 Centre 等，以 USDT 为例来进行说明。

通过合法持有法币的机构吸收美元储备来为每一美元发行一个 Coin，并承诺每一个 Coin 可以赎回相应法币。例如 Tether 公司发行的 USDT，其价格锚定在 1 美元，这是因为其背后是 Tether 公司的美元存款。

其优势是，技术实现简单，只需要用到区块链的法币功能，并不需要智能合约甚至公链技术；可以迅速提供较大的稳定币流动性，只要有法币存款入账，就可以发币。USDT 目前占据稳定币总市值的 90%。

本模式缺点非常明显，即背后中心化公司的法律风险和道德风险。法律风险体现为 Tether 作为一家公司，存在倒闭、卷款跑路或存款被银行冻结的风险。道德风险体现为，Tether 尚未公开其法币储备的情况下，可以任意超发 USDT，帅初曾声称，"USDT 杠杆率高达 100 倍"；Tether 也被高度怀疑使用其法币储备操纵 BTC/ETH 市场，每次 USDT 增发都可以观察到 BTC/ETH 剧烈震荡。

近期，基于合规的中心化资产抵押的稳定币得到迅速发展，例如 Gemini Dollar 和 Paxos Standard，它们避免了 USDT 的法律风险和道德风险，但也把数字货币直接暴露到美元金融体系当中，为数字货币金融世界带来巨大的系统风险。中心化资产抵押的稳定币发行机制也会限制其规模，想象一下，发行规模 100 亿美元的稳定币需要抵押 100 亿美元的资产在托管银行当中？

三、去中心资产抵押模式

代表项目包括 Bitshares（Bitusd）、MakerDao（DAI）和未上市的 Havven（nUSD）。

这种模式的原理是在区块链的智能合约上抵押数字资产，从而发行锚定法币价格的数字货币。在这种模式下，每一个发行出的 Coin，背后都有对应的数字资产进行抵押，比如 BTC、ETH、NEO 等目前主流的数字货币。但由于这些数字资产本身价格波动较大，因此一般要通过超额抵押以及强制清算等风控机制保证每个价值 1 美元稳定币，背后至少存在价值 1 美元的抵押物，可以在清算的过程中获得。

本模式的主要优势在于其非中心化思想，抵押物锁定在智能合约里，公开透明，无法被挪用或冻结，没有个人或者机构可以直接控制稳定币的发行，因此没有中心化资产抵押模式下的法律风险或道德风险。

本模式的主要缺点有三方面：缺乏足够激励机制发行稳定币，浮动性风险可能导致系统崩溃，以及稳定机制效率低。

本模式下缺乏足够激励机制（人们去抵押资产）发行稳定币。本模式下发行或赎回稳定币一般需要支付费用，其次抵押物价格波动大，抵押者会承受较大的抵押物清算风险造成额外损失。如果发行稳定币无法带来足够好处，而又有成本和风险，这是稳定币目前市场供给严重不足的原因之一。

本模式有较大浮动性风险，特别是由于加密货币的市场价格常常会出现剧烈的波动，一旦抵押物的价值剧烈下跌，智能合约来不及平仓可能引起系统崩溃。因此当前本模式一般会选择流动性高、市场波动相对小的数字货币作为底层抵押资产。

稳定币的稳定机制也有差异。MakerDAO 依靠超额抵押以及强制清算等实现稳定机制。强制清算会导致抵押者较大的额外损失，因此为避免强制清算，抵押者往往进行超额抵押，超额抵押又会降低抵押者资金（币）使用效率。一般当抵押物价值下跌接近强制清算线时，抵押者才会执行增加抵押物或者赎回操作。这个过程导致稳定效率比较低。从实际数据看，DAI 的稳定性确实没有比饱受质疑的 USDT 更好。

Havven 在 MakerDAO 基础上，引入了债的机制来增强稳定性。其原理是，当稳定币价值下跌偏离面值时，Havven 发行债从投机者手中回购入稳定币，以减少稳定币的市场供给从而促使币值恢复。当稳定币币值上升偏离面值时，Havven 增发稳定币扩大市场供给从而促使币值恢复。在稳定币增发时，首先回购债，再按照抵押比率的优先顺序将增发稳定币分配给抵押者。因为投机者是以低于面值购入债，Havven 是以面值回购债，投机者可以赢利，因此有动机在稳定币价值下跌时抢先购入债；增发时按照抵押比率的优先顺序分配增发的稳定币，这会激励抵押者进行超额抵押。Havven 的强制清算机制保证了稳定币价值下跌时，市场对币值回归有强烈信心。因此 Havven 的稳定机制比 MakerDAO 要优越很多。

目前 Havven 尚未上线，MakerDAO 几乎占据了 USDT 之外 10% 的稳定币总市值。

四、算法银行模式（亦称为"铸币权模式"）

代表项目包括 Basecoin、Nubits、Caborn。

其思想是通过算法自动调节市场上 token 的供求关系，进而将 token 的价格稳定在和法币的固定比例上。这种模式借鉴了现实中中央银行调节货币供求的机制。现实中，央行可以通过调整利率（存款准备金率、基础利率等）、债券的回购与逆回购、调节外汇储备等方式来保持购买力的相对稳定。而在稳定币中，算法银行也可以通过出售 / 回收股份、调节挖矿奖励等方法来保证稳定币的价格相对稳定。

其优势是，从表面看，稳定币发行不依赖于背后的抵押物，可以迅速提供市场所需的流动性。

算法银行的致命风险是对稳定货币未来需求会一直增长的假设。如果稳定货币跌破发行价，就需要吸引人来购买股票或者债券，这背后基于的是未来该稳定币需求看涨的预期。如果该稳定币需求萎缩或者遭遇信任危机，那么算法银行将不得不发行更多的股票或债券，这在未来又会转化为更多的货币供给，长期看会陷入死亡螺旋。这类稳定币背后完全没有对应的资产抵押，一旦出现极端的挤兑也很难处理。

在通证经济模型下，算法银行的稳定币模式可能激励项目方的作弊行为。在双币架构下，一个项目价值基本面等于两种通证价值的总和，而权益型通证一般是不增发的，支付型通证发行量可伸缩。在一个项目基本面不变的情况下，项目方可以通过增发稳定币来稀释权益型通证的价值。这相当于现实世界央行通过印钞票让老百姓手里的货币贬值。所以算法银行可能会激励项目方学习传统央行的恶行。

算法银行模式因其死亡螺旋的致命缺陷，真正获得落地的项目非常少，稳定币总市值占有率几乎为0。此外，虽然 Basecoin 尚未上线，与其模式类似的 NuBits 彻底失败，也给 Basecoin 的未来打上巨大的问号。

五、主权国家以政府信誉背书发行

代表项目包括委内瑞拉国家数字货币 Petro，以及伊朗正在计划发行的国家加密货币数字里亚尔，其他大国包括中美俄都预期会发行在本国政府信誉背书价值上锚定本国法币的数字稳定币。一般来说，国家数字货币不可能挖矿产生，也不一定会基于资产抵押，而将基于本国央行的决定来发行。

其优势是在稳定币发行量和稳定机制方面，会有先天优势，且在发行国家国内经济活动中立刻可以获得应用场景。

其缺点也是明显的，因为发行和稳定将基于本国央行的决定，所以现实世界该国央行在货币政策方面的所有问题都可能在加密货币世界重现。一国国家数字货币最终会与该国经济基本面挂钩，因此国家数字货币容易给加密货币世界带来系统风险。

最终主权国家的稳定币将成为数币稳定币的重要组成部分，投资人可能因为不同的价值锚定诉求会选择不同的主权国家的稳定币，例如锚定人民币或者美元价值。

综上，我们分析了四种稳定币发行的机制，其中中心化抵押模式、算法银行模式和主权国家稳定币模式（主权国家以政府信誉背书发行），都因其致命缺点不适合通证金融模型。因此，我们将**基于去中心资产抵押模式构建通证金融模型的稳定币发行和稳定机制**。结合本节中，去中心资产抵押模式的优缺点，我们将着重在以下方面进行改进：

第一，改善稳定币发行的激励机制。目前稳定币市场供给严重不足，为扩大稳定币供给，需要扩大抵押物池，因此需要着重激励主动的抵押行为。从几个方面来改善激励行为，包括：稳定币发行利益的分配，稳定币发行后价值创造（如通过支付和存贷服务，或者通过投资管理）和降低稳定币浮动性风险。

第二，降低浮动性风险。浮动性风险主要来自两方面，底层资产的流动性和波动性，倾向于选择流动性好且波动小的底层资产抵押。

第三，建立适当的稳定机制。目前 Havven 的稳定机制相对成熟，在稳定币价值波动较大时，强行清算机制能够保证市场对币值回归有强烈信心；在稳定币价值小幅度波动时，债发行和回购机制能够保证币值迅速回归。

第三节 通证金融模型概述

经过上节的分析，我们已经确定了，通证金融模型采用"全天候典当铺"

模式实现去中心抵押加密货币资产（可以是通证、加密货币或者更复杂的数字资产如加密货币基金份额）发行稳定币。稳定币的资产抵押者会是加密货币交易市场一股制衡力量，他们的作用是帮助资产价格平稳增长且提供低成本的流动性。

本节将介绍修改的通证经济模型，讨论通证金融模型中通证的价值来源、稳定币发行抵押物池的来源、稳定币的浮动风险控制和稳定机制设计。

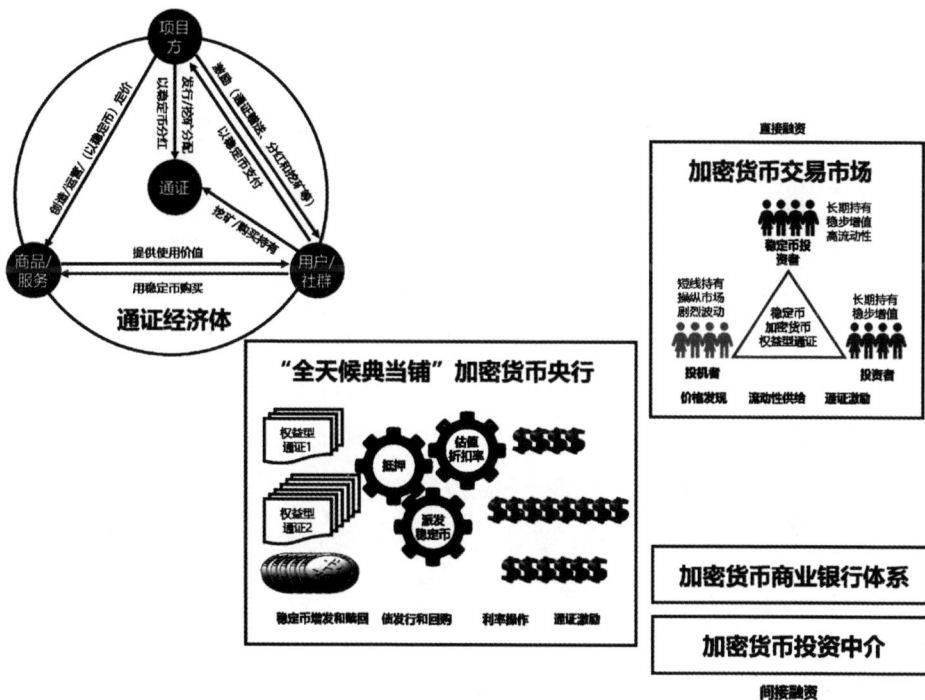

图 3-2　修改的通证经济模型

一个通证经济体可以发行权益型通证和支付型通证，其中前者可直接发行或通过挖矿的形式产生，后者通过抵押前者而派生，如图 3-2 所示。

每个通证经济体都是一个去中心自治组织 DAC。其中，通证由项目方发行，为一个项目的发展筹集初始资金。项目方运用初始资金创造并运营一系列商品和服务，为用户和社群创造价值。项目方也可以通过奖励 / 赠送通证的形式来激励社区中其他人提供商品和服务。该经济体中所有商品和服务都以稳定币（非通证）定价。用户向项目方或者其他服务提供方支付稳定币购买商品和服务。项目方把提供商品和服务所获得收入的一部分（以稳定币）通过分红的形式分配给通证的持有人。投资人可通过加密货币交易市场购买并持有通证。用户亦可以通过行为挖矿，被分配新的通证。项目方会根据用户行为创造的经济价值（以稳定币计）新派发通证（即"挖矿"），保证新派发的通证不稀释已发行通证的经济价值。作为项目方、用户/社群、投资人和商品/服务等交互的核心和润滑剂，通证代表了持有人对该经济体权益的索取权、该经济体创造经济价值分红的权利以及参与社区治理和投票的权利。注意，**通证并不代表对该经济体商品和服务使用的权利**。任何人必须使用稳定币购买该经济体内商品和服务使用的权利。

在通证金融模型的双币结构中，项目方可以发行权益型通证和支付型通证。权益型通证承载了该通证经济体价值的基本面，支付型通证负责价值的计量、传递和储存。如果没有前者的抵押，将没有后者的派生。因此，所有流通（包括被抵押部分）的权益型通证，代表了一个通证经济体全部经济价值；或者所有流通的（不包括被抵押部分）权益型通证加上全部支付型通证，亦代表了这项价值。考虑到支付型通证在派生时，权益型通证是有折扣抵押的，因此严格地说，后者所代表的价值略微小于前者。

理论上，每个通证经济体都可以按上述原则建立自己的稳定币发行和稳定机制。类似地，每个经济体也都可以建立自己的交易所。如果每个经济体都建立自己独立的交易所或者稳定币体系，这不仅会造成大量的资源浪费，也没有必要。因为交易所、稳定币其实都只是完整且复杂通证金融体系的组成部分，需要长期、持续和专业地建设，这对以应用场景为首要目标的通证经济体来说是过于沉重的负担。因此，我们认为个别通证经济体没有建设独立稳定币体系的必要性，稳定币是通证金融公共基础设施的一部分。我们在下文亦不再单独提及"支付型通证"而以稳定币代之；除非特别说明，"通证"亦即"权益型通证"。

进一步讨论：

问题 1：通证分红和挖矿激励为什么必须以稳定币计量经济价值？

使用稳定币计量经济价值，是为了从财务角度把激励的经济账算清楚，避免无意或者有意的骗局。如果激励的经济价值以通证计量，大部分项目通证发行 / 挖矿几乎没有成本，项目方可能被鼓励去过度发行实际经济价值不高的通证激励用户，这接近于一种作弊行为。项目初期，因为供给有限，或市场操作得当，通证可能维持在一个相对较高的价格水平，这样给用户营造了一种通证价格持续走高的预期；随着项目进展，通证可能大量超发，并且市场操作成本提升，缺乏基本面支撑的通证价格可能快速回落。因此以通证形式进行分红，用户获得的经济价值不能被锁定；但以稳定币形式进行分红，用户获得的经济价值是被持久锁定的。挖矿创造的经济价值也必须以稳定币锁定，并且根据通证的价格来确定新派发的通证数量，以保证挖矿的结果不会稀释通证现有的经济价值。

举例说明，假设某交易所的平台币（即通证），激励机制被设计为每日交易手续费收入的 20% 用于分红，30% 用于挖矿，假设某日交易手续费收入为1000 万美元（以稳定币计算，或其他"刚性"加密货币如比特币或以太坊来计算），平台币当日的价格为 10 美元。正确的做法应该是 200 万美元分红以稳定币的形式分配给平台币的持有人，300 万美元的经济价值需要注入新派发的30 万个平台币中。

总结来说，以稳定币或者"刚性"数字货币（如比特币和以太坊）获取收入，但以通证形式分红，有很高概率被设计成金融骗局。以稳定币计量的激励经济价值，降低了项目方作弊的可能性。

问题 2：支付型通证可否不以抵押权益型通证的方式发行？

如果不通过抵押权益型通证来发行支付型通证，则支付型通证的发行方式只能以算法银行或者抵押其他资产的形式进行。支付型通证一旦发行出来，就代表了一个可流通的基本价值单元，一定要给予用户将它作为单位价值存储工具的信心。这种信心来自何处，信用、算法、资产抵押？在加密货币领域，信用目前是非常稀缺的一种资源，尚未见到某种基于信用的稳定币的诞生。前面章节我们已经讨论了算法银行的"死亡螺旋"，并且算法银行到目前为止没有成功案例（唯一上线的 NuBits 已宣告彻底失败）。另外的方法是资产抵押。项目方可以宣称自己"内部"抵押了某些资产来支撑支付型通证，这种中心化、缺乏透明性的资产抵押，可靠性远不如 USDT。虽然 USDT 因其缺乏透明性广受诟病，但它已获得广泛接受。用户没有理由抛弃 USDT 而去选择一个透明性没有更好但几乎没有接受度的支付型通证，所以可行的方法只能是去中心资产抵押（或某种变形）。项目方确实可以抵押任何数字资产来发行支付型通证，但它自身的权益型通证可能是最好的选择，因为创造了权益型通证新的（被锁定）需求，降低其在交易市场的供给，实际结果是可能推高权益型通证的价格，所以抵押权益型通证来发行支付型通证目前是比较好的方案。

问题 3：权益型通证的发行需要设置上限吗？

权益型通证的发行主要通过初次代币发行和以后持续地挖矿来实现。上文已经提到挖矿的原则是，以稳定币对挖矿经济价值进行计量，新发行的通证数量保证不稀释已有通证的经济价值。在保证这个前提下，不需要为挖矿新增的通证设置上限。

在很多商业环境中，用户行为会为繁荣生态做贡献但并不直接创造经济价值，如新增用户、增加用户活跃程度等。因此要有一个合理的经济模型评估、计算用户行为的经济价值。

行文至此，我们可以发现：

第一，通证与传统金融的股票的特征非常接近，例如代表了对某个经济体权益的索取、分红权和投票权。但它们主要的差别在于，通证因其加密货币的属性带来的价值传递的极端便利性，因此可以让基于通证的赠送、分红和挖矿等激励行为变得极为便捷。

第二，因为加密货币世界缺少"法币"，因此我们得以有机会使用通证抵押派发出稳定币，这是通证不同于传统股票之外的"红利"。

通证经济模型价值来源：

按上述分析，通证具有股票和（派生出稳定币后）流通货币的双重属性。

股票最原始的定义是持有人可以预期每年获得股息（即分红）。所以股票的价格是未来所有预期分红净现值的体现。同样道理，通证价值来源之一，是一个通证经济体内，项目方创造的产品和服务总价值中，可预期的分红收益。如果在这个经济体内，某些产品和服务的价值创造不涉及分红，那么其对通证价值基本面是没有影响的。

此外，通证派生出稳定币之后，成为流通货币，它的作用包括计价、支付和储值等。货币最直接的价值是以利率来体现的。因此通证价值来源之二，是其派生出稳定币的无风险利率。在实际运作中，稳定币进入流通体系之后，可能被用于交易、支付、储蓄等多种场景，其价值的计算呈多样化。我们会在专门章节进行讨论。

第四节　通证金融模型的稳定币机制

本节将讨论稳定币的浮动风险控制和稳定机制设计。

CFMI 稳定币发行和稳定机制，实质上实现的是英国前央行行长莫文·金在《金融炼金术的终结》中提出"全天候典当铺"模式的加密货币"央行"。作者提出金融危机发生时提供充足流动性的唯一方法就是以劣质抵押为依据进行贷款，整个体系中的风险与银行间高度关联，经典的最后贷款人的概念需要改革。作者用全天候典当铺取代最后贷款人，在极端不确定性环境下典当铺可以借贷给几乎所有人，只要借款人的抵押物足够覆盖贷款的价值。如果让 CFMI 稳定币机制扮演"全天候典当铺"角色，最大难题在确定合适的估值折扣率。

央行出借的钱数与获得的抵押物价值之间的差别被描述为该类抵押物的"估值折扣率"。估值折扣率的浮动范围很大，当抵押物是具有高度流动性的金融资产时，如政府债券，那么它可能只有 1% 或 2%；而当抵押物是信息非常有限的个人贷款时，那就可能是高折扣率，达到 50% 甚至更高。抵押物的流动性越高，波动性越小，估值折扣率的价值就越低。

"全天候典当铺"模式"央行"的核心思路是无金融杠杆，所有货币的发行都基于实际的资产抵押。"全天候典当铺"模式的"央行"是一种健康和无系统风险的货币发行体系，其关注的核心要素是抵押评估和估值折扣率。

估值折扣率本质上是抵押资产浮动性风险的体现，资产浮动性风险主要体现在市场风险和流动性风险。目前主流的市场风险和流动性风险的度量方法仍然是 VaR 方法。

资产的实际交易价格分为两部分，代表资产内在价值的中间价格，和因市场流动性因素而导致的交易成本。传统 VaR 方法仅基于内在价值来计量市场风险，实际上只考虑了中间价格的波动。由流动性调整的风险价值法，即 La_VaR 法，综合考虑了以上两部分的风险。因此我们可知，La_VaR 包含了估值折扣率计算中的市场风险和流动性风险。

市场流动性因素主要包含：买卖价差因素——反映资产及市场特性，具有外生性；资产交易数量与变现时间因素——只影响特定的投资者，且与投资者的交易策略密切相关，具有内生性。

因此考虑买卖价差因素的市场流动性风险成为外生市场流动性风险，把买卖价差因素纳入到传统 VaR 计算框架之内而计算的 VaR 值，称为外生性 La_VaR，计算方法称为外生性 La_VaR 法；同等地，考虑资产交易数量与变现时间因素的市场流动性风险称为内生性 La_VaR，计算方法称为内生性 La_VaR 法。

我们的模型采用外生性 La_VaR 法（也可采用内生性 La_VaR 法）。基于买卖价差是否固定，可以推导出相应的计算公式。

推导过程暂时略过，这里直接给出结果。

买卖价差固定时的外生性风险价值 La_VaR 为：

$$La\_VaR = VaR(I) = VaR(M) + VaR(L) = Wa\sigma + \frac{1}{2}W \cdot S$$

其中，W 表示初始资本或组合价值，σ 为盯市价格的波动率，S 为买卖价差，α 为一定置信水平下的分位数。

买卖价差不固定时，假设对数收益率服从正态分布，买卖价差具有随机波动特性，则一定置信水平下外生性风险价值 La_VaR 为：

$$La\_VaR = VaR(I) = VaR(M) + VaR(L) = W\alpha\sigma + \frac{1}{2}W(\overline{S} + \alpha\overline{\sigma})$$

其中，α 是一定置信水平下的分位数。$\overline{S}$、$\overline{\sigma}$ 分别表示买卖价差的均值和标准差。

如果用资产每日收益率来代替盯市价格波动率，则外生性风险价值 La_VaR 表示为：

$$La\_VaR = VaR(I) = VaR(M) + VaR(I) = W(\alpha\tilde{\sigma} - \mu) + \frac{1}{2}W(\bar{S} + \alpha\bar{\sigma})$$

其中，μ 和 $\tilde{\sigma}$ 分别是每日收益率的均值和标准差。

根据外生性风险价值 La_VaR 可以得到估值折扣率 ValDisRat：

$$ValDisRat = La\_VaR/W = \left\{W(\alpha\tilde{\sigma} - \mu) + \frac{1}{2}W(\bar{S} + \alpha\bar{\sigma})\right\}\Big/W = \alpha\tilde{\sigma} - \mu + \frac{1}{2}(\bar{S} + \alpha\bar{\sigma})$$

由公式可知，在给定置信度水平下，抵押物的估值折扣率与资产每日收益率的均值和标准差，以及买卖价差的均值和标准差有直接关系。具体地：

（1）每日收益率的标准差越小，意味着资产每日收益率相对越稳定，资产的市场风险越小，估值折扣率越低。

（2）每日收益率为正，意味着资产趋向于升值；收益率均值越大，意味着升值幅度越大。资产升值趋势越明显，其市场风险越小，估值折扣率越低。如果均值为负，意味着资产趋向于贬值，其市场风险越大，估值折扣率越高。

（3）买卖价差直观体现的是市场多空双方观点的分歧程度，买卖价差越小，意味着（做市商）提供流动性的成本越低，资产的流动性风险自然越低，因此估值折扣率越低。

抵押物的持有人在兑换稳定币的时候，自然希望以较低的估值折扣率换得更多的稳定币。根据上面的公式，以下行为是被鼓励来降低估值折扣率的：

√ 帮助资产平稳增值，或；

√ 避免资产价格的剧烈波动，或；

√ 通过做市来提供流动性，缩小买卖价差，降低交易成本。

相应地，以下行为是被抑制的，可能推高估值折扣率：

∨ 导致资产贬值，或；
∨ 推动资产价格剧烈波动（收益率标准差大），或；
∨ 缺乏流动性。

针对现在已经发行自己代币的项目，以上通过抵押的兑换稳定币的机制，提供给拥有大量代币的市场参与者（如项目方或者私募机构）在交易所交易之外的机会来创造价值。为了能使自己持有的代币最大可能地兑换为稳定币（创造其他价值，例如支付、存贷等），项目方或者私募机构会被鼓励帮助维持资产平稳增值，避免资产价格剧烈波动，和通过积极的做市行为提供流动性。可见，通过抵押权益型通证发行稳定币（即支付型通证）的机制，为现在的交易生态提供了一股新的制衡力量，这股力量的作用是稳定价格和提供低成本的流动性。

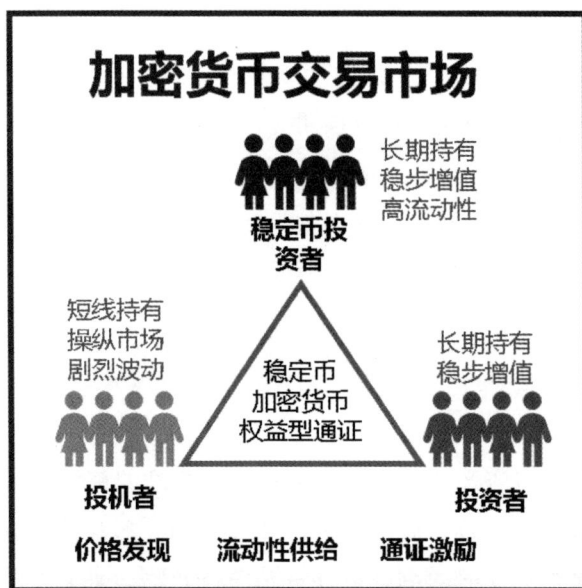

图 3-3　加密货币交易市场的制衡力量

110

进一步讨论：

问题 1：估值折扣率和 MakerDAO 抵押物强制清算线的关系是什么？

MakerDAO 的强制清算线是 1:1.5 的抵押比例，当抵押物的价值下跌至接近 1.5 倍稳定币价值的时候，触发清算。可以理解这个 1:1.5 的抵押比例对应 1/3 的估值折扣率。区别在于，"全天候典当铺"模式根据每种资产的市场风险和流动性风险，动态地调整估值折扣率。估值折扣率的动态性意味着，随着抵押资产浮动性风险的变化，可能要求抵押者增加抵押物／赎回稳定币或者为他们派发新的稳定币。而 MakerDAO 强制为所有资产设置了一个静态的估值折扣率。

问题 2：针对不同的资产类别这个模型是否都适用？

模型的可抵押资产可以是多种类型的数字资产，包括数字代币，或者数字代币基金份额。估值折扣率的概念适用于不同类型的数字资产，但不同数字资产估值折扣率的计算方法可能有不同。例如，数字代币基金一般都设有清盘线，因此其最恶化的市场风险是可预期的，所以市场风险的计算方法也可能很不一样；数字代币基金的份额一般流动性比数字货币要差很多，开放的赎回窗口可能是以周、月或者年计算，或者其份额多通过 OTC 大宗交易的方式进行，因此其流动性风险计算可能采用不同的方法。

问题 3：能否在不同的时间刻度上计算估值折扣率？

上文讨论中，以资产每日收益率的均值和标准差衡量市场风险，因此市场风险是以天为周期计算；以买卖价差的均值和标准差衡量流动性风险，并没有明确地要求在什么时间刻度上计算买卖价差。一般来说，流动性风险的度量与投资者期望观察市场的时间间隔，以及投资者期望变现资产所需的时间间隔数量有关。考虑到数币资产普遍波动性较大，为更及时评估和敏捷地响应其浮动性风险，可以在更小的时间刻度（例如每小时，甚至每五分钟）上对市场风险和流动性风险进行度量。两种风险可以在不同的时间刻度上进行度量。一般来说，度量市场风险的时间间隔不宜过小，否则可能触发频繁的估值折扣率计算，导致稳定币发行机制过于频繁地调整；度量流动性风险的时间间隔不宜过大，因为度量流动性风险的目的就在于评估快速变现资产所需付出的交易成本，时间间隔过大就导致失去了度量这种风险的意义。

在一个实际的系统中，可以考虑分别每小时或每五分钟来度量市场风险和流动性风险。

一、通证金融模型的稳定币稳定机制

传统金融世界中，维护法币价值的稳定是一件相当复杂的系统工程，依赖中央银行通过货币政策（如调整存款准备金率、利率调整、公开市场操作等）调整商业银行体系的货币供给量，并配合预算和大规模基建投资等财政政策。数字货币领域现在金融市场基础设施几乎还是空白，我们的模型也只是实现了非常简化的"全天候典当铺"模式的央行，因此在本文只建议一些相对初级和粗糙的稳定机制。我们将在专门的白皮书中描述更体系化的数字货币央行和商业银行体系以及稳定机制。

我们在这里首先回顾一下 Havven 的稳定机制设计，核心思想包括两点：

（1）通过设置强制清算线，来保证稳定币币值大幅度波动时市场对币值回归的强烈信心；
（2）通过发债机制和鼓励超额抵押，保证稳定币币值在小范围波动时能够迅速回归。

通证金融模型的稳定币稳定机制设计会主要借鉴 Havven 的稳定机制。在介绍稳定机制之前，先引入几个概念：抵押仓，抵押倍数，清算抵押倍数，基准抵押倍数，目标抵押倍数。

当抵押人希望借出稳定币，他们首先创建一个抵押债仓（CDP），然后将数字资产作为抵押物，生成稳定币。这个 CDP 中，抵押物的价值与借出稳定币面值的比值，定义为抵押倍数 $ColMul_{real}$。根据抵押物的估值折扣率 ValDisRat 计算出来的抵押倍数称为清算抵押倍数 $ColMul_{liq}$，

$$ColMul_{liq}=1/（1-ValDisRat）$$

如果 CDP 的 $ColMul_{real}$ 低于 $ColMul_{liq}$，我们就需要执行清算过程。为避免频繁执行清算过程，CDP 的抵押倍数应该略微超过清算抵押倍数，我们定义基准抵押倍数为：

$$ColMul_{base}=ColMul_{liq}×（1+\theta）$$

其中 θ 是基准抵押倍数的调节参数，如 0.05，相当于系统要求最小的超额抵押比例。这个比例越大，系统针对抵押物浮动性风险的伸缩性越好，但降低了抵押人的资产使用效率。在创建 CDP 的时候，系统按照 $ColMul_{base}$ 派发稳定币，因此 $ColMul_{real}$ 等于 $ColMul_{base}$。之后，抵押人可以通过增减抵押物或者赎回稳定币等操作改变 $ColMul_{real}$ 使其偏离基准。一般来说，增加抵押物或者赎回稳定币使得抵押倍数超出基础，是被鼓励的（后面会讨论相应的激励机制）；减少抵押物使得抵押倍数低于基准，是被允许但不鼓励的，因为低于基准会使 CDP 面临被清算的风险。

与 MakerDAO 固定的清算比例比较，本机制中的抵押物估值折扣率会根据资产浮动性风险动态调整，因此 CDP 的实际抵押倍数和基准抵押倍数是动态变化的。

稳定币的稳定机制是通过强制清算机制、稳定币增发和赎回、债发行 / 回购等机制实现的。

二、强制清算

在每个浮动性风险度量的时间周期，对 CDP 的抵押物的估值折扣率进行

计算，因此更新清算抵押倍数、基准抵押倍数和所有抵押仓的实际抵押倍数。对抵押倍数已小于或者等于清算抵押倍数的CDP进行强制清算的操作。

系统强制清算将卖出抵押物以回购稳定币，持续这个过程直到CDP的抵押倍数等于基准抵押倍数。除抵押物价格下跌带来的损失之外，抵押人还会面临以折扣价卖出抵押物的额外损失。因此抵押人会被激励主动增加抵押物或者赎回稳定币，来避免额外的折扣价清算抵押物的损失。

系统回购并销毁稳定币之后，市场上稳定币供给减少，会有利于稳定币价格的回升。

三、稳定币增发和赎回

稳定币增发的直接原因是市场上稳定币供给不足。分两种情况讨论：

第一种是市场上稳定币供给降低，导致稳定币价格上升，因此会激励人们更多地抵押资产以获得稳定币盈利。无论是为已有的CDP增加抵押物，还是新创建CDP，系统将按照当时的基准抵押倍数派发稳定币。稳定币供给增加，价格回稳。

第二种情况是没有抵押物的增加，但因为抵押物浮动性风险降低导致其估值折扣率降低，因此CDP的实际抵押倍数升高和基准抵押倍数降低。为避免一次性投入过多的稳定币到市场中（以致引起价格过大波动），我们建议多次、逐渐投放新增的稳定币。按照下列算法，派发新稳定币到各个CDP当中。

（1）确定稳定币增发量；

（2）将所有实际抵押倍数大于或者等于基准抵押倍数的 CDP，按照实际抵押倍数从高到低排序形成队列；

（3）如队列为空，转（7），否则取队列头 CDP；

（4）派发稳定币数量，使得 CDP 的实际抵押倍数等于基准抵押倍数；

（5）移除队列头的 CDP；

（6）如稳定币增发量大于零，重复（3）；

（7）退出。

从上述算法中可知，实际抵押倍数越高的 CDP，将获得更高的优先级被派发新增的稳定币。超额抵押比例更多的 CDP，将获得更高比例的稳定币发行补偿。这将激励用户进行超额抵押。用户超额抵押越多，整个稳定币体系将越稳定。

当抵押物浮动性风险增大，其估值折扣率上升导致 CDP 的实际抵押倍数降低和基准抵押倍数升高，抵押人面临被清算的风险提升。抵押人可以通过主动赎回稳定币或者增加抵押物的方式提升其 CDP 的实际抵押倍数。

四、债发行和回购

当稳定币价值下跌小幅偏离基准时，我们需要一个比强制清算更敏捷的机制以促使稳定币价格迅速回升至基准，因此这里提出债及其拍卖机制。

当稳定币价值下跌小幅偏离基准时，系统发行债，回收稳定币并销毁。债以低于稳定币面值的折扣价发行，合格的市场参与者可以参与债的拍卖活动，报价最高者得。当系统增发新的稳定币时，先回购当前的所有债；发行时间越久的债，以更高的优先级被回购；当回购完所有债之后，才派发新增稳定币到 CDP 中。

因为系统是在稳定币价格低的时候卖出债，稳定币价格高的时候回购债，所以系统是成本（亏钱）的。债的拍卖机制保证了尽可能降低这项成本。

债的发行和回购机制的正常运转，依赖市场对稳定币价格一定会回升的预期。如果没有这种预期，就没有市场参与者参与竞拍债。而强制清算保证当实际抵押倍数接近基准抵押倍数时，有 CDP 一定会被强制清算并回购销毁稳定币，因此稳定币的市场供给将减少，其价格将回升。因此，强制清算机制保证稳定币的价格一定会回升。

五、稳定币的激励机制

一个稳定币体系最核心的要素是抵押物池的质量（即浮动性风险）和大小。因此激励的核心是激励更多高质量的抵押物作为稳定币发行的底层资产。我们将把稳定币发行的收益的一部分以分红的形式返还给为稳定币发行贡献了抵押物的所有人。

因为目前数字货币金融市场中金融中介服务还非常缺乏，稳定币发行的收益来源有限。目前最主要的稳定币发行收益来自稳定币交易的手续费。主要的激励措施包括：第一，在交易平台上稳定币出售免交易手续费；第二，在交易平台上稳定币交易手续费收入的 50%（或其他比例）每天（或其他结算周期）按派发稳定币的数量等比例分配至每个 CDP。

我们预期数字货币金融市场间接融资服务得到快速发展，如银行和资管业务。息差是银行最主要的赢利模式。未来息差收入的一部分将以分红的形式返还给为稳定币发行贡献了底层抵押资产的人。我们将在额外的白皮书中更详细地描述数字货币银行体系。

随着数字货币金融市场基础设施的完善，稳定币的发行将获得更广泛的收益来源，例如交易平台手续费收入、银行中间服务收入（支付和结算等）和息差收入等。因此我们预期稳定币发行体系未来将获得更有力的经济激励。

通证经济激励的一个基本原则是稳定币的所有经济激励都必须以稳定币的形式进行。以代币（或权益型通证）激励的形式，都有可能被设计成资金盘游戏或者庞氏骗局。

朱嘉明点评

对龙白滔《CFMI 通证金融模型和稳定币机制》一文的基本评价

龙白滔 2018 年所撰写的论文《CFMI 通证金融模型和稳定币机制》，篇幅不长，却具有多方面的原创性：（1）在对"标准通证经济模型"做出描述的前提下，提出了较为完整的改进思路，包括改变通缩为核心的经济模型，建立金融基准的财务记账单位，建立稳定币发行机制，发展间接融资（币）服务满足投资者不同的风险和收益的需求。其中，关于"建立基准的财务记账单位"尤为重要。（2）概括了在当代货币体系中的传统"稳定币"特征，进而探讨了因为加密数字货币产生，"稳定币"的基本发行机制，特别是比较了"中心化资产抵押"和"去中心资产抵押"的差别，进而提出对"去中心资产抵押模式"的若干改进方法。（3）探讨了如何控制"稳定币的浮动风险"和实现"稳定机制"设计，指出"最大难题在确定合适的估值折扣率"，强调了资产的"外生性"，并介绍度量市场风险和流动性风险的"La_VaR"方法。（4）以 Havven 的稳定机制设计为例，深入解析了市场对稳定币波动之后的币值回归"信心"，以及如何提高回归速度的机制。（5）触及了货币理论中的重大课题："稳定币增发和赎回"和"债发行和回购"，并试图回答"抵押物浮动性风险"与"估值折扣率"，以及"CDP 的实际抵押倍数"的关系。

总的来说，本文为整体性解释通证、货币、稳定币之间的深层结构和机制互动关系，提供了一种框架选择。

本文作者的原创能力，基于三个方面的思想资源：其一，传统货币金融理论的核心思想；其二，加密数字货币的认知；其三，理工科分析方法。

本文成稿于 2018 年 8 月，整整一年过去，本文的观点和论证方法并没有过时。这是近年来在加密数字货币理论和方法领域，同时具有学术和实用价值的论文。

最后需要说，希望作者根据货币金融制度的演变，特别是加密数字货币和通证经济的新的进展，在适当的时候对本篇论文加以补充和完善。

朱嘉明

2019 年 7 月 23 日

第四章　数字货币潮下的货币竞争与体系重塑 ①

导读:

类似 Libra 这样的合成货币可能成为跨国界、大型具有系统重要性的社会和经济平台的核心，它重新定义了支付、经济活动和用户数据的互动方式。这些新货币的出现可能改变货币竞争的性质、国际货币体系的格局以及政府发行的公共货币的作用。

第一节　引言

数字化彻底改变了支付和货币系统。虽然 20 世纪 50 年代就出现了电子货币，但比特币创造的即时、点对点的价值转移方式是前所未有的。类似 Facebook 主导的 Libra 这样的合成货币可能成为跨国界、大型具有系统重要性的社会和经济平台的核心，它重新定义了支付、经济活动和用户数据的互动方式。这些新货币的出现可能改变货币竞争的性质、国际货币体系的格局以及政府发行的公共货币的作用。

---

① 本章内容于 2019 年 10 月 15 日首发于《财经》及其纸媒。朱嘉明点评见本章最后。

中国科技巨头蚂蚁金服和腾讯的数字货币发展历程以及类似 Libra 的超主权合成数字货币的兴起，对人民币境内主权和境外国际化进程也产生了深刻影响。

本章讨论了数字货币的关键问题和经济影响。第一，讨论了数字货币将传统货币的功能（价值存储、交换媒介和账户单位）进行解构，从而使货币之间的竞争更加激烈。数字货币可以专门于某些角色，可仅作为交换媒介或仅作为价值存储进行竞争。第二，数字货币发行者通过将货币功能与传统分离的功能（如数据收集和社交网络服务）重新捆绑在一起，以差异化他们的货币。数字货币之间的可兑换性和平台的互操作性对最大限度实现竞争的收益至关重要。第三，数字连接的重要性可能超越宏观经济联系，将导致建立"数字货币区"（Digital Currency Area: DCA），将货币与使用特定数字网络的用户关联起来，而不是将货币与国家关联起来。这些数字货币的国际化特性将使经济体容易受到"数字美元化"的影响，即本国货币被数字平台货币而非另一个发达国家货币所取代。第四，数字货币与强大的平台和服务进行整合，会引发有关私人和公共货币竞争的问题。在数字经济中，现金可能实际上消失，支付可能围绕社会和经济平台而非传统银行，这将削弱传统货币政策传导机制。政府可能需要提供央行数字货币（Central Bank Digital Currencies: CBDC），以保持货币独立性。第五，使用本文建立的分析框架讨论了典型的数字货币案例。

第二节　传统货币体系范式

为理解数字货币的重要性，我们首先描述传统货币体系的设计，然后定义什么是独立货币并讨论数字货币如何融入传统范式。

一、货币体系的架构

传统地，货币体系是围绕一个"锚"来组织的，任何货币最终都与一个固定数量的锚相关联。锚可以采用多种形式，如（一组）商品 / 服务或法币。例如，在金本位下黄金是锚——政府发行的每一单位的货币都可以兑换成一个黄金单位。"二战"以后，以黄金为锚支撑了布雷顿森林体系下的整个国际货币体系，当时美元具有黄金的合法可兑换性，所有其他货币都与美元挂钩。目前，大多数货币体系的锚是政府发行的法币。进一步来讲，大部分法币的锚是一组定义好的商品和服务的价格水平代表的购买力，即通胀率。

货币发行人可以提供完全和无条件的可兑换性，或者他们可以改为用其他资产支撑这种货币，而不提供完全的可兑换性。根据可兑换安排，一种货币工具（可能是或者不是一种独立货币）的发行人做出具有法律约束力的承诺，用这种工具以固定比率交换另一种支付工具。可兑换性有两个目的：第一，它用于维持货币的价值。发行人必须用另一种支付工具的储备完全支撑其发行，否则可能冒着丧失其资产索取权的风险，如果它不能维持可兑换性的承诺。第二，可兑换性允许一种支付工具复制另一种支付工具的价值存储和账户单位的属性。几种不同类型货币之间的可兑换性可以在它们之间产生一致性，这称为"货币的同一性"。发行者对可兑换性做出具有法律约束力承诺的典型例子是银行。银行存款可兑换为同等数量的相应政府发行的法币。如果银行发生债务违约，它发行的存款货币会停止流通，存款持有人拥有对银行非流动性资产的索偿权。

除可兑换性之外，货币支撑也支持货币工具的价值，但它给了发行人更大的自由度。用一组资产支撑其货币的发行人并不总是提供这些资产的完全可兑换性。甚至如果发行人以另一种货币的汇率为目标，它可能会放弃其目标，而在这样做的时候，并不会丧失对其资产的索取权。相反，发行人可自行管理其货币价值，通过发行或回购货币以交换那些资产。货币支撑安排的典型例子是货币挂钩和通货波带（currency bands，表示对某种货币所规定的浮动幅度 / 范围），另一个例子是加密货币稳定币，它通过扩张和收缩货币供给以保持其价值相对官方货币的稳定，例如 Tether/USDT（与美元挂钩）。在上述例子中，发行人可能会认为管理汇率是可取的，但他如偏离其最初的计划并不会面临法律后果。

一个相关的区别是内部货币与外部货币。内部货币代表对私人发行实体的索偿权，它是发行方资产负债表上的负债。如果内部货币发行人未能满足索偿条款，通常涉及按需兑换到其他货币工具，内部货币持有人将拥有发行人资产的剩余索偿权。银行存款和许多形式的电子货币，如支付宝余额，都是内生性货币。作为对比，外部货币不是什么索偿权，它不作为任何私人实体的资产负债表的负债出现。然而外部货币可能由另一种类型的货币支撑。例如，政府发行的法币，无论它们是否与其他货币挂钩，都是外部货币。同样地，有支撑和没有支撑的加密货币都是外部货币。

最后，货币有多种形式，主要的两种形式是基于账户的货币和基于令牌的货币，主要区别在于支付的验证过程。在基于账户的体系中，必须验证的内容是支付方的身份。因此，银行存款是账户货币——如果银行能够确认付款方是账户持有人，则从该账户发起的支付被视为有效。如果后来发现银行错误识别了支付方，则银行承担责任并退款给账户持有人。在令牌体系中，必须验证的是交换项目的真实性。现金和硬币是存在了几个世纪的令牌货币。在现金交易中，如果收款人确认现金的真实性，他将接受付款。这意味着，如果现金是伪造的，他将切实承担责任。加密货币和一部分现代电子货币也是令牌货币。例如，中国央行数字货币（Digital Currency/Electronic Payment：DC/EP）作为现金的电子替代物，它与现金一样都是令牌货币。如果需要交易 DC/EP，所有需要的只是连接到特定数字钱包的密码。没有人被要求去验证提供密码的人是钱包真正的所有者（不排除中国央行出于监管考虑在大额交易时需要验证交易者的身份）。同样地，要交易加密货币，付款人必须使用"私钥"对交易进行签名，无论谁提交的私钥该交易都有效。一般地，账户货币往往是内部货币，与信贷创建相关，令牌货币通常与信贷提供无关。因此，扩大账户货币的供给可能与扩大令牌货币有完全不同的影响。

二、独立货币

如果满足下面两个条件，一组支付工具形成了一种独立的货币。

（1）这些支付工具用同一种账户单位计价。

（2）这种货币的每种支付工具可以互相兑换。

从独立货币的定义可知，货币工具通过它们的账户单位而非交换媒介或价值存储属性连接到一种货币。因此用同一种官方货币计价的现金、储备金和银行存款是属于同一种货币，虽然它们有非常不同的技术特性。

如果一种支付工具不属于某种已有的货币，则它是一种独立的货币。根据这种定义，类似港币的货币局制度是一种独立于美元的货币，因为它以自己的账户单位计价并且中国的香港金融管理局维持的（美元）挂钩并非一种法律约束。以美元计价的银行存款不是独立货币，因为其兑换是法律强制性的安排。换句话讲，区分独立货币的一个要素是发行人的承诺级别。以某种现有货币计价的独立货币的发行方最终保留了可以打破它过去做出的任何兑换承诺的可选项。一种非独立货币的支付工具，如果其发行方打破承诺将面临某种法律后果。

从欧洲汇率机制（European Exchange Rate Mechanism: ERM）到欧元的过渡可以说明几种独立货币如何合并成一种。在过渡期间，相关国家可以决定摆脱 ERM 而不会丧失他们发行货币的能力。待欧元引入后，相关国家确实丧失了发行货币的能力，多种货币不再独立。

根据这种定义，几种流行的数字货币实际上是独立货币。如，Facebook 的Libra 的基础篮子由多种官方货币组成，Libra 可能以它自己的账户单位计价，也可能以美元计价，但即使以美元计价其与篮子中的美元可兑换性也并没有法律约束力，因此 Libra 是独立的（为便于讨论，本章后面假设 Libra 将使用自己的账户单位，虽然笔者认为采用美元计价的可能性更高）。大部分流行的加密货币，如比特币和以太坊是显然的独立货币，因为它们不能兑换成任何东西并且有其自己的账户单位。甚至一些稳定币，它们由发行方拥有的银行存款所支撑，也是独立货币，因为即使发行方单方面放弃了货币支撑，这些货币也能持续存在于交易所。

其他类型的数字货币不是完全独立的货币，但也支持即时、点对点的数字化转移。如中国央行的 DC/EP 和肯尼亚的 M–Pesa，允许现存货币以一种新方式在新的人群进行流通，但是它们的发行方在法律上有义务保持可兑换到国家货币（DC/EP 是人民币，M–Pesa 是先令）。

第三节　货币竞争性质的变化

一、货币的角色和传统货币竞争

哈耶克在 1976 年的著作《货币的非国家化》中提出，解决政府发行的货币管理不善的办法将是各种私人发行的货币之间的竞争。哈耶克的竞争货币提议要求建立一个体系，多种资产都可以具有所有三种货币属性。这其实是非常困难的。

传统地，货币可以用作账户单位、价值存储和交换媒介。货币的每种角色都为克服一种不同的经济摩擦。

账户单位的作用对理解货币竞争和哈耶克提议的困难或许最为重要。建立账户单位是为了缓解一个经济体中多个不同商品的相对价格跟踪问题。账户单位允许代理人以易于理解的方式传达价值。更重要的是，账户单位的规范以及货币政策规则影响到经济中代理人之间的风险分担（在不完全的市场环境中）。代理人倾向于以名义价格起草合同，因为这些是他们概念化价值的价格，因此为应对冲击，货币政策在借款人和贷款人之间重新分配资源。也就是说，周期性货币政策可以有效地转移风险。在一个代理人面临认知限制的世界里，一个单一账户单位的货币体系在确保市场有效运作和分担风险方面发挥着重要作用。但如果一个经济体中存在多个竞争的账户单位，所有商品和服务不得不以多个账户单位计价，这将带来极大的管理成本和混乱。这是哈耶克竞争货币提议面临的最大难题。

储存价值的需要来自经济行为者根本无力协调和承诺未来的价值转移。例如，农民必须以某种方式补偿农场的工人的劳动。但农民可能无法可信地承诺，在工人完成他们的工作后给予后者一部分农产品。相反，农民可以在工人工作时向他们支付货币，允许后者在未来购买农产品。重要的是，只有当工人相信这些货币将来能保持其价值时，他们才会被激励工作，所以货币必须是价值的存储。在哈耶克的设想中，货币将主要作为价值存储来竞争。那些能够维持货币价值的可靠发行人将取得成功，而其他发行人则被逐出市场。

交换媒介的角色源于需要克服需求的双重巧合。这个问题是阻碍易货经济效率的关键摩擦。没有货币，任何两个经济代理人见面，只有在每个人都有一个对方需要的商品（或服务）时，才能进行交易。这种情况在专业经济体中极为罕见。例如，希望乘出租车的律师只有在找到需要法律援助的出租车司机后才能这样做。货币允许在没有双重巧合的情况下进行交易。当买方想要卖方生产的商品时，买方可以简单地将钱转移给卖方以换取商品。事实上，交换媒介用来润滑经济中的交易，这可能导致流动资产的泡沫价值。因此，从未支付股息的流动资产（如货币）可以具有正值（如泡沫价值），因为它的价值源于其辅助交易的作用。

二、货币竞争的两种形式

我们定义货币工具之间的全面竞争和部分竞争。

货币工具的全面竞争：在全面竞争下，货币以账户单位的角色进行竞争。以不同账户单位计价、不同价格体系和通胀率的货币工具之间发生竞争。货币可以像官方法币那样进行国际竞争，也可以在国内竞争，只要允许私人实体发行自己的货币（如在自由银行时代）。那些信誉良好、完善且通胀率稳定的货币的存在将约束发行人。这是哈耶克所强调的竞争类型。

货币工具的部分竞争：在部分竞争情况下，以同一账户单位计价的货币工具以交换媒介的角色进行竞争。这种货币工具之间的竞争已经在各国中普遍存在。不同银行发行的存款相互竞争，也与电子货币工具（如数字钱包中的令牌）竞争。为了提高效率，监管机构通常鼓励货币工具之间的竞争。

三、货币的惯性正在降低

欧洲央行执委会成员 Benoît Cœuré 在有关"国际货币体系的未来"的演讲中讨论了数字货币竞争、取代旧货币的过程中的惯性力量。

历史上，国际货币使用的惯性力量非常大，因为较高的转换成本、锁定效应和习惯持久性是有利于维持现状的强大力量。过去国际货币的形成，一般都是以货币作为交换媒介的角色为先导的。然而，过去国际支付主要由公司、商人、银行和政府进行，主要形式是全球贸易和金融市场大型参与者的批发交易。例如，阿姆斯特丹和汉堡的银行早在 17 世纪初就履行了中央银行的主要职能，其创建是为了向商家提供转账存款，作为一种高效、稳定的支付方式。英镑作为国际货币的崛起始于伦敦所谓的商业银行向商人提供贷款，为进出口融资，之后，英镑发展成为国际投资的工具，并成为储备货币。对于公司、商人、银行和政府来说，就一个国际货币标准达成一致，以及从一个国际货币标准切换到另一个标准，都涉及重大成本。他们通常持有以主要国际货币计价的大量余额，并因此承担汇率风险，相信这种货币今后仍将是全球的主要支付单位。

但这种情况已经改变。最近的全球化浪潮，加上在线服务的快速发展，支持了消费者对跨境支付服务的需求，需要这些服务更快、更便宜和更易于使用。例如，全球旅游流量在过去 15 年中翻了一番。互联网用户的数量增加了一倍，手机用户的数量也增加了一倍。发送数据的成本已大幅缩减，更便捷的服务的访问也扩大了。在短短的十年中，全球汇款增长了 50% 以上，而跨境电子商务活动则增加了两倍。因此，新的和新兴的私人支付解决方案主要针对消费者和劳动者，而不是商家。消费者和劳动者构成更大的潜在用户群，并产生相关的网络外部性。

现有证据表明，在零售消费者支付方面，交易和转换成本比用于批发跨境贸易和金融的传统货币要小得多。这种网络外部性对于全球网络来说将更强大，可能使国际货币竞争在未来成为一场更具活力的竞争。

四、降低的切换成本和货币的解构

哈耶克 1976 年关于建立私有货币竞争体系的建议面临一个根本性难题——货币的使用表现出强大的网络外部性。对一个账户单位的需求产生了网络外部性，就像通用语言一样。在一个人人都只说中文的社会里，只说英语交流是很困难的；同样，在一个人人都习惯于用人民币报价的社会里，使用卢布交易是很困难的。正如学习多种语言很困难一样，采用多种货币并跟踪其相对价值可能也很困难，因此有很强的动机只采用一种货币。

切换成本也会产生网络外部性。过去，交易成本使得不同货币之间难以频繁切换，这使人们有动力在本国货币区内进行交易。这种协调的动机意味着，在过去，货币无法有效竞争。首先，现有官方货币具有巨大优势。一旦该国居民采用了一种货币，新进入货币就很难取代已建立的货币，即使这些新进入货币在所有方面都远远优于现有货币。在极少数情况下，如对已建立货币的严重信任危机期间，官方货币可能被取代。新的主导货币始终是一种已有的国家货币而非私人发行的货币。其次，即使在许多相互竞争的货币确实流通的历史时期，由此产生的竞争也令人混乱而非有益。例如，直到 19 世纪中叶，在美国大多数州，商业支付都是以各种奇怪的混乱货币进行的，此外，还有一些美国州的银行券的成交价格变化很大，因为对这些发钞行的清偿能力的评估不同。

数字网络的经济竞争，特别是数字货币竞争，与传统货币竞争截然不同。互联网提供了基础设施，可以在此基础上建立商业网络和社交网络。亚马逊和阿里巴巴通过交易各种商品的平台，自行打造了整个生态系统。Facebook和腾讯都有一个社交网络，分别与28亿人和10亿人有联系。一旦建立了这些网络，信息就可以廉价地且几乎瞬间地传播。然后，信息可以自动转换为任何对接收方最方便的形式。现代技术使得使用数字令牌进行无摩擦、去中介的点对点交易成为可能。数字网络的这些特征削弱了阻碍传统环境下竞争的刚性。

阻碍传统环境中竞争的网络外部性实际上可以增强数字环境中的竞争。新货币的发行者可以利用一个网络的通信和交易系统立即访问跨多个国家和地区的大量潜在交易对手。该网络既有助于传播有关货币的信息，又有助于采用该货币，因为任何采用者都知道，其他潜在的采用者连接到一个共同的支付网络。因此，数字网络的结构减少了传统环境中存在的信息进入障碍。

在数字环境中，严重影响传统货币竞争的切换成本可能会大大降低。在网络中进行点对点价值交换的能力消除了对第三方的需要，因此，也消除了该方在货币交换中收取的任何费用。用户可以设置其移动设备，以便在需要时自动执行货币兑换。移动应用程序还将减少在进行货币交易时对金融专业知识的需求。原则上，应用程序甚至可以自动执行其设备以进行跨货币套利。

过去，鉴于贸易主要发生在地理区域内，货币不可能在跨区域扩散。只有少数货币，如美元和欧元，设法做到了这一点。数字网络也特别适合解决跨地理区域货币扩散的问题。虽然地理约束限制了物理货币的分布，但数字货币可以自由地在跨越边界的网络内流通，为数千万甚至数亿参与者提供服务。

切换成本的降低将导致数字货币竞争的最显著特征之一——货币角色的解

构。当切换成本较低时，不再有强烈的动机将一种货币同时用作价值存储、交换媒介和账户单位。相反，网络用户可以无缝切换货币，并在需要时转换单位。例如，如果货币 A 是良好的价值存储，但交换媒介较差，而货币 B 是良好的交换媒介，但价值存储较差，则用户可以选择在不进行交易时持有 A，仅需要在交易之前瞬间将其持有的部分 A 兑换为 B。B 的价值存储不佳的事实不会带来任何影响，因为用户持有它的份额时间极短。因此，与哈耶克的设想不同，B 不一定被挤出市场转而支持更稳定的 A。相反，数字网络可以营造一种环境，使两者都能蓬勃发展，服务于不同的目的。

同样地，如果两个采用不同账户单位的代理人希望在数字网络上交换价值，数字技术可以轻松地将一个代理人提供的报价转换为另一个代理人理解的单位。正如语音翻译软件消除了对话参与者使用相同语言的需要一样，这种类型的转换软件将消除交易中交易对手使用同一账户单位的必要性。因此，协调共同账户单位的动机就不必要了。总体而言，货币角色的解构减少了对单一货币的协调需求。为此，它允许用户从多个不同资产获得货币提供的独特服务，并减轻用户之间对共同资产进行协调的必要性。

货币的解构会导致货币之间的竞争加剧。在哈耶克看来，货币将主要作为价值存储进行竞争，但从历史上看，由于切换成本和网络外部性，这种竞争是有限的。有了解构的货币，货币可以自由地专业于某种角色。作为价值存储的货币可以相互竞争，而作为交换媒介的其他货币可以单独竞争。摩擦的减少和网络外部性使得这种专业层面的竞争比哈耶克的货币竞争更加激烈。

第四节　支付平台和货币的再捆绑

平台在数字货币经济中的作用与数字网络的解构作用有很大不同。平台通常是买方和卖方交换多种产品的双边市场，重点是网络外部性以及这些产品之间的交叉补贴如何影响其定价。相比之下，本章强调平台作为互为补充的活动的聚合器的作用。平台是消费者、商家和服务提供商互动的"生态系统"。与平台相关的数字支付工具有效地将传统货币的功能与平台的功能和数据相结合，导致货币再捆绑，这与数字网络的解构作用形成鲜明对比。

一、支付平台与数据

平台的经济逻辑是它们能够开发和优化不同活动之间的联系。平台特别适合此角色，因为它们能够利用这些活动的关键输入——数据。在平台上记录和共享的数据可用于向用户提出建议、构建信誉系统或高效地将用户彼此匹配，以及其他可能性。大型商业和社交平台，如亚马逊和阿里巴巴运营的平台，都提供了丰富的功能。数据的使用既可产生规模经济，又可产生范围经济。

平台上的支付活动能主导其他所有活动，因此支付能促进平台的凝聚力。平台上的所有其他活动都依赖于支付，所有数据都通过支付产生。因此，支付功能对于平台的价值和增长至关重要。消费者必须采用平台的支付协议，以确保访问它提供的所有服务。服务提供商和应用程序开发者依赖于强大的支付系统保证其产品的持续生存能力。社交群体受益于在连接其成员的平台上转移价值的系统。

最重要的是，支付网络具有无与伦比的数据访问。数据库的好处不仅来自其规模，还来自其多样性——了解100万随机个体的习惯比了解同一城市100万人的习惯更有价值。因此，一个基于支付的大型平台聚合了广泛的活动，是收集数据的理想工具。鉴于支付基本上用于所有经济活动，没有其他更专业化的平台能够与支付平台聚合经济行为信息的能力相媲美。例如，考虑一家评估贷款申请人的银行。如果银行可以访问支付平台的数据，它可以跟踪申请人的收入和支付，包括有关购买频率、地点和性质的数据。分析如此丰富的数据，将使银行能够非常精确地估计还款概率，远远超过申请人信用评分的预测准确性。事实上，平台生成的支付数据是用户偏好和行为的理想预测工具。很普遍地，在基于支付的平台上，商品定价、定向广告和推荐产品的算法都蓬勃发展。

二、货币的再捆绑

数字平台的经济性对货币竞争有着重要的影响。与平台相关的数字货币将比普通货币更加差异化。它们不仅在货币功能上有所不同，而且与其相关平台提供的功能也很差异化。货币不再简单地给予支付服务，它们还提供了与其他平台用户交互的访问权限。因此，数字货币与其所在的平台的特点密不可分。

货币的传统特征，如其存储价值的能力，在可以解构这些特征的世界中，在决定其成功与否方面可能没有多大影响。相反，货币的吸引力可能受其他平台特征的制约，例如平台的信息处理算法、数据隐私政策以及平台上可获得的交易对手集。货币竞争实际上是信息和网络服务捆绑之间的竞争。本章称这种货币与信息和网络服务的联结为货币的再捆绑。

货币的再捆绑对货币竞争有额外的影响。对于普通货币，大多数用户对其基本属性有一致的偏好。用户希望货币被广泛接受，并可用于安全存储价值，因此网络外部性是货币竞争的障碍。另外，对于再捆绑的数字货币，用户偏好可能更加差异化。一些用户可能希望绝对保证隐私，而另一些用户可能更喜欢能更好使用他们的数据做智能推荐的平台。鉴于数字货币的基础货币功能可以被解构，网络外部性限制较小。因此，这种偏好的异质性将激励大型发行人差异化其产品，从而创建细分市场，在不同的平台中迎合不同类型的消费者。

货币的再捆绑意味着与其相关的平台的特征会显著影响数字货币的竞争力，例如平台的数据隐私政策。对数据隐私的重视和保护程度，各国之间存在显著差异。中国消费者普遍比较缺乏数据隐私意识，中国企业普遍轻视对隐私数据保护甚至毫无顾忌地滥用，直至最近监管机构大规模抓捕各种以爬取、加工、处理和贩卖互联网用户信息为核心业务模式的科技企业的高管，这种趋势才得以遏制。中国官方也加速推出《个人金融信息（数据）保护试行办法（初稿）》。在中国土壤成长起来的大型社交、电商等平台，在隐私数据处理方面天然具有短板，这可能会影响到与他们平台相关的数字货币的国际竞争力。例如，腾讯微信虽然坐拥 10 亿用户，但在安全和隐私保护方面的国际评测中屡屡垫底，以致 2018 年 5 月欧盟推出通用数据保护条例（*General Data Protection Regulation: GDPR*）之后，微信直接退出了欧洲市场。美国消费者、企业和政府的数据隐私意识和保护就好不少，监管机构已经拥有广泛权力，2018 年 6 月推出了史上最严数据隐私法《2018 加州消费者隐私法案》。Facebook 因滥用用户隐私数据被美国政府罚了 50 亿美元的罚金。因此其主导的 Libra 已经面临针对隐私数据政策的广泛和严重怀疑。欧洲央行高管直言，不能把货币这种公共商品交给在数据隐私方面有严重不良记录的 Facebook。在欧洲，*GDPR* 发布以来，在欧盟运营的任何数字货币都必须遵守该法案，欧元区国家最近热议发行自己的央行数字货币，可能会遭受相比较最少的针对隐私数据政策的质疑。

同样的道理，与数字货币相关联的平台特征也可能显著加强数字货币的竞争力，例如平台提供的丰富的工具类和内容类功能。工具类包括手机优化管理、摄影类和其他垂直领域类工具，内容类包括新闻资讯、社交和游戏等。相比较工具类产品，内容类产品发展空间更大、变现能力更强，但进入壁垒也相对更高。中国互联网企业在移动应用出海方面已经取得了举世瞩目的成绩，例如字节跳动的抖音海外版 TikTok，作为中国团队出海的现象级产品，已经拥有了近 5 亿中国之外的活跃用户。可以理解，如果人民币国际化是中国央行的优先级，其最佳策略之一就是借力中国目前优秀的出海移动应用矩阵以与这些平台有吸引力的功能、高质量的内容、高效运营和庞大的用户基数进行捆绑获得数字货币的竞争优势。

第五节　基于平台的市场结构

以数字平台为中心的经济结构将不同于当前体系。金融体系的组织和数据所有权的分配都将发生变化。平台的性质也可能改变经济体中的竞争格局。虽然平台创建了以前不可能的连接，但它们可能倾向于垄断或分裂市场，因此平台之间的互操作性问题变得至关重要。

一、金融活动的产业组织倒置

社会和商业平台上的支付和数据的中心作用可能导致当前金融活动的行业组织倒置。

现代经济体中，银行几乎主导了大部分金融活动。因为对资金的需求银行创建了支付工具，因此支付服务是银行中介活动的延伸，银行是支付系统所有用户的接触点。银行甚至延伸到提供保险和资产管理服务。金融体系以及消费者储存和交换价值的方式，都是围绕银行和信贷组织起来的。银行位于金融层级的顶端，支付是银行提供的众多服务之一，层级位于银行之下。

在基于平台的经济中，这种层级制度可能会被推翻。支付是任何经济平台的中心，所有其他活动将围绕中央支付功能进行组织。消费者的接触点是拥有平台的实体而非银行。资产管理和保险等金融服务将从属于支付服务。在这种新型的金融层级制度中，传统的金融机构，如银行，可以被支付系统的金融科技子公司所取代。在中国，这种类型的行业组织已经获得蓬勃发展，例如以支付宝业务为核心发展起来的蚂蚁金服集团，已成为全球最大的独角兽企业。

二、数据所有权和监管

各个经济体中的大型科技公司正在演变为具有系统重要性的数据中介。人们普遍担心这些公司对用户数据拥有过多的权力，所以有了诸如欧盟的

GDPR 等法规。实际上，数据中介活动贯穿了支付系统的方方面面，这更加深了人们的忧虑。

不同的货币安排对谁控制用户数据有不同的影响。在目前的体系中，银行、银行卡组织（如中国的银联和国外的 VISA 和万事达等）能访问到最多的交易数据，他们可以准确记录和查看每笔交易发生的时间、地点和方式（在中国，电信运营商也有类似数据访问特权）。这些数据主要用于对用户信誉进行评分以决定贷款机构向个人放贷的利率。

在数字平台主导的经济体中，支付数据的所有权结构可能发生巨大变化。数字货币发行机构可能是货币体系的重要参与者，银行账户继续以传统方式（通过现存央行主导的支付和清算设施）与数字货币进行互动。在中国，支付宝网络不仅发行了大量数字货币（即余额宝余额），还运行允许往来银行账户的应用程序，因此支付宝和银行都可以访问某些交易数据。作为几乎所有用户访问支付服务的接触点，支付宝实际上比单个银行能够访问的交易数据要多得多。

更激进的方向是大型数字货币发行人以银行存款支撑其货币发行，而消费者只持有数字货币。这看起来和过去的环境是类似的，即消费者持有由准备金支撑的银行存款而不是直接持有准备金。但是数据所有权的影响却大相径庭。如果消费者只持有数字货币，那么数字货币发行者就充当信息寡头，银行无法监控交易数据，除非向前者购买。数字货币发行者已经发现，设置银行子公司是以更有效的方式从数据变现。在这种情况下，交易数据的主要目的和价值就不仅是更有效提供信贷而是监控消费者的口味和倾向。因此，政策制定者需要权衡的隐私和效率的考虑将大不相同，或许有必要制定限制数据滥采滥用的法规。这里描述的场景在中国已经完全发生了。

三、互操作性和可兑换性对竞争的影响

平台提供的服务的多样性使它们发展成为封闭的生态系统。消费者希望能够使用平台的货币，以购买日常生活中所需的各种商品和服务。如蚂蚁金服定位自己是一个"生活方式平台"，人们日常生活的大部分交易都在上面进行，从外卖订餐到购买电影票，到支付水电煤气等。一位蚂蚁金服发言人说，"我们的想法是，大家通过这个平台生活"。

平台所有者当然会希望消费者将其平台用于所有活动，因为平台可以垄断通过它的数据价值。然而，从经济角度来看，消费者最好将其活动分散到多个平台，因为不同的平台是专门针对不同活动的。平台所有者对促进与其他平台的互操作性不感兴趣，因此与经济效率相抵触。平台所有者希望创建"退出成本"，使得消费者切换到其他平台的货币或服务成本高昂。中国消费者可能已经观察到，从支付宝或微信支付进行提现的成本越来越高，这就是在提高"退出成本"。

缺乏互操作性可能会给跨网络的贸易造成过多障碍。因此，政策制定者的首要关切是阻碍互操作性的诱因，特别是鉴于大型平台在某些情况下已经表明不愿意接受互操作性。例如在中国，微信和支付宝平台不仅没有互操作性甚至经常互相"封杀"，蚂蚁金服和腾讯等也拒绝向百行征信（中国央行发起的市场化个人征信机构）提供个人征信数据。

数字货币可兑换的重要性与平台互操作性同等重要。网络和平台往往造成市场割裂，但一体化对于货币体系的有效运行至关重要。特别是，支付网络不应为贸易设置壁垒。严格的官方货币可兑换制度降低了这些障碍。在可兑换安排下，将价值移入或移出数字网络的摩擦最小。新用户可以将价值转移到网络中，而无须担心网络货币的稳定性。当现有用户需要与网络外部的代理人进行交易时，他们可以轻松地以已知汇率将其持有的资产从网络中转移出去。从某种意义上说，可兑换性的逻辑与最优货币区背后的逻辑非常相似，但在这种情况下，需要考虑的分界线是数字网络的边界而非地理区域边界。在中国，虽然支付宝和微信缺乏互操作性，但中国央行强制要求他们发行的数字货币与法币的可兑换性降低了支付网络设置的贸易障碍。

当货币与其他平台和数据服务捆绑在一起时，货币之间的有效竞争可能特别重要。可兑换允许货币根据它们相关的服务集合进行竞争，而不是基于发行人声誉。因此，新的颠覆性创新者可能会从强制货币兑换的制度中受益。

鉴于市场支配地位的价值，平台也可能采取激进的扩张策略，这些策略在短期内对用户有利，但从长期来看则未必。平台可能试图通过与经济体中的其他服务提供商进行交易来扩大其运营。例如，支付宝与大型连锁店合作，在购买时使用其货币给予折扣。虽然这些策略在增长网络方面可能有效，但当平台变得具有系统重要性，用户无法再放弃它时，给用户的好处最终可能会消失。这些发展尚处于起步阶段，迄今地理范围有限。然而，底层技术支持快速的地理扩张，支付网络已经扩展到东南亚。

第六节　重塑国际货币体系

新的货币将重塑全球货币格局，它们创建新的连接和新边界。数字化可能会改变国际货币体系的基础。此外，它可能导致新的国际货币的崛起。数字货币有可能重塑经济互动网络，既超越了传统最优货币区（Optimal Currency Areas: OCA）的边界，又给交易设置了新的障碍。它们还允许我们引入一种合成国际货币。Markus K. Brunnermeier，Harold James，Jean-Pierre Landau 等人在 2019 年 7 月的专栏文章中提出了颠覆性的概念"数字货币区"（Digital Currency Areas: DCAs）并讨论了货币国际化的新途径以及数字美元化。

一、数字货币区

在数字世界中，经济互动将在 DCA 边界内发生。这些地区将是内生形成的，也可能不受国界管辖。数字货币区域定义为使用特定于该网络的货币以数字方式进行支付和交易的网络。"特定"是指它具有以下一种或两种特征：

（1）网络使用自己的账户单位，不同于已有的官方货币。例如，Libra 被设计成一篮子现有法币（和 / 或国债）的数字表示，由此可能定义一个新的账户单位。因此，这些类型的 DCA 是通过完全货币竞争产生的。

（2）该网络运营一种支付工具，即一种交换媒介，只能在它的参与者之间使用。因此，即使该网络仍然使用官方法币作为账户单位并支撑其支付工具，该工具也不能用于网络以外的交易和交换。通常，当一些大型电子货币发行者的系统不能与其他系统互操作时，情况就是如此。中国的腾讯和蚂蚁金服都开发了这样的网络，拥有数以亿计的用户，但没有相互连接或互操作性。这些 DCA 通常是部分货币竞争的例子，其中新货币不以自己的账户单位计价。

DCA 的经济活动体量可能会使很多国家经济体量相形见绌。例如，截至目前，支付宝网络用户接近 10 亿，季度交易额达到 7 万亿美元。中国第二大支付提供商腾讯紧随其后。

显然，DCA 与蒙代尔 1961 年论文中定义的最优货币区（OCA）非常不同。OCA 的通常特点是地理上接近和参与者将汇率作为调整工具。反过来，这意味着 OCA 的宏观经济冲击具有某些共性，以及其内部有足够的要素（如资本、原材料和劳动力等）流动性。OCA 的设计侧重于货币当局平滑冲击的能力，以及改善风险分担的能力。

相比之下，多个 DCA 通过数字互连性将之联结在一起。货币当局的角色并非重点。事实上，货币的发行人可能受一项（或多项，当被一组司法管辖区监管时）具有法律约束力的可兑换安排约束。DCA 旨在利用数字网络生态系统中出现的相互补充的活动和数据连接。支付功能允许充分利用这些连接。相比较传统数字支付创建的联系，基于网络的数字支付系统能够形成更紧密的联系。DCA 中的网络用户可以使用移动应用程序进行直接的、点对点转账。

当参与者共享相同形式的货币时，无论货币是否以自己的账户单位计价，都会产生强大的货币联系。网络内部的价格透明度更高，价格发现更容易，转换到其他支付工具的可能性较小，有时在技术上也是不可能的。这些货币联系进一步激励了积累以该网络货币计价的余额。无论 DCA 是否与多层面的平台或更专门的数字网络（如消息服务）相关联，这都适用。

有人可能认为，DCA 跨国界扩张的潜力将导致全球数字货币的出现。但是，监管框架可能限制 DCA 的范围。与 DCA 关联的数字网络可能会以完全不同的方式处理数据，尤其是用户隐私。就欧洲、美国和中国等司法管辖区使用不同的监管框架来处理隐私问题而言，某些数字支付网络可能仅在一组有限的司法管辖区内可行。即使 Facebook、亚马逊和支付宝网络等也仍然主要局限于地理区块。事实上，在某些司法管辖区内可能无法（合法地）使用某些数字货币，但司法当局可能也缺乏实际有效的手段来阻止这些数字货币的流行，如中国央行数字货币负责人穆长春公开承认，中国政府实际上不可能阻挡 Libra 在中国国内流行。近期更可能的是数字区域性货币区（Digital Reginal Currency Areas: DRCAs），它最终可能导致国际货币体系的分裂加剧。

DRCAs 真正获得全球影响力要求政策制定者进行成功跨境协调，以确保私人数字支付网络充分遵守关键政策优先事项。虽然极具挑战性，Libra 等项目已经成功推动金融稳定理事会正式制定全球稳定币监管政策细则并将于 2020 年 7 月为 G20 政府财长和央行行长提交正式报告，这先于 Libra 正式推出的时间。成功的跨境政策协调和监管共识将为真正全球私营数字货币的崛起奠定基础。

二、数字美元化

数字化可以为现有货币国际化和改变国际货币关系提供新的途径。传统地，货币通过国际支付或成为全球价值储备工具实现国际化。在分析目前美元在国际货币体系中的主导地位时，一些经济学家强调美元作为储备资产，其作用基于美国金融市场的规模、深度和流动性，另一些则更加重视其在国际贸易和金融交易的计价和结算的作用。当然，更深入地分析，例如 Michael Hudson 的著作《金融帝国》，展示美元全球主导地位是其领先全球的军事实力、科技实力、农业和粮食战略，以及世界银行和国际货币基金组织等机构的政策配合（如华盛顿共识）的综合结果。这超出了本章讨论范畴，本章的讨论集中在科技和金融技术层面。

在数字环境中，支付工具和储备资产的对比变得相关和重要。成为储备资产要求是很高的，要求完全和无条件的资本账户可兑换。然而，通过贸易实现国际地位的理论表明，数字网络可能是货币国际化的另一种手段。在国际贸易中，商人都希望以相同的货币形式制作发票以确保实现采购。针对开辟新的贸易机会和在国界以外扩散交换媒介，数字网络特别有效。平台生态系统的封闭性进一步激励了以平台货币进行计价。因此，通过利用 DCA 的整合效应，一个拥有大型数字网络的国家能为其货币赢得国际认可找到新的途径。因此，数字化可以作为一种强大的工具，使某些货币作为交换媒介国际化。因此，与中国互联网企业已经建立的多个大型社交、电商和内容等的数字网络相连接，这是人民币获得更广泛国际认可的新途径。

通过外币的跨境支付网络，其他国家可能面临更激烈的货币竞争。现有的跨境系统目前只是纯粹的基础设施，它们使用国内货币作为交换媒介和账户单位。但是 Libra 和支付宝等可以建立私人网络，使许多国家的居民能够访问新的和特定的账户单位。如果拥有强大的数字网络，即使是官方货币也可能逐步渗透到其他国家的经济当中。跨境影响也可能很大。在大型网络中，相同的数字支付工具可能很容易在多个司法管辖区使用。如果是这样，它们可能具有促进在法定货币国家以外使用特定账户单位的效果。

重要的是，小型经济体（尤其是那些国内通胀率或不稳定的经济体）容易受到稳定货币的传统美元化和数字美元化的影响，经济或社交上对大型 DCA 开放的经济体将尤其受数字美元化的影响，因为它们没有提供大型网络可以提供的同样规模的网络外部性。即使是拥有稳定货币的经济体，如果其公民发现自己经常与某数字平台的用户以平台自己的货币进行交易，也可能实现数字美元化。随着以数字形式交付的服务增多，社交网络与人们交换价值的方式越来越紧密地交织在一起，大型数字货币对较小经济体的影响将越来越大。

Markus K. Brunnermeier 等人的文章指出，对抗数字美元化的最佳防御措施可能是各国通过创建 CBDC 以数字形式发行本国货币。虽然从货币政策和金融稳定角度，CBDC 引发了激烈争议，但推进 CBDC 更根本的理由是使本国公共货币适应新的技术形态并保护它们免受基于数字优势的外部竞争。这就好理解为什么中国央行迫切推出 DC/EP 来抵御"Libra 对人民币的主权侵蚀"。

三、合成国际货币

数字美元化的前景创造了一种可能性，即由各种官方货币支撑的合成数字货币可能国际化。正如英格兰银行行长马克·卡尼 2019 年 8 月的发言指出的，基于美元的国际货币和金融体系不可持续，以多国央行数字货币构成的网络且由公共部门提供的"合成霸权货币"可能是最佳替代方案。近几十年来，日益扩大的国际联系造成了美元安全资产的稀缺，以及通过全球金融周期从美国货币政策中产生的巨大跨境溢出效应。这两种力量反过来又促成了永久低利率。

与几个不同账户单位关联的合成国际货币可一定程度上弥补安全资产短缺，因为以多种官方货币计价的债务价值将随合成货币的价值一起波动（合成货币的波动可能会变小）。然而，没有个别的官方货币是完全安全的，这意味着以合成货币计价的债务发行人如果以当地货币计价其资产，可能会承担汇率风险。

如果国际贸易以合成货币的账户单位开具发票，贸易流动的全球相关性也将减少。目前，40% 的国际（商品和服务）贸易以美元计价，因此美国的冲击和货币政策对刺激或阻碍国际贸易产生了相当影响。在一个使用合成货币的世界里，这种对美元的冲击对贸易效率的影响将小得多。当然，合成货币会从对其支撑货币的冲击中产生溢出效应，但就各国面临的特殊冲击而言，多样化可能会抑制这些溢出效应。

第七节　公共货币与私人货币的竞争

在数字货币的世界里，政策制定者将面临一系列前所未有的挑战。货币将不再像过去那样简单——每种数字货币都将捆绑一组数据服务，并与一组跨国经济活动相关联。传统金融体系的产业组织形式可能发生变化，如蚂蚁金服，从支付服务为中心，发展出其他金融服务子公司。在本节中，我们将讨论公共和私人货币之间的竞争，以及在使用数字货币的环境中引入央行数字货币（CBDC）的影响。

传统地，宏观经济学中的一个重要问题是，当受到美元化前景的挑战时，政府如何保持货币权威。当存在数字美元化可能性时，这个问题变得更加相关。在现代经济中，政府与公民个体之间基本上没有直接的货币互动。政府（即央行）直接发行的现金通常只占流通货币供应的一小部分，大多数消费者以银行存款的形式持有大部分货币，如在中国现金只占流通货币的 8%，瑞典已经无限接近 0%。央行一般通过影响银行的借贷利率对公众施加一些影响，它可以通过直接设定准备金利率和贴现窗利率、执行公开市场操作等改变银行间市场的利率。但是，基于数字网络平台的货币可能改变金融层级，那么银行的作用可能会削弱，央行将不再能够通过已有的货币政策工具调节宏观经济。现金的消失和银行作用的减少都威胁到货币的独立性。CBDC 可能是针对这些变化的应对之策。

一、公共货币对比私人货币

数字货币引发了关于私人和公共货币竞争的新问题。从历史上看，政府试图监管私人货币的一个原因是遏制金融不稳定。事实上，近代以来，不受监管的私人货币一直是个问题。美国的自由银行存在不到 30 年，唯一实现某种稳定的案例是苏格兰，在那里，自由银行存在了一个世纪多一点。但确实有一些场景，不受监管的私人货币取得了某种成功，甚至超过官方政府货币。最有趣的例子之一是伊拉克的瑞士第纳尔①，即使在政府否认之后，第纳尔仍继续在该国的库尔德人地区流通。即便如此，这一事件进一步证明了政府支持的重要性。因为当美国似乎将要推翻萨达姆·侯赛因并正式承认旧的瑞士第纳尔的时候，瑞士第纳尔开始增值。比特币等加密货币也再次提出了无支撑、私人发行的货币能否成功的问题。虽然加密货币尚未稳定为价值存储而且通常是低效的交换媒介，但它们在一些国际交易中（特别是对于逃避资本管制）被用作工具货币。

经济学家经常将无支撑的私人货币的失效归因于缺乏财政锚。一种没有支撑的、私人发行的货币面临着一个动态的不稳定问题——如果人们相信将来别人不会接受它作为交换媒介，它可能会突然失去其交易价值。这种根本性的不稳定会导致恶性通货膨胀，使货币崩溃。另外，政府可以通过征税能力来保证货币的价值。政府可以通过税收筹集实际资源，并利用这些资源购买（哪怕是少量）货币，因此对（货币）价格水平设置硬性上限。如果政府宣布其货币为法定货币，这一政策排除了通胀永远加速的可能性。同样，政府的税收权力也可以用来购买外汇储备，并抵御对盯住汇率制度的攻击。因此，由政府支持的货币没有私人货币所面临的不稳定问题。政府愿意接受自己的货币作为支付工具将进一步加强公开发行的货币。价格水平财政理论（The Fiscal Theory of the Price Level：FTPL）表明，以政府发行的货币纳税的能力对货币价值设置了一个下限。

然而，关于过去无支撑私人货币失败的原因，如今可能不那么重要，因

---

① 瑞士第纳尔是海湾战争前伊拉克境内流通的货币，称为"瑞士"第纳尔有两个原因：第一，该货币的印刷电板来自瑞士，虽然最终货币是在英国印刷的。第二，伊拉克自认是一个传统的低通胀国家，与瑞士类似。

为公共货币通常是数字货币很差的替代物，因此数字货币可能更不易失败。例如，加密货币可以普通货币不可能的方式支持大型国际交易或逃避资本管制。一些私人发行的货币还允许访问特定于指定平台的智能合约。最重要的是，平台的所有者可以有效地强制规定，除非政府干预，否则其货币是该平台上唯一的支付工具。

不同的人对"支撑"的理解可能截然不同，因此对一个货币的支撑价值的判断可能天壤之别。传统地，货币支撑或者来自某种稀缺、不可再生、因人类生产力所限而产量有限并已形成人类价值共识的资源（如金本位时代的黄金），或者来自信用，经过层层穿透或转移之后最终可能体现国家信用。黄金的支撑作用暂且不表。政府信用作为货币体系的终极支撑现在越来越受到质疑。一方面是以中本聪为代表的比特币原教旨主义者坚信基于政府信用的货币体系是导致 2008 年全球金融危机的罪魁才创造了开启新纪元的比特币，另一方面更多主流经济学者的有关货币、债务和金融危机的观点实际上附和了中本聪们对国家信用的批判。因此，逻辑上或学术上，都容易判断，国家信用可能不是最理想的货币支撑。中本聪们并不同意比特币"无支撑"的判断，在他们看来，比特币同样具有稀缺、不可再生、因人类生产力所限而产量有限并已形成人类价值共识（这一点毋庸置疑，各国政府包括中国政府，都承认比特币是一种虚拟商品或资产）的特点，因此只要承认黄金支撑货币的价值，就应该承认比特币是有类似支撑的。

私人货币的前景也引起了对货币政策的担忧。货币政策通常被认为是一种公共职能，私人货币发行人执行会效率低下。如果允许私人发行人自由执行其货币政策，他们可能会优先考虑公司利益而非公众利益。同样，提供紧急流动资金通常被认为是中央银行的一项基本职能。在以数字网络货币为中心的银行系统中，可能需要某些实体直接在网络上提供紧急流动性，迄今为止尚未见到任何网络所有者提供应急融资机制。因此，有必要为私人货币实施互操作性和可兑换性制度。可兑换性将限制发行人的货币政策，而与国家货币的互操作性将允许中央银行直接提供应急流动性。

二、无现金社会中的 CBDC

今天，在很多经济体中，技术可行性已经可以支持无现金的所有支付。在一个没有现金的社会，一般公众无法访问公共货币，而是持有由私人发行人资产支撑的银行存款或数字货币。即使这些货币工具可以相互兑换，人们也无法访问到任何银行存款或数字货币可以转换的货币锚（如央行准备金）。实际上，私人发行人可能失去公共货币的纪律约束，而其发行将受到其他市场力量的影响，如哈耶克设想的私人货币的竞争。

如果缺乏一种机制将一种支付工具转变为另一种，支付工具之间的完美替代就未必得到执行。原则上，不同银行存款或不同网络货币的相对价格可以自由浮动。在这种体系中，货币将变得根本不同——它可以保持流动性，但其安全性将取决于其发行人。实际上，货币体系的表现将更像更广泛的金融体系，在这种金融体系中，必须不断重新评估每个发行人的信誉，以对货币工具进行估价。根据发行人的可靠程度，支付可以分为不同类别的工具。这与美联储建立之前的美国自由银行时代很像，各州银行自行发行银行券，但市场会持续评估各个银行的清偿能力为每种银行券确定折扣比率并公布。

CBDC 将再次允许公众直接获得公共货币。存款和其他数字货币可转换为CBDC。这将立即恢复支付工具之间的可替代性，并保持其相对价格不变。因此，CBDC 对于在数字经济中保持货币的统一性至关重要。由此，在货币不完全可替换的经济体中，可兑换到 CBDC 的制度将消除信息不对称引起的任何低效率。此外，也许更重要的是，消除不完全可替换的货币将导致一个单一的账户单位，正如稍后详细讨论的那样，这对于维持中央银行的货币权威至关重要。

当然，政府总是可以通过强迫企业和家庭使用某种支付工具纳税或使该工具成为法定货币来控制如何支付。如果政府希望推动数字支付技术的创新，则采取极端措施可能是不可取的。引入 CBDC 可能会恢复货币当局的一些权力，而无须直接管制新货币。

三、数字货币与 CBDC 的可兑换性和互操作性

一种仅用作交换媒介的央行货币非常容易受技术变革的影响。数字化可能允许免除基础货币和以不同的方式结算支付。在大型数字网络中，大多数交易都可以在内部结算，从而绕过央行。网络越大，对外部结算资产的需求就越小。一些由银行财团发起的项目，如摩根大通的 JPM 币或 Finality 区块链，可以建立一个网络规避传统的准备金结算，并支持多种类型的支付，包括跨境支付，都可以使用令牌即时完成。

然而，央行货币作为一种支付手段的消失并不一定意味着货币权威的丧失。账户单位可以说是货币最重要和最基本的功能，赋予了央行权力，即使其负债不被用作交换媒介或价值存储。在现代经济中，账户单位是指央行的一些法定计息负债。只要交易使用该账户单位，央行在任何情况下都将保持其权力。它可以将隔夜利率固定在自己的负债上（如准备金），并通过套利影响整套货币和金融参数。即使没有使用央行货币进行支付，或没有在央行资产负债表上存储任何价值，情况都是如此。

如果数字货币能够充分利用关联网络背后的价值，金融体系可能转而围绕大型数字平台的所有者。支付不一定与银行信贷供给挂钩。基于数字平台的体系最重要的后果可能是，代理人开始以特定于一个平台而非央行的账户单位书写合同。当大的技术变革消除现金的使用，并将经济活动转向拥有自己账户单位的平台时，账户单位的惯例就更有可能发生变化。央行负债作为一个账户单位的消失将消除货币当局在借款人和贷款人之间重新分配风险的能力，也会破坏央行设定的利率和套利机制的联系，通过套利机制货币政策能对信贷供给产生实际影响。这种情况下，货币政策的作用会被严重削弱，甚至货币政策与消费者之间的间接联系也会被削弱。

CBDC 将开辟一条直接渠道，通过这种渠道货币政策能传导至公众。它也可能允许央行的账户单位在快速变化的数字经济体中保持相关性。只要公众习惯于在某些情况下使用央行的账户单位，在无现金经济体中传统的货币政策传导机制就会保持有效。CBDC 的这种影响并不要求它与存在的其他支付工具竞争。即使 CBDC 是对其他数字货币的补充，这种渠道也会发挥作用。

CBDC 与大型数字平台之间的互操作性对于确保 CBDC 和这些平台的成功也至关重要。公开发行的 CBDC 如果不能在热门平台上使用，则作为账户单位对公众来说可能不够有吸引力。因此，互操作性对于维持公共货币与公众之间的联系可能至关重要。从平台的角度来看，互操作性可能也是有益的。如果用户被允许同时使用网络货币以及他们持有的公共部门发行的数字货币，则用户可能更容易使用该平台。

第八节　案例分析

本节运用前文所建立的分析框架，讨论几个具体的数字货币案例，如中国科技巨头数字货币发展路径，Facebook 提出的 Libra 计划，人民币国际化战略以及 Telegram 被叫停的发币计划。

蚂蚁金服和腾讯都以相同的方式发展了数字货币业务，以前者为例说明。蚂蚁金服从第三方支付业务切入发展了支付宝。支付宝支持用户绑定银行卡后用其银行存款进行支付，也支持用户使用其余额宝（蚂蚁金服旗下的货币市场基金）余额进行支付。因此余额宝余额即蚂蚁金服发行的数字货币。蚂蚁金服以货币市场基金份额支撑发行数字货币，采用人民币为账户单位，并且强制地可与银行存款自由兑换，因此它是一种非独立货币。蚂蚁金服的数字货币因为捆绑了支付宝网络的支付服务、完整的电商经济活动、多样化的生活服务以及接近 10 亿的用户，获得了极强的竞争力，支付宝网络已经发展成为最大的人民币数字货币区。与传统以银行为中心的金融层级不同，蚂蚁金服发展出以支付业务为中心并延伸出资产管理、借贷、保险等金融服务的产业组织。蚂蚁金服事实上已成为信息寡头，垄断了通过支付宝网络的数据价值，并且缺乏与其对等的网络平台如微信网络的互操作性，制造了跨网络交易的壁垒，形成了市场割裂。但央行有关余额宝余额与银行存款的强制兑换安排削弱了跨网络交易障碍。中国央行通过切断银行与所有第三方支付服务商（含蚂蚁金服）的通道并建立网联平台负责非银行支付机构网络支付清算，也将蚂蚁金服们的备付金账户从商业银行收归央行、取消备付金利息并将备付金率要求从 20% 提升至 100%，因此显著削弱了他们垄断数据的特权和赢利能力，并且有效地把央行货币政策传导至支付宝网络的数字货币区，有效维护了央行的货币权威。

Libra 是基于一篮子的法币（和 / 或国债）资产发行的合成货币，其篮子法币的权重分别为美元 50%、欧元 18%、日元 14%、英镑 11% 和新元 7%，国家金融研究院院长朱民撰文指出"Libra 代表了美元霸权利益"。本章前文已指出 Libra 可能会用美元计价，也可能使用自己的账户单位。Libra 通过其授权分销商可为用户提供 Libra 与篮子法币兑换服务，但这种兑换安排并无法律约束力。因此 Libra 是一种独立货币。Libra 项目意图为 Facebook 全球社交网络的 28 亿用户创造一种新的基于区块链的金融基础设施。作为与该网络相关联的支付工具，Libra 将捆绑安全、快捷和方便的跨境支付服务、完整的社交经济活动和全球 28 亿的用户，这将赋予 Libra 极强的网络外部性和货币竞争力，有可能建立一个跨全球、无边界的 Libra 数字货币区。Facebook 在滥用用户隐私数据方面的不良记录，会给 Libra 带来一定的怀疑。Libra 数字货币区对货币体系赢弱的国家如阿根廷、津巴布韦和委内瑞拉等，可能会取代其法币地位导致这些国家数字美元化（阿根廷曾经美元化过），因此可能有利于这些国家的金融稳定；新加坡是高度依赖国际贸易的外向型经济体，没有货币全球化抱负，Libra 数字货币区会显著减少其他全球主导货币的溢出效应对新加坡的影响，减少贸易流动的全球相关性；中国和欧盟有巨大经济体量和强大政治实力，以及坚定的货币全球化诉求，Libra 会严重削弱其货币主权，因此他们会极力阻止 Libra 数字货币区在其司法管辖区内形成。虽然 Libra 可能受到多个司法管辖区域的监管，但考虑到美元体系对其的影响力，Libra 只要能够获得美国监管机构的认可，即可获得事实上的全球通行证。因为 Libra 与篮子法币（含美元）的可兑换性并无法律约束力，因此美元货币政策可能无法有效传导至 Libra 数字货币区。为维持美元的货币权威，笔者谨慎预期有一定概率 Libra 会采用美元而非自己独有的账户单位。

数字化可以为人民币国际化提供新途径，中国科技巨头的数字货币发展历程和移动应用成功出海的经验将发挥关键作用。以蚂蚁金服和腾讯为代表的中国科技巨头已经基于自己的电商和社交网络平台建立起跨一定地理区域、在体量上让大部分经济体相形见绌、近 10 亿网络用户的人民币数字货币区，但地域上以中国境内以及周边为主。抖音海外版 Tiktok 已经拥有近 5 亿中国之外的活跃用户，它有更大潜力形成真正全球化的人民币数字货币区。因此，借力中国目前最优秀的社交、电商和内容平台矩阵集体出海，数字货币与这些平台极具吸引力的功能、高质量的内容、有效地运营、丰富完整的经济活动生态和以 10 亿计的用户基数进行捆绑，获得数字货币的竞争优势。但中国企业需要谨慎处理与隐私数据政策相关问题，避免数字货币竞争优势被削弱。将多个网络平台形成的数字货币区以数字互联性联结在一起，形成"终极"人民币数字货币区。这些平台的数字货币与中国央行 DC/EP 强制可兑换，因此央行货币政策可有效传导至各数字货币区内，这些平台与 DC/EP 的互操作性将允许央行在全球人民币数字货币区维护金融稳定性。从中国国内来看，央行加速推出 DC/EP 是应对拥有数字优势的 Libra 们竞争优势的良策。

2019 年 10 月 11 日美国 SEC 叫停 Telegram 价值 17 亿美元的发币计划。该计划意图发行 29 亿枚 Grams 代币，用于 Telegram 生态系统的购物和消费。Telegram 作为一个网络平台，2018 年上半年已经拥有 2 亿活跃用户，且 Telegram 平台提供的数据处理、网络通信、隐私策略和庞大、活跃且忠诚的客户群对所有该平台的参与者都有极强的吸引力。Telegram 平台展示了强大的网络外部性，例如其生态已经发展出丰富的、非 Telegram 主导的经济活动，如精准广告和与加密货币相关的社群经济（或称"韭菜经济"）等。虽然 Grams 没有支撑，但它与 Telegram 网络平台提供的服务再捆绑，预期可形成极强的竞争力。Grams 使用自己的账户单位，不支持与任何法币的可兑换和互操作，是一种独立货币。综合考虑 Telegram 强大的网络外部性和采用独立的账户单位，它将形成一个跨全球、无边界、体量巨大的数字货币区，无任何货币当局能传导其货币政策和货币权威到该数字货币区内。这样的新生事物，只要是仍然在意其货币权威的国家和地区，必将扼杀之于摇篮之中。

朱嘉明点评

有关《数字货币潮下的货币竞争与体系重塑》的评价

白滔发表的《数字货币潮下的货币竞争与体系重塑》，是最近关于数字货币讨论中最值得注意的文章。这篇文章的立意较高，触及了数字货币为什么和怎样创造在历史上久违的货币竞争制度，进而探讨了数字货币的竞争力的可行的框架。其中，对于如下几个问题，这篇文章进行了启发性思考：（1）数字货币的竞争优势何在？（2）数字货币如何扮演解构传统货币的角色？（3）在货币数字化的大趋势下，数字货币如何改变了传统货币的竞争范式和改变了传统金融产业组织的模式？（4）数字货币如何与商业和社交平台上经济活动和用户进行捆绑？（5）如何解析数字货币与公共货币的内在关系？

尤其值得注意的是，本文介绍了"数字货币区"的概念。因为数字货币的爆发式发展，其可跨越地理和司法管辖边界的现实与趋势，导致"数字货币区"呼之欲出，而"数字货币区"一旦形成，很可能会加剧国际货币体系的割裂。白滔在文章中分析了"数字货币区"和相关的"数字美元化"的关系，以及可能成为重塑未来货币全球货币体系格局的重要变量，长期地看，如何实现跨境政策协调和监管共识将为真正的全球私营数字货币崛起奠定基础。

　　白滔的家国情怀在本文中也有充分显现，他认为：数字货币与主权货币的可兑换性和可互操作性是维护主权货币独立性的充分条件，有助于实现人民币国际化和人民币数字货币创新良性互动。

朱嘉明

2019 年 10 月 17 日

第五章　数字货币与普惠金融 ①

本章的主题主要是普惠金融。

在拥有金融的社会里，个体能够访问的最基础的金融服务是获得和使用资金的权利，因此普惠金融应该是围绕货币的创造和使用的基本权利，以及货币利益（即铸币税）的分配的权利。货币是一项社会公共产品，货币体系应该以公共利益最大化的方式运行，意味着它需要满足金融稳定性的要求并支持可持续地经济增长。

第一节　现代货币金融体系概览

现代社会中，货币当局以政府名义垄断了货币发行的公共权力和铸币税。在真实的货币体系运营中，央行和商业银行分享了货币的创造和发行的权力，央行基于储备物（可以是国债、黄金或者外汇等）创造和发行基础货币（如现金和储备金），商业银行通过发放贷款或者购买资产（如黄金、外汇和证券等）的方式创造存款货币，并在归还贷款或者出售资产时销毁存款货币。商业银行的存款货币一般能占到流通货币的95%以上，甚至在某些快要实现无现金社会的国家（如瑞典和丹麦等），这个比例能无限接近100%。央行通过巴塞尔协议要求的资本充足率、杠杆比率、流动性比率和净稳定融资比率等指标，来

---

① 本章内容是作者在2019年9月举行的第十届新莫干山会议（2019年秋季论坛）上的发言。

约束商业银行创造货币的能力。

为简单起见，我们统称央行和商业银行为银行业。因此现代社会中，银行业垄断了货币发行权和独享了铸币税。在强制结售汇并且以外汇作为储备物发行本国基础货币的国家，向央行"出售"外汇的居民实际上在为本国货币贡献储备物，但他们无权分享铸币税。在不得不采取货币增发的货币政策时，因为"坎蒂隆效应"，即新增货币不会以完全公平的方式通过各种渠道分配给所有的货币持有者，因此货币增发容易导致贫富差距扩大或收入失衡。

货币创造有三种用途：生产性投资、消费、投机性投资。

第二节　现代货币金融体系的主要问题

第一个问题就是道德风险，本质上是代理人问题。银行的有限责任公司制、存款保险计划、央行最后贷款人制度和政府救助等，能够帮助处于困境的银行（因为遭遇流动性风险、清偿性风险或者金融危机）以减少其股东的损失，或者将商业银行的私人债务转变为公共债务，因此将风险转嫁给政府、全社会。因此商业银行的股东和高管有强烈动机去追求高风险投机行为并独享潜在的高收益，却把风险全部甩给全社会。这就是银行的道德风险——银行的利益分配和风险承担严重不对等。甚至 2008 年金融危机的时候，美国银行破产法允许商业银行破产获得政府救助，却不允许抵押贷款违约个人破产。金融危机期间英国金融服务管理局主席 Adair Turner 强烈批评了立法机构的这种做法。

银行"大而不倒"绑架经济，本质原因其实是通过放贷创造了流动性。英国大银行平均创造经济体中六分之一的流动性，所以银行不可能倒。

为什么融资贵，社会平均使用资金成本高？2018 年美国银行平均利差水平是 3.5%，为什么不是 2.5%？最根本的原因是，银行业垄断了货币发行权，商业银行之间没有形成充分的竞争，他们甚至可能"集体共谋"来操纵市场利率水平[1]。现代银行业治理制度也保护了商业银行创造货币的特权。大银行因为效率和成本的考量不愿意给小企业放贷，这也是融资贵的一个原因。另一个原因是银行更喜欢投机，因为银行可以自己创造货币，自营投机挣钱最愉快。英美大银行的自营业务很早就已经超过传统的借贷业务了。

主流的货币学说一般把货币当成与土地类似的稀有物，所以生产部门需要为土地和货币等稀有物支付租金或者利息。但实际上，超过 95% 的货币的创造基于商业银行的（私人）信贷创造。理论上来说，新增信贷只取决于银行家对宏观经济的乐观程度以及对借款人还款能力的评估，因此新增信贷理论上是可以无限的[2]，所以货币其实并不是稀有物。

经济学家 Richard Werner 和 Michael Hudson 很明确地讲过，货币本质是金融食利阶层从实体经济进行支付转移的工具（以美元为例，2018 年银行业铸币税收入占 GDP 约 3%）。

威胁金融稳定性最严重的是金融危机，金融危机的根源是商业银行创造了过量的货币用于资产投机以致形成的信贷盛衰和资产价格周期。新增货币的 10%、10% 和 80% 分别被用于生产性投资、消费和资产投机，它们的作用分别是贡献实际的 GDP、推高 CPI 和形成资产价格周期。因此，抑制金融危机最有效的方式是控制信贷的创造和分配进入资产投机领域。这是根本和简单的解决方案，但却会损害银行阶层和拥有金融资产数量最多的富人群体的利益，也存在技术上的困难，导致无法在现实世界中实施这种解决方案。因此，几百年的近现代史上，金融危机和每次危机过后财富更加集中于更少数群体是永恒不变的变化。

---

[1] 一些美国和欧洲银行被美联储指控在金融危机前和期间操纵伦敦银行同业拆借利率——LIBRO——以图在衍生品市场谋取暴利。

[2] 实际上，需要考虑央行通过各种货币政策工具约束商业银行创造货币的能力。

第三节 换个视角看货币体系

第一，任何货币体系都是一个垄断制度设计，显然它不是中性的，这是我今天一个非常基本的观点。有史以来任何货币体系都不可能是中性的，是少数精英设计的一个垄断制度，因此需要在里面体现公平和正义的原则。

第二，一个货币体系的成功其实需要多个参与者。一个货币生态体系的成功运转需要至少以下四方参与者并公平地对待他们的贡献度：（1）储备物的贡献者，他们为货币的铸造提供黄金或者外汇，或原生数字资产等的储备物；（2）央行和商业银行基于储备池创造货币并管理货币的供给；（3）能够影响货币接受度的非终端用户，例如商户或者加密资产交易所可以鼓励或者替终端用户选择对某种货币的使用；（4）使用货币的最终用户，他们决定在自己的支付场景下使用何种稳定币。

货币的最终用户在数字时代尤其重要。因为过去国际货币的形成靠跨境贸易，过去的跨境贸易支付的用户主要是商户、政府、银行和公司，它们的支付习惯有很强的惯性。但是现在不一样了，现在的跨境贸易更多是在线交易，需求主要来自广泛的消费者和劳动者，他们对跨境支付的需求是更简单、更快速、成本更低。数字时代货币的网络外部性变得极其重要，能够吸引更多用户的使用和接受，货币生态的终端用户即是货币网络外部性的来源。特别像Libra这样的新型数字货币，这是现在货币体系的主导者最害怕的地方，因为他们的庞大用户基数以及网络效益可以促使一种新的货币被快速接受。

第三，可否扩大储备物的选择？过去的储备物可以是黄金、外汇、主权债、国债等。原生数字资产拥有天然的安全、透明、匿名、不可撤销和高度流动性。因此任何原生数字资产，只要能够被管理好其市场风险（指价格在短周期内发生剧烈波动的风险）和流动性风险，并提供托管和清结算功能，即能够以去中心资产抵押的形式参与稳定币的发行。这也是最近姚前讲的，就是说数字化资产是数字货币发行的基础。

货币体系的治理结构有以下几个问题：

（1）央行的独立性。每次金融危机央行都要求更大的独立性和更大的权利，但是这种独立性是否带来更好的金融稳定性呢？其实是一个问号。

（2）银行代理人问题现在越来越严重，因为银行业的集中度越来越高，不可能指望越大的银行代理人问题越小。

货币体系改革很重要，它主要是针对金融危机导致的原因，一些主要的方向包括，分离银行的货币和信贷职能，全储备银行以及对货币总量和分配进行控制。

我讲这三点，对货币的分配进行控制，80%的货币进入了资产投机领域，如果有办法能够控制货币的流向，鼓励它去向生产性投资领域并抑制它去向资产投机领域，那货币对实体经济的作用就会更强。

主流经济学家 Richard Werner、Adair Turner 和 Michael Kumhof 都称赞过中国央行执行所谓的"信贷窗口指导"的政策。这在中国过去几十年经济奇迹中发挥了关键作用。

第四节　资产数字化

姚前指出，数字资产是数字金融的核心命题。任何资产形式上变成数字，有了可分割性和流动性。资产数字化是算法和数据应用综合应用的典范，通过技术手段保障原生数据等可信是资产数字化的根本要求，数字资产的流通环节也需要各种技术的支撑以保证其安全、高效、协同、可控等。

资产数字化的核心是信息的透明、溯源和可穿透，以及信息来源的广泛和完整，而非证券化、结构化和衍生品化，目的在于可准确评估资产风险。它的价值是来自于扩大稳定币发行的可用储备物池。

其实我不同意资产数字化以后的货币创新可以搞 Mn，我觉得那个其实是带来金融稳定性风险的。当储备池更大以后，其实可以有更多的储备能力去创造 M0，这样就不需要搞 Mn 了。

去中心资产抵押发行加密资产稳定币：

关于去中心资产抵押发行加密资产稳定币，我 2018 年的一篇文章[①]，朱老师也做了点评，非常详细地解释了如何基于数字资产发行稳定币。

有几个核心要点：

（1）设定合格抵押品目录，就是设置数字资产可用于抵押发行稳定币的准入条件，主要考虑波动性风险、流动性风险、流通市值、持有集中度、信用风险、汇率风险等。核心在于计算资产的抵押折扣率，评估该资产市场风险和流动性风险。

（2）稳定机制主要是超额抵押和强制清算。需要依赖的市场基础设施：数字资产托管、交易、清算等以及可信的市场数据（用于评估资产风险）。今天范华总讲的信托，其实是数字货币大爆发的一个大前提，我必须明确地说这一点。

（3）根据需要可每小时重新评估抵押折扣率，视需要追加抵押物或执行强制赎回，央行现在是每天算一次。

（4）用于稳定币发行抵押物的数字资产，希望平稳增值和避免价格剧烈波动，它对现在数字资产交易市场的投机是一种制衡力量。未达到合格抵押品准入条件的数字资产，或许可用做抵押品向稳定币银行借入稳定币，通过这个可

---

① 参见本书的《CFMI 通证金融模型和稳定币机制》。

以改进现在的 ICO。

第五节　货币体系是一个通证经济体

货币体系是一个通证经济体。过去铸币税都是央行和政府收了，但是我刚才已经分析了，一个货币体系的参与者，利益相关方至少有四方，包括储备物贡献方、风险管理方、普及推广方和最终使用方。在通证经济时代，这些所有方都应该参与铸币税的分配，贡献度是可测量的。分配规则可根据阶段性的运营需要进行调整，可手工也可以智能合约形式实现。区块链和智能合约技术的发展也使铸币税的分配从技术上变得可能——每个稳定币发行的抵押仓都是一个智能合约，对应区块链 / 联盟链地址，向对应的地址支付以稳定币计价的分红。

第六节　货币政策和金融稳定性

货币政策和金融稳定性。要分离货币和信贷的功能，全储备地发行，在这个前提下面传统商业银行其实是被取消了发行货币的权利，但是这个时候银行破产也不会影响流动性了，所以就可以做到"大而可以倒"。

使用智能合约可以精确且精细地控制货币的创造和分配到定向领域，因此可以更有效地激励新增货币流向生产性投资领域，并抑制新增货币流向资产投机领域。这种货币流向的控制是通过智能合约实现的事前或事中控制，而不是事后控制，能够显著提升货币政策的有效性。这从根本上带来了消除或者显著降低金融危机发生的可能性。

有人问真的有效吗？英格兰银行 2016 年 DSGE 仿真结果——基于国债发行 30% 的 GDP 的央行数字货币，可以实现零通胀和持续 2% 的 GDP 年增长率。我们知道美国现在的 M2 发行量大概是 70% 的 GDP。

使用公链和智能合约也可以更有效地实现如"直升机撒钱"和避免货币增发的"坎蒂隆效应"，因此避免传统货币增发带来的不公平的负面效应。

通过货币的通证机制设计，可以更好地实现收益和风险的匹配，显著缓解银行的道德风险难题。

第七节　去中心银行的治理结构——德国的合作银行

这个话题必须讲德国银行体系，德国银行体系我个人认为是世界上最好的（可能很多人不知道）。

德国银行体系特征是分为三级：商业银行、储蓄银行、合作银行。三级比较均衡，基本上都占到银行资产的 20%—25%，今天主要讲合作银行。合作银行和储蓄银行本质上是社区银行。

合作银行特征：

（1）最大化资本回报率不是唯一甚至不是主要商业目标。
（2）由会员拥有，一般是个人或个人创业者。
（3）主要服务本地社区——家庭和中小型企业。
（4）规模小，低风险偏好（几乎不参与投机）。

据统计，200 年来德国的社区银行（合作和储蓄银行）无一破产。2008 年金融危机无一需要政府救助，他们的收益率、收益波动性、运营成本等财务指标都优于商业银行。

合作银行治理结构特点：

（1）决策机制一人一票。

（2）份额不能转让，退出时只能获得最初的资本投入。

（3）德国立法限制商业银行对社区银行的并购。

（4）虽然不同地区的合作银行名字一样，但他们都是独立法人。

（5）一个大区域里面多家合作银行会联合起来投资建立区域性的网络中央机构，负责技术、培训、品牌、产品开发、流动性和清偿性担保、对合作银行进行审慎监管和其他单个合作银行不能提供给用户的金融服务（如融资、并购）等；合作银行与区域中央机构存在有特色的"循环权力"。

与（私营）商业银行比较，合作银行更好解决了代理人问题。虽然主体是去中心治理结构，但仍然保留部分中心化职能。

第八节　去中心和中心化的比较

比特币开启了数字货币的新时代，其去中心的治理设计确实表现出顽强的生命力。自此以后，去中心和中心化之争也一直是有关货币体系治理结构的中心话题之一。比特币虽然取得了一定程度的成功，但尚不足以证明去中心的货币体系拥有明显优势。

德国社区银行作为已经成功运营近 200 年的大规模商业组织模式，其经验证明了考虑到货币体系的效率和专业性，去中心的货币体系不能完全摒弃中心化的部分。

比较好的策略是保留最小的中心化功能集合，特别是针对那些需要高度专业性并且短期内难以被完全代码化的功能，如抵押品管理中的合格抵押品准入条件管理、合格抵押品的风控模型等。通过合理的治理架构遴选中心化职能的人选，提升透明度并加强问责机制。不过终究中心化的职能是由人来执行的，任何治理结构都不能绝对保证中心化职能完全符合公众利益，这确实是世界难题。

货币体系的终极问题其实并非政府或私人控制货币的问题，而是民主化和集权的问题。因为效率和专业性的考虑，不可能做到100%的民主化，因此需要更加策略地设计中心化职能部门相关的治理机制。德国社区银行的成功经验可以作为智慧的来源。

第九节　对普惠金融的理解

总结一下对普惠金融的理解：

（1）允许所有人无门槛地参与铸币——资产数字化扩大储备池，去中心资产抵押发行稳定币。

（2）公平地对待所有人对货币体系的贡献并分享铸币税——稳定币的通证机制。

（3）允许每个人以合理的价格使用货币——更广泛的数字资产作为合格抵押品，去中心银行，货币创造抑制资产投机行为。

（4）货币体系的金融稳定，民主透明，可持续发展——全储备银行、去中心治理架构和金融稳定性机制。

从普惠金融角度如何看人民币国际化？

（1）假设存在一个合成协作货币（对比马克·卡尼的合成霸权货币）：允许其他国家的法币或国债加入储备物池，各国资产比例可按照经济体规模；可以允许一定比例的原生数字资产（如比特币）。

（2）本质上来讲是分享铸币税——可以理解为永久形式的贸易补贴。

（3）去中心银行治理模式——他国可形成人民币数字货币银行超级节点，拥有部分货币发行权。

（4）他国的法币或国债加入人民币资产为主的储备物池，可借用人民币的信用实现其国内金融稳定和可持续发展，且不损害其货币主权。

第六章　货币金融视角下加密货币交易所的本质、风险与新机会 [①]

我们先回顾货币金融理论基础。在传统金融体系里，银行的第一层角色是金融中介。银行吸收存款和发放贷款，所谓"短存长贷"，意思是吸收进来的大部分是短期活期存款，借出去的贷款期限比较长，所以银行会承担期限转换和风险转换的功能。从法律层面来说，储户向银行存入资金之后，他们不再拥有这些资金，存款只是银行对储户的一种欠债证明（I owe you——IOU），所有资金被银行聚合在一起形成资金池进一步开展业务。银行是唯一合法可以开展资金池业务的机构。

银行的第二层角色是通过贷款创造货币。一般大家会认为，银行放贷首先要吸收存款。实际上，银行放贷并不需要先有存款，银行在发放贷款的同时创造货币。例如，储户去银行贷一百万元买房子，银行在其资产负债表的负债端为储户创造一个存款账户，在这个账户里直接写上一百万元，储户就可以花这一百万元了。这过程中银行并不需要从其他任何地方把钱转移过来，可以说这一百万元是凭空创造的。同时银行会在自己资产负债表的资产端创造一项一百万元的贷款资产，贷款人未来按照约定的期限和利率归还本金和支付利息。银行在贷款归还时销毁货币。银行也通过购买／出售资产的形式创造／销毁货币。

[①] 本章内容 2019 年 8 月 7 日发表于"链捕手"公众号，是业界唯一一篇从货币金融视角来考察加密货币交易所的文章。

因为银行在发放贷款时在自己资产负债表的两端同时创造了一百万元的资产和负债，所以表是平衡的。在中国，央行主要通过存款准备金制度约束商业银行创造货币的能力。假设存款准备金率为10%，如果银行在央行有一千万元准备金，则银行最多可以创造出一亿元的存款货币，或者说最多发放一亿元的贷款。央行也通过《巴塞尔协议III》制定的银行监管指标，例如资本充足率、杠杆比率和流动性比率等，要求银行吸收损失的能力和约束其创造货币或者贷款的能力。

其实欧美很多国家已不再用存款准备金的概念，而是遵循《巴塞尔协议III》的监管标准，例如英格兰银行和瑞士央行等。

对于商业银行而言，业务层面的主要风险主要分两种：一种是流动性风险，另一种是资不抵债，就是所谓的清偿性风险。流动性风险即银行拥有的流动性资产不足以应付储户提取现金的需求，其主要表现形式是银行挤兑。银行体系抵御风险的方法主要是监管（宏观审慎和微观审慎）、存款保险计划、央行最后贷款人义务（为银行提供紧急流动性）和央行使用政府资金救助银行等。

虽然银行不需要有事先存在的货币就可以发放贷款，但银行仍主要通过揽储降低合规成本。银行通过贷款创造货币并以存贷的利差作为主要利润来源。银行的负债端主要是存款。银行的资产端包括贷款和自营交易等。银行比较喜欢抵押贷款业务，特别是以房屋和金融资产为抵押物的贷款业务，因为这些类型的抵押贷风险评估模型标准化。银行不喜欢面向新生企业的商业贷款，因为风险高、缺乏抵押物，而且银行缺乏风险评估能力。大的银行越来越喜欢自营投机，特别是欧美大银行，因为银行可以很低成本地创造和使用货币。

以货币视角来看交易所的业务模式，要清楚交易所的本质是银行，或者说交易所最主要的赚钱能力，来自像银行一样凭空创造货币的权力。

交易所最重要的业务之一就是吸引投资者来交易，投资者充币或充值本质上就是交易所零利率揽储。商业银行也喜欢揽储，因为揽储获得资金的成本最低，商业银行揽储终归还是有成本的，而交易所揽储是没有任何成本的。投资者通过充币和充值为交易所形成了负债端，是交易所资产池的基础。数字货币交易所并不会像传统交易所一样为每个用户设立独立托管账号，而是为他们开设虚拟账号，账号里仅仅是一个数字而已，代表了交易所欠投资者的债务。交易所一旦有了负债端以后，就能够发展资产端业务，比如为投资者提供融资（稳定币）和融券（其他数字资产）服务，这对应的是传统券商或交易所的融资和融券业务。主流交易所的融币日利率约1%，这已不能用高利贷来形容了，并且绝大多数交易所最高可以做到5倍杠杆。

传统券商提供的配资服务是典型的融资业务，配资方借出的是银行托管账户里真实存在的资金，但数币交易所并没有为进行融资和融券业务而事先存在的稳定币和数字资产，交易所只是在需要的时候无中生有地创造出来出借给用户，没有任何成本。表面看，这项业务对交易所风险不大，因为借款人为借入资金抵押了其在交易所的资产。但是别忘记，交易所账户里面的数字已经不代表实际的资产，它们只是交易所欠投资者的借据而已。因此表面看起来投资人用自己账户里的资产抵押向交易所借入资金，实际上他们将交易所欠自己资金的借据抵押回给交易所向交易所借入了资金——凭空创造出来的资金。

这套路看起来很熟悉，没错，美元就是这么玩的。例如，当美国经济需要更多美元但美联储不方便直接增发货币的时候，美国财政部发行100亿美元国债，全球投资人以手中持有的100亿美元货币交换了100亿美元的国债，然后美联储从市场上购买这100亿美元国债，因此增发了100亿美元的货币。这个过程下来，整个经济体就增加了100亿美元的流通货币，但实际上这个世界什么都没有改变，没有生产出任何实际的产品或服务，没有任何新增价值的创造。美元体系能这样运转，是因为美国有作为全球第一经济体的国家主权信誉做背书，再不济的时候可以用自己最强大的军力来加强这种保证。但是，数币交易所凭什么这么玩？

　　交易所其他资产端业务还有自营业务，比如从资金池里拿到这些币后，在其他交易所或自家交易所做市场操纵和投机行为。其他资产端业务还包括数币交易所所做的项目投资。过去几年，几乎所有数字资产交易所都建立了庞大的投资生态，这当中不乏很多空气项目，很多归零，因此空气项目的投资也亏了很多钱，谁来承担这些损失？资金池承担。其实传统银行的资产端业务（主要是放贷）也会遭遇坏账，《巴塞尔协议 III》就做出了非常明确的安排，要求银行满足多级资本充足率的要求，加强银行吸收这些损失的能力，以及在遭遇清偿性风险的时候的自救能力。但数币交易所行业显然没有类似的安排。

　　数币交易所更夸张的是直接在自己的账号里面写上资产的数量参与交易，例如很多交易所所谓的"强行上币"即是如此。我们不从道德层面去评价交易所这种行为，从银行业务本质来考察，这相当于交易所（作为银行）给自己放贷。记得前文说的，银行通过放贷无中生有地创造货币。因此把交易所理解为银行，这家银行给自己放贷，它就拥有了这种随意创造货币的魔法。传统银行监管早就理解了这种风险，因此全球银行监管都严格禁止这种自融行为。但也有漏网之鱼，例如 2008 年全球金融危机中，英国巴克莱银行和瑞士银行 UBS 都是通过这种自融行为创造出几十亿美元出借给自己所谓的投资人——来自卡塔尔的中东财团，后者用借入的资金作为资本金注入巴克莱银行和 UBS，把他们从金融危机的泥潭拽出来。这两项投资因其不合规和黑箱操作至今都未公布细节。

　　虽然交易所的交易服务和 OTC 服务仍然是交易所主要的收入来源，但它们本质上都是以银行为核心业务模式上面的一个包装而已。如果交易所不能凭空创造大量的资产，这两项业务的收入不可能达到现在的体量。

　　虽然缺乏交易所实际运营数字，但从多方渠道了解到，大部分交易所资金池业务的直接收入已经超过其收入的一半。考虑到交易所丰厚的交易手续费和 OTC 服务费收入实质来自于其凭空创造资产的魔法，我们把交易所的本质视为银行是合理的。

既然凭空创造货币/资产的魔法这么好用，那交易所的风险来自哪里？就是来自用户提币，如果发生大规模的用户提币，对交易所来讲就是一种挤兑，因为交易所将资金池的数字资产，通过杠杆产生大量资产，不管是放贷还是自营投机或投资，交易所基本上都会把资产池里大部分币挪走，这形成了巨大的杠杆。平台币也是一样，绝大部分的平台币或交易所发行的稳定币也是把资金池再做挪用，但实际上资产端对应的仍是最初资金池的那点东西。

按照传统银行数据来看，交易所的核心资本金率是很低的，但杠杆倍数是很高的，欧美传统大银行在金融危机前，一般杠杆比例都是 50 倍以上，这还是在有约束的情况下，对于当前没有约束也不透明的交易所而言，谁去约束交易所的杠杆比率和核心资本金率？这是管理交易所系统风险的最重要指标。在没有监管、没有行业自律情况下，能约束交易所杠杆倍数的只有交易所创始人内心的恐惧。

以上的讨论都假设交易所没有作弊而是进行正常的银行业务的操作。如果交易所作弊，创始人恶意转移或者掏空资产等，这就是纯粹的骗局了。传统银行业历史上也曾经大量发生这种事情，以高息揽储的方式吸收大量存款然后跑路。这种事情在数币金融领域也已经大量发生，并将持续发生。

在传统银行业中，商业银行其实有央行背书，有存款保护计划，央行作为最后贷款人能为商业银行提供流动性保障，当商业银行出现资不抵债时，央行甚至可以动用政府资金进行救助。然而在数币的金融世界里，当一个交易所被挤兑时，只能向上帝祈祷了。

这时交易所除了破产就是跑路，这种情况在小交易所比较常见，大交易所也不是没发生过。前段时间币安被黑客盗走 7000 个比特币，是不是币安真的被盗了可能也不见得，毕竟也有可能就是前段时间市场转牛，比特币价格上升比较厉害，很多大户希望把币提出来。交易所看到最近提币的需求很大，但手里又没那么多币，那最好的托词就是被黑客攻击了。很滑稽的是，数币交易所无论大小每年都在频繁发生各种安全事故，但大家都心安理得脸不红心不跳地宣称自己是金融级别交易所。笔者曾经作为上交所的交易系统总设计师，十几年前亲手写下的代码到今天还在支持每天中国超过二分之一的证券交易量，从来没有发生过任何事故。看来，笔者和数币金融新贵们对"金融级别"的理解，超出了大学生和小学生的差异。

对传统银行来讲，挤兑是有很多成本的，毕竟纸币的印刷、分发和保管的成本比较高，因此传统银行挤兑发生的速度和规模实际都有限。但对加密数字资产来讲，提币没有任何摩擦成本，因为都是数字化的，所以它的挤兑要发生就是即时的，瞬间引爆，而且规模也会非常大。任何一个交易所都怕挤兑，现在也没有任何一个交易所经得起挤兑。

同时，我们也要知道制造一次挤兑并不需要很多成本，因为挤兑更多是源于人心。只要让用户从心态上认为，某个交易所处于某种风险当中，这个挤兑就形成了。因此制造一次挤兑都不需要黑客出手，只要雇用水军就可以了。水军比黑客还是要便宜得多，是不是？

当前没人去挤兑交易所，原因是对自己没好处，因为现在交易所的模式都是一样的，都是很低资本充足率搭配极高杠杆，存在极高的系统风险。任何一家用挤兑方式去攻击竞争对手对自己都没好处，相当于美苏争霸用核武器大家同时玩儿完。

但如果未来有交易所玩家，其业务模式不依赖杠杆，那对他最好的竞争策略是什么呢？答案是显而易见的——制造挤兑。如果制造全市场的挤兑结果是所有交易所无差别都被挤兑，包括他自己，这对没有杠杆的交易所而言，结果只是流失客户和资产，资产负债表缩小，但核心资本金不会丢失，所以它不会破产；对有杠杆的交易所而言，结果不仅仅是流失客户和资产，大概率是破产或跑路，所以全市场挤兑最后的结果是剩下为数不多的不依赖杠杆或杠杆率非常低的交易所生存下来。

上文我们讨论了交易所的本质、业务模式与系统性风险，接下来我们讲讲它未来的机会。

交易所未来的机会肯定是在稳定币，很多交易所都想发展稳定币，但稳定币发展需要通用的基础设施，例如去中心模式的资产托管和清结算、抵押品管理框架等。抵押品管理框架包括合格抵押品目录和抵押品风险管理，前者为成为货币发行所需的储备物或者抵押物设置一定的资质条件，例如资产的总市值、集中度、风险计量等，后者为具体的资产计算和管理其波动性风险（包括市场风险和流动性风险等）并计算抵押折扣率。这些业务能力可以视为加密货币通用金融基础设施。

未来稳定币发行的趋势是要全储备发行，比如 Libra，它是全储备银行，币安发的一个稳定币，它的模式就是部分储备。储备物的管理除了支持比特币、以太坊等主流数字资产，是否能把典型的法币资产放进来，比如以人民币或美元计价的主权国债等，以及针对每一种储备物的生息方法可能也有不同，这些都是新的课题。

此外，稳定币供需调节，比如说增发、回收，稳定币货币政策（数量和价格控制），稳定币价值稳定机制，铸币税的产生和分配，这些都是与稳定币相关的制度。

以上与稳定币有关的基础设施和制度，交易所可以通过自己的能力去建设一部分。

我们可以从三个层面来理解稳定币与交易所的关系。

第一，交易所是一个巨大的资产入口，因此它未来可以作为稳定币最重要的铸币方之一。但在作为铸币方提供储备物时，交易所的竞争对手包括钱包和资产管理机构等，他们可影响的资产规模与交易所是相当的。铸币方的收益当然就是分享铸币税了。

第二，交易所是稳定币重要的使用场景。稳定币使用场景主要是支付、交换媒介和价值存储。交易所在货币的三种用途里，主要是后面两种。交易所可以被视为稳定币最大的渠道方。稳定币铸币税的分配最终会有按照渠道分配的机制，因此交易所作为稳定币最大的渠道方，可以参与铸币税的分配。

第三，交易所作为铸币方，它贡献了储备物参与铸币产生稳定币，这个稳定币使用场景是该稳定币的全球网络。从这个角度来讲，整个稳定币的网络变成了单个交易所的一个触角，交易所与稳定币体系其实是互为渠道。

交易所都想做稳定币，但几百个稳定币最终能生存下来的可能就一两个，这是因为稳定币体系是非常复杂的。很多人其实并不了解一个完整的货币金融体系到底有什么工作要做。我预期未来绝大多数交易所不会自己做稳定币。不少人把简单抵押法币到银行发行稳定币当作建设一个完整的货币金融体系，这体现了对货币金融理论和实践的无知和狂妄。所以当前提升区块链和加密货币领域对金融理论的理解，尊重金融客观规律，以科学的态度促进区块链和数币业务的发展，非常必要。

最后，我简单讲讲交易所的客户、产品、运营和技术。

从产品的角度来讲，我认为未来币币交易会逐渐消失，因为币币交易的产生是有历史原因的，现在币币交易存在的最大理由就是为交易所贡献超额手续费收入。如果交易所提升其资产风险管理水平（市场风险和流动性风险——抵押品管理框架的主要管理目标），则任何数字资产可以实时兑换成法币计价资产，这时就不需要币币交易。以前币币交易流行还有一个原因，因为大家都对主流币成为一种标准支付手段还存在一定幻想，比如指望比特币能成为通用支付工具，但比特币成为通用支付工具的尝试已经证明失败。我依旧坚持这个观点，通用支付工具只可能是法币或稳定币，其他所有加密货币最后都只会呈现为一种资产而已。

另外，要提升衍生产品的专业性，现在主流交易所在衍生产品专业性上都非常差。还有就是要降低手续费，现在手续费还是很高。

从运营层面来看，我有两个观点：一定要改变流量第一的思维模式，流量思维最终目的就是"割韭菜"，无一例外。如果想做一个好交易所，未来一定要改变流量第一的思维模式。现在为什么大家还在说流量，因为机构或者说Old Money严格来讲还没大规模进场，但趋势已经越来越明显了，所以交易所要做好准备。

现在很多做交易所的人有一种幻觉，认为做交易所技术很简单，那我可以直接讲，现在所有交易所的安全性、稳定性、可靠性、专业程度等，无一达到金融级交易所的要求。但好在问题并不严重，因为用户的需求还处于比较低端的程度，但如果我们站在现在看未来，如果要增强竞争能力，就必须从技术层面花更大的精力去做真正能实现金融级要求的交易所。

另外是交易所的商业模式，简单讲两点：第一，降低杠杆率，或者干脆无杠杆。如同前面所说，无杠杆的交易所玩家，最佳竞争策略就是让其他交易所被挤兑，巨大的全市场恐慌会杀死他们，最终自己能活下来。第二，交易所商业模式要真正实现社区化，但前提是交易所商业模式、治理结构、运营方式要完全透明，真正做到把挣钱方式公开透明地告诉用户、投资人。如果连挣钱方式都不敢透明，谈何实现商业模式的社区化？目前所有交易所都是靠直接无中生有创造货币、挣利差和操纵市场挣大钱，然而对外只能说靠手续费和上币费等，但这些收入现在占交易所收入的一半都不到。

很多人把券商等业务视为交易所业务的发展趋势，这只是表面功夫，只是在围绕交易所流量打转，不改变交易所的本质。

第七章　数字资产交易所的万恶之源就在于控制用户的账户 ①

第一节　交易所行业的万恶之源

所长 ②：您在交易系统和量化资管平台领域有非常丰富的经验，现在又准备进入数字资产交易行业，那么您对现在的交易所行业有哪些看法？或者说这个行业存在哪些问题？

龙白滔：在目前整个交易所行业，所有动作都围绕一个核心任务，即与项目方、私募机构合谋如何有效地把"韭菜"的钱转移到自己的口袋里。交易所在这个过程中既是核心，也是万恶之源，位于食物链顶端（也收割项目方和私募机构）。有些交易所可能意识到了这个问题，但是自己没法改，于是他们会去投资一些新型交易所，但现在绝大部分交易所还是在 follow 这个游戏。

为什么？这是因为现在交易所行业 99% 的人都不懂技术和业务，只懂运营，也就是中国互联网企业的运营玩法——导流量，而流量的本质就是"韭菜"。因为"韭菜"就这么多，新"韭菜"进来比较慢，所以大家都在想着花样从老"韭菜"这里捞钱，这其实就是一个存量游戏。

---

① 本章内容 2018 年 7 月发表于"链捕手"公众号。
② 所长是公众号"链捕手"的所长。

所长： 那应该怎样打破这个游戏模式？

龙白滔： 如果你关注最近的行业新闻，一个很重要的主题就是 Old Money is coming，Old Money 就是传统金融机构或者财富管理的资金，像全球最大的资管公司之一 BlackRock 就传闻准备布局数字资产市场，这批机构的资金量非常大，也会给这个市场带来很大的冲击。

现在的交易所行业面临的挑战是，Old Money 要来了，他们不是项目方、不是庄家，就是一个市场参与者，他们的玩法跟散户也完全不一样，但这个行业是否为这个新的市场参与者做好了准备？

第一是衍生品丰富度，这批机构对衍生品投资的需求非常高，因为机构资金量通常非常庞大，随便动动指头都会引起市场的巨大波动，对他们而言就会需要丰富的风险管理工具和对冲工具，也就是说各种金融衍生品，无论市场涨了还是市场跌了他们都能赚钱，但现在整个行业的期货与衍生品的丰富度很差。在传统金融行业，机构的衍生品交易量通常是普通金融产品交易量的 5 到 10 倍。

第二是资产安全性，Old Money 的资金量非常庞大，但是现在有哪个交易所不控制用户的账号？比如说我把 10 个比特币放到交易所，它真的会把这 10 个币放到我的账户里吗？不是，交易所只是给我写个数字而已，然后把我们大量的币聚集在手里面去干其他事，大部分交易所都是这么干的，这方面几乎没有交易所是清白的。

控制用户账户其实就是交易所作为万恶之源的源头，所有恶都来自于这一点。如果我是 BlackRock，准备买 1 万个比特币进入数字货币市场，我绝对不敢把这 1 万个比特币托给某交易所。上万个币接近 1 亿美金的资产，丢币的风险他们没法承受，因此传统机构也不会马上把大批的钱放进来。

第三是操作透明度，现在所有交易所的操作都不透明，交易所自己参与交易。例如，交易所机器人是这个行业特别神奇的存在，在传统交易所从来没有这种东西。交易所给自己的账户写入并不真实存在数目的数字资产，它自身交易甚至可以不遵守"价格优先，时间优先"的基本规则，或者不进入实际的撮合队列。某些交易所甚至提供只供自己使用的 API 接口来方便刷单。

交易所还可以偷窥用户账户操作进行交易，比如说这个账号的所有者是明星交易员，那交易所就跟着这个账户买卖，但 Old Money 就会特别介意这样的老鼠仓行为。

交易所其实可以通过很多办法来自证清白，证明自己没有挪用用户资产或参与交易，但是现在没有任何一个交易所出来，这是他们商业模式决定的。

所长：但是老鼠仓在传统券商市场中也是存在的。

龙白滔：是的，基金经理的买卖决策都是要送到托管券商那里去，券商这里有可能发生老鼠仓，但券商一般会通过两个办法来解决这个问题，第一是内部防火墙和严格的信息控制制度，比如经纪部门与研究部门和自营部门，隔离严格限制交易数据的访问权限等；第二就是品牌背书，很多机构发资管产品都会找大牌券商，大牌券商不会牺牲自己的名头去搞老鼠仓。

当然，按照区块链去中心的思想，传统券商这些老鼠仓防范手段都有问题，最有效的方法还是交易数据上链并供相关方审计。

所长：为什么这些 Old Money 在这个时间点考虑入场了？

龙白滔：第一，数字资产市场发展了这么多年、经历了这么多破折，依然非常坚挺，说明是有投资价值的；第二，数字资产与传统资产的关联性很低，从资产配置角度来看这意味着数字资产对投资人而言是一个很好的投资补充。

所长：您前面提到数字资产衍生品交易发展不足，那您怎么看待 BitMex 和 OK 在期货业务上的表现？

龙白滔：两个交易所共同的缺点是完全没有做到金融级别的交易体验，处理数据的能力有限，导致交易卡顿，API 的速度和稳定性有待提高。

OK 的期货业务设计得非常差，市价爆仓很容易形成连环爆仓，杀掉一大片；分摊机制对套利和套保的交易者不友好；还出现过大户操纵市场，价格波动过于偏离全球市场，2018 年 3 月 30 日回滚交易。总体上这些跟 OK 整体期货产品的机制设计有很大的关系，说白了就是说他们不懂得如何设计期货业务。

BitMex 也有自己的缺点，比如没有现货，但很多投资机构和专业交易者的交易模型都是多策略的，需要同时交易多种资产类型，在交易所本身没有现货市场的情况下，用户跨市场去做就会麻烦，所以说 BitMex 对套利型专业用户非常不友好。

所长：其实很多人认为 OK 是故意地定向爆仓。

龙白滔：我倾向于认为他们在这上面没有主动作恶，真正的问题是他们业务能力不够，包括在期货产品设计、交易规则设计和风险控制等方面。金融衍生品在业务和技术上都具有非常高的门槛，但 OK 不具有传统期货背景，也不懂金融衍生品。

所长：非中心化交易所能让资产私钥由用户自己掌管，您觉得前景如何？

龙白滔：如果希望在两年之内在公链实现高流动性的非中心化交易所，我认为可能性比较低。因为去中心交易所的交易能力其实要依赖于公链的 TPS，但现在基本没有可用的公链。一些改良的公链说 TPS 能达到几万，这个有可能，但它的交易确认时间也要几分钟或者十几分钟。我了解到改良公链最快的交易确认时间也要一分钟，如果交易所的一笔交易要 60 秒才能完成，没有人受得了的，更不要说提高流动性了。

我认为在未来交易所行业格局里面，中心化交易配合去中心资产托管和清算会是主流，完全去中心的交易所只会是一个补充。

交易所一定要把账户的控制权还给用户，从根本上斩断交易所希望控制用户资产从而衍生出来各种商业模式的可能性。把账户控制权返还给用户，可能通过多种手段组合，包括多重签名、集中撮合但托管和清算分离（上链）。这是一个必然的路径。

第二节　资管业务价值占比最大

所长：您认为一个成熟的金融市场的结构是怎样的？

龙白滔：一个健康成熟的金融市场会具有层次化的结构，最底层是股票、期货和衍生品等丰富的基础金融工具。基础金融工具波动大，一般不适合普通散户，参与者大部分都是专业群体。在欧美，专业群体主导交易市场的格局非常明显，但中国散户的交易量比例高一些。

中间层则是基金等资管产品，这是由专业资产管理者把底层的金融工具打包而成，供投资者根据自己对风险和收益偏好来挑选。专业资产管理者可以是基金经理、投资机构或资产管理机构。相比较基础金融工具，资管产品风险和收益相对比较稳定，是更适合面对一般投资人的资产类别。

最上层是资金业务层，通过如基金发行、财富管理、钱包等产品形式，对接各种投资人，包括个人和机构投资者等。

所长：前面提到中国的专业交易群体交易量的占比比较低，这是出于哪些原因？

龙白滔：中国的金融市场结构跟国际主流金融市场结构不一样，是一个散户主导的金融市场。中国人更喜欢投机，更喜欢自己操作，也就是说中国人很多时候宁愿相信自己的感觉，或者相信自己的所谓内部消息，而不相信专业。

但是海外不太一样，大家对专业群体的认可度比较高，而且投资和交易本身是一个专业的事情，所以专业的事情就交给专业的群体去做。另一个原因是，欧美市场已经完全被专业群体所主导，散户没有机会，挣不着钱。

所长：您最看重的是中间的资管业务？

龙白滔：在金融市场，价值创造主要来自两个部分：第一部分是资管业务创造的价值，资管就是要发现好的金融标的并进行投资；第二部分是流动性创造的价值，上币费和交易手续费本质上都是流动性变现的方法，流动性的相当一部分是资管行为的结果。其中，资管业务是创造价值占比最多的部分，其参与主体是基金经理、资产管理公司、投资公司以及为他们服务的券商等。

可以预期，在成熟的金融市场里，资管群体是价值的主要创造者，散户交易规模与整个资管业务形成的交易量相比非常小。

所长：为什么目前数字货币领域的资管产品还比较少？

龙白滔：第一，目前拥有数字货币资管能力的群体比较少；第二，行业基础设施不齐备，如期货和衍生品等风险管理工具不成熟；第三，资管业务所需的相关基础设施很缺乏，包括行情数据、量化模型开发 / 研究 / 仿真和交易等工具。

典型的资管机构会借助量化的方式来构造投资模型并执行交易。量化模型开发对金融数据的要求非常高，需要基于历史数据不断执行仿真，以检测模型有效性。

很多量化模型会涉及高频数据。除典型的每数秒钟一次的市场深度快照和订单簿队列快照之外，行情数据还包括逐笔报单和逐笔成交数据，后两者一般称为高频数据。很多量化研究员或交易员都希望有使用高频数据构建策略的能力，高频数据可以帮助重构交易所订单簿。

在传统金融市场，快照数据一般可以免费从交易所获得，高频数据可以付费获取。但目前数字货币交易所给到 API 用户的数据只有快照数据。

数字货币交易所不能提供高频数据有以下三个原因：第一，对高频数据业务不了解；第二，缺乏支撑高频数据的技术平台能力，因为高频数据实时传输量和历史存储量都非常大，传输和访问延迟要求极其苛刻，需要非常复杂的海量数据存储、高性能查询、极低延迟传输的技术基础设施；第三，因为高频数据可以完全重构交易订单簿，而我们知道现在大部分交易所都参与交易，交易所一定不希望用户从高频数据里面还原交易所的各种不透明的交易行为。

除数据之外，针对数字资产的量化资管平台也很缺乏，这也严重限制了数字资产资管业务的开展。

所长：了解到您也在准备做交易所，那么您这家交易所会有哪些特点？

龙白滔：第一，不作恶，不控制用户账户，数字资产交易与托管和清算分离。

第二，完整覆盖数字货币的现货、期货和多种衍生品工具。

第三，面向专业交易群体优化产品、技术和运营服务能力，支持真正的高频量化策略。现在所有交易所都是针对散户优化，三分之二的团队都是运营团队，都是拉"韭菜"的，但我们不会去找"韭菜"，而是把专业群体服务好。

第四，提供一个公正、公平、公开的交易环境，我们会主动识别和惩罚异常交易行为，根据严重程度禁止该账户的交易行为并发布公告。

所长：目前团队情况怎么样？

龙白滔：10 多个人，可能其他人做交易所需要 100 多个人，但做交易所需要的不是雇佣兵，需要的是特种兵。

十几年前作为总架构师，我为上交所新一代交易系统在全球交易所领域首次引入了交替式内存撮合、全异步磁盘和网络 I/O、无锁内存数据结构、超低延迟消息队列等设计并亲自完成了超过 90% 的核心代码。新一代上交所系统从 2008 年上线，就能支持单股交易量超过 10 万 TPS、过亿账户和过亿日成交笔数等，已无任何故障运行接近 10 年。

过去四年，我们一直做两件事情：第一，为股票和期货提供完整的高频量化资管平台，包括数据、策略开发/研究/仿真/交易、风控和资管等。我们的平台能够在 5 秒钟以内将任意一个交易日共计 1 亿条的高频数据从去中心内存数据库查询出来，并且传输到用户的回测引擎中。第二，为金融核心业务开发去中心的云计算服务，这个能力对标了华尔街唯一的高频交易云，提供极致的计算性能、网络延迟和安全隔离性。

我们团队是一个超级精英组合，核心团队除我之外，还有 BlackRock 背景的基金经理、野村证券的衍生品交易专家、中国顶尖公募基金量化投资负责人、中国最大期货经纪商做市业务负责人、全球领先搜索引擎的首席工程师等。

以上技术经验和团队能够帮助我们以最快的时间开发出一家技术上最领先的交易所。

所长：您对于交易所监管趋势有怎样的看法？

龙白滔：长期来看，我认为监管会把大部分的 ICO 和交易所合法化，然后纳入自己的监管体系。但是监管很多时候也做不到传统金融市场的强监管，因为监管太强的话交易所就不会让你监管了，就会选择出海。监管只能在某些地方卡住，比如说卡住法币进出数字货币世界的进出口，但即使卡住这个进出口，法币仍然有渠道进入，这其实是一个博弈。

交易所希望获得监管机构的背书，来获得更强的资金获取能力，监管机构也希望对交易所施加一定的监管，以降低金融系统的风险，同时还能获得税收，所以监管政策一定是对两者的平衡，不可能突然弄得特别死。

第三篇

央行数字货币 CBDC 与中国央行的法定数字货币 DC/EP

第八章　央行数字货币问答手册，一文带你看懂 CBDC 与 Libra[①]

免责声明：笔者为独立货币金融研究员，其观点仅反映个人立场，不反映任何官方态度。学界和业界对 CBDC 的定义也不完全一致，中国央行完全可能根据不同的考量，赋予 CBDC 不同的使命和特征。本章的目的仅在启发思考和讨论中国民间版本的 Libra 的可行方案。

1. 央行数字货币（CBDC，下同）的主要目的是什么？其推进的主要动力来自何处？

CBDC 根本目的在于人民币国际化，特别是在"一带一路"大政策环境下提升人民币跨境支付便利性，提升人民币作为国际贸易计价和支付结算的工具和作为价值存储和储备货币的地位。**CBDC 的根本目的并不在于提高人民币发行和流通效率，不在于改进人民币支付清结算效率**。现在流通人民币最主要的形式是商业银行存款，已经是电子货币的形式，其发行和流通效率没有问题。央行也已经发展出现代化的实时全额清算系统，因此人民币支付清结算效率也很高。

CBDC 推进的主要动力有内因和外因，都来自人民币国际化这个根本目标。在此之前，人民币国际化的尝试，例如提升人民币在 IMF 中 SDR 的权重

---

① 2019 年 8 月 2 日央行发布法定数字货币设计细节之前首发于巴比特。

和提升全球储备货币的地位，并不很成功。目前 SDR 篮子货币中，美元、欧元、日元、英镑和人民币的权重分别为 41.73%、30.93%、8.3%、8.09% 和 10.92%，人民币占全球储备货币约 2%，这与中国目前全球第二的经济体地位并不相称。以 Libra 为代表的超主权货币的发展为人民币国际化提出新的挑战。

从国内货币管理的角度来看，发展 CBDC 还有如下好处：（1）央行可更好地管理货币的创造和供给，使得货币政策传导机制更加有效，提升央行应对商业周期的能力；（2）基于区块链技术的支付和清算体系的降本增效；（3）央行获得更强的货币体系管控能力，如 KYC、反洗钱和反恐融资等。不过这些好处与人民币国际化的目标比较起来，都只是次要目的。

2. CBDC 是 M1 吗？与央行其他形式的货币或流通货币有什么关系？

CBDC 与央行其他形式的货币包括物理现金和储备金（也称为"准备金"）一样被定位为 M0，被视为央行的一种负债。M0 加上商业银行活期存款，即 M1。M1 加上商业银行的定期存款和大额存单等，即 M2。银行存款是商业银行的负债。流通货币的主要形式是物理现金和银行存款。央行研究局局长王信的发言已经明确指出"CBDC 定位于 M0"。全社会都可以使用物理现金，但目前只有商业银行、部分非银金融机构、财政部和外国央行等可以访问储备金系统。商业银行主要通过发放贷款或者购买资产的形式创出存款货币，并且在贷款归还或出售资产的时候销毁存款货币。不同 CBDC 系统原则上可能有非常不同的适用范围，有些视 CBDC 为央行物理现金的电子版，有些视 CBDC 为扩大了可访问范围的央行储备金，有些视 CBDC 为商业银行存款的替代物。尚不明确中国官方版本中，CBDC 与央行其他形式货币的关系，笔者论文中建议的 CBDC 有明确的几个特征：（1）CBDC 定位是 M0；（2）任何人和机构都可以在央行开设 CBDC 账号；（3）CBDC 是基于令牌的系统；（4）CBDC 可以使用完全独立于现有央行的运行架构；（5）CBDC 是可计息的，在合理假设下，利率可不同于央行储备金；（6）CBDC 不仅支持零售支付和银行间清算，还支持跨境支付；（7）CBDC 的发行机制可以与现金和储备金不同，如支持不同的抵押品，并允许更广泛的主体参与 CBDC 的发行。中国央行完全可能根据不同的考量，赋予 CBDC 不同于上述的特性。本章的讨论，除非特别说明，都针对笔者论文中建议的 CBDC 方案进行。

主要的国际货币政策机构也有建议其他特征的 CBDC，本文后面会做进一步介绍。为方便行文，把符合上述七个特征的 CBDC 称为模式一。

3. CBDC 最大的系统风险是什么？为什么会发生？

CBDC 最大的系统风险来自商业银行存款大规模切换到 CBDC 的挤兑。

如问题 2 的说明，CBDC 定位为 M0，是央行的一种负债，银行存款定位为 M1/M2，是商业银行的一种负债。央行的负债是无风险的，而商业银行的负债是有风险的。CBDC 和银行存款都是数字形式的货币，过去普通储户除持有物理现金之外，只能持有银行存款；CBDC 引入后，普通储户第一次有机会可以持有 CBDC。考虑到 CBDC 的无风险特性，储户有很强的动力把银行存款切换为 CBDC。即使央行使用利率工具来抑制这种转换，在市场恐慌的情况下，利率工具的有效性可能也非常有限。

4. 银行存款切换到 CBDC 的挤兑风险与传统银行挤兑有什么不同？

传统银行挤兑的表现形式是商业银行存款大量转化为现金从银行提取出来，央行一直在管理这种风险。但传统挤兑有一些约束条件：（1）物理现金的印刷、分发和保管有一定的成本，即物理现金有较高的摩擦成本。即使挤兑发生，其规模和速度也是有限的。（2）银行一般都会给提取物理现金设置一些"障碍"，例如大额提取需要提前通知，这有助于央行有效预测物理现金需求。考虑到物理现金形式的流通货币总量很小（M2 占比约为 5%），这种"障碍"不会损害物理现金与其他形式流通货币的面值一致性。（3）传统银行挤兑一般是针对单个银行，而非整个银行体系，因此系统风险有限。

银行存款到 CBDC 的挤兑会带来极大的系统风险。CBDC 是电子形式的货币，它的"印刷"、分发和保管成本为零，即无摩擦成本。因此这个时候的挤兑发生是即时的，瞬间引爆，且规模可能大得多。此外，这时候的挤兑，一般不再是针对单个银行的行为，而是针对整个银行体系，储户希望把银行存款转化为 CBDC，所以相比较传统场景，挤兑规模大了不止一个数量级。

5. 银行存款切换到 CBDC 的挤兑有什么后果？

银行存款切换到 CBDC 的挤兑的后果是大幅减少银行可用于支持创造信贷的流动性资产，从而严重影响信贷的数量或价格。

用一个简化的模型考察银行的商业模式。根据监管的要求，银行所有的存款负债需要有对应的资产支持，存款的不同货币类型所对应的资产要求不一样。物理现金存款要求 100% 准备金（即商业银行在央行的 1 元储备金只能兑换 1 元物理现金），考虑到物理现金的保管成本以及物理现金并不生息，商业银行持有现金实质上是亏钱，因此所有商业银行都倾向于持有最少量的现金，仅仅为满足用户的需要。一般存款要求部分准备金，假设存款准备金率为 10%，那么商业银行在央行的 1 元储备金可以派生出 10 元存款货币。当商业银行在央行的储备金不足时，商业银行可以通过抵押自己的流动性资产给央行，向央行借入储备金。所以商业银行的流动性资产规模约束了它创造存款货币的能力。考虑到商业银行通过贷款创造存款货币，因此商业银行的流动性资产规模约束了其创造信贷的规模。与物理现金存款类似，CBDC 存款要求 100% 准备金。因此从商业银行存款切换到 CBDC，实际上逼迫银行将对等规模的存款，从部分准备金转到 100% 准备金，这将迅速消耗掉商业银行所持有的流动性资产，因此会严重影响信贷的数量和价格。

6. CBDC 可否像现金一样支付零利息？

合理的 CBDC 设计必须支付利息。这里一个假设是，现金作为一种形式的流通货币，其趋势是逐渐减少，CBDC 作为一种重要的央行货币形式，在流通货币中将占据逐渐重要的地位，因此针对 CBDC 的数量和价格的货币政策工具将变得重要。

在这种前提下，为 CBDC 支付可调节利率的根本原因是维持价格稳定和维持 CBDC 与其他货币的平价。市场里 CBDC 的供需需要一个价格达到均衡。假设 CBDC 像现金一样支付零的名义利率，如果央行因为对真实 CBDC 余额的需求预测不准确而过度供应 CBDC，那么消除过度供应的方法，只能是如下两种，（1）CBDC 贬值因此破坏 CBDC 与其他形式货币的平价关系，或者（2）减少名义 CBDC 余额的真实价值使其与 CBDC 真实需求一致，这样通过一般价格水平出清市场，但这样做直接违背了央行反通胀的目标。如果 CBDC 支付的利率是固定的，这里没有第三种可能的方法。然而可调节的利率可以增加 CBDC 的需求，而无须央行资产负债表的调整，无须破坏平价关系，也无须价格水平调整。

简单地说，如果 CBDC 被定位为央行一种新的货币工具，其价格和数量控制将成为央行必不可少的货币政策工具。

7. CBDC 可否视为央行现金的电子版?

如果 CBDC 支持跨境支付，那显然 CBDC 不能视为央行现金电子版，因为这将直接破坏现有的人民币外汇管理制度。

如果 CBDC 不支持跨境支付，CBDC 仍然与现金有非常不同的特性。第一，问题 5 已经解释了为什么 CBDC 必须支付可调节的利息。第二，从支付工具角度来看，现金仅仅支持零售支付，但一般 CBDC 因其基于令牌的设计可以支持任何人或机构之间的直接支付（P2P 形式）。第三，当前的设计现金几乎是不可追踪的，但 CBDC 因其基于区块链技术的设计具有很好的可追踪、可追溯、不可篡改、可编程等特性，使央行可以在 CBDC 上实现丰富的货币管控功能。

这些不同的特性，使得 CBDC 不可能被视为央行现金的电子版。

8. 央行可否支持 CBDC 与储备金的兑换？

如 CBDC 被设计为支持跨境支付，央行必须禁止 CBDC 与储备金的兑换，因为这直接破坏了现有人民币的外汇管理制度。

如 CBDC 被设计为不支持跨境支付，这种兑换也是必须禁止的。因为当储户大量从银行存款切换到 CBDC 时，禁止这种兑换将有助于维持金融稳定。如果 CBDC 与储备金可自由兑换，在这种情况下，单个银行愿意对存款支付 CBDC 就足以威胁金融稳定。这源于银行承诺通过实时全额清算系统以储备金结算银行间支付。当一家银行对存款支付 CBDC 时，所有非银行主体都可以通过将存款转移到该银行来利用这一点。当流失存款到该银行时，其他银行必须以储备金来结算银行间支付。当央行支持即时将储备金兑换为 CBDC 时，该银行可以使用其新获得的储备金来获得 CBDC，以便支付给到它这里来的为此目的的储户。这将导致存款的销毁，和触发全系统、几乎即时的银行挤兑。

如果 CBDC 与储备金不能兑换，则它们是不同的货币工具，能够服务各自的核心目的。CBDC 不仅可以作为零售支付媒介，也可以作为银行间结算资产，还支持跨境支付。这使得央行拥有了一个新的政策工具，尤其是 CBDC 的数量或利率。另外，央行可以保持对金融体系中储备金数量及其利率的控制。保持对储备金的控制使央行可以继续影响经济体中的无风险利率，后者是实际投资决策和跨周期分配决策的关键因素。

也有学术论文从便利收益的角度论证了 CBDC 和储备金的利率水平是不同的。所谓便利收益是指 CBDC 作为交易媒介的溢价，CBDC 的利率等于无风险利率减去其便利收益。储备金的利率基本等价于无风险利率。

9. 如何发行 CBDC？

目前人民币发行机制是以美元外汇占款为主并辅以公开市场操作机制（即商业银行通过抵押合资格资产与央行订立回购协议借入 / 归还流动性）。合资格资产一般是满足一定条件的国债或其他债券。国内金融学界和监管层一直有呼声要改变过于依赖外汇占款的机制，以避免人民币过度受到美元货币政策和经济周期的影响。

CBDC 提供给中国一个合适的机会去尝试改变 CBDC 发行机制——取消外汇占款，用它选择的合资格抵押品来兑换 CBDC，不支持用储备金或银行存款兑换 CBDC。目前中国央行已经发展出完整的抵押品管理框架，可以直接将已有的合资格抵押品目录和抵押品管理方式稍作修改后应用于 CBDC。同样地，央行也发展出了丰富的公开市场操作的政策工具，允许金融机构向央行借入 / 归还流动性，包括七天以内短期流动性调节工具（SLO）、七天至三个月的常备借贷便利（SLF）、三个月至一年的中期借贷便利（MLF）或者更长期限的一些工具。央行仅需将这些工具适当调整即可适用于 CBDC。

通过这种发行方式，CBDC 是央行一种新的货币工具，可以根据数量规则或价格规则提供。根据 CBDC 数量规则，央行不会为应对需求增加而增发 CBDC，而是允许 CBDC 的利率向下调整，直至市场出清。根据 CBDC 价格规则，央行设定 CBDC 利率，并允许私营部门确定其数量。央行这样做，是按需向私营部门自由发行（或收回）CBDC，仅限于合资格抵押品。

在模式一中，虽然央行可以为所有参与方开设 CBDC 账户，但只有银行和非银金融机构可以与央行交互用合资格抵押品兑换 CBDC。假设合资格资产仅包含政府债券。希望将银行存款转化为 CBDC 的私营部门代理方先找到一个交易对手（可称为 CBDC 交易所），后者用债券从央行兑换 CBDC 并且愿意用该代理的存款兑换 CBDC。为这个系统能够工作，CBDC 交易所需要能够与央行通过债券兑换 CBDC，需要有银行账号可以接收 / 发起来自银行存款的支付，需要访问债券的流动性市场。根据这样的规则，目前央行公开市场业务的 49 家一级交易商（主要是银行）很适合 CBDC 交易所的角色。

10. 商业银行是否需要承诺银行存款到 CBDC 的兑换？

为防止问题 3 提到的银行存款到 CBDC 的挤兑风险，模式一中，央行或者商业银行不担保银行存款到 CBDC 的兑换，因为这种担保既危险亦无必要。

危险性来自该项担保的公信力。当净流入 CBDC 和净流出存款额较小且行动缓慢时，银行部门或许能够应付。然而，挑战在于压力时期能否履行义务。假设整个非银部门需求更多 CBDC，以至整个银行部门用完了自己持有的 CBDC，银行需要向央行出售合资格资产以获得 CBDC。央行可能必须扩大合资格抵押品目录，甚至完全免除大规模无担保贷款的抵押品要求。因此，这一担保的公信力取决于央行作为最后贷款人的承诺。鉴于流动性要求的潜在规模，可能会对央行资产负债表带来前所未有的风险。也就是说，银行随时准备将存款转换为 CBDC 的担保最终必须得到央行的担保。

央行如果承诺在紧急情况下接受银行存款以换取 CBDC，这将为从银行存款到 CBDC 的挤兑敞开大门。可以想象，这种挤兑几乎可以瞬间运行，规模空前，因为这是从整个银行系统挤兑，而不是从一个银行挤兑到另一个。这反映出，银行部门可能需要向央行请求的流动性支持规模将比传统银行挤兑大一个数量级。

一些人认为这种承诺是维持 CBDC 与银行存款面值一致的关键。实际上，只要央行持续并可靠地使用 CBDC 价格工具（即利率）或数量工具来满足 CBDC 需求，这个市场就存在套利机制维持 CBDC 与存款的平价。例如，假设 CBDC 以 $1-x$（$x>0$）的汇率交易到存款。然后，金融机构可以从客户那里获取 1 人民币单位的存款流入，在市场上购买 1 人民币单位债券，立即将 1 单位债券出售给央行换得 1 单位 CBDC，向客户交付 $1-x$ 的 CBDC，从而锁定 x 单位

CBDC 为无风险利润。套利将驱动 x 到零。请注意，正是央行承诺为价值 1 单位的"存款货币"的债券支付 1 单位 CBDC，即央行在其运营中使用平价汇率，才使这一策略得以发挥作用。

11. 还有其他 CBDC 的设计方案吗？它们的特征是什么？

主要的国际货币政策机构也有研究其他特征的 CBDC 方案，根据 CBDC 可访问主体以及商业银行是否提供基于完全由央行货币（含 CBDC）支撑的资产，还有两种典型的 CBDC 设计方案。

模式二：只有银行和非银金融机构可以在央行开设 CBDC 账户，家庭和企业部门不能直接访问 CBDC。此外，没有机构为家庭和企业部门提供完全由央行货币支撑的资产（即 100% 储备金的派生货币）。这种模式和现有央行的货币体系本质一样，只是技术基础设施用区块链技术进行了替换。

模式三：只有银行和非银金融机构可以在央行开设 CBDC 账户，家庭和企业部门不能直接访问 CBDC。此外，至少存在一个金融机构扮演狭义银行（narrow bank）的角色，它为企业和家庭部门提供完全由央行货币支撑的资产（即 100% 储备金的派生货币）。狭义银行是货币改革运动建议的一种分离传统银行支付和信贷创造功能的方案，实质是取消了银行创造信贷的功能。

12. 商业银行对 CBDC 什么态度？

商业银行不喜欢模式一和模式三的 CBDC，因为它们实质上削弱或取消了传统银行创造信贷的能力（当然也取消了它们创造存款货币的能力），这对传统商业银行的模式是一种颠覆性的破坏。

商业银行喜欢模式二的 CBDC，因其实质上保留了现有货币体系的制度和利益格局，不伤害商业银行的现有商业模式（通过放贷创造存款货币），并且利用区块链技术加持，银行体系（含央行和商业银行）可以在基础设施方面降本增效，且通过区块链的可追踪、可追溯、不可篡改、可编程等特性，银行体系可以极大增强对货币体系的管控能力，如 KYC、反洗钱、反恐融资、定向货币政策（如定向降准、定向货币投放等）。但如问题 1 所述，这些目标与人民币国际化的大目标比较起来都是次要目标。

虽然笔者的论文建议了模式一的 CBDC 方案，但笔者的主要意图在于通过讨论 CBDC 而透彻理解中国 Libra 的机制，以更有效地参与中国 Libra 的建设。模式一的 CBDC，具有较大的颠覆性，因为其最终目标是取消商业银行创造信贷的能力，这必将引来商业银行体系的强烈反弹。虽然模式一在中国落地的可能性有限，但通过民间 Libra 的方式有很高的成功可能性，这是讨论模式一的核心价值。

模式一的重要特征是与现有央行体系的解耦，因而将与央行有关的部分替换为 Libra 协会，即是一个完整的中国 Libra 方案。因此请读者注意这点。

13. CBDC 面临什么样的挑战？如何应对？

CBDC 在实现其人民币国际化的核心目标上，最大的挑战是美元国际化。作为一种货币工具的实用性，如计价、支付、结算和储备等，美元都优于人民币。但不少国家和地区都厌恶美元霸权，因此人民币国际化还存有机会。但类似 Libra 这种非政府发行的超主权货币，表现出来的是一个更中性的科技公司甚至是挑战现有货币体系霸权的形象，这会赢得更多好感，因此比官方的美元更具迷惑性。可以认为 Libra 是美元国际化的帮手，对人民币国际化来说就是更大的挑战。为应对这一挑战，可以从以下方面入手。

当前人民币还存在一定程度的外汇管制。这可以通过加快资本项目可兑换来解决，但不是最根本和最彻底的方案。更有效的方式是通过 CBDC 与友好国家分享铸币权。

我们先温习一下欧元的案例，欧元区 19 个国家没有货币发行权，发行权掌握在欧洲央行手中。欧洲央行实行了资产购买计划（Asset Purchase Programme，APP），若成员国财政纪律良好（如在通胀目标、财政赤字和失业率等方面达标），便允许欧洲央行购买该国的主权债。通过这一计划，成员国拥有了某种形式的铸币权。可以将这个思路运用到人民币的国际化，让"一带一路"友好国家参与到 CBDC 的发行中。

以"一带一路"国家哈萨克斯坦为例说明。中国央行可以把哈萨克斯坦发行的人民币计价的主权债或哈萨克斯坦本币计价的国债加入到 CBDC 合资格抵押品目录，这样哈萨克斯坦实质上分享了部分 CBDC 的铸币权。过去哈萨克斯坦只能通过贸易或者国外投资才能获得人民币，现在通过发债就能获得 CBDC。允许哈萨克斯坦本币计价的国债成为合资格抵押品，将会是中国对哈萨克斯坦巨大的优惠待遇，可赋予哈萨克斯坦参与人民币 CBDC 体系更大的便利。为管理金融稳定风险，哈萨克斯坦主权债或本币国债，需要满足中国央行设定的条件（如信用等级），才可进入 CBDC 合资格抵押品目录。

央行还可以做得更超前一些，把比特币或其他主流加密货币加入合资格抵押品目录。这样进一步削弱中国政府主导人民币 CBDC 的印象，让友好国家感觉更中性，进一步降低参与 CBDC 发行的门槛，给予友好国家更大灵活度参与人民币 CBDC 生态。我理想中的 CBDC 发行制度，贡献储备物进行铸币的相关方会参与铸币税的分配。中国允许他国参与 CBDC 发行，也会将 CBDC 铸币税分配出去。这样 CBDC 的发行体系与传统主权货币体系比较，将是一个开放得多的体系。这本质上体现了区块链去中心和利益分享的核心价值观。

14. 如何评价央行已有的 CBDC 的工作？

能够查阅到的中国央行系统的 CBDC 设计工作只有央行发表于 2018 年 6 月的《中央银行数字货币原型系统实验研究》。本文以此为依据进行讨论。

央行原型设计核心思想是维持目前"央行—商业银行"的二元体系，由商业银行向央行发起 CBDC 的发行/回笼工作，同时扣减/增加等额的储备金。商业银行向家庭和企业部门转移 CBDC，家庭和企业部门之间可以流通 CBDC。其设计目的是保证 CBDC 与储备金的等额兑换，以及不改变央行货币发行总量并维持既有货币政策工具的有效性。

央行的原型设计属于前文所描述的 CBDC 设计模式三——只有银行和非银金融机构可以在央行开设 CBDC 账户，家庭和企业部门不能直接访问 CBDC；此外，所有商业银行都可以为企业和家庭部门提供完全有央行货币支撑的资产（即 100% 储备金的派生货币）。

本章认为，该设计有以下缺陷，其实施可能给中国金融体系带来较大风险。

首先是银行存款到 CBDC 挤兑的风险。原型设计的核心原则是视储备金和 CBDC 为等价物并可自由兑换。本文问题 8 详细描述了这种情形下，银行存款可能大规模切换到 CBDC 的挤兑风险，问题 5 解释了这样挤兑的后果。

其次，该设计将为央行现有货币政策带来极大的不确定性。目前货币政策工具主要是进行数量控制，因此原型的设计意图使央行发行货币（储备金＋CBDC）总量保持不变，并维持现有货币政策工具的有效性。这里隐含的假设是 CBDC 和储备金作为货币工具，它们的效用和流转效率完全等价。实际上，这种假设并不成立。原因如下：

（1）CBDC 是基于令牌的系统，可支持任何人或机构之间点对点形式的支付清算，因此 CBDC 可用于零售支付也可用于银行间清算；但储备金只能用于银行间清算。因此作为支付工具，CBDC 比储备金有更大效用。在 CBDC 发行量不能与储备金相比较时，CBDC 的便利收益（convenience yield）要大于储备金。一般情况下，央行通过设定储备金利率控制该经济体的无风险利率，CBDC 的利率等于无风险利率减去其便利收益，因此央行支付给 CBDC 的利率需要低于储备金。如果 CBDC 发行量与储备金接近，则其便利收益为零，两者支付的利率水平一致，但那意味着 CBDC 完全取代现在的全社会总体流动性，这几乎可以完全取代目前商业银行为全社会提供流动性的职能，威胁其商业模式。此外，如此大量的 CBDC 发行量，发行所需的合资格抵押品将是一个巨大的挑战。

（2）CBDC 作为货币工具，其流转效率要高于储备金。2016 年英格兰银行研究部负责人 Michael Kumhof 在其论文《CBDC 对宏观经济的影响》中，通过 DSGE 建模校准了危机前美国宏观数据，发现基于国债发行 30% GDP 数量的 CBDC 可永远提升 3% 的 GDP，保持零通胀，此外采取逆周期的 CBDC 价格和数量规则作为次要货币政策工具，能够显著提升央行稳定商业周期的能力。

通过（1）和（2）可知，CBDC 的效用和流转效率都高于储备金。因此在保持央行货币（储备金＋CBDC）总量不变的情况下，一部分储备金转化为 CBDC 会导致流动性过剩，因此在均衡状态下，央行储备金市场出清价格将低于实际无风险利率，并导致通胀。

如果进一步考虑商业银行基于储备金派生存款货币，情况将变得更加复杂。当储备金的一部分被兑换为 CBDC，商业银行创造信贷和存款货币的能力将被削弱，因此社会总体信贷数量将减少且价格会增高；另外，由存款货币贡献的流动性将减少，但会增加一部分由 CBDC 贡献的流动性，考虑到（2）中的结论，CBDC 的流转效率高于传统货币，因此这种变化（一部分储备金被兑换为 CBDC）对社会总体流动性的影响将是不确定的。

因此总结来说，央行的原型设计将可能带来银行存款大规模切换到 CBDC 的挤兑风险，削弱央行现有货币政策工具的有效性。如不考虑派生货币，这种设计将导致流动性过剩，降低名义无风险利率并导致通胀。如考虑派生货币，这种设计则减少社会总体信贷供给，对社会总体流动性的影响将是不确定的。

　　通过央行最新发言，我们观察到央行已经明确地把 CBDC 定义为一种新形式的央行货币，有独立货币政策的工具，这与原型设计已经有明显不同，但因为缺乏更多信息，本文无法进行进一步的讨论。

第九章　一个实用的中国央行数字货币和 Libra 设计方案 [①]

第一节　引言

自 Facebook 发布 Libra 白皮书后，世界范围内引起了广泛讨论。中国国内尤其热议了中国政府和民间应该如何应对 Libra 带来的挑战，是否应该发展中国版本的 Libra，并再次激发了对央行数字货币（Central Bank Digital Currencies：CBDC）的关注。

Libra 的一些重要特征，如超主权和国际支付便利性等，对人民币国际化面临的挑战和实施路径，具有重要借鉴意义。因此本章将聚焦于提出一个实用的中国 CBDC（以下如果没有特殊说明，CBDC 即特指中国央行数字货币）设计方案并进行讨论。本章亦认为，中国民间版本的 Libra（以下代称 Libra-x）与 CBDC 除发行主体不同之外（前者由企业联合体主导，后者由央行主导），其设计目标和实现方法都有极大类似，因此本章也将基于 CBDC 设计方案讨论 Libra-x 设计方案。如果没有特别说明，本章有关 CBDC 的讨论将适用于 Libra-x。

笔者对中国央行正在推进的央行数字货币相关研究和开发工作并不了解，仅从理论和实践角度提出一个 CBDC 可行性方案建议，仅代表作者个人观点，

[①] 本章内容发表于 2019 年 7 月下旬中国央行公布 DC/EP 之前，是业内第一篇系统详细、学术严谨的整体设计文章。朱嘉明点评见本章最后。

不反映任何官方的观点和工作状态。

第二节 中国央行数字货币 CBDC 设计

一、介绍

从金融稳定性角度，CBDC 设计方案应遵循以下原则，以避免或减轻 CBDC 的引入和实现对已有金融体系稳定性的影响：

√ 不为既有货币政策工具和传导机制引入不确定性。

√ 考虑到 CBDC 可能服务完全不同的核心目标，尽可能为 CBDC 引入新的货币政策工具。

√ 不改变或者显著削弱商业银行的商业模式（通过贷款创造存款货币、为社会提供信贷和流动性）。

√ 不影响或者显著削弱整个（引入 CBDC 后的）金融体系为全社会提供信贷和流动性的能力。

√ 避免 CBDC 引入后可能带来的商业银行挤兑（如储户大规模从银行存款切换到 CBDC）。

2017 年国际清算银行（BIS）的季度评论中著名的"货币之花"给出了一个相对完整的不同货币形态的分类学（Bech 和 Garratt，2017），BIS 支付与市场基础设施委员会和市场委员会（2018）对 CBDC 进行了全面综述，分析了其对支付、货币政策和金融稳定性的影响。全球主要央行和主要货币政策机构都如火如荼地开展了 CBDC 领域的研究。不同 CBDC 系统原则上可能有非常不同的适用范围，有些视 CBDC 为央行现金的电子版，有些视 CBDC 为扩大了可访问范围的央行储备金（reserve），有些视 CBDC 为商业银行存款的替代物；有些 CBDC 系统延续了已有央行 / 商业银行基于账户（account-based）的体系，大部分 CBDC 系统预期是基于令牌的系统（token-based）。

目前人民币仍然处于资本管制中不能自由兑换，但人民币面临极强的国际化需求，例如要鼓励更多国家在更广泛的贸易行为中使用人民币进行计价和结算，或者把人民币作为价值存储工具或者储备货币。本文把人民币国际化的需求进一步在超主权范畴上进行延伸，人民币 CBDC 应可以允许更广泛的主体参与其发行过程并分享铸币税。因此本文定义 CBDC 有如下特征：

（1）CBDC 是央行的一种货币形式，与其他形式的央行货币（如现金和储备金）面值保持一致（即维持平价 parity）。

（2）相比较央行储备金，CBDC 允许更广泛的主体访问（前者只有商业银行、一些支付机构和外国央行等可以访问，后者被设计为允许商业银行、非银金融机构、家庭和公司访问）。

（3）CBDC 是基于令牌的，而储备金是基于账户的。

（4）与其他形式的央行货币使用独立的运行架构，因此允许 CBDC 可以服务完全不同的核心目标。

（5）CBDC 可以是计息的，在合理假设下，可以支付与储备金不同的利息。

（6）除支持零售支付外，CBDC 支持跨境支付，作为对比，现金主要是一种零售支付工具，而储备金主要用于银行间清算用途。

（7）CBDC 的发行机制可以与现金和储备金不同，例如支持不同的抵押品，允许更广泛的主体参与 CBDC 发行。

针对上述特征进一步说明：

第一个特征有两层含义。第一层含义指出 CBDC 是央行的一种负债，属于传统货币概念 M0 的范畴，这与中国央行研究局局长王信有关 CBDC 定位于M0 的发言是一致的（王信，2019）。第二层含义指出 CBDC 需要维持与央行其他形式货币的平价关系。绝大部分货币框架中，央行的不同类型货币之间可以按照相等面值进行交换，例如一单位央行纸币可以交换一单位央行储备金，但确实有一些作者建议打破这个传统，特别是在 CBDC 的场景下。例如 Kimball 和 Agarwal（2015）描述了一个框架，现金和 CBDC 之间可以维持一个灵活的汇率，以帮助实现现金的负利率来克服经典的"流动性陷阱"。这意味着一个经济体同时运行两种法币，尽管它们处于一个可管理汇率之下。这将带来严重的挑战，到底是现金还是 CBDC 是该经济体的财务记账单位？如果真的两种法币都被广泛使用了，所有商品和服务都不得不有两种报价，这将带来巨大的管理成本。一般业界都认同，同时管理两种法币将为货币稳定带来重大风险。因此，虽然理论上 CBDC 可以与央行其他形式的货币有不同面值，本章假设 CBDC 必须与央行其他形式货币面值一致，意即 CBDC 场景下（同理 Libra-x），没有形成一种新的财务记账单位的必要性和可能性。

第三个特征：已有货币体系是基于账户的，如央行只为包括商业银行在内的少数机构开设储备金账户，而商业银行为普通用户开设存款账户；跨行支付需要通过央行的实时全额清算（Real Time Gross Settlement：RTGS）系统在相关商业银行与央行的储备金账户之间进行清算。CBDC 是基于令牌的系统，因而所有参与主体之间可以直接进行转账和支付，无须依赖现有的 RTGS 系统。因此基于令牌的设计，也为特征 4 提供了可能性。

根据以上 CBDC 特征的定义，本章将探讨是否可以将 CBDC 作为一种新的货币政策工具，配合采用价格规则（央行设定 CBDC 的利率以允许其数量变化）或数量规则（央行设定 CBDC 的供给量以允许其利率变化）。

根据 CBDC 的定义，本章内容将讨论 CBDC 与现有货币体系的关系，并且针对潜在的金融稳定风险，详细讨论 CBDC 四项核心原则，并分析其对金融稳定性的影响。

二、CBDC 货币政策三元悖论

Bjerg（2017）修改了经典的货币政策三元悖论使之可以适用于相互竞争的

两种国内货币体系——央行和商业银行体系。本章采用类似的方法将经典模型
修改为可适用于相互竞争的两个国内货币体系——CBDC 和已有央行货币体系。

经典货币政策三元悖论最初的想法来自 Keynes（1930），随后 Mundell
（1963）和 Fleming（1962）进行了详细阐述，最终 Obstfeld 和 Taylor（1997）
给出了现在被广为人知的定义——"开放经济体的宏观经济政策三元悖论……
遵循一个基本的事实：一个开放的资本市场剥夺了一国政府同时实现它的汇率
和运用货币政策来实现其他经济目标的能力"。图 9-1 总结了该三元悖论的观
点，即任何货币政策当局（政府或者央行）只能同时实现以下三个政策目标中
的两个：设定利率的货币自主性，管理货币汇率和资本自由流动。例如，人民
币实行与美元的浮动汇率，在三个政策目标中选择了可管理的浮动汇率和设定
利率的货币自主性，而牺牲了资本自由流动；港币实行与美元固定汇率的联系
汇率制度，在三个政策目标中选择的是管理固定汇率和资本自由流动，而牺牲
了设定利率的货币自主性。

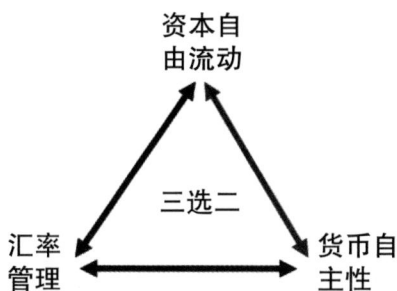

图 9-1　经典货币政策三元悖论

CBDC 的功能基本等价于央行已有货币体系，因此形成了已有货币体系与
CBDC 之间某种形式的竞争，可类比于经典货币政策三元悖论中的不同货币之
间的竞争。CBDC 的实现会带来经典三元悖论中同类型的矛盾。我们按照如下
规则把经典模型转化为如图 9-2 所示的模型：

√ 把两种货币之间的汇率管理的传统政策目标转化为通过维持 CBDC 与

央行其他形式货币面值一致（即维持平价）来保证金融稳定性。

√ 把设定央行利率的货币自主性的传统政策目标转化为设定 CBDC 利率的货币自主性。

√ 把资本自由流动的传统政策目标转化为 CBDC 与央行其他形式货币（包括现金、储备金和银行存款）的自由兑换。实现 CBDC 会引入这种兑换。CBDC 允许所有主体都能够访问央行资产负债表，一般用户第一次有机会可以选择持有商业银行存款还是 CBDC。

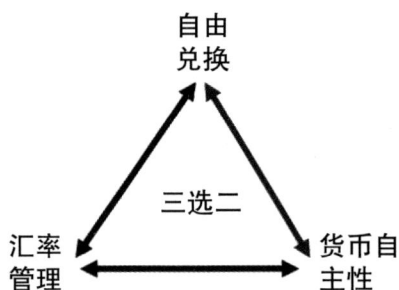

图 9-2　CBDC 货币政策三元悖论

根据 CBDC 定义，维持 CBDC 与央行其他形式货币之间的面值一致是必须选择的政策目标。剩下两个政策目标，选择能够设定 CBDC 利率，还是选择 CBDC 与央行其他形式货币之间的自由兑换？

CBDC 被设计为支持跨境支付，如果 CBDC 能够与央行其他形式货币自由兑换，将直接破坏中国现有外汇管理制度；此外，考虑到 CBDC 实际上是一种**比银行存款更安全的无风险流动性资产**，如果 CBDC 能够与央行储备金自由兑换，那么很容易引起用户大规模地将银行存款切换为 CBDC，这形成了对整个银行体系的"挤兑"（后文有详细分析）。考虑以上两点，我们必须排除**自由兑换**的政策目标。

因此，在 CBDC 的设计中，我们**选择**维持 CBDC 与央行其他形式货币**面值一致**和能够设定 CBDC 利率的政策目标，**放弃** CBDC 与央行其他形式货币**自**

由兑换的政策目标。

至此本章得出了 CBDC 设计的政策目标。下面将运用 CBDC 的核心原则详细讨论 CBDC 计息问题、与央行储备金和银行存款的可兑换性、与银行存款维持平价的方法以及 CBDC 发行的方法。

第三节　CBDC 核心原则

Kumhof 和 Noone（2018）提出 CBDC 的核心原则来降低 CBDC 引入后为商业银行体系带来的风险。这些原则是：（1）CBDC 支付可调节的利率；（2）CBDC 不同于央行储备金，两者不能兑换；（3）央行或者商业银行不担保银行存款到 CBDC 的兑换；（4）央行仅依据合资格抵押品（主要是政府债券）发行 CBDC。

一、CBDC 支付可调节的利率

为 CBDC 支付可调节利率最根本的理由是维持价格稳定和维持 CBDC 与其他货币的平价。

市场里 CBDC 的供需需要一个价格达到均衡。假设 CBDC 像现金一样支付零的名义利率，如果央行因为对真实 CBDC 余额的需求预测不准确而过度供应 CBDC，那么消除过度供应的方法，只能是如下两种：（1）CBDC 贬值因此破坏 CBDC 与其他形式货币的平价关系，或者（2）减少名义 CBDC 余额的真实价值使其与 CBDC 真实需求一致，这样通过一般价格水平出清市场，但这样做直接违背了央行反通胀的目标。如果 CBDC 支付的利率是固定的，这里没有第三种可能的方法。然而可调节的利率可以增加 CBDC 的需求，而无须央行资产负债表的调整，无须破坏平价关系，也无须价格水平调整。

二、CBDC 不同于储备金，两者不能兑换

首先，当储户大量寻求切换到 CBDC 时，本原则有助于维护金融稳定。如果 CBDC 与储备金可自由兑换，在这种情况下，单个银行愿意对存款支付 CBDC 就足以威胁金融稳定。这源于银行承诺通过 RTGS 系统以储备金结算银行间支付。当一家银行对存款支付 CBDC 时，所有非银行主体都可以通过将存款转移到该银行来利用这一点。当其他银行流失存款到该银行时，其他银行必须通过 RTGS 系统以储备金来结算银行间支付。当央行支持即时将储备金兑换为 CBDC 时，该银行可以使用其新获得的储备金获得 CBDC，以便支付给到它这里来的为此目的的储户。这将导致存款的销毁并触发全系统、几乎即时的银行挤兑。同理，如果储备金和 CBDC 相同，通过 RTGS 系统可以同样方式触发挤兑。

其次，本原则使储备金和 CBDC 能够服务各自的核心目的。CBDC 不仅可以作为零售支付媒介，也可以作为银行间结算资产，还支持跨境支付。这使得央行拥有了一个新的政策工具，尤其是 CBDC 的数量或利率。这使得央行可以保持对金融体系中储备金数量及其利率的控制。保持对储备金的控制使央行可以继续影响经济体中的无风险利率，后者是实际投资决策和跨周期分配决策的关键因素。

Meaning 和 Dyson 等（2018）认为，储备金市场已纳入新的 CBDC 体系。或者说，他们假设 CBDC 是通过扩大对储备金的访问而非通过引入一种新的央行货币创造的。这种扩大储备金访问的制度可能会以未知的方式影响既有货币政策传导机制，而如果储备金和 CBDC 保持分离的话，至少通过政策利率的传统货币政策传导机制会保持不变。

Michael Kumhof 的论文进一步从 CBDC 便利收益（convenience yield）的角度，分别考察了家庭和公司部门套利以及银行套利的场景，论证了在套利和非套利的均衡状态下，储备金和 CBDC 的利率都不会收敛到相同值，因此它们是

不同的。核心论点包括：

√ 一个经济体的无风险名义利率，等于名义上无风险的纯价值存储资产（如本币短期政府票据）的利率。

√ 当前为储备金支付的名义利率，或者等于，或通过套利与该经济体的无风险名义利率密切相关。

√ **CBDC 的利率等于无风险利率减去 CBDC 的便利收益**（即 CBDC 作为一种交易媒介的溢价）。

√ CBDC 的便利收益随着 CBDC 的数量增加而减少。CBDC 的边际持有人为公司和家庭部门，他们对 CBDC 的需求和央行对 CBDC 的供给决定了 CBDC 的便利收益。在边际持有人非套利情形下，如 CBDC 便利收益为零则要求 CBDC 供给处于一个饱和点——CBDC 的供给接近银行存款的水平。这将带来两个挑战：第一个是央行缺乏足够的合资格抵押品用来发行 CBDC；第二个是如果 CBDC 供应的流动性达到银行存款的水平，这将使得银行存款和贷款没有必要从而摧毁银行的商业模式。因此合理的预期是**央行只会适度发行 CBDC**。

√ 因为不是 CBDC 的边际持有人，银行从持有 CBDC 获得的边际收益超过其持有储备金或债券的可能性非常小。因此**银行倾向于不持有大量 CBDC**因为机会成本过高。银行持有 CBDC 的决策类似银行持有物理现金，最小化持有量仅为满足客户请求。

三、央行或者商业银行不担保银行存款到 CBDC 的兑换

Meaning 和 Dyson（2018）建议，银行有义务在任何时候按任何数量把存款兑换为 CBDC。他们认为这是维持 CBDC 与央行其他形式货币平价的关键。Kumhof 和 Noone（2018）论述了把这项建议作为 CBDC 的必要特性既危险亦无必要。

危险性来自保证该项义务的公信力。当净流入 CBDC 和净流出存款额较小且行动缓慢时，银行部门或许能够应付。然而，挑战在于压力时期能否履行义

务。假设整个非银部门需求更多 CBDC，以至于整个银行部门用完了自己持有的 CBDC，银行需要向央行出售或回购合资格资产以获得 CBDC。央行可能必须扩大合资格抵押品目录，甚至完全免除大规模无担保贷款的抵押品要求。因此，这一义务的公信力取决于央行作为最后贷款人的承诺。鉴于流动性要求的潜在规模，可能会对央行资产负债表带来前所未有的风险。也就是说，银行随时准备将存款转换为 CBDC 的担保最终必须得到央行的担保。

央行如果承诺在紧急情况下接受银行存款以换取 CBDC，这将为从银行存款到 CBDC 的挤兑敞开大门。可以想象，这种挤兑几乎可以瞬间运行，规模空前，因为这是从整个银行系统挤兑，而不是从一个银行挤兑到另一个。这反映出，银行部门可能需要向央行请求的流动性支持规模将比传统银行挤兑大一个数量级。

保证存款对 CBDC 的可兑换对维持 CBDC 与银行存款的平价也不是必要的。实际上，只要满足下列条件，即可维持 CBDC 与银行存款的平价：

（1）央行或允许调整 CBDC 的利率（根据 CBDC 数量规则），或允许通过交换非存款的合资格资产调整 CBDC 的数量（根据 CBDC 价格规则），这样使得私营部门预期平价关系得以保持。也就是说，央行持续并可靠地，根据目标数量或价格满足 CBDC 的需求。

（2）CBDC 合资格资产有一个运行和流动性市场。

（3）至少有一个私营部门参与者（可以是银行或非银金融机构）可以接收 / 发起来自银行存款的支付，并活跃在 CBDC 市场和 CBDC 合资格资产市场。

条件 1 不言自明。根据 CBDC 设计目标，合资格资产可以是政府债券，或者原生数字资产。前者对应成熟的债券交易市场，后者对应新兴的数字资产交易所。条件 2 和条件 3 允许代理者利用该市场中的任何套利机会将 CBDC 与银行存款之间的平价偏差推至零。在这些条件下，一个合理的结果是将存在一个大的流动性私人市场，其中家庭和公司部门可以互相交易银行存款与 CBDC，少数参与者能够访问合资格资产的库存从而从央行获得额外的 CBDC。

因此，依赖这一市场，加上至少有一个参与者能够就任何套利机会进行交易，即可确保银行存款和 CBDC 的平价。依赖这一市场的风险比依赖银行兑换保证的风险要小得多。

我们进一步说明上述套利机制驱动维持 CBDC 与存款的平价。假设 CBDC 以 $1-x$（$x>0$）的汇率交易到存款。然后，金融机构可以从客户那里获取 1 人民币单位的存款流入，在市场上购买 1 人民币单位债券，立即将 1 单位债券出售给央行换得 1 单位 CBDC，向客户交付 $1-x$ 的 CBDC，从而锁定 x 单位 CBDC 为无风险利润。套利将驱动 x 到零。请注意，正是央行承诺为价值 1 单位"存款货币"的债券支付 1 单位 CBDC，即央行在其运营中使用平价汇率，从而使这一策略得以发挥作用。

从防止挤兑来说，也有其他几种方式建立 CBDC 系统以限制存款转换为 CBDC，例如，限制银行在规定时间内必须转换为 CBDC 的存款金额或限制 CBDC 账户中持有 CBDC 的数量。但是，即使在正常时间，这些限制也存在无法维持平价的风险。此外，如 Gürtler 和 Nielsen（2017）所阐述，CBDC 的持有上限将限制可进行交易的数量或价值，从而可能损害 CBDC 作为支付系统的有效性。关于金融稳定，Callesen（2017）认为，如果为使得 CBDC 在交易中有用而设置足够高的上限，那将太高而无法控制银行挤兑的风险。因此本核心原则表达为，银行根本没有义务为存款提供 CBDC。**银行可以自由为存款兑换 CBDC，或者不兑换，由他们决定**。这是一种灵活的方法，允许银行自行决定如何管理他们所面临的风险。

四、央行仅依据合资格抵押品（主要是政府债券）发行 CBDC

本核心原则是说，央行只用它选择的合资格抵押品来兑换 CBDC，它不支持用储备金或银行存款兑换 CBDC。这一原则允许央行管理发行 CBDC 为其自身资产负债表带来的风险，就像它为发行储备金和现金所做的一样。更重要的是，这些发行安排可以消除银行部门作为整体的挤兑风险，这些风险要么来自因为 CBDC 和储备金可兑换，要么是因为 CBDC 和银行存款可以即时兑换。

现在，我们从政策规则的角度阐述如何提供 CBDC。数量规则确定相应央行货币的数量，并允许其利率进行调整。价格规则确定相应央行货币的利率，并允许其数量进行调整。价格规则和利率规则的术语是可以互换的。

CBDC 可以根据数量规则或价格规则提供。根据 CBDC 数量规则，央行不会为应对需求增加而增发 CBDC，而是允许 CBDC 的利率向下调整，直至市场出清。根据 CBDC 价格规则，央行设定 CBDC 利率，并允许私营部门确定其数量。央行这样做，是按需向私营部门自由发行（或收回）CBDC，仅限于合资格资产。根据这样的规则，CBDC 的发行安排至关重要。

假设合资格资产仅包含政府债券。希望将银行存款转化为 CBDC 的私营部门代理者首先必须用存款换取债券，随后将债券提供给央行以换取 CBDC，或者该代理者必须找到一个交易对手，后者用债券从央行兑换 CBDC 并且愿意用该代理者的存款兑换 CBDC。通过这些交易，只要债券不是从银行部门获取的，存款就不会离开总体的银行体系，他们只是简单地转移到债券的卖家手里。因此，当私营部门获得额外 CBDC 时，银行融资总体上不会"消失"。能达成这个结果的关键点在于，央行不会接受银行存款来换取 CBDC，换言之，它不直接为商业银行提供资金。这迫使代理者先用银行存款兑换为非银行负债的资产，这里即债券，增持 CBDC 的相关方会减少其债券持有而非存款持有。

如果债券来源为银行部门，则银行部门总体的资产负债表收缩，但我们会继续讨论，这样做不会立刻影响经济体中信贷或流动性的数量。此外，如果银行没有义务为存款提供 CBDC（如前文所建议），那么银行不会在第一时间被迫使用自己持有的债券为存款提供 CBDC。

目前人民币发行机制是以美元外汇占款为主，也辅以公开市场操作机制（即商业银行通过抵押合资格资产与央行订立回购协议借入 / 归还额外流动性）。可见，CBDC 发行机制与人民币有不同也有类似。国内金融学界和监管层一直有呼声要改变过于依赖外汇占款的机制，以避免人民币过度受到美元货币政策和经济周期的影响。

CBDC 提供给中国一个合适的机会尝试改变 CBDC 发行机制：**取消外汇占款，而主要以向央行出售 / 购买合资格资产获得 / 回收流动性**；此外，也可以通过抵押合资格资产与央行订立回购协议借入 / 归还额外流动性。目前中国央行已经发展出丰富的公开市场操作的政策工具，允许金融机构向央行借入 / 归还流动性，包括七天以内短期流动性调节工具（SLO）、七天至三个月的常备借贷便利（SLF）、三个月至一年的中期借贷便利（MLF）或者更长期限的一些工具。央行仅需将这些工具适当调整即可适用于 CBDC。

央行还可以针对 CBDC 制定专门的合资格抵押品目录，可以包括**高信誉度人民币国债 / 主权债、金融公司债和企业债**等。为强化 CBDC 作为超主权货币的定位，也可以把**外币主权债和原生数字资产（例如比特币和以太坊等）增加进合资格抵押品目录**，这样可以弱化 CBDC 由中国主导的印象，鼓励相关国家积极参与 CBDC 的发行。增加外币资产进入合资格抵押品目录将为央行发行 CBDC 带来额外的汇率风险，不过主流央行在这方面都有比较丰富的经验。原生数字资产相比较传统债券，波动性很大，需要更谨慎管理其市场风险和流动性风险。龙白滔（2018）详细描述了基于原生数字资产发行和供给加密货币稳定币的方法。

第四节　中国 CBDC 经济模型

Kumhof 和 Noone（2018）提出了三种 CBDC 经济模型，其中整个经济的 CBDC 访问模型（Economy-wide Access Model）中，所有参与者，包括银行、非银金融机构、家庭和公司，都能访问 CBDC，因此 CBDC 作为经济体中所有

代理者的货币。这符合本文 CBDC 功能定义，因此本文基于该模型构建中国
CBDC 经济模型，如图 9-3 所示。

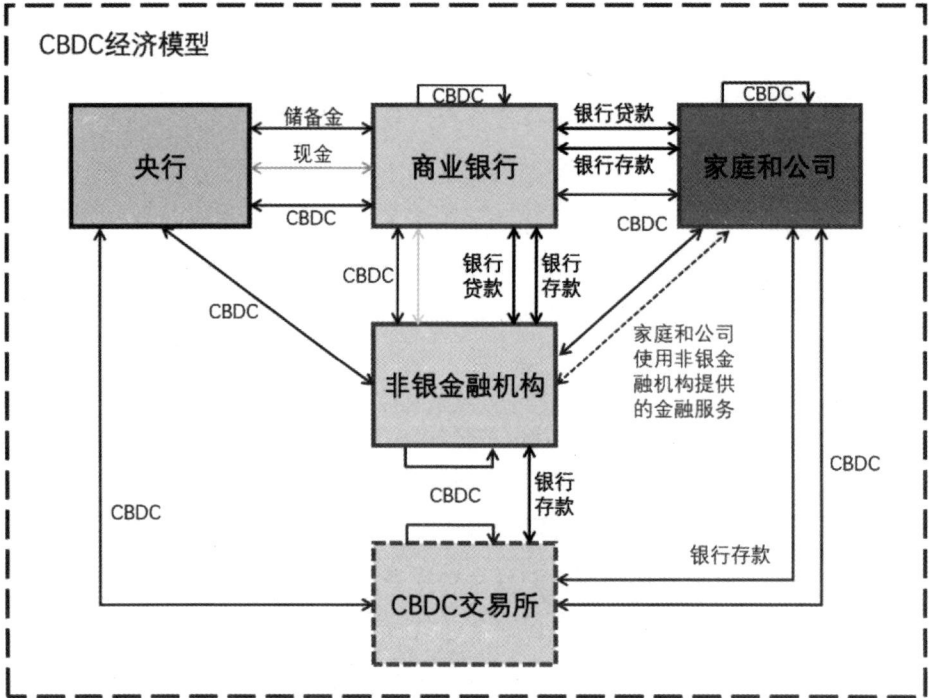

图 9-3　中国 CBDC 经济模型

所有代理者能够访问 CBDC 不意味着央行向所有 CBDC 持有者提供零售服务。在 CBDC 经济模型中，只有银行和非银金融机构可以直接与央行互动买卖 CBDC，而家庭和公司必须使用 CBDC 交易所用存款换取 CBDC，当然家庭和公司之间总是可以互相交易买卖 CBDC。CBDC 交易所可以是一个新的独立实体，或者由银行或非银金融机构运营，但为清楚说明起见，本章将 CBDC 交易所视为独立的实体。

商业银行为非银金融机构、家庭和公司保持借记和贷记头寸（图中由"银行存款"和"银行贷款"表示）。非银金融机构向家庭和公司提供金融服务，例如基金管理服务，结果是非银金融机构承担对家庭和公司部门的债务。

CBDC 交易所执行如下四种类型的交易：

（1）向 / 从家庭和公司出售 / 购买 CBDC，以交换银行存款。

（2）向 / 从其他私营部门对手方出售 / 购买存款以交换央行合资格抵押品（例如政府债券）。

（3）向 / 从央行出售 / 购买债券以交换 CBDC。

（4）与央行订立回购协议借入 / 归还 CBDC。

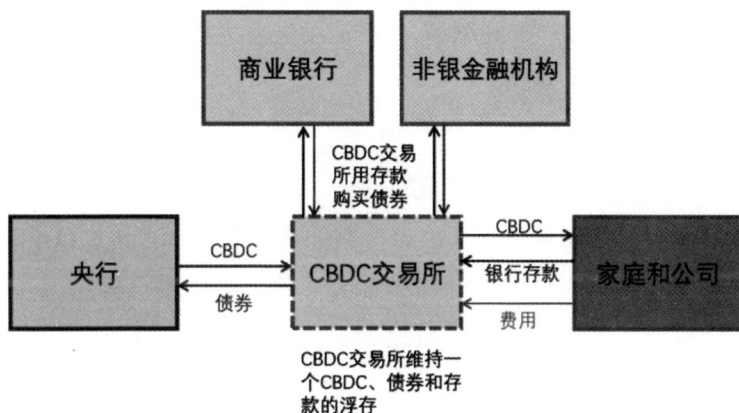

图 9-4　CBDC 交易所运行说明

CBDC 交易所会为向家庭和公司出售 / 购买 CBDC 的服务而收取费用或价差。也可以想象，银行可能会选择为其客户补贴 CBDC 交易所服务费，就像今天银行为其客户补贴现金分发成本一样。为补充其持有的 CBDC，CBDC 交易所使用它收到的存款购买债券，然后使用债券从央行获得 CBDC。CBDC 交易所至少在一家商业银行开有账户，以便可以接收存款。CBDC 交易所会周期性地再平衡它持有的债券、银行存款和 CBDC 浮存（float），使之回到目标分配。

CBDC 经济模型金融稳定性分析：

Barrdear 和 Kumhof（2016）中通过 DSGE 建模校准了金融危机前美国的宏观数据，发现基于国债发行 30% GDP 数量的 CBDC 可永久提升 3% 的 GDP，此外采用逆周期的 CBDC 价格和数量规则作为次要的货币政策工具，能显著提升央行稳定商业周期的能力。虽然没有深入分析，我们可以审慎猜测，引入 CBDC 可能会刺激经济活动，也可能提升货币系统的效率。

为评估 CBDC 经济模型对经济成果的影响，我们用"总信贷"来表示非银部门（含非银金融机构、家庭和公司）借款人获得资金总额，这决定了这些借款人的投资和交易能力，用"总流动性"表示非银部门进行经济交易的能力。**"总信贷"大致等于银行部门资产负债表中"贷款"与银行部门和非银部门持有的"非贷款类银行资产"的总和，"总流动性"大致等于非银部门持有银行存款、现金和 CBDC 的总和。**

从部门的角度考察资产负债表的变化。当非银部门试图卸载超出其需求的存款时，他们要么用存款交换银行持有的非贷款类资产（如证券化资产），要么用存款交换银行提供的非存款类债务（例如商业银行债券）。Kumhof 和 Noone（2018）的分析显示，在所有场景下，央行资产负债表将扩大，在多数场景下，银行部门的资产负债表会收缩，但总信贷和总流动性不会直接受银行存款切换到 CBDC 的影响，实际上，可能还会增加，因为引入 CBDC 流动性可能刺激经济活动。央行资产负债表的扩张是可预期的结果，因为它获得资产发行 CBDC。银行部门缩表的原因是银行部门总体需要出售资产给央行响应非银部门 CBDC 需求的增长，或出售资产给非银部门响应其银行存款需求的减少。如果银行部门出售非存款类银行债务给非银部门响应其存款需求的减少，则银行部门的资产负债表构成会发生变化但其容量保持不变。

虽然总信贷不会直接受银行存款切换到 CBDC 的影响，然而，通过银行贷款利率，可能导致信贷数量均衡态的变化。其中一些变化可能是由于监管。例如，《巴塞尔协议 III》要求对"不稳定"银行融资（通过"净稳定融资比率"）的份额进行限制，并要求最低的流动性资产持有量，以覆盖某些类型资金潜在流出（通过"流动覆盖比率"）。这些限制反过来会影响银行的放贷能力。银行存款到 CBDC 的切换不仅使银行面临相对稳定的零售存款的流失，还可能去除相对较高流动性的债券。商业银行可能不得不用批发融资取代银行存款。这些情况可能会影响监管比率，从而影响信贷的数量或价格。墨西哥央行副行长最近表达了类似的关切（Calafell，2019）。

有关 CBDC 引入带来的银行挤兑风险，前文针对该风险提出 CBDC 核心原则，并按这些原则建议了 CBDC 经济模型，因此银行挤兑的风险已经得到充分的讨论和解决。

第五节　Libra-x 经济模型

中国 CBDC 与 Libra-x，除发行主体不同之外，两者功能、定位几乎完全相同。此外，CBDC 的设计方案几乎与现有央行体系完全解耦。例如，CBDC 不同于央行储备金，服务于完全不同的核心目标，支付不同于储备金的利率，且与储备金不可自由兑换；与 CBDC 有关的政策工具独立于已有货币政策工具；CBDC 运行架构独立于央行已有体系等。因为 CBDC 与现有央行体系的解耦，本章建议的 CBDC 设计方案可以几乎无修改地平移至 Libra-x，除了一些必要的与央行相关的修改之外。前文有关 CBDC 货币政策三元悖论、CBDC 四项核心原则和 CBDC 经济模型对金融稳定性的影响等结论可直接适用于 Libra-x，此处不再详述。因此我们只把 Libra-x 最重要的一些结论列举于此，相关细节请读者参考 CBDC 的相关内容。

Libra-x 有如下特征：

（1）Libra-x 是企业联合体 Libra-x 协会发行的加密货币稳定币，与其他形式的人民币货币（如现金和银行存款）面值保持一致（即维持平价 parity）。

（2）Libra-x 允许广泛的访问主体，包括商业银行、非银金融机构、家庭和公司等。

（3）Libra-x 是基于令牌的系统。

（4）Libra-x 是可以计息的，在合理假设下，可以支付与央行储备金不同的利息。

（5）Libra-x 支持跨境支付。

（6）Libra-x 的发行机制支持广泛的合资格抵押品，包括人民币国债和主权债，外币主权债，以及原生数字资产等，允许更广泛的主体参与 Libra-x 发行。

从 Libra-x 货币政策三元悖论我们可知，Libra-x 设计选择可设定利率的货币自主性和维持 Libra-x 与人民币平价关系的政策目标，而放弃 Libra-x 与央行已有类型货币（现金、储备金和银行存款）的自由兑换。

为避免 Libra-x 的引入为现有银行体系带来系统风险，Libra-x 的设计遵循类似 CBDC 的核心原则：（1）Libra-x 支付可调节的利率；（2）Libra-x 不同于央行储备金，两者不能兑换；（3）Libra-x 协会或者商业银行不担保银行存款到 Libra-x 的兑换；（4）Libra-x 协会仅依据合资格抵押品发行 Libra-x。

Libra-x 经济模型如图 9-5 所示：

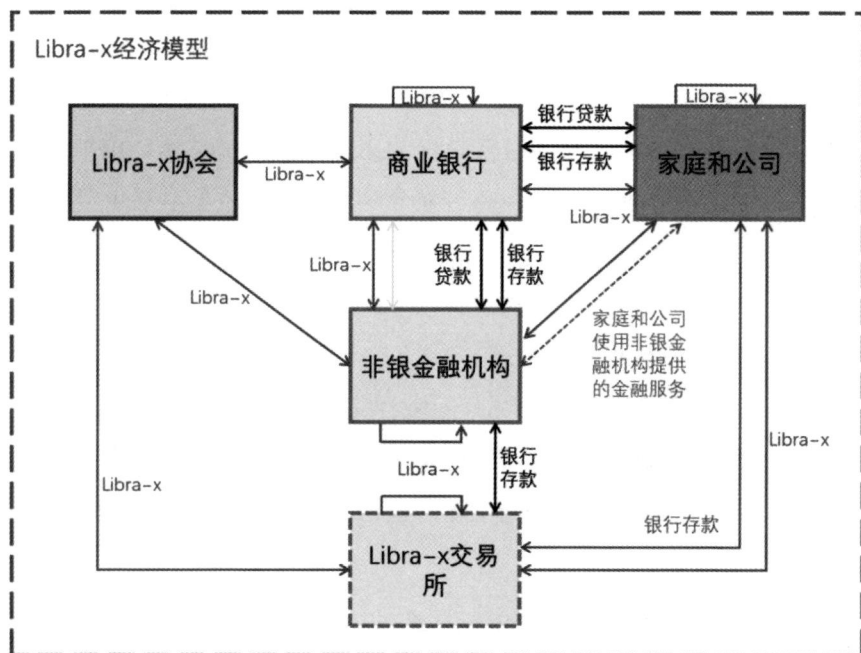

图 9-5　Libra-x 经济模型

全市场参与者，含银行、非银金融机构、家庭和公司，都能访问 Libra-x
系统，因此 Libra-x 作为经济体中所有代理者的货币。该模型中，只有银行和
非银金融机构可以直接与 Libra-x 协会买卖 Libra-x，而家庭和公司必须使用
Libra-x 交易所用银行存款换取 CBDC，当然家庭和公司部门内部可互相交易
买卖 Libra-x。Libra-x 交易所可以是一个新的独立实体，或者由银行或非银金
融机构运营，为清楚说明，本章假设 Libra-x 交易所为独立实体。

Libra-x 交易所执行如下四种类型的交易：

（1）向 / 从家庭和公司出售 / 购买 Libra-x，以交换银行存款。

（2）向 / 从其他私营部门对手方出售 / 购买存款以交换 Libra-x 协会合资
格抵押品。

（3）向 / 从 Libra-x 协会出售 / 购买合资格抵押品以交换 Libra-x。

（4）与 Libra-x 协会订立回购协议借入 / 归还 Libra-x。

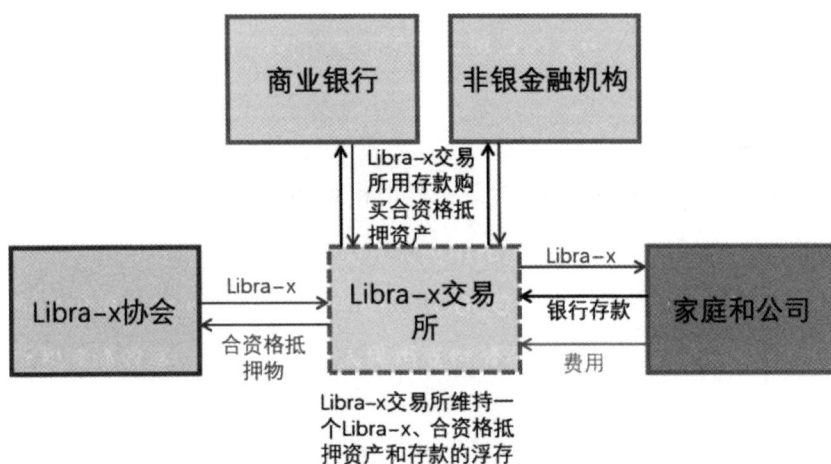

图 9-6　Libra-x 交易所运行说明

Libra-x 交易所运行如图 9-6 所示，它会为向家庭和公司出售 / 购买
Libra-x 的服务而收取费用或价差。也可以想象，银行可能会选择为其客户补
贴 Libra-x 交易所服务费，就像今天银行为其客户补贴现金分发成本一样。为
补充其持有的 Libra-x，Libra-x 交易所使用它收到的存款购买合资格抵押品，

然后使用这些资产从 Libra-x 协会获得 Libra-x。Libra-x 交易所至少在一家商业银行开有账户，以便可以接收存款。Libra-x 交易所会周期性地再平衡它持有的合资格抵押品、银行存款和 Libra-x 浮存（float），使之回到目标分配。

同理 CBDC 对金融稳定性的影响，总信贷和总流动性不会直接受银行存款切换到 Libra-x 的影响，实际上，可能还会增加，因为引入 Libra-x 流动性可能刺激经济活动。此外，引入 Libra-x 带来的银行挤兑风险，已经被 Libra-x 的设计很好地解决。

虽然 Libra-x 与 CBDC 有很多相似之处，但因为 Libra-x 并非政府或央行主导发行，其发行主导和参与主体都更为广泛和多样化。因此 Libra-x 体系的治理结构、铸币税分配和商业模式等，可以与 CBDC 有极大的不同，但这些话题不是本章关注重点。感兴趣的读者可以持续关注作者的其他文章或者项目白皮书。

朱嘉明点评

对《一个实用的中国央行数字货币和 Libra 设计方案》的评价

如何实现央行的法币数字化，或者如何设计和发行数字法币，几乎是加密数字货币诞生以来最被关注的课题。

白滔的这篇文章，以中国央行数字货币 CBDC 作为对象，直接触及"CBDC 是可计息的央行 M0 货币"的本质，进而探讨了 CBDC 的关键特征，以及 CBDC 设计的核心原则和设计逻辑，特别是提出了 CBDC 与储备金不能互相兑换。商业银行不应担保存款到 CBDC 的兑换，CBDC 应该基于合格抵押品进行发行的看法。进而这篇文章论证了 CBDC 方案具有与央行现有货币体系充分解耦的潜在优势。此外，本文还提出央行可以参考 Libra 建立协会的设想，吸纳企业联合体这样的元素。

中国央行的法币数字货币势在必行。本文的发表，证明在体制之外，存在白滔这样的具有坚实专业思考、独立研究且对中国国情有着深切认知的人才。

期待白滔在中国加密货币金融领域的学术探索和行业实践上走得更远，为这个时代做出更多的具有原创性的思想与学术贡献。

朱嘉明
2019 年 8 月 10 日

参考文献

Bech, Morten and Garratt, Rodney, "Central bank cryptocurrencies", *BIS Quarterly Review*, September, 2017, pp. 55 - 70.

BIS Committee on Payments and Market Infrastructures and Markets Committee (2018), Central bank digital currencies.

王信，"国务院已批准央行数字货币的研发"发言，2010 年，见 https://www.zilian8.com/163931.html。

Kimball, M.& Agarwal, R., "Breaking Through the Zero Lower Bound", IMF Working Paper (15/224), 2015.

Bjerg, O., *Designing New Money: the policy trilemma of central bank digital currency*, Copenhagen Business School.

Keynes, John M., *A Treatise On Money*, London: Macmillan, 1930.

Mundell, Robert A., "Capital Mobility and Stabilization Policy under Fixed and Flexible Exchange Rates", *Canadian Journal of Economics and Political Science/ Revue Canadienne de Economiques et Science Politique*, 1963, 29(04): 475 - 485.

Fleming, J. Marcus., "Domestic Financial Policies under Fixed and under Floating Exchange Rates", IMF Economic Review, 1962, 9(3): 369 - 380.

Obstfeld, Maurice, and Alan M. Taylor., "The Great Depression as a Watershed: International Capital Mobility over the Long Run", Working Paper 5960, National Bureau of Economic Research, 1997.

——, "Globalization and Capital Markets", Working Paper 8846, Cambridge MA: National Bureau of Economic Research, 2002.

Kumhof, M., & Noone, C., "Central Bank Digital Currencies design principles and balance sheet implications", Bank of England, 2018.

Meaning, J., J. Barker, E. Clayton and B. Dyson, "Broadening narrow money: monetary policy with a central bank digital currency", Bank of England Working Papers, No. 724, 2018.

Gürtler, K., Nielsen, S. T., Rasmussen, K. and M. Spange, "Central bank digital currency in Denmark?", Analysis, No. 28, December 2017. Available at: http://www.nationalbanken.dk/en/publications/Pages/2017/12/Central-bank-digital-currency-in-Denmark.aspx.

Callesen, P., "Can banking be sustainable in the future? A perspective from Danmarks Nationalbank", Speech at the Copenhagen Business School 100 years celebration event, Copenhagen, October 30, 2017. Available at: https://www.bis.org/review/r171031c.htm.

龙白滔:《CFMI 通证金融模型和稳定币机制》, 2018 年, 见 https://www.8btc.com/article/451663。

Barrdear, John and Kumhof, Michael, "The macroeconomics of central bank issued digital currencies", staff working paper No.605, Bank of England, 2016.

Remarks by Javier Guzmán Calafell, Deputy Governor at the Banco de México, on "Some Considerations on Central Bank Digital Currencies", the OMFIF Foundation-Federal Reserve Bank of St. Louis Symposium, "The Next Decade of Finance: Assessing Priorities and Implications for Society, Politics and Economics", Washington University in St. Louis, Missouri, July 9, 2019.

第十章 央行法定数字货币实践中的风险防范 [①]

2019 年 8 月 10 日，中国人民银行支付结算司副司长穆长春介绍了央行法定数字货币实践 DC/EP（DC: Digital Currencies，即数字货币；EP: Electronic Payment，即电子支付）的情况。国际清算银行最早于 2003 年开始了针对央行数字货币（Central Bank Digital Currencies：CBDC）的研究，中国央行 2014 年启动了 CBDC 的研究工作。

DC/EP 是央行当前进行的有关央行数字货币 CBDC 的具体项目的名称，DC/EP 项目定义了目前央行 CBDC 具体的形态和项目范围；CBDC 是一个更宽泛的概念，指央行发行的数字货币，全球央行可以根据自己的需要设计不同模式的 CBDC，而一家央行也可以根据不同时期的需要设计不同模式的 CBDC。本章在不引起歧义的情况下，会依照具体所指交互使用 DC/EP 和 CBDC 表示央行法定数字货币。

穆长春介绍的 DC/EP 概括如下：

央行 CBDC 采用双层运营架构，即央行先把 CBDC 兑换给商业银行或其他运营机构，再由这些机构兑换给公众；现阶段 CBDC 定位于物理现金的电子取代物，属于 M0，被视为央行的负债；主要支持零售支付场景；CBDC 不计息；

---

① 本章内容于 2019 年 8 月 14 日首发于《财经》。

双层运营体系不会改变现有货币投放体系和二元账户结构，不对商业银行的存款货币形成竞争；该方案不对现有货币政策传导机制带来影响；不预设 CBDC 开发的技术路线。

穆长春表示："央行做上层，商业银行做第二层，这种双重投放体系适合我们的国情。既能利用现有资源调动商业银行积极性，也能够顺利提升数字货币的接受程度。"现有的物理现金"容易匿名伪造，存在用于洗钱、恐怖融资等的风险"。现在的电子支付工具，不能满足公众对匿名支付的需求。DC/EP 的设计，"保持了现钞的属性和主要特征，也满足了便携和匿名的需求，是替代现钞比较好的工具"。

当前阶段的 DC/EP 是央行在保护商业银行利益前提下进行的小规模 CBDC 尝试，主要变化是物理现金电子化，为避免与银行存款竞争，可能会限制银行存款到 CBDC 的兑换，限制 CBDC 用于批发支付的能力。本章会先介绍全球央行典型 CBDC 设计模式和设计原则，并从金融稳定性角度讨论 DC/EP 实践面临的挤兑风险、对银行存款的替代性、对现行货币政策的影响、对社会总信贷和流动性供给的影响等，并给出针对性建议。

第一节　央行法定数字货币的全球模式

英格兰银行研究部负责人 Michael Kumhof 在 2018 年的论文中总结了 CBDC 三种典型的设计模式。

模式一：所有人和机构都可以在央行开设 CBDC 账户，因此 CBDC 是整个经济体中所有参与方使用的货币，但只有银行和非银金融机构能够与央行直接交互买卖 CBDC，家庭和企业部门必须通过 CBDC 交易所使用银行存款买卖 CBDC。CBDC 交易所可以是一个独立的实体，也可以由银行或非银金融机构运营。

模式二：只有银行和非银金融机构可以在央行开设 CBDC 账户，家庭和企业部门不能直接访问 CBDC。此外，没有机构为家庭和企业部门提供完全由央行货币支撑的资产（即 100% 储备金的派生货币）。这种模式和现有央行的货币体系本质一样，只是技术基础设施用区块链技术进行了升级。

模式三：只有银行和非银金融机构可以在央行开设 CBDC 账户，家庭和企业部门不能直接访问 CBDC。此外，至少存在一个金融机构扮演狭义银行（narrow bank）的角色，它为企业和家庭部门提供完全由央行货币支撑的资产（即 100% 储备金的派生货币）。狭义银行是货币改革运动建议的一种分离传统银行支付和信贷创造功能的方案，实质是取消了银行创造信贷的功能。

商业银行不喜欢模式一和模式三的 CBDC，因为它们实质上削弱或取消了传统银行创造信贷的能力（当然也取消了他们创造存款货币的能力），这对传统商业银行的模式是一种颠覆性的破坏。商业银行喜欢模式二的 CBDC，因其实质上保留了现有货币体系的制度和利益格局，不伤害商业银行的现有商业模式（通过放贷创造存款货币）。对照 DC/EP 的特征可知，DC/EP 属于模式二的 CBDC 设计。

从金融稳定性角度出发，CBDC 设计方案应遵循以下原则，以避免或减轻 CBDC 的引入和实现对已有金融体系稳定性的影响：不为既有货币政策工具和传导机制引入不确定性；考虑到 CBDC 可能服务完全不同的核心目标，尽可能为 CBDC 引入新的货币政策工具；不改变或者显著削弱商业银行的商业模式（通过贷款创造存款货币、为社会提供信贷和流动性）；避免 CBDC 引入后可能带来的商业银行挤兑（如储户大规模从银行存款切换到 CBDC）。

当前 DC/EP 的设计并没有把其定位为新的货币工具并引入新的货币政策工具。

第二节 正确理解 CBDC 的目标

CBDC 按定义是央行数字货币，它仅仅服务于央行的下列目标——降低成本、提高效率、提升业务能力和加强权力。在此目标下，任何可行的技术方案都是可选项，这是央行所谓的"技术中立性"。在国际清算银行 CBDC 研究报告中，也提到传统中心化技术、联盟链和公链技术都是可选项，但目前公链技术尚不足以支持央行 CBDC 需求。因此 CBDC 的提出和实施是为强化和进一步集中中央银行的权力，并不必然与去中心和民主化有关联。全民对 CBDC 的集体幻想和高潮显得幼稚和滑稽。

具体来讲，在类似 Libra 的超主权货币出现之前，全球央行发展 CBDC 主要为如下目的：央行可更好地管理货币的创造和供给，使得货币政策传导机制更加有效，提升央行应对商业周期的能力（中国央行 DC/EP 实践即为 M0 现金电子化，为更好管理 M0 的创造和供给）；基于区块链技术的支付和清算体系的降本增效；央行获得更强的货币体系管控能力，如用户洞察、反洗钱、反恐融资和定向功能（如定向降准和定向货币投放）等。中国央行 DC/EP 推出后，央行将能追踪电子现金流向，这是物理现金做不到的。类似 Libra 的超主权货币出现后，人民币国际化将面临空前压力。笔者以及一些业内专家建议，人民币国际化应该成为 CBDC 最核心目标。我们可以观察到，虽然央行自 2014 年就开始了 CBDC 的研发工作，但明显在 Libra 发布白皮书之后，央行密集发声，"央行数字货币呼之欲出"。

第三节 转换过程中潜在的挤兑风险

第一，CBDC 比银行存款安全，这是发生挤兑的根本原因。

CBDC 方案设计中，最重要的金融稳定性风险来自银行存款到 CBDC 的转换引起的银行"挤兑"。CBDC 定位为 M0，是央行的一种负债，银行存款定位为 M1/M2，是商业银行的一种负债。央行的负债是无风险的，而商业银行的负债是有风险的。CBDC 和银行存款都是电子形式的货币，过去普通储户除持有物理现金之外，只能持有银行存款；CBDC 引入后，普通储户第一次有机会可以持有 CBDC。考虑到 CBDC 的无风险特性，储户有很强的动力把银行存款切换为 CBDC。

第二，存款转换到 CBDC 的挤兑速度和规模远大于传统银行挤兑。

传统银行挤兑的表现形式是商业银行存款大量转化为现金从银行提取出来，央行一直在管理这种风险。但传统挤兑有一些约束条件：（1）物理现金的印刷、分发和保管有一定的成本，即物理现金有较高的摩擦成本。即使挤兑发生，其规模和速度也是有限的。（2）银行一般都会给提取物理现金设置一些"障碍"，例如大额提取需要提前通知，这有助于央行有效预测物理现金需求。考虑到物理现金形式的流通货币总量很小（M2 占比约为 5%），这种"障碍"不会损害物理现金与其他形式流通货币的面值一致性。（3）传统银行挤兑一般是针对单个银行，而非整个银行体系，因此系统风险有限。

CBDC 是电子形式的货币，它的"印刷"、分发和保管成本为零，即无摩擦成本。因此这个时候的挤兑发生是即时的，瞬间引爆，且规模可能大得多。此外，这时候的挤兑，一般不再是针对单个银行的行为，而是针对整个银行体系，储户希望把银行存款转化为 CBDC，所以相比较传统场景，挤兑规模大了不止一个数量级。

第三，银行存款切换到 CBDC 挤兑将摧毁银行商业模式。

用一个简化的模型来考察银行的商业模式。根据监管的要求，银行所有的存款负债需要有对应的资产支持，存款的不同货币类型所对应的资产要求不一样。物理现金存款要求 100% 准备金（即商业银行在央行的一元储备金只能兑换一元物理现金），考虑到物理现金的保管成本以及物理现金并不生息，商业银行持有现金实质上是亏钱，因此所有商业银行都倾向于持有最少量的现金，仅仅为满足用户的需要。一般存款要求部分准备金，假设存款准备金率为10%，那么商业银行在央行的一元储备金可以派生出十元存款货币。当商业银行在央行的准备金不足时，商业银行可以通过抵押自己的流动性资产给央行，向央行借入准备金，所以商业银行的流动性资产规模约束了它创造存款货币的能力。考虑到商业银行通过贷款创造存款货币，因此商业银行的流动性资产规模约束了其创造信贷的规模。与物理现金存款类似，CBDC 要求 100% 准备金。因此从商业银行存款到 CBDC 切换，实际上逼迫银行将对等规模的存款从部分准备金转到 100% 准备金，这将迅速消耗掉商业银行所持有的流动性资产，因此会严重影响信贷的数量和价格。考虑到货币乘数，一般情况下，银行即使耗光流动性资产也无法支持用户的存款到 CBDC 的兑换，银行不得不折价回收贷款资产。银行可能迅速陷入无清偿能力的境地。

第四，DC/EP 模式仍存在银行存款到 CBDC 的挤兑风险。

DC/EP 实践中，由商业银行向央行发起 CBDC 的发行 / 回笼工作，同时扣减 / 增加等额的储备金。因此，可以认为央行允许商业银行以储备金自由兑换 CBDC。在这种情况下，单个银行愿意对存款支付 CBDC 就足以威胁金融稳定。这源于银行承诺通过实时全额清算（Real Time Gross Settlement: RTGS）系统以储备金结算银行间支付。当一家银行对存款支付 CBDC 时，所有非银行主体都可以通过将存款转移到该银行来利用这一点。当流失存款到该银行时，其他银行必须通过 RTGS 系统以储备金来结算银行间支付。当央行支持即时将储备金兑换为 CBDC 时，该银行可以使用其新获得的储备金来获得 CBDC，以便支付给到它这里来的为此目的的储户。这将导致存款销毁，并触发全系统、几乎即时的银行挤兑。

传统货币发行制度中，央行和商业银行一直在管理存款到物理现金的挤兑。考虑到物理现金的摩擦成本，传统挤兑发生的速度和规模有限。一般情况下，传统形式的挤兑都是由银行偿债能力恶化引发的危机，因此传统挤兑的风险管理更多是对银行清偿能力的管理。因此，可以认为银行担保银行存款到物理现金的自由兑换。近期央行的公开信息没有有关存款到 CBDC 兑换的说明。如果央行的 DC/EP 方案中，商业银行继续担保银行存款到 CBDC 的兑换将是非常危险的。当净流入 CBDC 和净流出存款额较小且行动缓慢时，银行部门或许能够应付。然而，挑战在于压力时期能否履行义务。假设整个非银部门需求更多 CBDC，以致整个银行部门耗光储备金兑换 CBDC 仍不能满足需求，银行需要向央行出售／抵押合资格资产以获得储备金来兑换 CBDC。考虑到潜在的兑换规模，银行部门可能很快耗光合资格资产。央行可能必须扩大合资格抵押品目录，甚至完全免除大规模无担保贷款的抵押品要求。因此，这一担保的公信力取决于央行作为最后贷款人的承诺。鉴于流动性要求的潜在规模，可能会对央行资产负债表带来前所未有的风险。

笔者查阅到央行范一飞副行长发表于 2016 年的文章《中国法定数字货币的理论依据和架构选择》中谈及法定数字货币对金融体系的影响时指出："由于数字货币使存款（M2-M0）向现金（M0）的转化变得十分便捷，金融恐慌和金融风险一旦产生也会加速传染，加剧对金融稳定和金融安全的破坏性。"因此，笔者相信，央行已经识别这种风险，并且可能在 DC/EP 实践中对银行存款到 CBDC 的兑换"设置适当机制加以限制"。例如，限制银行在规定时间内可以转换为 CBDC 的存款金额或限制 CBDC 账户中持有 CBDC 的数量。但有学者指出，即使在正常时间，这些限制也存在无法维持平价（即存款与 CBDC 面值一致）的风险。本章后面内容将讨论如何应对这种平价风险。

不仅需要限制银行存款到 CBDC 的兑换，也需要禁止储备金到 CBDC 的自由兑换。这对 DC/EP 的发行机制带来了挑战。一个可行的方案是将现行储备金发行机制平移到 CBDC，这样储备金和 CBDC 就是两种独立的货币工具。在现行货币发行制度下，商业银行可以向央行抵押国债借入储备金。英格兰银行的研究报告也建议商业银行使用合格抵押品与央行兑换 CBDC。

在储备金和银行存款都不能与 CBDC 自由兑换的前提下，将为维持 CBDC 与它们的面值一致带来挑战。央行需要额外的机制实现这个目标。英格兰银行 2018 年的研究报告建议了 CBDC 交易所的设置，它向央行出售 / 购买国债以兑换 CBDC，并且与家庭和企业部门用银行存款兑换 CBDC。只要央行承诺为价值 1 单位"存款货币"的债券支付 1 单位 CBDC，市场上即存在套利机制，驱动 CBDC 与存款的面值差价趋向零。

第四节 DC/EP 可部分替代银行存款

虽然 CBDC 定位为物理现金替代物，它与银行存款也有很多共同属性——支持批发支付、电子化和便携。因此，CBDC 也可以部分替代银行存款。但央行明确表示 CBDC 是为支持零售支付场景，因此谨慎推断，DC/EP 实践将设置适当机制来限制 CBDC 批发支付的能力，例如为 CBDC 账户设置持有上限来限制可交易的数量或价值。央行学者 Gürtler 和 Nielsen 等 2017 年的论文指出，CBDC 账户持有上限的设置将变得很艺术，如果上限设置足够高则不能有效限制批发支付功能且可能引发银行存款到 CBDC 的挤兑，如果上限设置过低将损害 CBDC 作为支付工具的有效性且可能引发平价风险。

第五节 利率工具抑制挤兑效用有限

虽然央行反复申明，CBDC 不与银行存款形成竞争，但前文已说明 CBDC 可部分替代银行存款。把存款利率视为风险溢价，银行存款和 CBDC 之间的差异为风险溢价、批发支付和匿名化支持方面的差异。因此，持有人在持有电子形式的货币时将平衡三项需求在银行存款和 CBDC 之间进行选择。传统地，货币持有人的无风险偏好会被物理现金的摩擦成本和不支持批发支付等原因所抑制，DC/EP 实践中，这种偏好可以更好地被满足。虽然央行可能设置适当机制限制 CBDC 批发支付的功能，但因 CBDC 电子化的特征，持有人可以通过多次小额支付规避这种限制。CBDC 匿名化支持明显优于银行存款。我们把货币金融收益之外的收益定义为"便利收益"，银行存款虽然比 CBDC 的利率收益高，但前者便利收益低于后者。在货币的供需关系中，货币持有人最终会平衡考虑货币的金融收益和便利收益而使得银行存款和 CBDC 的数量达到均衡。同理，CBDC 的便利收益要大于物理现金。

货币持有人对 CBDC/ 银行存款的偏好将显著受到利率水平的影响。利率水平越低，持有人倾向认为存款的风险溢价不足以抵消 CBDC 的便利收益，因此倾向于持有更多 CBDC。极端情况下，接近零利率时储户可能将存款全部兑换为 CBDC。

在 CBDC 便利收益高于物理现金和银行存款的情况下，持有人会显著倾向于持有 CBDC 而非物理现金，央行仅依靠利率工具并不能有效抑制持有人把银行存款转为 CBDC。

在经济下行或市场恐慌情况下，持有人将更关心资产安全性而非金融收益，更多银行存款将切换为 CBDC。此时利率工具将变得更无效。

第六节　DC/EP 将削弱央行货币政策工具有效性

第一，DC/EP 可能削弱央行利率工具的有效性。

如果 CBDC 供给因为各种原因超过实际需求，在零利率情况下，央行将无法回收 CBDC 流动性。传统物理现金也存在类似问题但没有实质影响，因为（1）物理现金数量仅占 M2 供给量约 5%，（2）物理现金的流转效率远低于银行存款，合理假设物理现金流转效率低于存款的十分之一。因此物理现金对社会总体流动性的贡献少于 1%，央行只需控制好银行存款的流动性供给即可。

但 CBDC 就会非常不同，因为（1）CBDC 不仅是物理现金的代替物，也是银行存款的代替物，合理假设 CBDC 将占 M2 供给量的 20%，（2）CBDC 的流转效率高于银行存款，英格兰银行 2016 年的研究成果显示，CBDC 流转效率为银行存款的两倍。因此 CBDC 对社会总体流动性的贡献接近三分之一。

在 CBDC 对全社会流动性的影响与银行存款可比较的情况下，如果全社会流动性供给过量，央行将缺乏有效的货币政策工具回收 CBDC 流动性。央行传统地使用利率和公开市场操作工具调节流动性，但现在接近三分之一的流动性不受利率工具的影响，这将显著削弱现有利率工具的有效性。流动性过剩的直接后果就是通胀。

可能的解决方案是将 CBDC 设计为计息货币，这也是国际央行 CBDC 设计的主流选择之一。为 CBDC 支付可调节利率的根本原因是维持价格稳定和维持 CBDC 与其他货币的面值一致。如果 CBDC 被定位为央行一种新的货币工具，其价格和数量控制将成为央行必不可少的货币政策工具。DC/EP 设计中，CBDC 尚不能称为是一种"新的货币工具"，因此对其数量或价格控制的工具也是缺失的。

第二，DC/EP 削弱央行对准备金总量和无风险利率的控制。

DC/EP 实践的核心原则之一是储备金和 CBDC 总量保持不变，因此可以维持现有（数量型）货币政策工具有效性。通过部分准备金制度，央行通过控制储备金总量控制银行总体创造信贷的规模。当银行存款被转化为 CBDC 时，银行创造信贷的能力将被削弱。虽然央行可以控制（储备金 + CBDC）总量不变，但前文分析过，银行倾向于保持 CBDC 零库存，因此市场处于均衡状态时 CBDC 的数量将由非银金融机构、家庭和企业部门联合决定，而非由央行决定，然后储备金的数量才因此能够被确定。这意味着，**央行失去了直接精确控制储备金总量和银行总体信贷规模的能力。**

保持对储备金的控制使央行可以继续影响经济体中的无风险利率，后者是实际投资决策和跨期分配决策的关键因素。因此 DC/EP 实践中的 CBDC 削弱了央行对无风险利率的控制。

可能的解决方案是将 CBDC 设计为一种新的货币工具，央行可以使用独立的数量或价格工具对其进行控制。

第三，DC/EP 实践将对银行信贷数量或价格产生影响。

储备金兑换为 CBDC，将直接削弱银行创造信贷的能力。此外，这种兑换也影响银行监管指标。例如，《巴塞尔协议 III》要求对"不稳定"银行融资（通过"净稳定融资比率"）的份额进行限制，并要求最低的流动性资产持有量，以覆盖某些类型资金潜在流出（通过"流动覆盖比率"）。这些限制反过来会影响银行的放贷能力。银行存款到 CBDC 的切换不仅使银行面临相对稳定的零售存款的流失，还可能去除相对较高流动性的债券。商业银行可能不得不用批发融资来取代银行存款。这些情况可能会影响监管比率，从而影响信贷的数量或价格。墨西哥央行副行长最近表达了类似的关切。

第四，DC/EP 实践对社会总流动性供给的影响将是不确定的。

进一步考虑商业银行基于储备金派生存款货币，情况将变得更加复杂。因为 CBDC 同时替代物理现金和银行存款，超过传统现金需求数量的储备金会被兑换为 CBDC，商业银行创造存款货币的能力将被削弱。由物理现金和存款货币贡献的流动性将减少，但会增加一部分由 CBDC 贡献的流动性，考虑到前文结论，CBDC 的流转效率高于物理现金和银行存款，因此物理现金和派生存款减少的流动性是否足以被相应增加的 CBDC 流动性所弥补，将是不确定的。

第五，DC/EP 实践有助于银行部门去杠杆，对金融稳定有利，但不应过高预期。

前文已指出，物理现金和 CBDC 的发行相当于 100% 准备金制度。在 100% 准备金制度下，央行拥有实际的货币创造权力且没有杠杆。在部分准备金制度下，商业银行通过贷款创造存款货币且有杠杆。例如，10% 存款准备金率时，商业银行在央行的 1 亿元储备金可以派生出 10 亿元存款货币，即 10 倍杠杆。只要银行存款兑换为 CBDC，对央行 / 商业银行作为整体的银行部门来说，货币杠杆倍数就在降低。前文也已经指出，CBDC 会是银行存款的部分替代物，被转为 CBDC 的银行存款因此从部分准备金转为 100% 储备金，达到银行部门去杠杆的效果。

不过，去杠杆的效应因为央行的妥协（保护商业银行的利益而限制 CBDC 对银行存款的替代程度）而打折扣，对 DC/EP 去杠杆效应不应给予过高预期。

第七节　总结

央行 DC/EP 实践虽然名义上定位为物理现金替代物，它也部分替代银行存款。央行将限制 CBDC 批发支付的功能但效果有限。DC/EP 实践中储备金与 CBDC 可兑换。央行如果不限制银行存款到 CBDC 的兑换，将为金融稳定性带来巨大风险。DC/EP 对现有货币政策工具有效性有较大的影响：将显著削弱央行利率工具的有效性；央行将失去直接精确控制储备金数量和银行总体信贷规模的能力；削弱央行控制无风险利率的能力。DC/EP 实践可能影响银行信贷的数量和价格，对社会总流动性供给的影响将是不确定的。DC/EP 实践有助于银行部门去杠杆，但成果有限。

为应对潜在的金融稳定性风险，笔者建议央行可以考虑如下选项：（1）将

CBDC 设计为可调节利率的计息货币；（2）禁止储备金与 CBDC 自由兑换，限制银行存款与 CBDC 自由兑换；（3）商业银行用合资格抵押品向央行兑换 CBDC；（4）使用市场套利机制维持 CBDC 与银行存款的面值一致。

我们需要正确理解 CBDC 的目标，其仅服务于央行需求而非满足大众愿望。笔者相信 DC/EP 仅为央行在控制风险前提下的 CBDC 试水之作，因此现在任何设计都不代表 CBDC 的最终形态。

第十一章　央行数字货币
——全球共识与分裂 ①

笔者按：本章是笔者以央行的视角来考察央行数字货币，因此本章中的观点并不一定代表笔者的观点，请读者阅读时注意区分央行的观点和笔者对央行的分析。

第一节　塑造国际货币和金融体系格局的驱动力量

在过去数年，有三项发展将货币与支付体系的变革推到风口浪尖，它们分别是比特币及加密资产的兴起、大型科技公司进入金融服务领域和以 Libra 为代表的全球稳定币的兴起。

当把视野扩展到数字货币之外更宏观的世界，我们发现有七种驱动力量在塑造国际货币和金融体系的现状和未来格局，它们分别是：

第一，主要经济体的货币政策制定机构（如美联储 FED 和欧洲央行 ECB）和国际标准制定机构（如国际清算银行 BIS、金融稳定理事会 FSB 和国际货币基金组织 IMF 等）是决定性的力量。他们的权力核心是一群代表"不代表任

① 为 2020 年跨年所做。

何主权国家和民族的跨国资本集团"的央行技术官僚、银行家和学者。这个群体的认知、决策和行动塑造了全球数字金融监管格局和决定了数字货币如何被纳入全球金融体系。当 Facebook 发布 Libra 计划之后，G7 轮值主席国法国的央行即委托 ECB 执委 Benoît Cœuré 领导稳定币工作组对其进行调研并于四个月后向 G20 财政部长和央行行长会议提交了《全球稳定币调查报告》（以下简称"G7 报告"），阐述了稳定币给监管和公共政策带来的挑战。G20 会议后，FSB 稳定币工作组已经从 G7 工作组接手稳定币监管政策建议制定的工作，预计 2020 年 4 月将会提交咨询报告的初稿。这说明全球监管已经达成共识，进入稳定币监管政策制定的阶段，意味着为稳定币的推出做好法律和监管的准备。作为对比，比特币等加密资产已经发展超过 10 年，全球监管尚未形成统一的监管方法。这说明稳定币真正具有成为"货币"的潜力，已经引起了货币金融体系顶层制度和秩序设计者的强烈关注。主要经济体的货币政策制定机构，如美联储、欧洲央行和中国央行等，针对面临的货币和支付体系的挑战时，他们的共识是改进现有的支付系统以更好地满足用户的支付需求，但在是否发展央行数字货币（Central Bank Digital Currency: CBDC），以及发展什么类型（零售还是批发）的 CBDC 方面存在明显的分歧，这与他们在国际货币金融体系的地位有关。

第二，以 DNA（Data Analytics，Network Effect 和 Interwoven Activities）商业模式为基础的大型科技公司，携庞大用户基数、完整的经济生态和大数据以及大数据处理经验，渗透并主导一个市场，并通过技术建立竞争壁垒，让传统金融企业产生严重依赖甚至被脱媒。这些大型科技公司通常以支付为切入并以之为中心建立了私有网络平台和封闭、隔离的生态系统。很多还发展了以支付为中心的金融服务，如借贷、理财、保险等，颠覆了传统金融部门以银行为中心的产业组织结构。大型科技公司在推动创新和更好的支付服务方面起了决定性的作用。例如在中国，2018 年移动支付的交易金额占 16% 的 GDP，支付宝和微信支付占据了移动支付 93% 的市场份额。大型科技公司还进入传统银行的核心领域——货币发行。实际上，在中国，蚂蚁金服和微信支付很早就以打通货币市场基金与支付功能的形式实现并发展了人民币数字货币业务，蚂蚁金服的货币市场基金余额宝资产规模超过 1 万亿元人民币，这约占 0.5% 的广义人民币（M2）。但直到 Facebook 发布 Libra 计划，大型科技公司进入货币发行领域才引起全球关注。他们都在私有网络平台上提供了自己的支付工具和货币（虽然是锚定于法币），并且这些网络是以数字形式进行支付和交易的，这就是 Benoît 认为的 "影响国际货币金融体系未来形态最具颠覆性的概念——数字货币区"。与数字货币区相关的一个概念是数字美元化，指一个经济体的法定货币被其他的数字货币所取代。经济上或社交上对大型数字货币区开放的经济体尤其容易受到数字美元化的影响，即使是拥有稳定货币体系的经济体。在应对大型科技公司的私人数字货币举措的挑战时，各个经济体有不同的策略，这都深刻地影响了全球货币金融体系未来的格局。

第三，以美元为主的全球货币金融体系的强烈溢出效应，是国际货币金融体系脆弱性的根源。这在全球一体化精英群体内部也获得了广泛共识。如英格兰银行行长 Mark Carney 称 "美元为基础的全球货币金融体系不可持续，基于多国 CBDC 的网络并由公共部门提供的一篮子的合成霸权货币可能是最佳替代方案"。BIS 货币与经济部门负责人 Claudio Borio 称，国际货币金融体系最大的脆弱性来自 "总资本流动和累积的库存"，其中宽松偏见从核心经济体（暗指美国）蔓延至世界其他地区，一个国家的宽松导致了全世界的宽松；各个新兴经济体所采用的外汇干预工具，有效减少了不受欢迎的溢出效应。

第四，人民币国际化经历长时间努力但进展缓慢。人民币计价的商品和服务贸易少于 2%，全球储备货币人民币也少于 2%，这与中国占全球经济总量六分之一的地位严重不相称。类似 Libra 的全球稳定币的出现，不仅可能侵蚀人民币货币主权，也让人民币国际化面临更大挑战。中国央行自 2014 年即开始了央行法定数字货币（Digital Currency/Electronic Payment: DC/EP）的研究工作，合理的猜测为提升人民币国际化的实力是央行发展 DC/EP 的初衷。

第五，在线交易和跨境交易的流行，促进了消费者对更安全、方便、快捷和低成本的跨境支付的需求。全球化的浪潮、在线服务的快速发展，以及以数字形式交付的服务的日益增长，都推动了这种变化。全球旅游流量在过去15年中翻了一番，互联网用户和手机用户数量都增加了一倍。短短10年中，全球汇款增长了50%以上，而跨境电子商务活动增加了两倍。因此新兴的私人支付解决方案主要针对消费者和劳动者，而不是商家。消费者和劳动者构成更大的潜在用户群，并产生相关的网络效应，这意味着新的数字货币举措可能被用户很快接受。传统地，国际支付主要由公司、商户、银行和政府进行，他们的国际货币使用惰性历来很大。现有证据表明，在零售消费者支付方面，交易和转换成本比用于批发跨境贸易和金融的传统货币要小得多。这种网络效应对于全球网络来说更强大，可能使国际货币竞争未来成为一场更具活力的竞争。

第六，非银行参与者的兴起和消费者支付偏好的变化推动了非现金支付日益数字化。这导致在某些国家，从瑞典到中国，现金使用量急剧下降。今天，支付的"重心"正在向这些新的参与者，特别是大型科技公司转移。这种位移对银行的经济模式构成了挑战，但也可能对主权国家的货币主权构成威胁。例如，在欧洲，支付的基础设施、知识和技术主要由非欧洲公司所拥有；在中国，支付宝和微信支付占据了移动支付93%的市场，大部分交易都通过他们构建的私有网络平台进行。

第七，由密码朋克和技术极客推动的区块链技术的发展。这支力量点燃了数字经济的第一把火，并持续为之贡献创新和理念。数字经济的第一波是比特币和加密资产表亲们（如以太坊等）的兴起，但因为极高的波动性、（有争议地）缺乏内在价值、不可预测的交易成本和确认延迟、治理不透明等原因，导致它们无法作为可靠的货币工具而目前主要被用于投机。虽然第二波——加密资产稳定币——也是由这支力量所推动，但真正引起主流的关注却是以大型科技公司进入稳定币领域为开始的。这支力量的缺点和优点一样突出：优点是理想主义（纯粹的民主和去中心的理念）驱动、技术精湛、创新源源不绝和社区影响力强等；缺点是极端的理想主义会阻碍与传统世界的融合并且容易落入小众和非主流，技术驱动意味着缺乏理论指引（例如中本聪的比特币"货币"

理想也许永远不会实现）因此易入歧途（ICO/IEO 等无一不是最终一地鸡毛）。因此这支力量能够为数字经济持续贡献颠覆性的技术和理念，但却不能成为未来货币格局的决定性的力量，甚至不是有关键影响力的力量。

以上每一方面都以自己的方式提出了关于货币和支付系统的基本架构的问题。由它们引发的关于货币和支付系统未来的争论才刚刚开始。但全球央行都已经明确，它们需要以更加积极主动的方式处理与技术创新及其对货币和支付的影响有关的问题，它们也必须确保创新要保证法律确定、治理健全、金融稳定并符合高合规标准，同时不妨碍有益的创新。虽然在是否发展 CBDC 以及发展什么类型的 CBDC 方面全球央行存在显著不同的观点，他们在加强央行货币作为公共产品的属性、加强货币治理以及支持创新的支付解决方案方面，拥有广泛共识。

第二节　摩天大楼和央行公共产品

所有来上海的人可能都会赞叹高达 632 米的中国第一高楼上海中心大厦，像一把军刀直插入云霄。人们赞美它的雄壮的时候，往往忽略了它地下 80 多米的基础。但是，不能因为地基不可见就说它不重要。相反，地基是非常重要的。笔者曾用"沙滩上的摩天大楼"形容 Libra，我们用同样的方式看待货币和金融体系——货币和金融架构需要坚实的基础，就像摩天大楼一样。建立这些基础就是央行的职责。就像摩天大楼的地下基础一样不可见，央行的作用可能对绝大部分人来说也是不可见的，但是它一定存在那里，支撑着货币金融体系。

央行为货币和金融体系建立的基础，是"央行的公共产品"。货币体系是建立在对货币的信任之上。这是只有央行才能提供的。与法律制度和其他公共产品一样，中央银行所支撑的信任具有公共产品的属性。中国央行前行长周小川 2018 年年底发言说,"私营部门可以参与数字货币体系,但需具备公共精神"。BIS 总经理 Agustín Carstens 说,"货币体系是作为整个全球金融体系基础的公共产品,公共部门需要在这一过程中发挥主导作用",在最近的《货币和支付系统的未来:中央银行扮演什么角色?》发言中,Carstens 解释了通过履行现代双层支付体系的四种角色,央行提供了"央行公共产品"和巩固了公众对货币的信任。

现代支付系统有两个层次,央行是商业银行的银行。这种双层体系是基于账户的货币体系的缩影。央行向商业银行和其他支付服务提供商(PSPs)开放账户,以便国内支付在央行的资产负债表上结算。二级体制的关键是中央银行的独特地位,它起着四个关键的支撑作用。

央行的第一个角色是提供货币体系中的账户单位。当我们看到一张美元钞票时,它代表了美联储向持有者提供一美元的承诺。基于这个基本承诺,经济体中所有其他的承诺都随之而来。

央行的第二个角色是利用自己的资产负债表作为结算工具,提供支付的最终性。央行是依法建立的,实现借记付款人账户和贷记收款人账户的可信赖的中介机构。一旦通过央行的账户完成借记和贷记账户,支付是最终的,是不可撤销的。在央行看来,央行提供的支付最终性是比特币不能比较的。比特币的世界里,一切都通过去中心的共识来运作,共识所说的即被认定为事实。在这样一个系统中,如果有足够大的一组矿工 / 记账节点相互勾结就可以改写分布式账本的历史,过去支付的款项可能变得无效。当央行是最终的终结担保人时,这根本不可能发生。一旦支付在中央银行资产负债表上结算,它就是最终的。逆转此类事务的唯一方法是执行相反的新事务。

央行的第三个角色是,通过提供足够的清算流动性,确保支付系统不发生拥塞能够顺畅运行。在压力时刻,在提供流动性方面,央行的作用是作为最后贷款人,其作用更为明显。相比较单个系统参与者维护的现金余额,现今大额支付系统中的支付价值很高。如果付款必须彼此等待，则很容易造成拥塞。如果央行可以直接以日间透支的形式向其批发账户发放贷款，它可以帮助解决支付拥塞的问题。这些透支有时是大量的。在全球金融危机（GFC）发生前的几年里，美联储每天向金融体系注入高达 1800 亿美元，约占每日支付总额的 5%。在 GFC 之后，日间透支已经回落，但仍然反映了商业银行在美联储维持的准备金余额（相比较之前）要大得多。一般观点是：结算流动性只能通过央行支持才能得到满足，否则参与者将需要巨额现金余额。在压力时期，央行的最后贷款人角色仍然是金融体系安全的核心。

央行的第四个角色是监督支付系统。通过设定要求和执行这些要求来确保支付系统的安全和效率。

这四个角色为现代双层支付体系奠定了基础。通过履行这些职能，央行巩固了公众对货币的信任，货币是维持金融体系的一种核心公共产品。毕竟，货币体系是一个关键的公共基础设施，每个人都依赖它，它应该服务于公众的利益，而不是为了私人利益相关者的利益。

第三节　货币治理

纵观历史，私人货币来来去去。一些货币持续时间比其他货币更长。关键问题一直是如何支撑一种特定形式的货币的价值。在私人货币实验中，起点始终是，通过挂钩资产和为货币发行建立"约束性"的规则，支持被发行货币的价值。但历史告诉我们，最终，利润最大化的诱惑开始侵蚀发行人对货币价值的承诺，而货币价值最终屈服于治理失败。BIS 和荷兰银行近期将发布一篇论文以阿姆斯特丹银行（1609—1820 年）为例来分析银行货币治理失败的原因。

阿姆斯特丹银行是作为存款和支付银行成立的，它为储户提供基于账户的货币。商人向银行支付金币，银行发行由这些金币支持的存款。反过来，这些存款可用于支付和结清财务索赔。

在基于账户的货币的创建和管理方式上，阿姆斯特丹银行与"稳定币"十分相似。存款的价值由资产支持来维持。因此，基于账户的货币不仅可作为账户单位和支付手段，而且可以作为价值存储。170 年来，非常成功的阿姆斯特丹银行拥有绝对安全的资产负债表，负债几乎完全由金属库存支撑。该行的良好声誉使该银行在通过透支向市场参与者提供流动性援助时，不时偏离其章程。然而，在 18 世纪 70 年代后期，它向最大的客户荷兰东印度公司贷款越来越多，从而进一步偏离了章程。随着其信誉的逐渐消失，以及其（储备）支持的质量逐渐消失，公众对其基于账户的货币的信任也逐渐消失。结果 1795 年的挤兑导致银行崩溃。

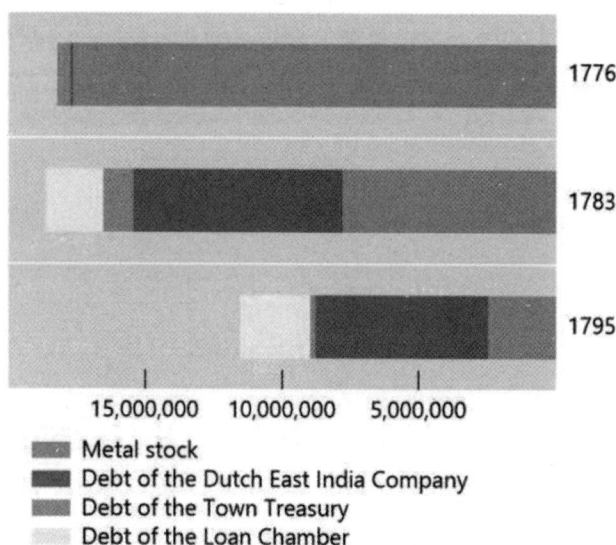

图 11-1　阿姆斯特丹银行资产负债表（资产端）

图片来源：BIS

阿姆斯特丹银行的历史在目前关于稳定币的争论中引起强烈反响。教训是，良好的治理至关重要。治理不仅仅是宪章的条文，而且必须足够强大以抵制可能破坏宪章的力量。即使一个稳定币由非营利实体经营，其长期可持续性仍然受到其治理安排的信誉和范围的限制，特别是在其资产支持、储备管理等方面。Benoît 领衔完成的《G7 报告》中列举了稳定币带来的法律和监管的挑战，包括法律方面的明确性、健全的治理、反洗钱 / 反恐融资 / 反大规模杀伤性武器扩散融资、市场诚信等，交易对手风险以及在需要时谁将提供流动性和援助，也是稳定币可持续性的关键因素。

近期即将卸任的瑞士联邦主席兼财政部长 Ueli Maurer 表示，Libra 目前的设计"没有机会"，因为央行不会接受基于一篮子资产支持发行稳定币并稳定其价值的方案。Libra 协会负责人在 2019 年 10 月已经表示将简化其设计——从挂钩一篮子资产修改为挂钩单一法币。相应地，Libra 的储备管理机制可能从最初类似货币市场基金的管理方式转变为简单的法币存托模型。这有助于提升 Libra 的法律明确性、加强其治理并降低金融稳定性风险。一般地，货币市场基金的收益率会显著高于银行存款。因此 Libra 变更储备管理机制后，其赢利能力将被严重削弱。这可能解释了为什么 Libra 协会近期修改白皮书，删除了"向 Libra 协会成员支付分红"的描述。

第四节　批发和零售 CBDC

CBDC 可以分为批发 CBDC——其中网络参与者是已经能够访问央行资产负债表的金融机构——以及零售 CBDC，后者也可供一般用户——如企业和消费者——使用。对于批发 CBDC，受监管的金融机构使用的基于账户的 CBDC，长期以来已经以商业银行持有的常规中央银行存款——准备金——的形式存在。因此，批发 CBDC 相当于准备金的代币化。代币化批发 CBDC 正在发展，用于涉及大额支付系统的特定应用，如大型证券交易结算。例如，加拿大银行和新加坡金融管理局已经测试了在跨境批发结算中使用基于代币的 CBDC。私营部门还提议批发稳定币，例如摩根币和公用事业结算币（Utility Settlement

Coin: USC）。

对于批发支付，结算流动性尤为重要。对于实时交易的大额支付系统，支付价值相对于现金余额而言是很大的，结算流动性是潜在效率低下的一个关键来源。央行可以向支付系统参与者提供透支，以便以较低的先行融资的（prefunded）流动性获得更即时的付款。CBDC 代币技术本身并不排除结算流动性要求，采用代币化 CBDC 技术也不排除央行提供日间透支的需求。但是，CBDC 可以与央行结算流动性的供给相容。

由于批发 CBDC 将主要限于目前使用中央银行存款的机构，因此，批发 CBDC 不会引发与广泛可用的零售 CBDC 相关的棘手的商业足迹问题，对现有货币政策也几乎没有影响。

BIS 于 2019 年 12 月 12 日发表论文《批发数字代币》讨论了数字代币作为解决批发交易的手段的作用。中国央行的穆长春参与了报告的工作。

零售 CBDC 的引入将代表一场彻底的变革。当涉及全天候支付可用性、不同程度的匿名性、点对点转移或对货币适用利率的范围时，零售 CBDC 将开辟多种新的可能性。但它们对流动性、赢利能力和银行中介行为也产生了潜在的负面外部性。无论它们是否作为一种新的、独立的货币工具，都可能带来潜在的金融稳定性风险（如银行存款大规模和 / 或突然转换为 CBDC 的"挤兑"）和削弱已有货币政策传导机制的有效性（如央行不能精确控制基准利率和流动性供给）。笔者 2019 年 8 月发表于《财经》的文章《央行法定数字货币实践中的风险防范》对这些问题进行了详细讨论。

发行零售 CBDC 将会削弱商业银行"通过发放贷款的形式创造货币"的能力，这对理解央行对于零售 CBDC 的立场至关重要。

用一个简化的模型来考察银行的商业模式。根据监管的要求，银行所有的存款负债需要有对应的资产支持，存款的不同货币类型所对应的资产要求不一样。物理现金要求 100% 准备金（即商业银行在央行的一元储备金只能兑换一元物理现金），考虑到物理现金的分发、保管和回收成本以及物理现金并不生息，商业银行持有现金实质上是亏钱，因此所有商业银行都倾向于持有最少量的现金，仅仅为满足用户提现需要。一般存款要求部分准备金，假设存款准备金率为 10%，那么商业银行在央行的一元储备金可以派生出十元存款货币。当商业银行在央行的准备金不足时，商业银行可以通过抵押自己的流动性资产给央行，向央行借入准备金，所以商业银行的流动性资产规模约束了它创造存款货币的能力。考虑到商业银行通过贷款创造存款货币，因此商业银行的流动性资产规模约束了其创造信贷的规模。与物理现金类似，（零售）CBDC 要求 100% 准备金。因此从商业银行存款切换到 CBDC，实际上逼迫银行将对等规模的存款，从部分准备金转到 100% 准备金，这将迅速消耗掉商业银行所持有的流动性资产，因此会严重影响信贷的数量和价格。考虑到货币乘数，一般情况下，银行即使耗光流动性资产也无法支持用户的存款到 CBDC 的兑换，不得不折价回收贷款资产从而可能迅速陷入无清偿能力的境地。

第五节　央行支付创新

一、改善当前基于账户的系统

改善零售支付系统最有效的方法是扩建当前的基于账户的双层系统，以适应更快地支付。这将基于一个公平的竞争环境，为传统银行和创新的非银行支付服务提供商（PSP）提供空间。

央行可以通过允许新的非银行 PSP 访问央行的结算账户促进竞争。中国、英国和瑞士已经这么做了。中国自 1999 年诞生了第一家第三方支付企业，截至 2018 年年底，央行发放了约 270 张第三方支付牌照。英格兰银行已经调整了结算账户政策以允许非银行访问。在瑞士，有牌照的金融科技公司被允许访问瑞士国家银行的账户。为了确保公平的竞争环境并尊重相称原则，轻度监管必须与减少访问央行的服务同时进行。例如，受到轻度监管的 PSP 只能在预先融资的基础上访问央行结算账户。换句话说，它们没有资格获得透支或其他央行流动性援助。

当大型科技公司涉足支付业务时，就会出现新的问题。它们的商业模式依赖于通过在线平台（社交网络、电子商务平台和搜索引擎）实现大量用户之间的直接交互。一个重要的副产品是大量的用户数据，它作为利用自然的网络效应的服务的输入，从而产生更多的用户活动。增加的用户活动完成了这个循环，因为它生成更多的数据。由于这种数据—网络—活动的反馈循环，这些大型科技公司进入支付服务带来了严重的市场力量和数据隐私问题。

中国央行最近采用了双层系统的改革，要求大型科技公司完全集成进央行支付体系。首先，改革要求大型科技公司的备付金率从 20% 提升到 100%，并且将备付金账户从商业银行收归到央行。此举旨在严格限制大型科技公司将这些资金投资于银行系统内有息资产，或限制他们通过信贷平台向客户提供信贷，冒险进入影子银行。其次，大型科技公司被要求通过新创建的国有的网联平台进行支付结算。通过一个公共平台结算提升了透明性，代替了之前第三方支付平台和银行间复杂和不透明的双边关系，并且为中小第三方支付平台提供了公平的市场竞争环境。

二、国际支付体系中的美国"长臂管辖"和全球应对

在以美元为主的国际支付体系中，SWIFT 已经成为美国挥动制裁大棒并且玩弄"长臂管辖"的利器，甚至被用来对付美国的盟友。不仅用来制裁与美国不友好的国家如朝鲜、伊朗和俄罗斯等，美国已经威胁要通过切断 SWIFT 连接来制裁仍与伊朗保持贸易关系的欧洲公司。

欧洲的国家包括英国、德国和法国已经开始与伊朗建立一个独立的支付体系——欧洲—伊朗结算机制——以规避美国对伊朗以及与伊朗保持贸易关系的欧洲公司的制裁。2019 年 12 月初，比利时、丹麦、芬兰、挪威、荷兰和瑞士宣布加入该新结算机制，也欢迎中国和俄罗斯加入。

中国早在 2012 年 4 月就开始建设并于 2015 年 10 月正式启动了人民币跨境支付系统，提高跨境清算效率和满足各主要时区的人民币业务发展需要，提高交易的安全性和构建公平的市场竞争环境，中国央行于 2018 年 5 月完成了该系统的第二期建设。考虑到美国日益将 SWIFT 作为一种日常的工具用于"长臂管辖"，中国政府花近八年时间建设了完全独立于美元支付体系的跨境支付基础设施。

三、欧洲支付系统自主权的忧虑和应对

ECB 执委 Benoît Cœuré 在 2019 年 11 月的《走向明天的零售支付——欧洲的战略》发言中表达了欧洲金融精英对欧洲支付系统自主性的忧虑以及应对措施——欧元体系零售支付战略，该项战略的核心是市场化的泛欧零售支付解决方案。

虽然欧洲在单一市场和货币联盟方面已经取得重要进展，但针对零售支付市场，仍然缺乏欧洲解决方案。这是因为缺乏泛欧行事的方式，国家碎片化，以及（非欧洲的）大型科技公司以创建单独的新的支付生态的方式来满足消费者日益增长的跨境支付的需求。目前，在欧洲占主导地位的支付系统的知识、技能和基础设施都属于非欧洲公司——以 Apple、Google、Facebook 和 Amazon 等为代表的全球大型科技企业。

完全依赖非欧洲的和新的生态系统可能带来两种风险：第一，全球稳定币带来的未经验证的性质的风险。第二，可能损害欧洲支付系统自主性和弹性，不适应欧洲单一市场 / 单一货币的需要。依赖非欧洲的全球参与者，使得

欧洲支付市场更容易受到外部干扰。拥有全球市场力量的服务提供商不一定会从欧洲利益相关者最佳利益出发。其他国家的货币力量不会从欧盟的最佳利益出发，甚至被用来对付欧盟。

Benoît 认为应对这些风险的唯一有效对策是欧洲银行合力来提供既反映消费者需求又加强单一市场的支付解决方案，因此欧洲央行理事会已经决定积极推动零售支付的泛欧市场举措。欧元体系零售支付战略的核心是泛欧的市场化支付解决方案。

笔者认为，欧洲实施零售支付战略的挑战有两点——全球大型科技公司的挑战和欧盟国家的碎片化。

欧洲一直没能形成本土的大型互联网企业，因此当全球大型科技企业携庞大用户基数和多样化的经济活动的生态进入支付和更广泛的金融服务领域时，欧洲几乎无力抵抗。虽然单一的欧洲支付方案能够提供给消费者全球一致的支付体验，满足其对支付快捷、低成本、安全、易用的需要，但与大型科技企业的 DNA 商业模式相比，几无胜算。DNA 商业模式的关键特征是数据分析（Data Analytics）、网络外部性（Network Externalities）和紧密结合的（经济）活动（Interwove Activities）。这三种元素互相增强：网络外部性为用户带来更多用户和更多价值，反过来又允许大型科技公司生成更多数据，这有助于增强现有服务并吸引更多用户。与大型科技公司相比，欧洲银行（特别是单个银行）拥有的客户基数小得多，提供的服务类型（经济活动）局限于传统金融服务，缺乏大数据和大数据处理经验。银行在利用数据、网络外部性和紧密结合的活动之间的反馈循环方面远不如大型科技公司有效。银行与大型科技公司在提供金融服务方面的竞争力差异还体现在后者的增长已经对金融服务业的行业组织产生更深远的影响。金融等级制度正在逆转，银行从传统金融系统的中心正在降级为从属于大型科技公司提供的支付服务，中国的蚂蚁金服和腾讯已经表现出这种特征。

欧洲国家的碎片化可能削弱欧洲实施零售支付战略的效果。这体现在两个层面：首先，统一的支付解决方案的欧洲利益相关者是碎片化的欧洲银行业，作为对比，大型科技公司的支付解决方案背后是一个强大的网络平台和一个经济生态系统。其次，单一欧洲市场实际非常碎片化。Benoît 在 2019 年 9 月《国际货币和金融体系面临的数字挑战》的发言中指出："尽管 20 年前创立了单一货币，但欧元区的跨境电子商务并未起飞。国内偏见依然强烈。只有三分之一的欧洲电商购物者从其他欧盟国家的卖家购买商品。大约 40% 的欧洲网站不向其他成员国的消费者销售，而近 80% 的在线销售是国内的。"Benoît 继续说："将新货币（如 Libra）连接到现有网络可能比在现有货币（欧元）上构建新网络更容易。很少有零售商将欧元的引入视为围绕欧元建立泛欧网络的机会。"无论是否使用欧元，单一服务市场仍然不完整。

笔者认为，为巩固欧洲支付系统的自主性，欧洲首要任务是巩固和扩大以欧元结算的贸易计算量。2018 年，美国和欧盟分别占全球贸易总量的 10% 和 11%，但美元和欧元结算的全球贸易量分别为 50% 和 30%。欧洲贡献了相当额度的美元计价贸易量（即使贸易双方与美国都没有关系）。欧盟委员会前主席容克曾表示，欧洲每年进口价值 3000 亿欧元的能源，但却要用美元支付 80% 的订单，这十分荒唐。任何一种国际货币的地位都是首先以其支付的贸易总量来衡量的。

为巩固欧洲支付系统的自主性，欧洲应该像中国央行一样坚决地发展零售 CBDC 以增强人民币国际化的潜力，抵御类似 Libra 全球稳定币对自己货币主权的侵蚀。但欧洲央行为了保护商业银行的利益，选择发展批发 CBDC 而不是零售 CBDC。本章后面会详细讨论。

四、全球热衷的国内快速支付系统

在线交易和跨境交易的兴起，促使了消费者对更方便、快捷、低成本和安全的跨境支付的需求日益增长。传统地，跨境支付是出名的缓慢和昂贵。

Libra 的兴起主要以提供快速和低成本的跨境支付作为切入点。全球央行作为应对 Libra 挑战的第一步，往往选择大力改进国内支付系统——显著提高速度和降低成本，以满足消费者的需要。因此，我们观察到，在基于银行的双层支付系统中，快速零售支付系统正在逐渐普及。目前，45 个司法管辖区拥有快速支付系统，预计很快会增加到 60 个。

这一领域的创新者包括新兴经济体和其他不受传统技术约束或不受既得利益群体抵制的人。作为最典型的支付创新者，中国在 2013 年就启动了第二代现代化支付系统 CNAPS，解决了快速和低成本的国内支付问题。中国的移动支付也在全球处于领先地位。直到 2018 年 12 月 ECB 才上线了目标即时支付结算（Target Instant Payment Settlement: TIPS）系统，以支持在欧元区内全天候低成本、实时的支付结算，但 TIPS 只是欧洲支付系统的后端，欧洲仍然缺乏一个统一的支付前端。在某些方面，美国是少数几个没有普及快速支付的发达经济体之一。直到 2019 年，美联储理事会才宣布，美联储自己的快速支付系统——FedNow——将在 2023 年或 2024 年投入使用。

第六节　美国私人数字货币监管格局与拒绝（零售）CBDC

纽约联储法律组执行副总裁 Michael Held 于 2019 年 12 月初的发言——《美国针对加密货币的监管和方法》——介绍了美国针对私人发行的数字货币的监管格局，称美国政策制定者和监管机构尚未制定出监管私人数字货币的总体框架。虽然各家联邦监管机构都表现出将现有监督工具用于数字货币的意愿，但监管效果一部分取决于数字货币的功能使用，一部分取决于有权监督数字货币的各种立法者和监管机构的优先事项。这里存在的挑战有，数字货币的资产类别（商品、证券或货币）的边界模糊；各州方法有不一致处理的风险，可能有对许可标准进行"底线竞速"的风险；联邦银行监管机构对数字货币的发行、持有和转移等活动的可准许性基本上保持沉默。2019 年 12 月 19 日《福布斯》文章称美国国会正在起草和讨论《2020 加密货币法案》，法案初步审核内容将数字资产分为三类，并将数字资产的监管权按三种类别——加密货币、加密商品和加密证券——分别分配给金融犯罪执法网络、商品期货交易委员会和证券交易委员会。设计的监管方案缺乏跨部门协调、美联储作为最适当的监管者保持沉默，这体现了美国国内针对数字货币行业强大的监管游说力量。

美联储理事 Lael Brainard 于 2019 年 10 月发言并且在 12 月再次强调了美联储针对稳定币和 CBDC 的立场。Brainard 表示，美元的现行制度令人信服，因为：流通中的物理现金继续上升；美元是全球重要的储备货币，保持公众对主权货币的信任至关重要；美国也有一个强大的银行系统，以满足消费者的需求；美联储已经广泛提供并扩大了各种数字支付的选项。发行（零售）CBDC还可能面临法律问题——如保护用户隐私和打击非法活动的复杂均衡。作为对比，中国央行发行 DC/EP 的决策就显得更为果断——DC/EP 的"前台匿名，后台实名"的可控匿名设计实质上是牺牲了物理现金的绝对匿名性。发行 CBDC 可能有助于解决零利率下限的难题，但美联储倾向于使用现有的货币政策工具而不是引入 CBDC 来解决这些问题。发行 CBDC 还可能引发金融稳定性的风险，例如存款大规模和 / 或突然被兑换为 CBDC 的"挤兑"，以及商业银行去媒的风险。发行 CBDC 也可能带来操作风险，如央行需要运营上亿账户，或存在电子伪造和网络风险等。因此，Brainard 的结论是美联储短期内不会发行 CBDC。在笔者看来，Brainard 理事所陈述的理由除金融稳定性之外大都站不住脚，最重要的理由她并没有讲——发行零售 CBDC 将削弱商业银行的商业模式。

2019 年 12 月初美国财政部长 Steven Mnuchin 在国会表示，已经与美联储达成共识，认为美联储在五年内没有发行 CBDC 的必要，同时，也不反对Libra 发行数字货币。笔者 2019 年 10 月的文章《美元的 Libra，美元的未来》指出华尔街才是决定 Libra 前途的"命运之神"，Libra 在国会面临的各种质询只是"茶壶风暴"。美联储不反对 Libra 的原因是：（1）Libra 的稳定币发行机制基于美元法币 M2，没有 M0 创造，因此保护了商业银行的利益。（2）Libra

使用区块链和智能合约技术，不仅让美联储可以提升支付清算基础设施的效率和降低成本，还能够极大增强美联储对货币体系的管控能力。中国政府有多喜欢区块链，美联储就有多喜欢 Libra。（3）Libra 现在挂钩单一法币和基于法币存托的储备管理机制，没有创造新的记账单位，维护了美元的货币权威。（4）以美元为基础的国际货币金融体系存在根本性的脆弱性，美元面临被广泛批评的窘境。Libra 已经被成功塑造为"挑战美元霸权，遭受无情打压"的悲情英雄形象，没有比 Libra 更合适的挡箭牌了。（5）Facebook 拥有全球三分之一人口的活跃用户基数，具有潜在的全球规模和范围。因此 Libra 是能够与中国的支付宝和微信支付相匹敌的支付和数字货币方案。（6）美联储认为数字技术的用户接受速度可能超过历史上任何技术被用户接受的速度，例如电话用了40 年才进入 80% 的美国家庭，互联网 13 年，智能手机少于 10 年，数字货币可能会更快。（7）Libra 的数字优势，可能带来"数字美元化"的效果。在经济上或者社交上对 Facebook 生态开放的经济体，即使它拥有健全的货币体系，也容易受到"数字美元化"的影响。因此，对于美联储，在需要将货币作为一种武器的时候，没有比 Libra 更好用的进攻武器了。

作为全球流通货币，美元怎么可能缺席数字时代的狂欢呢？国家金融研究院院长朱民在 2019 年 7 月的文章已经揭示了 Libra 的底牌——"最终只和美元挂钩，成为官方的数字美元发行和运营者"。因此美元只是换了一种形式与大家继续玩耍而已。

第七节　欧元区欲抢先发行批发 CBDC

理解欧元区在 CBDC 的立场，需要先理解欧盟和欧元区。欧盟是在"欧洲一体化"的理念下形成的政治、经济与货币联盟，在单一货币和单一市场方面取得了一定的成功。欧盟成员国的外交由欧盟政府——即欧洲理事会、欧洲议会等——负责，军事由北约负责。欧盟 27 个成员国，其中 19 个形成货币联盟属于欧元区成员国。欧洲央行是欧元区货币政策唯一的决策者，拥有很强的独立性，这种独立性建立于欧洲法律的最高级别之上，超越了成员国的所有法律——它不从欧盟政府、成员国政府接受指令。英国已经脱离欧盟，法国和德国是欧盟领导国。欧盟的成立基础是超越主权的经济与货币联盟，实际上是削弱成员国的主权，这是一种反国家意识——将过去民选政府的权力转移给未经选举的一群技术官僚手中，特别是将一个国家的货币政策决策权转移给未经选举的一群央行技术官僚手中，以超越个别国家宪法的合法形式。欧洲央行的权力核心，与 FED、BIS 和 FSB 等一样，是一群代表了"不代表任何主权国家和民族的跨国资本集团"的央行技术官僚、银行家和学者，所以他们的立场可能与代表主权国家政府的官员立场相悖。因此，ECB 在欧元区货币政策方面的声音才是决定性的，欧盟政府、欧元区成员国政府的声音并不是。ECB 的决策机构——管理委员会——由执行委员会成员和成员国央行行长组成，因此成员国央行（独立于其政府）的立场与 ECB 是一致的。

Libra 白皮书发布之后，G7 轮值主席法国的央行立刻委任 ECB 执委领导了对稳定币的评估工作并且在 4 个月后将评估报告提交给 G20 财长和行长会议。FSB 稳定币工作组继续制定稳定币全球监管政策建议——意味着为稳定币推出做出法律和监管的准备。ECB 执委 Benoît Cœuré 在 2019 年 10 月接受布隆伯格采访时表示，"全球金融监管机构没有计划禁止 Facebook Libra 或其他稳定币，但这些以官方货币为支撑的数字货币必须符合最高的监管标准"。这些都表明 ECB 权力核心并不意图阻止或反对 Libra，虽然欧盟政府或欧盟国家政府强力反对 Libra 的声音绵绵不绝。

法国央行行长 François Villeroy de Galhau 在 2019 年 12 月初发言称，发行 CBDC 有三个目标：（1）在现金使用量迅速下降的国家（如瑞典）保证所有公民都能访问到央行货币。CBDC 将有助于维护对金融系统的信任。（2）CBDC 有助于效率提高、中介成本降低和弹性，这些好处可能来源于央行货币的"代币化"，尤其是在结算和交易后活动中。（3）对包括法国和欧洲在内的政治当局而言最重要的原因，是建立 CBDC 将为他们提供强大的杠杆，使之在面对像 Libra 这样的私营部门倡议时能够维护主权。他认为"至少先发行批发 CBDC

将具有一定的优势，因为我们将成为世界上第一个这样的发行人，因此将获得拥有基准 CBDC 的好处"。这非常符合法国人的德行——不放过任何一个扮演世界领袖的机会。德国央行执委 Johannes Beermann 称"批发形式是对现有结构的改进，但它对货币政策的影响很小或根本没有影响"，因此发行批发 CBDC 是一次无害的尝试。

虽然迫切成为"世界上第一个 CBDC 发行人"，ECB 却对发行零售 CBDC 保持高度警惕。法国央行行长 François Villeroy de Galhau 表示"要检查（零售）CBDC 对流动性、赢利能力和银行中介行为产生的潜在负面外部性"，法国央行第一副行长 Denis Beau 称"在欧元区范围内推动零售 CBDC 的商业案例有点薄弱"，德国央行执委 Johannes Beermann 称"对于发展至今的家庭、商业银行和中央银行之间的经济关系而言，零售形式可能意味着一种范式转变"。"范式转变"的表达委婉而又艺术，潜台词即是发行零售 CBDC 破坏商业银行"通过发放贷款创造货币"的商业模式。

Libra 针对解决零售支付的场景，如果发行批发 CBDC 被视为对抗 Libra 的手段，那只能是驴唇不对马嘴，但为什么会发生呢？

结合 ECB 发行批发 CBDC 的尝试和前文所述欧洲所谓的零售支付战略，这只是在面临全球大型科技公司在跨境支付和数字货币创新带来的挑战时，欧洲金融精英的权宜之策——丧失（主权政府的）货币主权和零售支付的阵地，还是从商业银行回收一部分铸币权给"央行"（政府）以增强抵御其他货币对其主权的侵蚀。欧洲金融精英做了与他们的中国同行们（稍后讨论中国）截然不同的选择，这种选择是有理由的。超主权的欧盟的成立基础是反国家意识和削弱成员国主权，欧洲的银行背后是一群没有国家意识的精英们。在面临这种挑战的时候，自然的选择是维持银行手中的铸币权要高于去维护在他们意识中一直淡薄甚至不存在的国家（货币）主权。这也解释了欧洲央行高官对 Libra 暗许态度的理由。

可能读者会感到吃惊，ECB 竟然会以丧失货币主权的代价维护银行家的权力。其实这一点都不奇怪，量化宽松（Quantitative Easing: QE）概念的发明人、畅销书《日元王子》的作者 Richard Werner 在 2003 年就预测欧洲央行会通过持续大规模量化宽松操作创造资产价格泡沫，以制造衰退逼迫欧元区国家向欧洲央行出让财政主权，以促进建设财政联盟和推进欧洲一体化进程。不论该书对欧洲央行的动机判断准确与否，对其行为的预测是如实的。再一次，笔者最熟悉的欧洲央行执委 Benoît Cœuré 出场了，他在 2019 年 12 月初《单一货币：未完成的议程》发言中阐述了"欧元区的三道防线"：（1）要完善单一市场，特别是服务业，促进资源有效分配和成立资本市场联盟。（2）建设可持续和促进增长的财政政策。有财政空间的国家应该利用它来促进投资。债务高企的国家应调整其政策，以便在将来重新获得财政空间，从而限制他们对邻国带来的风险。所有国家都可以提高支出质量。（3）加强有效的区域工具包——统一存款保险计划、共同的财政能力和共同的安全资产。

最终当货币联盟攫取了成员国的财政权力，货币联盟变成了货币和财政联盟，谁将是欧盟真正的当家人？没有了货币、财政、军事、外交权力，成员国政府还有什么？这确实是拷问灵魂的问题，我们还会有更多类似的问题。

第八节　中国大力发展 DC/EP

2019 年 8 月 10 日，中国央行穆长春司长介绍了央行法定数字货币实践 DC/EP：采用双层运营架构，即央行先把 CBDC 兑换给商业银行或其他运营机构，再由这些机构兑换给公众；现阶段 CBDC 定位于物理现金的电子取代物，属于 M0，被视为央行的负债；主要支持零售支付场景；CBDC 不计息；双层运营体系不会改变现有货币投放体系和二元账户结构，不对商业银行的存款货币形成竞争；该方案不对现有货币政策传导机制带来影响；不预设 CBDC 开发的技术路线。

因此 DC/EP 具有明显的零售 CBDC 特征，虽然公众不能直接在央行开设账户，通过"双层运营架构"，公众可以访问央行发行的数字形式的 DC/EP。

中国央行也在密集地与银行、境外金融机构和拥有国际业务的大型企业（如华为）进行机构、跨境清结算方面的测试。从 BIS 最近的论文《批发数字代币》中，我们也可一窥中国央行在批发 CBDC 方面的工作。因此，我们谨慎推测，DC/EP 也兼具批发 CBDC 的特征。

中国央行 DC/EP 的工作始于 2014 年，却在 2019 年 Facebook 发布 Libra 白皮书之后被高调宣布并被加速进程。合理的猜测是中国央行寄希望于数字化人民币来提升其国际化竞争实力，因此始于 2014 年；中国央行视 Libra 侵蚀人民币主权，因此寄希望于 DC/EP 对内维护货币主权，因此加速于 2019 年 8 月。中国央行始终对 DC/EP 具体上线日期三缄其口。考虑到一方面 DC/EP 作为一种新形式的央行货币，需要更多时间进行充分测试以缓解潜在的风险，另一方面 DC/EP 承担了对内抵御 Libra 侵蚀人民币主权之责，笔者谨慎预期 DC/EP 上线日期会稍微提前于 Libra。

前文已经分析，美联储和欧洲央行都高度谨慎对待零售 CBDC，为什么中国央行能够做到发行零售 CBDC 呢？这里有三方面的原因：第一，中国央行代表了主权政府的意志，真正体现了社会公众利益，因此较少受到银行既得利益阶层游说影响。在全球主要经济体的央行中，中国央行可能是唯一称得上"符合公众利益"的。第二，中国央行 DC/EP 的设计中包含了诸多考虑，如双层运营、小额支付、不替代银行存款、账户分级设置限制"挤兑"等，施加了较多限制以"阉割"零售 CBDC 的功能和减缓对商业银行的冲击，因此 DC/EP 能够争取商业银行的支持。第三，中国央行针对数字创新和风险持谨慎和务实的态度——在数字潮来临之前，货币体系已经存在不少问题，数字潮到来之后，可能会给货币体系带来新的问题。无论做还是不做，新旧问题都需要解决，晚做不如早做，少做不如多做，做的时候经过长期研究、论证、尝试和测试，以缓解数字创新带来的风险。中国央行这种谨慎又务实的态度，与法国央行极度政治投机的嘴脸形成鲜明对比，全球第一个发行 CBDC 的央行大概率会是中国央行。

归根结底，中国央行能够超越银行阶层的利益率先发行零售 CBDC 的根本原因在于中国的制度优势——央行真正代表了主权政府和公众的利益，而不是受少数资本集团的左右。

第九节　总结和更深层次的思考

本文已经考察了美联储、欧洲央行和中国央行在 CBDC 与支付体系方面的立场。可能有读者还觉得意犹未尽，全球更多央行，如英国、加拿大、澳大利亚、日本、瑞士、新加坡等国央行在数字创新方面都不落人后，是否应该把它们也纳入讨论范围。笔者的回答是没有必要。基本上，了解了当代最大三个经济体的货币体系的奥秘，就洞悉了现代货币金融体系几乎全部秘密。这三个经济体的货币体系都体现出极强的自主性和独特特征，而其他经济体的货币体系或者是这三个的影子（例如英国之于美国），要么是这三个的卫星（例如加拿大、日本等之于美国），在空间有限的讨论中，这三个已经具备足够代表性。

加密资产的兴起、大型科技公司进入金融服务领域和全球稳定币的兴起，这些发展都以自己的方式提出了关于货币和支付体系的基本结构的问题。在面临这些挑战时，全球央行都已经明确，它们需要以更加积极主动的方式处理与技术创新及其对货币和支付的影响有关的问题，它们也必须确保创新要保证法律确定、治理健全、金融稳定并符合高合规标准，同时不妨碍有益的创新。虽然在是否发展 CBDC 以及发展什么类型的 CBDC 方面全球央行存在显著不同的观点，他们在加强央行货币作为公共产品的属性、加强货币治理以及支持创新的支付解决方案方面，拥有广泛共识。

美国日益将 SWIFT 作为"长臂管辖"的利器,这促使了欧洲和中国大力发展自己的支付基础设施。消费者对更方便、快捷、低成本和安全的跨境支付的需求也促使了全球央行加速建设快速、低成本的国内支付系统。中国在这方面位居领先地位,欧洲已经起步,美国令人惊讶地处于落后地位,这体现了创新与既得利益群体之间的复杂均衡。

全球央行在发行 CBDC 的收益方面有共识:加强央行公共产品的地位,维护公众对货币体系的信心;提升支付清算基础设施的效率和降低成本;加强央行对货币体系管控的能力。批发 CBDC 等价于传统央行准备金的代币化,对货币政策几乎没有影响。零售 CBDC 将削弱商业银行"通过发放贷款创造货币"的商业模式,对"已经形成的家庭、商业银行和央行的经济关系是一种范式转移"。

各个主要经济体在发行 CBDC 方面的立场,充分体现了各个经济体目前在国际货币金融体系中的地位以及各自央行属性的显著差异。美联储和欧洲央行的权力核心代表的是跨国资本集团的利益,而不是公众利益。美联储位居"全球央行"之位,美元拥有全球霸权地位,没有必要发行(零售)CBDC,因为这会损害商业银行的商业模式。通过支持 Libra,美联储不仅能够获得与零售 CBDC 对等的战略性的货币武器,还能够隐藏其战略意图,因此短期不发行 CBDC 并支持 Facebook 的 Libra 计划,对美联储是适当的策略。在面临非欧洲公司在支付创新和数字货币方面的挑战时,欧洲央行选择了快速发行批发 CBDC 而不是发行零售 CBDC,体现了欧洲央行维护商业银行铸币权优先于保护欧洲国家货币主权的考虑。这体现了超主权的欧洲央行背后的反国家意识。快速发行批发 CBDC 也体现了欧盟领导国法国的极度政治投机心态。中国央行的 DC/EP 起始于 2014 年,其初始动力可能源自人民币国际化长期努力受挫;2019 年 Facebook 宣布 Libra 之后,DC/EP 得以加速。因此 DC/EP 承担起对外提升人民币国际化竞争力、对内维护货币主权之责,它兼具批发和零售 CBDC 的特征。中国制度的优势,保证了央行能够从公众利益出发而不是受制于少数利益群体的游说和影响。

本章的主题和内容触及了现代货币金融体系中一些根本性的问题。例如，央行到底代表谁的利益，公众还是少数跨国资本集团？央行独立性有其合理性吗？谁应该掌握铸币权，主权政府（一部分以央行代表）还是商业银行？货币的起源对铸币权归属有什么影响？未来货币金融体系的格局会是什么样子？如何看待数字经济的所有金融现象？谁主导国际货币金融体系顶层秩序和制度设计，他们每天思考什么问题？

货币是一个巨大的话题，涉及技术、金融、经济、政治、法律、历史、哲学等多方面的内容。笔者才疏学浅，所作文章或著作仅为抛砖，能够激发大家以科学的精神研究货币问题是为初衷。

第四篇

Libra 和全球稳定币
的风险与挑战

第十二章　初步评价 Libra[①]

在理解基本货币问题之后，本章为读者展示了 Libra 的天才设计。在脆弱的法币货币金融体系之上构造了宏伟的加密货币金融体系。这是沙滩上的摩天大楼。Libra 不仅百分百保护了既有货币体系的利益，满足了央行针对加密货币监管的所有胃口，还在新世界激发了广泛的热情和共鸣。Libra 通过制度化的设计，让一小群人垄断了 Libra 经济体全部铸币税收益。Libra 通过表面民主化的治理结构保证了核心团队对 Libra 的长远绝对控制。中国应该学习并超越 Libra，本章给出了针对性建议。距离中本聪最初的梦想，Libra 不是答案，更准确地说，Libra 是把旧世界的统治力量带进新世界的"特洛伊木马"！

第一节　引言

本章对 Libra 项目进行了讨论。评价了 Libra 项目部分实现了芝加哥计划全储备银行的要素，讨论了 Libra 铸币税及其归属，评价了 Libra 金融稳定性的缺陷，讨论了 Libra 治理架构、民主性和开放性，分析了中国应对机制。

主流货币监管当局的态度很明朗，美英银行的监管者已经表达了明确的

[①] 本章是首发于 2019 年 6 月 27 日的中国最高阅读量的 Libra 主题评论《从货币金融体系的历史、现状和未来评价 Libra》文章的第二部分内容，初步评价 Libra。

支持态度。代表 G20 对全球金融体系进行观察和政策制定建议的机构是 BIS 赞助的 FSB。FSB 现任主席是美联储副主席，同时英格兰银行行长是前任 FSB 的主席，FSB 最近的有关加密数字货币的报告称，"因其（加密数字货币）市值规模不大，目前对全球金融体系稳定性没有影响"。FSB 声称，"引入 Facebook 的稳定加密货币 Libra 需要一个新的监管框架"。因此可以谨慎乐观预期，即使 FSB 发布针对 Libra 的评估报告，也是正面的。BIS/ECB 的态度也会是。

Libra 项目确实是天才设计，它将一个宏大的稳定加密货币金融体系构筑于传统货币金融体系的脆弱基石之上，不仅百分之百保护了传统商业银行的利益也满足了央行针对稳定加密货币的监管诉求，还成功在区块链和加密货币的新世界激发了广泛热情和共鸣。在 Libra 货币体系中，代币持有者独享整个 Libra 经济体全部或主要的货币收益，约占 Libra 经济体总量 3%，而储备物则全部来自用户。Libra 项目架构者稔熟地通过治理架构设立，满足形式上去中心也保证了对项目的绝对掌控。Libra 金融稳定性存在较多缺陷，其开放性、民主性亦不尽如人意，中国的应对措施应该是学习和超越。

第二节　Libra 发行机制

根据白皮书（Libra 协会，2019），Libra 的发行"采用一系列低波动性资产——如稳定且信誉良好的中央银行提供的现金和政府债券——进行抵押"。因此很明确 Libra 采用了基于资产抵押发行稳定币的机制，且抵押物是现金和政府债券。根据白皮书，Libra 公链上每个用户可以拥有多个匿名账户，账户之间可以直接转账、支付和清算。

根据（龙白滔，2019）有关"芝加哥计划"的描述，如果把 Libra 协会看作稳定加密货币的央行，那么 Libra 属于**全储备银行**，其储备物是法币或政府债券，Libra 亦向全社会开放了储备金账户。这意味着：在 Libra 货币金融体系当中，Libra 是唯一的"铸币"机构，其他机构都没有了铸币权。传统的金融服务，如支付/存贷等业务都面临根本性的变化。因为用户在 Libra 的公链地址即可视为央行储备金账户，用户账户支付和清算即时在公链完成，支付服务商将不再有创造资金池的机会，也无法控制用户的账户，无法创造金融杠杆。这迫使服务商更专注为用户提供账户管理服务并发展其他类型的盈利业务。存贷机构（Libra 银行）将无法再创造货币，只能贷出已经存在的存款，存款可以是 Libra 银行的股本、累积未分红利润和借入的其他资金。协会作为央行，将不再为 Libra 银行提供存款保护计划和救助计划。Libra 破产将导致储户自己的损失。

芝加哥计划强调储备物必须是非债务类型的货币，Libra 储备物虽然是基于债务的法币或政府债券，它们在一定程度上可被视为零风险的信用资产，但不能被视为无杠杆。**法币体系的商业银行或影子银行能够携杠杆资金进入 Libra 体系进行套利，Libra 储备物也可通过货币市场基金进入影子银行体系，这是 Libra 最大的系统漏洞。**

Facebook 作为社交媒体巨头拥有的庞大用户群和社交行为数据，结合 Libra 项目的金融行为数据，将可能形成最完整最海量的用户行为数据。并且所有金融行为数据在 Libra 区块链上可追踪、审计和不可篡改。这完全符合央行钟情于区块链的全部理由，提供给了央行前所未有的控制力，特别是 KYC、反洗钱和反恐融资等。

Libra 作为数币世界的全储备银行，垄断了货币创造的权力，一方面不会为法币体系带来额外的系统风险，另一方面极大简化了针对加密货币体系的监管。在加密货币势不可当的历史潮流面前，Libra 项目为央行提供了如此多的便利，笔者实在找不到央行阻碍其发展的理由。

虽然 Libra 不会为传统金融体系带来额外系统风险，但因无法阻止商业银行或影子银行携杠杆资金进入 Libra 体系进行套利，也无法阻止 Libra 储备物通过货币市场进入影子银行体系，所以 Libra 仍然是全球金融系统风险的一部分。

第三节 Libra 货币体系的铸币税和铸币税归属

Libra 的发行基于 100% 的法币和政府债券储备，因此 Libra 货币体系中每发行一个 Libra 就必然对应到一组法币现金和政府债券的储备物。从法币金融体系角度来观察，使用一组法币储备物，货币使用方就需要对货币创造者支付成本，意即铸币税。

结合龙白滔（2019）有关信用货币铸币税的描述，我们来看 Libra 体系铸币税的产生和分配。为简化讨论，我们先假设 Libra 的储备物为 1∶1 美元货币，假设美元政策利率为 2%（意即商业银行创造美元货币的成本），商业银行息差水平为 3%（意即商业银行创造美元货币的利润率/铸币税），则全社会使用美元的平均成本为 5%（2%+3%）。

协会每发行一枚 Libra，需要使用 1 美元作为储备物（储备物的意思是要保留下来而不是一次性使用），因此会对现实货币金融体系新增 1 美元货币的使用需求。现实货币金融体系为 Libra 用户创造 1 美元货币，使用这 1 美元兑换 Libra 的用户承担了 5 美分的资金使用成本（这 5 美分是用户机会成本的损失）。这 5 美分的资金使用成本，其中 3 美分作为商业银行创造货币的利润保留，剩余 2 美分作为商业银行创造货币的成本支付给净储蓄者。谁是净储蓄者？Libra 用户使用 1 美元兑换了 Libra 协会生产的一枚 Libra，Libra 协会现在"拥有"了这 1 美元并且把它委托给有资质的托管机构生息。这个过程可以理解为协会无成本地获得了 1 美元货币，把这 1 美元转移到商业银行储蓄体系中，因此协会可以被视为商业银行的净储蓄者，它最终获得了这 2 美分的铸币税。当然 Libra 协会能否获得这完整的 2 美分，需要协会的美元储备通过货币市场成为商业银行的资金提供方，不过这只是技术细节，不影响对全局的理解。

授权分销商的角色是什么？是从协会"批发"Libra 然后增加一定价格差后"零售"给 Libra 用户。因为 Libra 定位为法币等价物，Libra 用户承受的货币使用成本不应该超过法币体系（即使超过也必须是极小幅度）。用户在使用法币兑换 Libra 时，已经承担了"足额"的法币体系货币使用成本（即 5% 的部分），因此授权分销商的价格差必须是"窄幅"的，要么由协会从自己的铸币税额度中"让利"，要么由授权分销商施加于用户。

小结一下，Libra 用户每使用 1 美元法币兑换一枚 Libra，他需要承担现实货币金融体系中 5 美分的货币使用成本。这 5 美分中的 3 美分被分配给商业银行作为其创造 1 美元货币的利润（铸币税），协会因为向现实货币金融体系提供了 1 美元资金因此获得了 2 美分的利息收入（铸币税），授权分销商作为协会和用户之间的金融中介，赚取窄幅价格差。授权分销商的利润可以由协会让利，或者额外施加于用户。

把上面的例子做略微改动，现在 Libra 的储备池为美元（短期）国债。假设用户已经根据即时价格将法币兑换为等值国债，这个兑换过程不涉及铸币税的产生，手续费也可以忽略不计。短期国债收益率约等于政策利率，设定为 2%。现在协会无成本地获得了 1 美元等值债券，并且把它委托给有资质的机构生息，到期后协会收到 2 美分债券利息，这视为协会收获铸币税的一部分。这 1 美元债券利息收入其实是用户持有 1 美元债券的机会成本，因此视为用户承担的货币使用成本。

看起来用户将承担更小成本，但这将在法币体系与 Libra 体系中间形成套利机会。Libra 是法币等价物，如果两个等价的货币体系最终资金使用成本有差距，必将存在市场参与者进行套利，以驱使两个体系的资金成本趋向相等。这个套利者即是授权分销商。在 Libra 经济体容量没有大到能够影响传统经济领域之前，最终处于均衡状态的资金成本将是 5%。因此即使在选择政府债券做储备物的情形下，用户最终的资金成本仍将回归到5%。我们已知，其中2%归属 Libra 协会，多余出来的3%将由协会和授权分销商分享。在与授权分销商分利过程中，协会可能会强势攫取更多的份额，也可能让利于授权分销商。争利还是让利，这由协会酌情决定。这3%的铸币税在协会和授权分销商之间分配比例将是动态的。一般地，央行为抵押发行货币的债券设定抵押折扣率（haircut），协会可以针对相同债券设置不太有利的抵押折扣率攫取超额铸币税（指超过2%的那一部分）。

把上面的例子继续扩展到一篮子法币和政府债券的组合，可以得到类似的结论。

从上面的分析可以得出如下重要结论：

√ Libra 系统创造 Libra（货币等价物）的过程伴随铸币税的产生，所有铸币税都由 Libra 用户承担；这个成本等价于法币体系中全社会平均货币使用成本；

√ 如果创造 Libra 所需储备物是法币组合，则铸币税可以分解为两部分，一部分是商业银行创造货币的收益，与银行的息差水平相关；另一部分是商业银行为创造货币支付的成本，与央行政策利率有关，协会因为无成本获得法币储备物而成为净储蓄者收获这部分收益；

√ 如果创造 Libra 所需储备物是政府债券组合，则协会将享有大部分铸币税，并分享少部分给授权分销商；

√ 授权分销商收益来自分销 Libra 的窄幅价格差，价格差可以来自协会的让利，或者转嫁给用户；在储备物是债券组合的情形下，协会享有更大的空间分利于授权分销商。

与法币体系（主要指商业银行）的关系主要由储备池的组成决定，法币还是债券。两个极端，**全部选择法币将 100% 保护商业银行既有利益**，后者甚至无须显式参与联盟，Libra 经济体的货币收益也可无一遗漏地被转移；**如全部**

选择债券，Libra 体系实际上等价于法币的平行体系，自然就没有商业银行什么事情了，商业银行那一部分铸币税收益实质上被分配给了协会，**商业银行在 Libra 货币体系中一口汤都喝不到**。因此储备池中债券的比例，取决于 Libra 协会的诉求，需要商业银行配合还是与之争利。

可以预期，在初期，储备池选择将以法币为主，待 Libra 翅膀硬了，逐渐会更多地选择债券做储备物。无论选择法币还是政府债券作为储备物，协会都"空手套白狼"从 Libra 用户处获得了储备物因此获得了储备物的利息收益（作为自己的铸币税），不同的是在选择债券的情形下，之前分配给商业银行的铸币税被转移给了协会。

这是非常重要的结论，对我们评估 Libra 项目与商业银行和央行的关系，以及 Libra 体系的利益格局、治理和民主化程度，提供了重要的依据。

那么商业银行参与 Libra 联盟的动机在哪里？商业银行参与 Libra 联盟能够激发用户使用 Libra 的需求，因此转化为更多法币使用需求，增加商业银行铸币税收入。此外，因为法币和 Libra 的兑换 / 交易涉及比较多的监管合规问题，商业银行的参与能够显著降低合规和交易成本。Libra 白皮书也提到，"正积极与主要的银行协商把他们变为授权的分销商"。商业银行如果成为授权分销商，可能出于创造更多 Libra 使用需求的目的减少 / 甚至取消 Libra 分销价格差，以减少用户获得 Libra 的成本但扩大了商业银行（法币）铸币税收入。

第四节　Libra 储备池管理

Libra 白皮书提到，会"投资于一些低风险和高流动性的法定货币和政府债券"。从目前美国加密货币合规要求来看，美国财政部要求稳定加密货币将美元储备金置于 FDIC 保护的银行。如果依规执行，Libra 美元储备物在银行只能获得 0.01% 的利息收入，即使第一批 100 个创始人节点成功募资 10 亿美元，银行年利息收入只有 10 万美元，不可能支撑 Libra 项目的财务计划。因此推测 Libra 可能会把美元储备金投入货币市场基金。随着近一年美国宏观经济转好和加息预期，笔者谨慎乐观预期协会能够获得 1.5%—2% 的年化收益，这将给 Libra 项目提供充足财务支持。货币市场基金虽然可以定义为"低风险高流动性"投资，但 Libra 白皮书缺乏明确说明，让笔者对 Libra 项目的透明程度打上问号。如果储备金进入货币市场，将不再受 FDIC 保护。在黑天鹅来临之时，货币市场基金可能就是首当其冲的受害者（2008 年 GFC 最早就是因为货币市场基金流动性枯竭所触发的）。

在过去大部分稳定加密货币项目里，大家对储备物管理的普遍预期大多要求"锁定"储备资产，以保证资产安全性避免人为挪用。即使像 Tether/USDT 这样声名狼藉的项目，其白皮书也只是提到"将法币资产托管到合资格银行"中，而非明确说明要将储备物进行投资。如果 Libra 实施激进投资策略，储备物可能面临较高的风险错配和期限错配的风险，恶化其流动性甚至清偿能力。

第五节　Libra 项目金融稳定性

Libra 项目作为稳定加密货币项目，其潜在金融稳定性有较多缺陷。

虽然发行 Libra 基于 100% 法币储备物，但对比中国的香港金融管理局的货币局制度（香港金融管理局，2016），Libra 存在明显差距。中国的香港金融管理局支持货币基础的是高达 4500 亿美元的外汇储备，是其流通货币总量的七倍以上。此外，如下文所述，为维持 Libra 与挂钩一篮子法币的稳定，Libra 需要维持在一定范围内与储备货币的兑换承诺，这种兑换承诺一定会成为投机者的套利工具；Libra 还需要经常在市场中逆向操作，由此也带来额外的财务成本。因此 Libra 可能**缺乏足够的财务资源应对**即使是 Libra 正常的市场操作。

Libra 项目声称"能够抵御通胀维持价值的稳定",这体现了 Libra 项目团队对挑战缺乏敬畏心。货币金融理论和实践发展到现在,尚未有一篮子挂钩的货币方案,或者货币局制度,被证明能够抗通胀。中国的香港金融管理局在职能描述时,也只是把"维持货币稳定"列为自己的主要职能之一而**不涉及有关通胀 / 价格稳定的目标**。Libra 项目的"能够抵御通胀维持价值稳定"的声明,体现其项目团队可能对问题和挑战缺乏正确的认知,缺乏最基本的敬畏心。货币金融体系是一个极其重要的社会公共基础设施,Libra 项目团队表现出来的轻慢和无知,让人怀疑项目的前景。如果连问题都看不清,就不要指望能够解决问题了。

Libra 的"货币稳定采用被动政策,货币兑换 / 赎回由分销商的需求驱动"。这种完全**被动的汇率自动化跟踪机制过于草率**,难以达到 Libra 与挂钩一篮子法币相对稳定的目标。市场针对 Libra 的需求可能存在短期投机需求,加密货币市场投机更为严重。与之对比,中国的香港金融管理局自近 30 年的货币实践中,发展出的多种工具,包括强方兑换保证、弱方兑换保证和通过回购为银行提供紧急流动性等技术手段,主动积极维持汇率稳定,还有 1997—1998 年亚洲金融风暴期间,中国的香港金融管理局采取非常规措施停止港元自动浮动来抵御金融风暴的冲击,Libra 缺乏类似的制度安排,令人怀疑 Libra 项目团队对货币金融和政策的专业度。

如果为追求投资收益 Libra 项目实施激进投资策略(如更多高风险长期限或低流动性资产),当 Libra 面临大量赎回或"挤兑"时,可能缺乏足够的高流动性资产来应对。因此,Libra 协会可能需要折价"火线出售"储备资产,这将恶化 Libra 体系的流动性风险甚至清偿能力。传统央行有"最后贷款人"机制提供紧急流动性,中国的香港金融管理局的货币局制度也有超过流通货币七倍的外汇储备资产临时创造所需流动性,但 Libra 项目缺乏类似的安排。一个可能的方案是通过增加股本、积累 Libra 未分红利润或借入资本等,**增强 Libra**

项目吸收损失的能力。

Libra 实质上强化了国际金融一体化，在 Libra 受支持的经济体内放开了资本管制并允许全球资本自由流动。但全球金融一体化可能带来的仅仅是幻觉而不是可量化的明显好处。《债务与魔鬼》（Turner，2016）中已经指出：**"国际金融一体化并非好处无限……某些类型的资本流动一旦过量，将产生经济危害。"**全球资本市场如果过度自由，可能创造出太多错误资本流动。全球债务资本流动可能破坏新兴市场经济体的金融稳定。资本在极短时期内大规模流进流出，将使新兴市场经济体的货币政策实施和流动性管理更趋复杂。即使是美英欧等发达经济体内部，资本流动所支持的也可能是不可持续的消费、铺张浪费的投资以及已有资产投机，因此增加了不可持续的债务创造规模，加剧了后危机时期的债务积压。

从 Libra 货币体系内部观察（即不考虑与法币体系的关联），Libra 实现了全储备银行，取消了 Libra 生态所有参与者获得金融杠杆的能力。但法币体系中，商业银行和影子银行拥有金融杠杆的特权，他们有动力进入 Libra 体系参与 Libra 铸造。协会的储备池（无论法币或债券）也有动力通过货币市场进入影子银行体系获得杠杆。与商业银行比较，影子银行目前尚未得到有效监管。FSB 融券和回购工作小组（2012）就影子银行的核心机制——融券和回购，概述了市场和金融稳定问题。因此**虽然 Libra 本身不会增加已有金融系统的风险，但它将会是现有金融系统问题的一部分。**欧洲议会德国议员 MarkusFerber 表示，拥有逾 20 亿用户的 Facebook 可能会成为一家"影子银行"，监管机构应保持高度警惕。

第六节　Libra 治理机制

Libra 项目实际是一家股权制企业，Libra 代币持有人拥有企业的分红权和决策权。理解 Libra 货币体系的利益格局有助于理解其治理机制，因此结合龙白滔（2019）铺陈已久的文字理解 Libra 体系铸币税及其归属。为便于理解，以美元体系作为对比来说明。

美国货币金融体系中，（在不考虑影子银行体系前提下）美联储创造了纸币现金和储备金，商业银行创造了近 95% 的流通货币，净储蓄者、美国政府和商业银行成为铸币税主要的受益者。2018 年，净储蓄者、美国政府和商业银行分别被分配了近 2000 亿美元、800 亿美元和 3500 亿美元的铸币税。美国前五大商业银行占据了银行业总资产规模的近 54%，因此他们的股东和高管实质上是美元体系铸币税的最大受益者。美国 2018 年 GDP 为 20 万亿美元，因此（支付给美国政府之外的）铸币税约占据 3% 的 GDP。这可以理解为全社会（包括政府、企业和家庭）使用货币的成本。

作为对照，在 Libra 体系中，Libra 协会垄断了货币铸造权。如果储备物全是政府债券，那么假设 Libra 经济体与美国对等，则 Libra 协会将会获得净储蓄者和商业银行的全部铸币税，2000 亿美元 +3500 亿美元 =5500 亿美元，占整个 GDP 的 2.75%，商业银行获得 0；如果储备物全是法币，那么 Libra 协会将会获得净储蓄者的铸币税，2000 亿美元，占整个 GDP 的 1%，商业银行仍将获得 3500 亿美元。虽然在两种情况下，Libra 协会都获得了净储蓄者对等的铸币税，但与法币世界不同的是，法币世界的净储蓄者是真正拥有自己的货币，而 Libra 经济体中，协会储蓄来源于 Libra 经济体的全体用户。唯一能够参与 Libra 体系铸币税分成的是 Libra 代币的持有者。

因此 Libra 协会创造了一个基于 Libra 的稳定加密货币金融体系，Libra 代币持有者能够独享整个 Libra 经济体的全体或主要的货币收益，约占 Libra 经济体总量 3%。而 Libra 体系的储备物来自 Libra 全体用户。

具体到 Libra 治理架构，只提出几个观点。

作为金融资本主义的头号强国，美国在公司治理方面已经非常发达。一个机构可以稔熟地设计公司治理结构，使其满足表面的民主化而实际上权力集中。每个人对开放 / 封闭、民主 / 集权、影响 / 游说和贿赂、领导 / 操控的理解都不一样，所以去评价一个治理体系的好坏缺乏实际意义，也超出本章的范围。因此本章更多给出一些启发性的例子和说明，供读者进一步分析参考。从所有主流货币金融教科书都可以查阅到美联储治理结构，很好地满足了分散、制衡、具有广泛代表性等特点，甚至有人评价美联储架构是通证经济体去中心自治体的典范。那么是否大多数人都感觉美联储确实被某种神秘力量所影响？是否有人能说清这个全世界最有影响力的货币政策机构的实际控制人是谁？一般人，甚至美国国会议员努力几十年都无法查阅到在美联储拥有超然地位的纽约联储的基本注册信息。

Libra 白皮书声明 Facebook 将于 2019 年年底放弃 Libra 项目的领导地位，而实际上 Libra 的白皮书明确规定了协会执行团队负责人 "常务董事任期三年" 的条款。白皮书声明，Libra 协会理事会将阻止相关实体以两个不同创始人的身份投资，以免他们规避上述措施。这是世界性的难题，如果 Libra 能真的实现，他们确实值得收获全世界的膝盖。白皮书声明，协会理事会也把三分之一的理事会的总投票权分配给 SIP 和研究机构，而成为此类机构的门槛，或者是全美前 100 位的慈善 / 非营利机构或其年度预算超过 5000 万美金。这意味着什么？

出版 40 多年再版 7 次的著作《谁统治美国》（Domhoff，2017），以社会科学视角分析了美国的权力组成，作者是美国著名精英研究领域的领军学者，加州大学圣克鲁兹分校心理学和社会学教授 G. William Domhoff。

驾驭全美经济的几千家大公司、银行以及其他金融公司可看作某种形式的共同体，由所有通过重叠董事连接到某一单一网络的营利性组织组成公司共同体。公司共同体中的所有者和高管即公司富豪。公司富豪资助并掌握着多种多样的非营利组织，如免税基金会、智库、政策研

讨团体，用来帮助他们制定符合自身利益的政策选择。这些组织属于政策规划网络的一部分，通过共同的捐赠人、理事以及专家顾问联系在一起。政策规划网络中级别最高的员工，即各种组织的理事会成员，与公司共同体的领袖以及上层阶级共同组成了公司富豪的领袖团队。这些领袖被统称为权力精英，他们通过为有公司富豪控制的公司和非营利组织的董事会效力而获得权力。

公司共同体因此成为《财富》500 强公司以及与这些公司相关的私营公司和金融公司的领导核心。但是，《财富》500 强公司以及六大商业团体完整数据库中的 5044 位董事才是总的领导团体。2010 年，处于公司共同体核心的那几千位《财富》500 强公司董事大多是公司经理、商业银行家、投资银行家和公司法律师，但也有少数是高校行政人员、基金会主席……

笔者建议读者进一步分析目前成为 Libra 协会"创始人"首批组织（包括非营利机构）的董事会成员组成，看看 Libra 背后真实的影响力。

笔者有理由相信，Libra 核心团队能够设计好表面上足够民主化的治理架构，但同时保证他们对项目长远的影响力和绝对控制。

第七节　Libra 的民主性和开放性

前文已经从铸币税的角度考察了 Libra 的本质，笔者可以谨慎得到结论，Libra 的民主化程度不尽如人意。

Libra 没有公平、公正地对待所有参与者的贡献。Libra 体系是全体用户贡献储备物用于铸币，但铸币税收益被全部分配给 Libra 代币持有人。虽然要承认并奖励 Libra 代币持有人对项目早期财务投资和其他方面的贡献，但拿整个体系全部铸币税奖励显然已经有失公平。储备物赋予了稳定加密货币具有真实、长久和稳定的价值，储备物的贡献并不比参与早期 Libra 基建更少。Libra 用户使用 Libra 让其拥有了更广泛的接受度，对提升 Libra 体系的价值也有贡献，完全剥夺 Libra 普通用户参与铸币税分享的权利有失公正。

成为 Libra 代币持有人也有很高的门槛。已知成为协会的首批创始人都是成功的大型企业、知名多边组织和非营利机构，且都拥有很好的财务资源。Libra 协会也限制了 100 个创始人的数量。在区块链世界已经发展出基于广泛参与人群的代币融资模式的前提下，还刻意抬高门槛把 Libra 体系长尾用户排斥在外，这与区块链普遍倡导的广泛和民主格格不入。Libra 的代币投资不代表区块链的民主精神，只是用于传统股权投资的一个工具。

Libra 体系的设计也刻意地将参与者做了区分，通过"制度化"安排形成了"阶级"并保护传统金融机构的既得利益者。授权分销商被授予了赚取窄幅价格差的特权，而普通 Libra 用户被安排为缴纳该体系全部铸币税。这种分级分销机制设计并没有合理的技术理由，与目前倡导的开放金融理念背道而驰，更多的是为照顾传统金融机构的既得利益。Libra 体系的全储备银行设计，取消了 Libra 生态中除协会以外所有参与者创造货币和获得金融杠杆的能力。但商业银行和影子银行在法币体系中拥有合法的杠杆能力，有动机进入 Libra 体系进行套利，他们或者成为 Libra 代币持有者，或承担授权分销商角色。因此 Libra "制度化"地维护了法币货币体系中商业银行和影子银行体系使用金融杠杆的特权，却限制了普通用户的杠杆能力。

不可以过度解读 Libra 所宣称的"开放性"。协会垄断了 Libra 经济体中货币铸造的权力，并且把 Libra 货币体系的权力和利益分配集中到很小的一个群体——Libra 代币持有者。虽然其他金融服务，包括支付、存贷等，都开放给所有 Libra 用户，但铸币权是这个经济体最重要的权力。更广泛的铸币权是这个星球上最重要的权力，它超越了所有政府和军事的力量。美国一个银行家曾经说过："我才不管谁统治这个世界，我只要铸币权！"

Libra 公链转向无许可网络的计划没有意义。因为 Libra 生态是与法币体系紧密耦合的，英格兰银行行长 Mark Carney 说"Libra 将面临最高标准的监管"。因此所有 Libra 生态的参与者，包括协会、用户、授权分销商以及未来基于 Libra 开发的各种金融服务（如支付、存贷、保险等）都不可避免受各个主权国家行政、法律、监管和合规的约束。

第八节　Libra 的技术

讨论 Libra 技术的评论比较多，本章不班门弄斧，只是从 Libra 系统业务的需要来看对技术基础设施的需求。

Libra 是一个完全受控的体系，共识机制只需要存在于授权的验证节点之间（即使存在少量非验证节点也不影响）。短期来看，验证节点的数量在 100 左右，即使未来扩大到数千验证节点，也属于小规模网络。这种规模网络的共识机制，即使 Libra 需要服务数十亿用户，一般的联盟链技术已经可以得到很好的解决。注意区分，在 Libra 的场景中，需要达成共识的只是受控制的验证节点，而非最终用户。因此支撑 Libra 的底层区块链技术只要能够满足这样的目标即可。

第九节　对 Libra 的应对机制

Libra 体系设计，很好保护了传统商业银行的既得利益，也同时满足了央行针对加密数字货币监管的预期，所以可以预期 Libra 在美英欧等内部不会遭遇到重大监管障碍。

从超主权角度来看，美元作为目前全球储备货币王者，英镑作为曾经的王者，欧元作为排名第二的全球储备货币，它们各自都有极强全球化诉求，内部确实会存在一定利益冲突（美元和欧元冲突最大），但其价值观趋同，并在更大格局上（应对人民币的崛起和将本币影响力延伸至更广泛的发展中和欠发达国家 / 地区，以及应对加密货币的挑战等）有一致的根本利益，所以能够形成现实妥协，IMF 特别提款权就是明证。因此只要 Libra 在超主权方面不突破 IMF 已有格局，在美英欧体系内部就不会遭遇到超主权方面的障碍。在美联储和英格兰银行行长，以及 FSB 持续、相对高密度发表对 Libra 有利言论的大环境下，最终 BIS/ECB 也会支持。其实 FSB 的态度就是为 G20 定调了。

因此问题被抛给了货币体系的另一极，如何应对？

对于另一极的强势主权货币来说，参与 Libra 有比较多的障碍。第一，人民币仍属于外汇管制不能自由兑换，如允许境内用户参与 Libra 将对目前中国的货币金融体系造成巨大冲击。相当于一夜之间实现资本项目自由化和国内金融市场自由化等，全球金融体系和中国金融体系不稳定双向传导可能给全球金融体系带来不可预知的风险。第二，中国不可能在 Libra 协会内部取得有影响力的地位，其标志是常务董事、董事会席位、理事会投票权、Libra 代币规模、一篮子储备中的人民币资产的比例等；中国 2018 年 GDP 规模已接近美国的 70%，从美英欧角度来看，不可能给予中国在 Libra 体系的这种影响力。第三，基于 Facebook 的应用生态体系和用户群基本不在国内，当然这属于细枝末节了。

如果是对抗，那么中国的策略是什么？抄一个 Libra 并且针对 Libra 不足之处进行改进。可改进之处包括：

第一，改进 Libra 铸币税分配机制，从少数群体垄断扩展到更广泛的群体，如 Libra 用户可参与分配铸币税，激发更广泛的人群使用和推广 Libra 的积极性。

第二，提升 Libra 体系参与度，允许更广泛的主权政府 / 机构 / 人群参与 Libra 基建（即 Libra 代币持有更加分散和偏长尾）。

第三，储备池以债券为主，减少法币，这样可以减少用户资金使用成本，把真正的利益让渡给大众，但存在法币体系与 Libra 体系的资金套利风险（不过考虑到中国政府对外汇和货币管理的有效性，这种风险是可以控制的，这是美英欧不具备的优势）。

第四，增加非债务资产进储备池，如黄金和比特币（笔者视比特币与黄金为等价非债务资产，不过此处不展开讨论），减少 Libra 主权国家主导的色彩。

第五，加强 Libra 储备池风险管理机制，例如限制商业银行 / 影子银行杠杆资金进入 Libra 体系套利，更具体一些，如果储备池都是债券，限制 Libra 协会仅从债券利息中取得收益（不允许其进入影子银行体系），这样的结果就是 Libra 变成真正的独立央行和更稳定的类全储备银行（储备物是限制了杠杆的债而不是非债资产），能够有效降低金融系统风险。

第六，限制 Libra 体系中国际资本自由流动，维持 Libra 生态内不同经济体之间金融体系一定程度的分割（这符合中国现有人民币和外汇管理政策）。减轻 Libra 带来的国际资本自由流动便利破坏相关经济体金融稳定性，保证已有货币政策实施和流动性管理的有效性，防止不可持续的债务创造。

参考文献

Libra Association，"An Introduction to Libra"，2019，https://libra.org.

香港金融管理局：《香港金融管理局年报》，2016 年。

Turner, Adair：《债务和魔鬼：货币、信贷和全球金融体系重建》，中信出版社 2016 年版。

FSB Workstream on Securities Lending and Repos，"Securities Lending and Repos: Market Overview and Financial Stability Issues"，Interim Report，2012.

Domhoff，G. William：《谁统治美国?》(第 7 版)，外语教学与研究出版社 2017 年版。

第十三章　货币视角下的天秤币 ①

王琳琳：下面有请龙博士给我们分享一下货币视角下您如何看待天秤币的影响？

龙白滔：谢谢，大家看了我的文章知道我是学计算机的，所以坐在这里跟专业的人讨论货币金融，我觉得这个有点意思。刚才朱尘的很多观点我是认同的，对 Libra 的基本判断是，它是建立在沙滩上的摩天大楼。

沙滩是法币体系，摩天大楼就是上面的数字货币的货币金融体系。沙滩形容了法币体系的脆弱。这种脆弱已经不需要去证明，从 2008 年全球金融危机爆发到现在，全球都没有从经济衰退里面走出来，所以脆弱性是显而易见的。

但是 Libra 本身确实是天才设计。一方面，它 100% 保护了商业银行的利益，我待会儿会解释。因此从这个角度来讲，它跟传统银行体系的利益是一致的。但另一方面 Libra 又把自己打扮成非常先锋极客的形象，在新的世界和旧的世界引发了广泛的共鸣和热情，全世界都在热烈讨论它，盛赞它公正、开放和民主，这其实很荒唐，我待会儿会解释。因此我说它天才是包装得天才，一方面保护了既得阶层的利益，但另一方面又激发了全世界的热情。

---

① 本章内容是 2019 年 7 月 2 日由中国区块链应用研究中心、全联并购工会区块链专业委员会主办的《天秤币（Libra）的影响及中国对策》上海恳谈会上笔者的发言。圆桌讨论主持人是新华社记者王琳琳，其他嘉宾是智堡创始人、青年货币学者朱尘。

刚才讲了美联储、英格兰银行，今天 BIS 也发话了，都会支持类似 Libra 的东西，因为从根本上 Libra 做的事情符合监管机构对数字货币监管的胃口。此外，在不可阻挡的数字货币大潮前，通过一个中心化的方案把数字货币的货币金融体系管起来，Libra 就是一个最好的体系。

Libra 协会可以被视为一个集中化的数字货币中央银行。它给传统的中央银行监管会提供什么样的便利呢？第一，Libra 垄断了它生态系统中的货币发行权，这是很重要的。因为在现实世界中，央行并不垄断货币发行权。绝大部分人可能并不知道，世界上流通货币的绝大部分并不是由央行创造的，而是由商业银行创造的，所以大众批评央行随便印钱和发钞票，央行在某种程度上是背黑锅。流通货币的绝大部分，例如在英国 97% 的流通货币，在美国 95% 的流通货币，是由商业银行创造的。

因此 Libra 创造货币就意味着央行有了统一的入口，可以严格地控制数字货币稳定币的发行。有了这个权力以后，央行的货币政策执行起来会更有效。也可能去执行一些非常规的货币政策，例如负利率。现在的负利率并不针对一般储户而是央行针对商业银行，因此负利率的货币政策并不能有效传导至一般储户。有了 Libra 以后，央行要做负利率就相对容易，这是第一点。

第二，Libra 可以提供给央行前所未有强大的货币控制力。这种控制力先来自数据，Facebook 的社交数据，加上 Libra 的金融行为数据，我毫不怀疑这些数据一定会被某种方式利用起来。此外，区块链和智能合约提供的可追踪、可审计、不可篡改和可编程等特性。一旦央行掌握这样的能力，央行将拥有人类历史上从来没有过强大的武器，对货币金融体系进行管控。在有物理现金的时候，谁都无法禁止一个人持有物理现金并用它进行支付。没有物理现金的情况下，央行是可以禁止一个人对货币金融体系的访问的。

但是最大的问题是集权，这是很多人没有意识到的。在央行体系里面的联盟链本质是为加强已经中心化的铸币权。因为联盟链最终控制权会在小部分人手里面，很难找到一种治理机制去制衡对联盟链的控制权，除非是 100% 的去中心公链。Libra 本身是基于联盟链的机制，未来也不会向公链发展，所以央行会很喜欢它，因为它是 100% 可控的。在 Libra 生态系统中，Libra 协会可以拒绝个人访问货币金融基础设施的权利。

因此总结来说，央行喜欢 Libra 的原因，一个是垄断在 Libra 生态的货币发行权，另一个是强大的对货币体系进行管控的能力。

王琳琳：听下来朱尘对 Libra、法定货币的撼动还是偏稳健的，龙博士怎么看待？

龙白滔：我其实是赞同朱尘的，本身你是依赖于法币体系的，所以你不可能去撼动它。Libra 跟法币体系的关系，最重要是看储备池组成。如果储备物是法币，Libra 其实是 100% 保护了商业银行的利益，为什么呢？因为你在用法币做某种交易。

公众平时用法币——人民币或者美元——进行交易和做支付，其实每个人都在隐性地为银行体系支付铸币税。同时，你用法币兑换 Libra 是一样的道理。可能很多人会说拿一美元去换 Libra 的时候对我没有成本，其实是有成本的。这个成本就是你持有法币的机会成本。大家回去仔细体会一下机会成本的概念。只要采用法币做储备物，整个基于 Libra 的货币体系铸币税是可以算出来的，我的文章[1]里面有详细讨论。

也就是说，一部分铸币税会毫无遗漏地转移给商业银行。这个过程不需要商业银行显式地参与到 Libra 的生态中。很多人说没看到银行参加到 Libra 协会中。银行的直接参与不重要！只要储备物是法币，Libra 体系产生铸币税

---

① 参见本书的《初步评价 Libra》。

的大部分都归商业银行。如果 Libra 的储备物选择是国债，情况会不一样。如果发债方接受 Libra 作为融资的货币，Libra 协会就相当于真正独立的央行了；如果发债方不接受 Libra 作为融资的货币，则实际效果等价于法币作为 Libra 的储备物，因为发债创造了对法币的需求。

我们下面的讨论假设发债方接受 Libra 作为融资的货币。从这个角度来讲，Libra 协会与传统央行是平行的体系，所以这个时候侵犯了谁的利益呢？为简化讨论，我们假设货币篮子中仅有美元。Libra 选择美元国债做储备物侵犯的是华尔街巨头的利益。

Libra 选择基于美元国债铸币最终信用体系是关联到了美国政府身上，但把中间商（美联储、商业银行）替换掉了。从这个角度来讲，选择美元国债做储备物侵犯了商业银行的利益。

从这个角度就容易理解，最初 Libra 是绝对不会完全选择债券做储备物的。因为选择债券做储备物商业银行就一口汤都喝不到。最初可能会选择法币为主，搭一点债券，为什么要搭债券？因为债券越多铸币税 Libra 就分得越多，我的文章把原理描述得很清楚。

当 Libra 的翅膀硬了以后，在可以不需要商业银行的时候，可以选择更少的法币和更多的债券。但是在选择更多债券的过程当中，最终的信用体系还是建立在国家主权身上，所以仍然符合美国的利益，但不一定符合华尔街的利益。

我们可以再往前推一步，我们还有其他储备物选择吗？例如比特币。我的文章里面建议未来储备物的选择可以包含比特币，这样可以减少主权国家主导 Libra 的色彩，还可以让铸币的过程更加民主化。本质上来讲储备物是什么？一个货币体系最终得益者就是储备物后面的所有者，选择比特币做储备物可以让货币体系的受益者更加分散因此体现了民主化。

王琳琳：但是我们可以看到比特币的币值非常不稳定，Libra 币的底层技术是区块链技术，2019 年也是区块链技术非常特殊的一年，因为区块链正式走入了第二个十年。在第二个十年 Libra 币诞生了，它选择的还是对标的一篮子法定货币，类似数字 SDR，没有选择去挂钩相应比特币或者其他比较典型的数字货币。我相信很多在场听众也很好奇，Libra 币的诞生，以及未来类似 Libra 币的出现会不会对以往的数字货币，以比特币为手的数字货币带来相应的利空？

龙白滔：肯定是利好。我的一个判断是未来比特币唯一的价值就是做储备物，除此之外它没有第二个用途。因此从这个角度来讲，Libra 不管本质如何，不管它背后是不是代表了华尔街的利益，或是代表了强权的利益，都不重要。最重要的是这个世界更多人知道了数字货币和比特币，也知道比特币可能是更好的储备物。从这个角度来讲比特币的基本面得到了加强。

但很多人认为比特币的价格会上升到无限高。这是绝对不会发生的，就像黄金价格从来没达到过无限高。黄金实际上在地球上最大的价值也是做储备物，黄金的实用价值是很低的，大家看书就知道。

从这个角度来讲比特币的价值其实是可以算出来的。我有一个模型，但今天就不讲细节了。基本原理是，储备物用于支持货币发行，货币的收入就是利息。比特币参与货币发行形成利息收入，可以得到一个未来现金流，它的净现值就是价格。

如果比特币能作为储备物，其他的数字资产能做储备物吗？我的答案是 Yes，但其他数字资产做储备物有缺点——波动性太大，集中度太高，被掌握在少数人手里面可以操控，而且很多市值又很小。

一般来讲什么东西适合做储备物？可以考察一下央行发行货币一个很重要的机制叫作抵押品管理。什么样的资产可以进入央行的抵押品管理框架的合格抵押品目录，全球范围内基本上都是债券，符合什么特征的债券呢？

第一个资质高，第二个发行量大，第三个流动性好，第四个集中度比较分散。可以是国债，也可以是机构发行的债券。基本上满足这几个标准，就可能被央行选入进合格抵押品目录，参与货币的发行。数字货币世界的抵押品管理也应该是类似的。

因此某种加密资产，如果它有这些特性——市值比较大，流动性也比较好，集中度比较分散，波动性相对比较小——适合参与作为储备物。最好的选择就是比特币。

王琳琳： 因为我们看到传统的 USDT 稳定币还是对标一种类型的法定货币，这次 Libra 是对标一篮子法定货币，它未来会不会发挥稳定币的作用，还是值得继续去讨论和商榷的，毕竟朱老师也说他不赞成稳定币概念的存在。

最后一个问题，我们在开场演讲的时候，郭理事长有跟我们讲 Libra 币未来会带来一种很大的影响，它有可能会带来货币殖民，弱小的国家会有深刻的危机感。虽然我们国家是第二大经济体，但是朱老师在演讲中也说到人民币话语权某种程度上并没有跟经济体量相对应，那么 Libra 这次率先踢出了第一脚，未来我们也要从自身的角度去思考应怎么样去应对这场即将开启的数字经济里面很关键的数字货币，能不能分享一下，中国怎么样应对这场有可能对法定货币以及我们现在的货币体系带来影响的事件，中国应该怎么样去做，有没有什么建议？

龙白滔： 其实基本上还是偏向于赞同朱尘。数字殖民的话题有两方面，第一个方面是没办法，因为它有好处也有坏处。对小国家来讲确实没办法，阿根廷很好的例子。阿根廷最早选择美元化的时候目的是借助美元的信誉。但是一旦用得很舒服之后发现自己没有了独立的货币政策。缺乏独立的货币政策可能带来很多乱七八糟的问题，后来阿根廷就放弃了美元化，现在又重提这件事。

第二个方面，我们看看欧元，它是第一个真正的所谓超主权货币，而且欧元的 19 个欧元区国家都很强大。欧洲中央银行是怎么来治理这些国家呢？欧元体系只是一个货币联盟，而不是财政联盟。因此欧洲央行是没有财政权的，下面的国家特别是希腊、意大利都曾经违反欧洲央行的财政纪律。

欧洲央行怎么治理违反财政纪律的成员国呢？第一个手段是切断清算通道，让整个国家的银行系统瘫痪。希腊有过类似遭遇，清算通道一切掉希腊政府就立刻投降了。第二个手段是当欧洲央行垄断了欧元区货币发行权以后，每个欧元区国家其实就没有了发币权，他想要更多货币的时候其实是很受节制的。

对欧元区国家来讲，自己能够有一定程度的货币发行权其实还是比较重要的，这个时候欧洲央行行长设计了一个方案。如果一个成员国很好地遵守了欧洲央行设定的财政纪律，满足政府赤字、就业率、通货膨胀率等方面的指标，该成员国的主权债可以作为抵押品参与欧洲央行的资产购买计划。

通过资产购买计划可以实现央行发行货币——央行购买债券创造了货币。通过这种方法欧洲央行建立了一种制度，要求成员国遵守欧洲央行的财政纪律。另外也给了成员国一定的货币发行权力，所以这个政策是 2018 年提出来的，大家都认为这是欧洲央行行长留给欧元区最大的遗产，因为他 2019 年 11 月就退休了。

这在一定程度上平衡了欧元区国家跟欧洲央行之间的矛盾。之前成员国是没有货币发行权的，现在只要遵守财政纪律就能获得一定的货币发行的权力。

分享这个例子对 Libra 有借鉴意义。假设 Libra 协会对等到欧洲央行，那些小国家对等到现在欧元区的国家，Libra 协会其实是有很强的手段影响这些国家的财政政策。

王琳琳： 那中国怎么来应对呢？

龙白滔： 中国怎么应对？学习 Libra 并从几个方面改进：

（1）改变铸币税分配机制。现在 Libra 的铸币税是垄断到少数 Libra 协会成员，简单地改变是让所有的用户可以参与铸币税的分配。

（2）让 Libra 基建的建设，也就是它的 libra investment token 发行更加分散化和偏长尾。现在偏头部 100 个会员，本质上就是垄断。

（3）改变储备物的结构，刚才分析了储备池的法币和债券选择的分别，可以更多去选择债。选择债券使 Libra 有更多铸币税收入。但从这个角度来讲，Libra 既然有更多铸币税的收益，可以把利益让给用户来鼓励他们使用 Libra 稳定币。

（4）改变 Libra 的风险结构。昨天朱民院长在达沃斯会议上也说了，Libra 有很高的杠杆风险，杠杆风险主要是来自传统的商业银行和影子银行带杠杆资金进入 Libra 体系。因此限制传统的杠杆资金进入 Libra 体系，这是至关重要的。

（5）限制国际资本的自由流动，Libra 本身是金融自由化。国际资本过于自由流动并没有太多好处。包括国际清算银行的工作报告在内的研究工作也证明了这一点，但是很多经济学家还在坚持资本的自由流动。我建议，即使中国要学习 Libra，也要把现在的人民币的外汇管制体系移植进去。Libra 来了以后带来的资本流动会强烈地冲击一个主权国家的法币体系的金融稳定性。

王琳琳： 还有很多观众留下来，留下来的都是真爱，最后留一个问题给观众。

观众： 刚才提到关于 Libra，以及它所对应跟政府传统金融机构的关系，我就问一个跟公链相关的，最近半年在公链，特别是在以太坊社区，一个比较热门的话题是所谓的开放金融，其实开放金融的代表就是构建它基础之上非中心化的借贷理财产品，我想问两位老师你们是怎么看待 Libra，以及以太坊开放金融他们之间的关系的？

龙白滔： 这个我完全赞同，本质上相当于传统央行的抵押品管理框架在公链的应用，但是它是真正所谓的去中心金融应用，因此潜力无限。但它最大的问题是铸币税的分配机制。

它是稳定币体系，但是它门槛很高。原因是，用户拿加密资产抵押以后换得了稳定币来使用，等用完了还回去的时候需要支付使用费。这意味着，如果用户不是一个专业的金融人士，拿着换出来的稳定币如果不能生出来利润，那么用户去做这件事情（兑换 MakerDAO 稳定币）是没有意义的。

用户兑换稳定币立刻就会产生手续费。用户把它还回去之前一定要通过某种方式挣足手续费，这个兑换才划算，所以它很难成为通用的货币，因为门槛太高了。但这本质上是商业模式设计的问题，不是技术问题。最终货币的发行一定是基于资产抵押，最好是非中心的，现在真正非中心的就是 MakerDAO。它的商业模式又决定了参与者门槛太高，所以不可能成为一个被广泛接受的稳定币，只能是少数人参与。因此未来稳定币的商业模式需要某种变化，这个话题不展开了。

第十四章　Facebook 法律顾问、Libra 专著作者、加密货币大佬激辩 Libra 困境 ①

整理 | 深链财经

第一节　核心观点

Libra 应该简化，现在它像一个包含着复杂货币储备的篮子。Facebook 将结构改为以美元计价的形式有助于被批准。

关于 Libra，一个议员可以随意发表意见或写信要求"禁止"很多事情，但距离真正形成有法律效力的文件十万八千里。

Libra 从根本上代表了传统法币体系的利益，因为他们使用法币和 / 或法币资产做储备物。

欧盟的领导国德法是真正反对 Libra 的，根本原因就是 Libra 代表了美元利益，对欧元区的货币主权形成了侵蚀。

现在虽然有 7 家组织退出 Libra 协会，但是还有 1600 个正在申请成为节

---

① 2019 年 10 月 15 日，深链财经线上沙龙《非共识对话》第一期，邀请到 Facebook 法律顾问、石木资本 CEO 欧阳默博士，RenrenBit 创始人赵东，龙白滔博士就"PayPal 等七家巨头盟友'叛变'，Libra 还有戏吗？"主题展开了讨论。

点的组织。

Libra 不是加密货币，但是会增加使用加密货币的人数。

Libra 很难在没有美国政府许可的情况下发行。Libra 发行需要许多法律结构，它像一个"反向 VIE 结构"。

第二节　七家巨头退出 Libra 协会的深层原因

深链财经： PayPal 为首的七家重要合作伙伴（特别是其中有五家重要的支付公司）陆续退出 Libra 项目，引发轰动。摩根溪创始人 Anthony Pompliano 表示，Visa 和万事达刚刚退出 Libra 协会是因为政治压力太大，企业难以应对。

据 Bloomberg 报道，美国两位参议院民主党人 Sherrod Brown 和 Brian Schatz 致信 Mastercard、Visa 和 Stripe 三家公司，要他们重新考虑与 Facebook Libra 加密货币项目的合作。两位议员认为，Libra 不仅会给全球金融系统带来风险，也会给公司更广泛的支付业务带来风险，这封信中甚至还威胁，如果参与 Libra 这个项目，这些公司可能会受到来自监管机构对所有支付活动进行高水平的审查，而不仅仅是 Libra。

请问各位嘉宾怎么看七家公司退出 Libra 协会的深层原因，难道真的是政治威胁？是否也有关于竞争因素的考量？为什么美国议员如此刁难 Facebook？

欧阳默： 首先，美国国会不相信 Facebook，原因是剑桥分析公司的丑闻。之前有个名叫 Brittany Kaiser 的揭发者通过在国会做证，向美国政府告发了英国一家叫作剑桥分析的 AI 公司，他们利用 Facebook 上的用户信息来影响选举结果。

剑桥分析用这种方式影响了很多选举，其中包括最受人瞩目的英国脱欧和美国大选。在英国，支持脱欧的政治团体聘请了剑桥分析，来影响投票的公民，使他们支持英国脱欧。特朗普也请了剑桥分析，来影响美国大选，并且他也当选了总统。美国政府对于 Facebook 涉及的这种隐私泄露和收集用户个人信息并且操纵用户的行为感到非常愤怒。

美国政府对 Facebook 处以 50 亿美金的罚款。这是美国史上科技公司得到的最大罚单。两个民主党的参议员给一些 Libra 协会的成员，包括 Mastercard，Visa 和 Stripe 等写信，给他们施压。这些信就相当于政府的压力。因此是政治压力让这些成员担心并退出。

赵东：Libra 从一出生就是戴着枷锁在跳舞，因为 Facebook 以及 Libra 的节点在美国监管体系的范畴下，很难有所作为。大家迫于监管压力，所以陆续退出。

龙白滔：七家公司退出可能有几方面的原因：

第一，可能怀抱学习或者说偷师的态度，以局内人的角度看清 Libra 项目如何架构、治理、运作等，在正式签署协议之前也没有具体的实际的成本，协会也不要求"意向性"的会员有任何的承诺，所以之前选择成为第一批会员候选人，是一个 not bad 的选择。

第二，如很多媒体报道所说，这几家主要是传统支付公司，在协会与全球监管沟通的过程中发现很大的阻力，需要面临"最高监管标准"，担心监管对 Libra 的要求可能会影响到其传统支付业务。

第三，现在退出并不代表未来不可以重新回来，因为以这几家已有的用户基数和传统支付业务的影响力，在适当的时候（如 Libra 前景更明朗）回来并不会面临困难。

第四，不排除这七家的一部分公司有另起炉灶的可能性。通过这段时间的内部观察，熟悉了 Libra 治理结构本质上与 VISA/ 万事达传统会员形成的去中心治理结构类似，Facebook 团队在 Libra 项目上的准备（货币和金融理论业务，以及监管准备）也并不充足，可能也有不完全希望服从 Facebook 在 Libra 项目中权威的想法，因此在面临巨大的监管不确定性的前提下，不如自己做（亚马逊、JPM 等自己做了）。

有关国会议员的"刁难"，严格来说这是美国权力民主的自然结果，一个新生事物，一定有不同的意见，不同利益群体的认知和理解一定有差异，需要辩论。一个议员可以随意发表意见或写信要求"禁止"很多事情，但距离真正形成有法律效力的文件还有十万八千里。

第三节　为什么美国、欧盟积极反对 Libra ？

深链财经：通常认为 Libra 会对第三方弱势国家法币造成冲击，根据 Libra 的一揽子计划，美元是支持数字货币 Libra 的主要货币，占比 50%，欧元占比仅为 18%，日元占 14%、英镑占 11%、新加坡元占 7%，但是我们看到的却是美国、欧盟在积极反对 Libra，其中的逻辑是什么？

上周，Andreessen Horowitz 加密风险合伙人克里斯·迪克森建议 Libra 可以成为仅以美元计价的数字货币，也就是说建议 Libra 仅与美元挂钩，而不是像现在这样"盯住"一篮子国际货币，按照这种设计，美国政府是否会给 Libra 开绿灯？

欧阳默：Libra 应该简化，现在它像一个包含着复杂货币储备的篮子。Facebook 将结构改为以美元计价的形式有助于被批准。美国法律的特点在于其基于普通法，也就是说，法律制度是建立在先例基础上的。在 2018 年 9 月，纽约州政府批准了两个 1∶1 锚定美元的稳定币：PAX 和 Gemini。因为之前有被批准的先例，Facebook 可以利用先例得到批准。

赵东：美国反对的原因，是不是因为 Libra 选择了瑞士作为注册地，不在美国直接监管的范畴?

欧阳默：是的，这是国会的主要担忧。但是国会生气主要是因为隐私问题而对 Facebook 产生了不信任。

龙白滔：有关各国对 Libra 的态度，大家不要被各种纷繁芜杂的表象所迷惑。

先澄清一个基本事实：Libra 实际上并没有真正颠覆传统货币金融体系的利益格局，因为它是以法币或法币资产作为储备池的，是一个建立在传统法币体系之上的"伪创新"。大部分人过于解读 Libra 对传统体系的颠覆，所以他们误读了 Libra 与美联储的关系，或者说误读了硅谷极客与华尔街资本的关系。

今天我再强调一次，Libra 从根本上代表了传统法币体系的利益，因为它们使用法币和 / 或法币资产做储备物。如果 Libra 宣布用比特币或者其他原生数字资产作为储备物，那才是真正的颠覆，它会第一天就被美联储紧紧按死在地上。

我理解的目前各国监管当局真实的想法是这样的：

在美国，掌握 Libra 命运的只是代表华尔街利益的美联储，我相信其白皮书发布之前，Facebook 已经与美联储做过充分沟通获得了认可。美联储其实从来没有表达过明确的反对意见。美联储"暗地"里支持 Libra 的根本原因是其代表了美元利益，是美元霸权在数字世界的延伸。这个事实在几个月前还有较多争议，我相信现在应该是基本共识了（篮子货币中美元的权重50%，以及国家金融研究院院长朱民代表官方的明确表态）。

目前美国国会这边遭遇的障碍，可以理解为从立法角度让这件事情合理化，因此 Facebook 需要与国会中代表更广泛利益全体（华尔街之外）的进行沟通和协调。虽然国会里面不同的声音很多，但核心思想其实是弄清楚如何监管。

国会看似影响力很强大，但一方面缺乏真正的专业人士能有效阻止这种项目（例如美联储理论上是需要向国会负责的，但国会就从来没有足够的专业技能能够有效对美联储官员问责，包括2008年的金融危机，伯南克和鲍尔森为维护华尔街银行的利益在国会当众撒谎，说话自相矛盾，国会是一点法子都没有），另一方面就是受游说力量影响非常大。

美国国会最大的游说力量就来自两个行业，军工和金融。英国监管跟随美国的意见，从头到尾都是很明确地说"最高标准的监管"，是不是很像美联储的复读机？

欧盟的领导国德法是真正反对 Libra 的，根本原因就是 Libra 代表了美元利益，对欧元区的货币主权形成了侵蚀。

当然，Facebook 在数据隐私方面的污点也是一个被重点攻击的靶子，但我理解这更多只是借口，主要原因还是德法认为 Libra 侵蚀了欧元货币主权。其实欧元诞生那天起，欧元和美元就一直在竞争。

Libra 虽然篮子货币包括五种法币，但确实有很高的概率使用美元计价。很多人对"锚定"一词有误解或误用。

在现在的语境下面，有时候说"锚定"是指 Libra 的储备资产"锚定"到一组法币或国债上面，这里的"锚定"其实是储备物支撑的意思；有时候说"锚定"是指货币的计价单位；大家在讨论 Libra 的时候通常说"锚定"到一篮子法币上，然后很多人就想当然认为也"锚定"到 Libra 特有的计价单位上，其实 Libra 白皮书只明确讲了第一种"锚定"，即以一篮子法币或国债支撑其发行，并没有明确说计价单位。

我认为 Libra 有相当大的可能性采用美元计价，有几个原因：

第一，Libra 代表美元利益这基本已经是一种共识，那么如何维护美元权威呢？先是篮子货币中美元的权重，现在是 50%，其实超过了目前美元在全球贸易计价和结算 40% 的比例，考虑到 Libra 最初主要用作支付工具，这 50% 比例实际上加强了美元地位。

第二，要求 Libra 与美元的强制兑换，这允许美元货币政策有效地传导至 Libra 生态（或者叫货币区），但实际上 Libra 会与篮子货币形成兑换而不仅仅是美元，考虑到篮子中权重可能变化，多种法币的汇率也会变化，因此 Libra 与美元的强制兑换有相当大的波动性 / 不确定性，另外这种兑换承诺也不一定是有法律约束力的，所以 Libra 与美元的强制兑换不成立。

第三，使用美元计价，账户单位是一种货币最重要的属性（不同支付工具是通过其账户单位而非其他属性如交换媒介和价值存储连接到一种独立货币），只要使用美元计价，美联储就保证了其货币权威。我从 2019 年 6 月底就和朋友说，Libra 最终一定会用美元计价，否则不可能上线。我现在还是坚持这个观点。

欧阳默：Libra 对于加密货币来说是利好，因为 Libra 会大大增加使用加密货币的人数。现在大概有 4000 万人拥有数字货币，实际的用户更少。但是 Libra 会让整个世界都开始使用加密货币，而不只是用于投资、投机或者持有。

这会使加密货币的市场增长到现在的 10 倍、20 倍。当然，Libra 现在还不是加密货币，现在它还太中心化了。

第四节　1600 个组织正在申请成为 Libra 节点

深链财经： 在多家公司陆续退出之后，Libra 官方也开始表态，项目负责人 David Marcus 发推表示，尊重 Visa 和万事达卡的决定，企业可以自由选择加入还是退出，但他对根据几家公司退出 Libra 项目的新闻解读 Libra 的命运持谨慎怀疑态度，言下之意似乎是说，"不要因为几家公司退出就否定 Libra 的未来"。

各位嘉宾如何看待 7 家重要合作伙伴退出 Libra 协会所带来的影响，尤其是考虑到大多数都是支付巨头企业？

欧阳默： 第一，Libra 的未来最重要的一个信号是，这是一个国际团体的项目，而不是 Facebook 自己的项目。你会在未来越来越多的媒体上看到这个信号。其他 Libra 协会成员会共同协作，开始宣传 Libra。

第二，5 名 Libra 协会董事得到任命。

第三，21 名 Libra 协会成员会决定筛选其他节点的条件。

第四，现在虽然有 7 家组织退出，但是，还有 1600 个正在申请成为节点的组织。我们觉得这些申请者里大概有 180 个能符合公开的要求。但是，只有 40—80 个能达到内部的要求。在接下来的一个月里，还会继续讨论和确定这些内部要求。

赵东： Libra 如果成功，无疑会直接挑战支付巨头的地位。那么，这几家支付巨头的退出，一方面是迫于监管压力，另一方面也是不敢真的去"革自己的命"。

龙白滔：没有什么实际的影响，要真说影响，是腾出了 7 个创始成员的位置给其他人，让其他机构对 Libra 协会有更大的影响力。其他可能的影响，这 7 家支付型企业另起炉灶做一个类似 Libra 的联盟，Libra 未来可能面临竞争。还有就是刚才欧阳默博士说的，可以遴选出更加"志同道合"之人，这对 Libra 的成功是好事。

欧阳默：其实 Libra 也想要更可靠的合作伙伴。比如像 Vodafone，还有 Andreessen Horowitz。Andreessen Horowitz 的 Katie Haun 女士会在协会里作为领导角色。她也是昨天会议选出来的五名董事之一。现在 Libra 的策略是让这个项目成为一个国际团体共同的项目，而不是 Facebook 独自所有的项目。

我在国会和参议院最后一次 Facebook 听证会上，告诉美国国会，他们应该支持像火币这样的公司与监管机构合作。

赵东：欧阳默博士，您认为哪个国家是加密货币最开放的国家？中国？日本？欧洲？新加坡？

欧阳默：按顺序排是新加坡、瑞士、日本，因为他们都想摆脱美元统治。

第五节　Libra 2020 年不会发行

深链财经：除了合作伙伴退出，无论是 G7 集团的报告与声明，还是 10 月 23 日，Facebook CEO 马克·扎克伯格出席众议院听证会，都给 Libra 带来了监管阴影。此前对 Libra 带有期待的 Ripple 首席执行官 Brad Garlinghouse 在接受《财富》杂志采访时表示，由于 Libra 面临着监管机构的强烈反对，敢打赌 Libra 在 2022 年底前都不会启动。

请问各位嘉宾，你们认为 Libra 未来前景如何，Ripple CEO 打的赌会成功吗？

欧阳默：Libra 2020 年不会发行，主要是因为是政府给了它很多压力。但 Libra 的新战略促使整个 Libra 协会这样做，这不仅仅是 Facebook 自己的事了。

由于这些政治因素，Facebook 最近做了一件很聪明的事情。Facebook 的总法律顾问，以前是 Collin Stretch，但是今年夏天他们新聘请了总法律顾问，名叫 Jennifer Newstead。她曾经被特朗普总统聘请为政府官员。这将有助于 Facebook 解决他们的政治问题。

赵东：欧阳默博士，Libra 能否在没有美国政府许可的情况下发行？

欧阳默：Libra 很难在没有美国政府许可的情况下发行。Libra 发行需要许多法律结构，它像一个"反向 VIE 结构"。

第六节　现在是看"贼"被打，未来是看"贼"吃肉

深链财经：赵东，请问你不看好 Libra 的态度是否和立场有关，比如 USDT 的关系？

赵东：没关系，我支持 USDT 的原因很简单：我能通过交易 USDT 赚钱。如果我能合法地通过交易 Libra 或者 CNHT 交易赚钱，我一样会支持。目前我们没有交易其他稳定币的原因是：没有客户需求。我们的客户不需要，所以

我们没法赚钱。一切要回归生意的本质：有用、赚钱。对客户有用，企业才能赚钱。

龙白滔：我不认为他的打赌会成功。虽然我坚信 Libra 会侵蚀人民币货币主权和阻碍人民币国际化，但我坚信 Libra 能取得成功，问题是中国政府和人民如何应对。

Ripple CEO 只有一点是对的，就是 Facebook 的斑斑劣迹影响了 Libra 的接受程度。但这一点并不是 Libra 命运的决定性要素，其决定性要素是传统货币体系（包括监管）如何看待稳定币对他们的挑战。

虽然 Libra 面临全球各个监管机构"喊打"的局面，但要客观看待这个问题。

首先，Libra 确实是一种新现象，是过去货币当局没有遭遇过的挑战，因此能要允许他们弄清楚里面的风险，解决掉相关金融稳定性风险的问题才上线（注意区分推进）。

其次，Libra 确实会带来颠覆性的影响，例如数字货币区，它允许一种货币跨越地域和司法主权的边界，能够连接 Libra 网络中的所有经济活动和 28 亿用户，它的经济规模比很多经济体可能要大得多（支付宝网络一个季度的交易额达到 7 亿美元，支付宝网络用户 8.6 亿，大家可以做个对比）。

最后，Libra 的成功，需要监管进行跨境协调，形成监管共识，防止监管套利并带来金融稳定性风险。不管 G7 工作组对全球稳定币的初步评估结论如何，这项工作现在已经移交给金融稳定理事会 FSB。FSB 的使命是以前瞻性的工作方法为 G20 政府财长和央行行长提交有关全球金融体系稳定性的任何政策建议。

如果大家还不理解这句话的意思，我说得更明确一些，金融危机后全球银行和金融体系的变革政策建议和落地执行监督就是由 FSB 负责的，例如《巴塞尔协议 III》、影子银行监管、金融衍生品和 OTC 的监管等问题，当然全球稳定币项目监管的问题是 FSB 的新任务。

FSB 接管这件事情意味着全球监管机构达成共识，把制定全球稳定币监管政策的事情纳入正式工作流程，FSB 计划于 2020 年 7 月提交正式报告。FSB 的正式报告就是针对某个具体问题的监管政策细则的建议。FSB 的主席是美联储负责监管的副主席。

这意味着什么呢？不要看 Libra 现在被监管打得厉害，现在打得厉害，意味着从最开始就与政策制定者协同着手解决监管的空白，那么我们是否可以预期一下，2020 年 7 月的时候 Libra 的合规状态如何？

那个时候全球稳定币监管细则出台（形成了全球共识的哦），有谁能做到最合规呢？ Libra 是不是可能是唯一被监管"认证"（全球监管共识的"认证"）的稳定币呢？现在是看"贼"被打，未来是看"贼"吃肉。

欧阳默：我们将为 Libra 和 Facebook 启动争得成功。即使 Facebook 不能成功推出 Libra，其他人也会这么做。我预测如果 Facebook 不成功，主要行业的不同主要团体也会发行一个稳定的硬币。例如，壳牌石油或中石油可以开发自己的稳定币，以促进跨境支付。以及 Libra 成员的沃达丰也可以发行自己的稳定币。

第七节　Libra 可能未来最大的优势就是合规了

深链财经：最近加密货币相关的重要新闻都几乎和监管有关，特别是 SEC 存在感爆棚：Block.one 同意通过支付 2400 万美元民事罚款与美国证券交易委员会（SEC）实现和解；SEC 对 Telegram 旗下的 TON ICO 的两家离岸实体发出临时限制令。

从今以后，监管将在加密货币行业中扮演怎样的角色，它让整个行业发展得更好还是一定程度上会阻碍行业发展？

欧阳默：监管是加密货币行业最大的技术障碍，这是我们两年前预测的，并在今天变为现实，也将在未来变得更加重要，尤其是从现在起的未来 2—3 年。例如 EOS Block，他们的法律顾问是我朋友，他告诉我，他们聘请了 18 名内部律师和法律人员处理监管问题，其中包括 SEC。

结果，他们被罚款 2400 万美元，但却得到了 40 亿美元的升值，罚款只占 0.6%，比例非常小。这对于加密货币领域，是非常好的结果。

赵东：我觉得数字货币公司应该以创新为主，尽量避开监管的死胡同。特别是初创阶段，尽量去做一些不需要牌照或者不需要和监管打太多交道的业务，否则初创公司耗不起监管的成本。体量做大之后，多和监管沟通，拥抱监管，推动监管发展。

龙白滔：成功的跨境政策协调和监管共识将为真正全球私营数字货币的崛起奠定基础。Libra 未来可能最大的优势就是合规了。

第八节　Libra 对比特币是利好

深链财经：最近，福布斯发文称，Facebook 发起的 Libra 其实是"另一种"支付系统，它可以被看作是一个更好的强化版 PayPal，但它并不是更好的加密货币，既不是自由货币，也缺乏区块链的"道德理念"。

怎么看待这种观点？如果 Libra 成功了，将会对主流加密货币构成威胁吗？比如比特币或者 USDT 这样的稳定币？

龙白滔： 对这个观点，同意也不同意。

同意的部分是，"它不是更好的加密货币"，确实如此，它甚至可能都不是加密货币。

不同意的是，首先 Libra 是一个货币体系，支付只是其中一个附带功能，拿 Libra 与 PayPal 比较是矮化了前者抬高了后者；其次，Libra 在一定程度上是"自由货币"，"自由"都是相对的，在比特币原教旨主义者看来除了比特币其他都不是自由的，但和传统法币比较起来，Libra 还是要自由得多，至少允许非银行的私人机构参与货币的创造和分配铸币税。

但这种自由确实是有限的，因为即使是非银行私人机构参与货币创造过程，我们知道这个门槛其实挺高的，能成为 Libra 协会的百分之一，都不是简单的人或机构，Libra 严格来说，只是铸币权在顶层富人群体的一次重新分配，富人群体总有老钱和新贵，但从来不缺银行家，对不对？

如果 Libra 真正代表了中本聪们的理想，它早就被华尔街给按死在地上了；他既然生龙活虎出来蹦跶，说明它已经和华尔街达成了共识，说共谋也行。

我文章里面有一句话，今天可以再说一遍，Libra 是我见过最邪恶的商业模式，所以说"缺乏区块链道德理念"，我是认同的。为什么邪恶呢？Libra 本质上是人人铸币，但人人给 Libra 协会交铸币税的商业模式。

Libra 成功，对主流加密货币，除非有可能形成稳定币，否则不会是威胁的，例如比特币。对 USDT 是灭顶之灾，这么说东叔可能不高兴了。作为稳定币来说，Libra 从各个方面都要优于 USDT，除了目前的市场接受度。但现在的市场接受度都不算数，因为现在数币金融市场主要就是投机交易，USDT 在这个环境下面作为"货币"是成功的。

但我们要看到未来的格局是稳定币要支持真正的经济活动（不仅仅是交易投机）。在这个大前提下，Libra 绑定了一种支付服务，且绑定了完整的社交、电商和内容经济活动和生态，还绑定了 28 亿用户的数字网络，将产生强大的网络外部性和极强的竞争力，还有监管的加持（美联储背后保驾护航），Libra会以摧枯拉朽之势干掉 USDT 当然还有其他各种山寨稳定币，人民币 DC/EP都不见得挡得住。

针对做不成稳定币的加密货币，例如比特币，我认为是利好，因为后者的定位是"资产"而非"货币"，Libra 的成功将给全球韭菜们再次洗脑提升对加密货币 / 资产的认知，更大的用户基数更大规模的资金更广泛的经济活动进入加密经济，这当是一个普惠的利好。

第九节　Libra 协会新标准将在 2—4 周内制定

深链财经： 为什么 Ripple CEO 那么强烈反对或者不看好 Libra？会是因为他跟东叔一样，有自己的立场，他是既得利益者吗？

龙白滔： 因为 Ripple 自己是最大的山寨币，Libra 成功就意味着 Ripple 这种山寨空气币的灭亡，你说他能不着急吗？Ripple 是百分百的中心化系统。

深链财经： 交易所申请成为 Libra 节点，审核的标准是什么？除了火币、OKEx 这种，其他中小交易所有机会成为 Libra 的节点吗？

欧阳默： 在我今天与 Libra 协会成员的会谈中，我被告知 Libra 协会将制定新的内部标准，虽然网站上现在已经有了标准，但是由于最近发生的国会、参议院、法国政府以及 Visa 和万事达卡的退出事件，内部也会有新的标准，这些新标准将在今后 2—4 周内再制定。

第十五章　美元的 Libra，美元的未来 ①

近来有关 Libra 的大新闻层出不穷。七家以传统支付类企业为代表的 Libra 协会成员在 Libra 协会正式成立前"临阵脱逃"退出协会。多家媒体报道，G7 工作小组在国际货币基金组织（International Monetary Fund: IMF）和世界银行（World Bank: WB）年会前提交了针对全球稳定币项目的初步评估报告称，Libra 对全球金融体系带来了严重挑战。欧盟国家德法高官也屡次放出狠话，要禁止 Libra 在欧洲的运营，并且"欧洲国家应该发行自己的央行数字货币"。进一步让人困惑的是，欧洲央行（European Central Bank: ECB）的执委会成员，也是 G7 稳定币工作小组负责人 Benoît Cœuré 于 2019 年 10 月 17 日接受布隆伯格采访时称，"全球金融监管机构没有计划禁止 Facebook Libra 或其他稳定币，但这些以官方货币为支撑的数字货币必须符合最高的监管标准"。美联储理事 Lael Brainard 于 2019 年 10 月 16 日罕见地就"数字货币、稳定币和支付系统的演进"做了长篇发言，提及 Libra 将遭遇最严格的监管。

一时间 Libra 头顶乌云密布，Libra 还有未来吗？这么多纷繁芜杂的声音，到底哪个信息才是可信的？本章将从第一性原理思考的方法，帮读者解开迷雾。

笔者回顾一下 2019 年 6 月 28 日首发于巴比特的文章《从货币金融体系的历史、现状和未来评价 Libra》（以下简称《评价》文，可能是目前中国阅读量

---

① 本章内容于 2019 年 10 月 18 日首发于《财经》。

最高的原创 Libra 主题评论）文中有关 Libra 与银行和全球监管的内容。

主流货币监管当局的态度很明朗，美英银行的监管者已经表达了明确的支持态度。代表 G20 对全球金融体系进行观察和政策制定建议的机构是 BIS 赞助的 FSB。FSB 现任主席是美联储副主席，同时英格兰银行行长是前任 FSB 的主席，FSB 最近的有关加密数字货币的报告称，"因其（加密数字货币）市值规模不大，目前对全球金融体系稳定性没有影响"。FSB 声称，"引入 Facebook 的稳定加密货币 Libra 需要一个新的监管框架"。因此可以谨慎乐观预期，即使 FSB 发布针对 Libra 的评估报告，也是正面的。BIS/ECB 的态度也会是。

Libra 项目确实是天才设计，它将一个宏大的稳定加密货币金融体系构筑于传统货币金融体系的脆弱基石之上，不仅百分之百保护了传统商业银行的利益也满足了央行针对稳定加密货币的监管诉求，还成功地在区块链和加密货币的新世界激发了广泛热情和共鸣。在 Libra 货币体系中，代币持有者独享整个 Libra 经济体全部或主要的货币收益，约占 Libra 经济体总量 3%，而储备物则全部来自用户。Libra 项目架构者稳熟地通过治理架构设立，满足形式上去中心也保证了对项目的绝对掌控。Libra 金融稳定性存在较多缺陷，其开放性、民主性亦不尽如人意，中国的应对措施应该是学习和超越。

第一节　明确 Libra 本质与传统货币体系的关系，Libra 动了谁的蛋糕，谁真正掌握其未来命运

澄清一个基本事实，Libra 从根本上保护了传统法币体系的利益，因为它以法币（和 / 或以法币计价的国债）作为储备池，是一个建立在传统法币体系之上的"伪创新"。大部分人过于解读 Libra 对传统体系的颠覆，所以误读了

Libra 与美联储的关系，或者说误读了硅谷极客与华尔街资本的关系。本章再强调一次，Libra 从根本上代表了传统法币体系的利益。Libra 白皮书发布之初，大家可能会惊奇于竟然没有一家传统银行作为发起会员，一个想当然的猜测就是 Libra 挑战了传统商业银行的利益。笔者在《评价》文中分析了 Libra 百分之百保护了传统商业银行利益，并且从成本效益角度考虑，传统商业银行最适宜发挥 Libra 生态授权分销商的角色，其他类型的企业即使参与也无法与银行有效竞争。如果 Libra 宣布以比特币或者其他原生数字资产作为储备物，那才是真正的颠覆，但它第一天就会被美联储紧紧按死在地上。

Libra 严格来说，只是铸币权在顶层富人群体的一次重新分配，富人群体总有老钱和新贵，但从来不缺银行家。如果 Libra 真正代表了中本聪们的理想，它不可能引发现在全球监管的热议和形成新的监管共识。

第二节　Libra 对货币金融体系带来的挑战

传统货币体系如何看待稳定币对他们的挑战，这是 Libra 命运的决定性因素，而非其他，如 Facebook 在滥用用户隐私数据方面的斑斑劣迹。

谁在影响和决定全球货币金融的顶层制度呢？答案是**以美联储、ECB、国际清算银行（Bank of International Settlements: BIS）、IMF 和 WB 为核心的银行利益群体**（笔者避免用"银行卡特尔"这样的描述，避免有人无脑用"阴谋论"概之），代表"不代表任何国家和民族的跨国资本集团"的银行家、央行官员和学者们，作为全球化精英，联合影响和制定了全球货币金融体系的顶层制度。中国现在并不属于这个群体，但中国经济的高速增长在一定程度上得益于全球化的经济和金融政策。美联储发挥了事实上全球央行的作用，英格兰银行等主权国家央行大多跟随前者。金融稳定理事会（Financial Stability Board: FSB）是 2008 年全球金融危机后由 BIS 部分职能分拆出来为 G20 政府（财政部长和央行行长）提供全球金融体系政策建议的国际机构，虽然名义上独立于 BIS 但实质上由 BIS 主持并赞助，现任 FSB 主席是美联储负责监管的副主席。在讨论 ECB 的时候，应区分 ECB 与欧盟国家、欧洲议会等的关系，欧盟是一个很特别的存在，英国即将不是欧盟一部分了，欧盟军事给了北约，货币政策给了 ECB，外交给了欧洲议会，财政给了各个成员国。ECB 独立于欧洲议会和欧盟委员会，不接受他们和成员国指令，其权力核心是一群支持欧洲一体化的全球精英银行家和学者，因此对代表全球一体化趋势的 Libra 相对开明，而欧洲议会则割裂很多，党派林立，和欧盟成员国高官一样，他们会更多从个别国家或民族主义角度来抵制代表全球化的 Libra 对其（货币）主权的侵蚀。

Libra 对传统货币体系带来了哪些挑战呢？近期一直有报道称，G7 工作组提交的一份针对全球稳定币的初步报告指出 Libra 对现在货币体系带来了严重挑战。无论该报告结论如何，笔者引用 FSB 主席近日针对 G20 政府公开信中谈及的"全球稳定币的潜在金融稳定性风险"。FSB 主席在信中重申了 G20 领导人在《大阪宣言》的观点，"加密资产目前并不对全球金融构成威胁，但'全球稳定货币'的引入可能给监管界带来一系列挑战"。这些挑战包括对金融稳定的挑战；消费者和投资者保护；数据隐私和保护；金融诚信，包括反洗钱与反恐怖主义融资和客户身份识别合规；减少逃税；公平竞争和反垄断政策；市场诚信；健全和高效的治理；网络安全和运营风险；以及适当的法律依据。

公开信指出，具有潜在全球影响力和规模的稳定币项目必须符合最高监管标准，并接受审慎监督和监管。应优先评估和解决可能存在的监管空白。G7 稳定币工作组已经完成初步评估，并将全球稳定币监管问题的工作移交给 FSB。FSB 已经成立了一个工作组去形成监管政策。FSB 将于 2020 年 4 月向 G20 政府提交一份咨询报告，并在 2020 年 7 月提交最终报告。（读者可以订阅"数字资产研究院"公众号获得该公开信全文中文翻译和笔者点评。）

FSB 的使命是以前瞻性的工作方法为 G20 政府提交有关全球金融体系稳定性的任何政策建议，一般工作方法是 FSB 就全球金融体系的问题进行调研、分析、研究并制定监管政策建议，提交给 G20 各国负责具体实施并监督落实。金融危机后全球银行和金融体系的变革政策建议和落地执行监督就是由 FSB 负责的，例如《巴塞尔协议 III》、影子银行监管、金融衍生品和 OTC 的监管等问题，目前全球稳定币项目监管的问题是 FSB 的新任务。FSB 接管这件事情意味着全球监管达成共识，把制定全球稳定币监管的事情纳入正式工作流程，FSB 的正式报告就是针对全球稳定币监管政策细则的建议。2019 年 10 月 18 日 FSB 发布新闻称 "启动稳定币的监管工作"。

这意味着什么呢？不要看 Libra 现在被监管打得厉害，现在打得厉害，意味着从最开始就与政策制定者协同着手解决监管空白，等到 2020 年 7 月的时候 Libra 的合规状态几何？ Libra 可能是唯一经全球监管共识 "认证" 的稳定币项目，合规可能成为 Libra 最大竞争优势。**现在是看 "贼" 被打，未来是看 "贼" 吃肉。**

第三节　全球稳定币的崛起符合全球化精英的诉求

Libra 等为代表的全球稳定币的出现，符合全球化一体化精英群体的诉求。如笔者在 "数字货币潮下的货币竞争与体系重塑" 一章中的讨论，新的货币将重塑货币全球格局，它们创建新的连接和新边界。数字化可能会改变国际货币体系的基础。Libra 是一种基于多种法币的合成国际货币。

正如英格兰银行行长马克·卡尼 2019 年 8 月的发言指出的，基于美元的国际货币和金融体系不可持续，与 Libra 的篮子货币方案类似，以多国央行数字货币构成的网络且由公共部门提供的 "合成霸权货币" 可能是最佳替代方案。近几十年来，日益扩大的国际联系造成了美元安全资产的稀缺，以及通过全球金融周期从美国货币政策中产生的巨大跨境溢出效应。与几个不同账户单位关联的合成国际货币可一定程度上弥补安全资产短缺，因为以多种官方货币计价的债务价值将随合成货币的价值一起波动（合成货币的波动可能会变小）。

如果国际贸易以合成货币的账户单位开具发票，贸易流动的全球相关性也将减少。目前，40%的国际（商品和服务）贸易以美元计价，因此美元的冲击和货币政策对刺激或阻碍国际贸易产生了相当影响。在一个使用合成货币的世界里，这种对美元的冲击对贸易效率的影响将小得多。当然，合成货币会从对其支撑货币的冲击中产生溢出效应，但就各国面临特殊冲击而言，多样化可能会抑制这些溢出效应。

对Libra的支持也符合美元自身的利益。美联储理事Lael Brainard的发言体现出美联储对大型网络平台的网络外部性和全球稳定币对传统法币的替代作用有清晰认识，可能带来数字美元化的效果，对金融羸弱的国家的货币进行代替，甚至对其他发达经济体的主权货币也有很强渗透性。此外，在面临全球范围内广泛的对基于美元货币体系的批评的情形下，将Libra推至前台符合美联储的核心利益。但在最关键的问题——Libra计价单位上的故意回避或闪烁其词，留给各个利益相关方（主要他国央行）想象空间。但如本章分析，Libra有很大概率采用美元为计价单位，这是维护美元货币权威的根本方式。因此，Libra更多像是由美联储支持、以区块链和数字货币技术创新切入跨境支付领域的全球稳定币尝试，是美联储放置入未来全球货币体系的"特洛伊木马"。

因此现在全球政府和监管机构对Libra最真实的想法可能是这样的。

在美国，掌握Libra命运的只是代表华尔街利益的美联储，笔者相信其白皮书发布之前，Facebook已经与美联储做过充分沟通获得了认可。美联储其实从来没有表达过明确的反对意见。美联储"暗地"里支持Libra的根本原因是其代表了美元利益，是美元霸权在数字世界的延伸。需要合理理解"充分沟通"的含义，这里并不意味着Facebook与美联储沟通了合规和监管细节，而是在全球稳定币的战略目标上达成了共识。这就像与政府高层领导推动某些大举措，决策层只需要决策目标和方针，而不是制定实施细节。

美国国会这边遭遇的障碍，可以理解为从立法角度让这件事情合理化，因此 Facebook 需要与国会中代表更广泛利益全体（华尔街之外）进行沟通和协调。国会看似影响力很强大，但一方面缺乏真正的专业人士能有效阻止这种项目（例如美联储理论上是需要向国会负责的，但国会就从来没有足够的专业技能能够有效对美联储官员问责，包括 2008 年金融危机，伯南克和鲍尔森为维护华尔街银行的利益在国会当众撒谎，说话自相矛盾，国会是一点法子都没有），另一方面就是受游说力量影响非常大。美国国会最大的游说力量就来自两个行业，军工和金融。前几日因为国会议员给 VISA/ 万事达写信威胁支持 Libra 可能引发对所有相关业务（包括他们传统的支付）实施最高标准的监管，因此两者选择临阵退出，但今天（2019 年 10 月 18 日）参议院议员 Michael Rocks 写信给 Libra 节点 Anchorage 表示支持 Libra。虽然看起来国会针对 Libra 争议很大，但核心思想是弄清楚如何监管以及平衡好不同利益方。一个议员可以随意发表意见或写信要求"禁止"很多事情，但距离真正形成有法律效率的文件十万八千里。因此笔者认为美国国会对 Libra 的各种声音都是"小插曲"，不影响全局。

英格兰银行对 Libra 的表态基本可以理解为美联储的"复读机"，一直强调"符合最高监管标准"。

欧盟领导国德法是真正反对 Libra 的，根本原因就是 Libra 代表了美元利益，对欧元区的货币主权形成了侵蚀。欧盟领导国德法的高官很早就对 Libra 放狠话，"禁止其在欧盟运营"，并且"欧洲国家应该大力发展自己的央行数字货币"。但代表欧盟货币当局的 ECB 态度就很暧昧，刚发布 Libra 白皮书时，ECB 发言相对谨慎，也曾经有 ECB 执委表示"货币是公共产物，不能交给在滥用用户隐私数据方面有不良记录的 Facebook"，但 ECB 执委 Benoît Cœuré 也是 G7 稳定币工作组的负责人，发言肯定"Libra 或类似全球稳定币的提案"，可以"成为美元铁王座的竞争者"，10 月 17 日接受采访时称"全球金融监管机构没有计划禁止 Facebook Libra 或其他稳定币，但这些以官方货币为后盾的数字代币必须符合最高的监管标准"。

从目前 Libra 篮子货币的比例来看，美元和欧元分别是 50% 和 18%，考虑到从全球结算货币的百分比来看，美元和欧元分别为约 40% 和 30%，美元被显著加强，欧元被削弱。但看起来，ECB 已经接受了这种安排。目前，我们认为 Libra 的篮子货币比例已经在美联储、BIS 和 ECB 之间达成共识就好了。

第四节　Libra 代表了美元霸权在数字世界的延伸

国家金融研究院院长朱民撰文指出，"Libra 实际上加强了美元已有的霸权地位"。Libra 的储备篮子包括五种法币，它如何体现美元货币权威呢？

我们先确定"Libra 锚定于一篮子法定货币"中的"锚定"的含义，因为很多人对"锚定"一词有误解或误用。在现在的语境下面，有时候说"锚定"是指 Libra 的储备资产"锚定"到一组法币或国债上面，这里"锚定"是储备物支撑的意思；有时候说"锚定"是指货币的计价单位。大家在讨论 Libra 的时候通常说"锚定"到一篮子法币上，很多人就想当然认为也"锚定"到 Libra 特有的计价单位上，其实 Libra 白皮书只明确讲了第一种"锚定"，即以一篮子法币或国债支撑其发行，并没有明确说计价单位。

Facebook 法律顾问欧阳默博士接受网络采访时表示，"Libra 应该简化，Facebook 将结构改为以美元计价的形式有助于被批准"，笔者也认为 Libra 有很大可能性采用美元计价，有几个原因：

首先，如欧阳默博士指出，"2018 年 9 月纽约州已经批准了两个采用美元计价单位的稳定币：PAX 和 Gemini"，因此"Facebook 可利用（法律制度的）先例得到批准"。

其次，如果要求 Libra 与美元的强制兑换，这将允许美元货币政策有效地传导至 Libra 生态，但实际上 Libra 会与篮子货币形成兑换而不仅仅是美元，考虑到篮子中货币权重和汇率的变化，Libra 与美元的强制兑换有相当大的波动性 / 不确定性。Libra 协会注册在瑞士而非美国，这种兑换承诺也不一定有法律约束力，现在不能完全确认 Libra 与美元的强制兑换性。

最后，账户单位是一种货币最重要的属性（不同支付工具是通过其账户单位而非其他属性如交换媒介和价值存储连接到一种独立货币），只要使用美元计价，美联储就保证了其货币权威。从这点来讲，笔者认为 Libra 以美元计价是Facebook 发布白皮书之前已经与美联储形成的共识，只是之前没有公开讲而已。

第五节　Libra 面临的监管障碍

作为美联储中著名的数字货币悲观主义者，美联储理事 Lael Brainard 于2019 年 10 月 16 日罕见地发表了有关"数字货币、稳定币和支付体系演进"的长篇演讲。在政府工作的读者可能有经验，越大的领导、越有影响力的人针对重大问题越不轻易发言，所以 Brainard 理事的发言可谓意义重大，反映了美联储在相关问题的立场。（感兴趣的读者可以订阅"数字资产研究院"的公众号获得发言全文中文翻译以及笔者的点评。）

发言很长，其中主体部分是有关稳定币的监管，因此笔者在这里总结发言要点并展开监管的话题。

发言核心要点包括：美国的美联储拥有相当长发行和管理私有货币的历史和经验，包括非银行机构发行的用于辅助特定网络内交易的货币或资产，例如礼品卡、积分和虚拟游戏货币等。随着私有网络规模和范围的扩展，其网络外部性让基于数字平台的支付系统获得极大的发展，如中国的支付宝和微信支付。Libra 作为稳定币项目最独特之处是其拥有全球三分之一人口的活跃用户，以及通过其支付系统，Libra 网络可以快速扩张至全球规模。Libra 和任何有全球规模和范围的稳定币项目，都必须解决一系列法律和监管挑战才能上线。很多国家央行在推进央行数字货币，美联储先不凑热闹，先看看别人做得如何。美联储支持支付领域的创新，并乐于见到未来数年内在支付体系有长远影响的创新，包括稳定币的选项。

Brainard 理事特别强调了四个方面的法律和监管的问题。

第一，需要做到"知晓你的客户"（即 know-your-customer: KYC）规则和监管的合规性来避免稳定币被用于非法活动和非法金融。Libra 的商业模式天然就是跨境的，Libra 系统的每个参与者都被视为金融机构，需要遵守每个司法辖区的反洗钱法律。Libra 的全球业务可能要求一个一致的全球反洗钱框架，以降低非法交易的风险。

第二，旨在方便消费者支付的稳定币的发行人必须明确展示如何确保消费者保护。消费者必须接受培训，明确他们的权利与银行账户有何不同。在美国，针对银行账户已经实施法规和监管的保护，以便消费者合理预期他们的存款被保险的额度；欺诈性的交易是银行的责任；有关账户费用和利息支付的清晰、标准化的披露等。现在还不清楚 Libra 是否有类似的保护，消费者如何拥有索偿权，目前尚不清楚消费者面临多少价格风险，因为他们似乎对稳定币的基础资产没有权利。消费者需要注意，稳定币很可能与主权发行的法币有截然不同的法律条款。需要明确为个人身份识别信息和交易数据的安全性负责任的实体，以及个人数据如何存储、访问和使用。过去几年中大量的网络攻击事件凸显这些问题的重要性。

第三，有必要界定 Libra 生态系统中各参与者进行的金融活动，以便司法当局评估现有的监管和执法机制是否完善。作为 Libra 协会的合法注册地，瑞士尤其关心这些话题。瑞士当局设立了三个新类别以帮助按照功能来进行监管："支付代币"是加密货币，用于支付或价值转移；"实用代币"是基于区块链的应用程序；"资产代币"是类似于股票、债券和衍生工具的加密资产。

第四,一个全球范围的稳定币网络可能带来金融稳定性风险,如流动性、信用、市场和操作风险等,不管是个别还是组合一起发生,可能触发失去信心和引发"挤兑"。一个全球稳定币网络提出了许多法律上独立但相互依存的复杂问题,在储备物管理和网络中市场参与者权责方面缺乏透明度。

第六节　总结

从 ECB、美联储和 BIS/FSB 的发言和行动,不难得出结论,全球货币政策制定机构已经就稳定币的崛起对全球一体化的意义达成了共识,并且实际在推进相关的监管政策制定,为稳定币的发展扫清法律和监管的障碍。数字货币的兴起,显著改变了传统货币竞争的方式,像 Libra 这样的全球稳定币,与已经拥有庞大经济生态和庞大用户基数的网络结合,其强大的网络外部性可能允许 Libra 迅速拥有全球范围的影响力。而在 Libra 储备池中拥有最高权重的美元,以及很高可能性使用美元作为其计价单位,充分维护了美元的货币霸权,并将之延伸至数字世界。美联储、FSB 和 ECB 都清晰了解全球稳定币可能重塑全球货币体系,特别是形成跨地理和司法辖区的数字货币区,并且取代货币赢弱国家的主权货币导致数字美元化,这或许是全球一体化精英群体希冀的目标。但 Libra 可能大概率采用美元作为计价单位,因此 Libra 可能不会真正实现成为一种新的安全资产并且降低美元对全球溢出效应的美好愿望,它更大可能是美联储植入未来全球货币体系的"特洛伊木马"。本文以朱民的 Libra 评论结束全文,"也不排除 Libra 在运营成熟后和美国政府合作,即与美国财政部和美联储合作,逐渐增加一篮子货币里美元的比重,并最终只和美元挂钩,成为官方的数字美元发行和运营者",笔者认为,这种"合作",可能比朱院长的判断启动得更早,其实在 Libra 白皮书起草阶段就已经开始了。

因此更实际的现实和未来可能是,美元的 Libra,美元的未来。

第十六章　呼之欲出还是困难重重，全球稳定币的风险与挑战 [①]
——解析 G7《全球稳定币评估报告》

第一节　介绍

支付处于不断变化的状态，创新是广泛的。在大多数情况下，国内支付越来越方便、即时和全天候可用。传统的基于银行生态系统正被初创企业和成熟的大型科技公司破坏。在最近的一项调查中，当被问及哪些金融产品和服务受技术发展和竞争的影响最大时，银行和科技公司都对支付进行了最高的排名——无论是目前还是未来五年。

尽管近年来有了显著改善，但目前的支付系统仍然存在两大缺陷：一是相当一部分世界人口缺乏金融服务的普遍访问，二是跨境零售支付效率低下。在全球范围内，有 17 亿成年人无法访问交易账户，尽管其中 11 亿人拥有移动电话。由于交易账户是信贷、储蓄和保险等其他金融服务的门户，因此无法进入此类账户会妨碍金融包容性。

比特币是最广为人知的第一波加密资产，迄今未能提供可靠和有吸引力

---

① 本章内容简版首发于 2019 年 11 月 7 日《财经》。本章大部分内容来自 2019 年 10 月 18 日提交的 G7《全球稳定币评估报告》，笔者结合 Libra、DC/EP、Tether/USDT 和大型科技公司的数字货币方案进行了案例分析。

的支付或价值存储手段。它们表现出极端的价格波动性、有限的吞吐能力、不可预测的交易成本、有限或缺乏治理以及透明度有限等。因此，对于某些投资者和从事非法活动的投资者来说，加密资产更多的是一种高度投机性的资产类别，而不是一种支付手段。

目前，新兴稳定币具有传统加密资产的许多特征，但试图通过将其价值与资产或资产池的价值联系起来以稳定"币"价。"稳定币"一词没有既定的国际分类，而且这种币实际上可能不稳定，并可能构成与其他加密资产类似的风险。G7 报告侧重于代表某种债权的稳定币，或是特定发行人的债权，或是标的资产或基金或其他一些权利或权益的债权。

这些稳定币可能更容易用作支付和保值的手段，它们有可能促进全球支付安排更快地发展，比目前的安排更具包容性。因此，它们也许能够解决现有支付系统的一些缺陷，并为用户提供更大的利益。

稳定币可以由任何人（零售或通用用途）使用，或只能由一组有限的行为者使用，即金融机构或金融机构的选定客户（批发）。G7 报告涵盖适用于所有稳定币的问题，有时则指出与零售稳定币特别相关的问题。

稳定币安排是生态系统的一部分，生态系统由多个相互依存的实体组成，具有不同的角色、技术和治理结构。适当的监管和问责制要求了解整个生态系统及其各部分如何相互作用。稳定币安排应满足并遵守与传统支付、清算和结算系统相同的要求，即同样的活动和相同的风险应面临同样的法规。因此，稳定币开发者应努力确保稳定币生态系统按照公共政策适当设计和安全、高效地运行。

稳定币对公共政策、监督和管理提出了一系列潜在的挑战和风险，包括法律确定性、健全地治理、反洗钱和打击资助恐怖主义行为合规、运营弹性（包括网络安全）、消费者 / 投资者和数据保护以及税务合规。这些风险可以在现有的管理、监督框架内部分解决，但也可能存在监管漏洞。监管和政策框架应保持技术中立，只要不与包括货币主权在内的公共政策目标相冲突，就不应阻碍创新。

最近，出现了一些稳定币举措，其中一些是由大型技术或金融公司赞助的。这些新的稳定币拥有庞大的客户群（此外，可能还有跨境），因此有可能迅速扩展，实现全球或其他实质性业务。这些被称为"全球稳定币"（GSC）。短时间内能称得上 GSC 的可能只有 Facebook 领衔发行的 Libra，因此本文有关稳定币或 GSC 的讨论，没有特殊说明，都适用于 Libra。

GSC 由于其潜在的巨大规模和覆盖面，可能对公平竞争、金融稳定、货币政策以及极端情况下的国际货币体系构成挑战。它们还可能影响整个支付系统的安全和效率。这些挑战部分源于 GSC 可能从跨境支付解决方案转变为具有类似货币功能的资产这一事实。

在 2019 年 10 月，G7 稳定币工作组完成了《全球稳定币评估报告》并提交至 G20 会议，GSC 监管问题从 G7 工作组移交给 G20 工作组。G20 财长和央行部长级和副手级会议一致同意发布 G20 关于稳定币的声明，肯定金融创新的潜在效益，同时指出稳定币具有一系列政策和监管风险。会议要求金融稳定理事会（FSB）、国际货币基金组织、金融行动特别工作组等国际机构继续研究稳定币的相关风险和影响。FSB 将于 2020 年 4 月提交一份咨询报告初稿，7 月终稿。

FSB 的使命是以前瞻性的工作方法为 G20 政府提交有关全球金融体系稳定性的任何政策建议，一般工作方法是 FSB 就全球金融体系的问题进行调研、分析、研究并制定监管政策建议，提交给 G20 各国负责具体实施并监督落实。金融危机后全球银行和金融体系的变革政策建议和落地执行监督就是由 FSB 负责的，例如《巴塞尔协议 III》、影子银行监管、金融衍生品和 OTC 的监管等问题，目前全球稳定币项目监管的问题是 FSB 的新任务。FSB 接管这件事情意味着全球监管达成共识，把制定全球稳定币监管的事情纳入正式工作流程，FSB 的正式报告就是针对全球稳定币监管政策细则的建议。2019 年 10 月 18 日 FSB 发布新闻称"启动稳定币的监管工作"。

自 2008 年以来，虽然各国都对加密资产行业制定了各种法律、法规和监管框架，但各国基本上是自行其是且存在明显监管差异。作为鲜明对比，自 Facebook 于 2019 年 6 月 18 日发布 Libra 白皮书以来，G7 旋即于 7 月成立了 G7 工作组对稳定币风险进行评估，三个月后 G20 国家即在稳定币的风险和监管政策制定上达成了共识，强调国际沟通和协作，确保在全球范围内一致地缓解 GSC 的风险。这里全球监管机构针对传统加密资产和稳定币迥然不同地应对，根本原因是他们从来不认为传统加密资产是"货币"但已经认定稳定币是"货币"。

笔者在 G7 报告发布后，翻译、校对了近两万字的中文全文，并感到有责任将与稳定币监管相关的国际工作成果及时传递给国内读者。因此本章是对 G7 报告的解读，并结合了 Libra、DC/EP 、Tether/USDT 和大型科技公司的数字货币方案等进行案例分析。

第二节　稳定币和它们的生态系统

稳定币是数字代币，通常在分布式账本上进行交易，并依赖于加密验证技术进行交易，目标是实现相对于法定货币的稳定价值。原则上，稳定币允许用户保护其持有的名义价值。稳定币本质上是去中心加密世界的边缘，在价格稳定方面，无论其形式如何，通常需要某种值得信赖的中介或其他集中的基础设施。

一、三种稳定机制

稳定币发行人可以使用多种方法支持相对于相关联法定货币的稳定价值。最简单和最直接的方法是存托凭证模型，这是第一种稳定机制，即稳定币是单一货币的直接债权。根据这种方法，稳定币的价值由发行人担保，发行人全额抵押债权，并承诺以购买稳定币的平价赎回稳定币。在分布式账本上构建批发支付平台的早期概念证明使用了这种方法。

第二种稳定机制是间接地将稳定币价值与一篮子参考资产"挂钩"。与交易所交易基金很像，这些稳定币的持有者并不拥有标的资产，而是拥有构成基础资产组合的份额。参考资产篮子可包括法定货币、政府证券、商品、加密资产或其组合。Libra 白皮书中的描述即属于此类设计，其价值与一篮子的法币和 / 或法币资产（国债）挂钩，但为获得监管认可 Facebook 已经改变了口风，Libra 可能会简化设计而发行挂钩单一法币的稳定币，即第一种稳定机制。蚂蚁金服的余额宝，其余额代表了基础货币市场基金的份额，是属于第二种稳定机制的稳定币（虽然余额宝是否为数字货币在一定范围内尚存争议，但中国央行自 2017 年起已将非银金融机构持有的货币市场基金统计为广义货币。这应该已经为这项争议盖棺定论，但笔者此处不展开讨论）。篮子资产的价值可能发生波动，发行方可能需要增加篮子中的资产或从市场上回收稳定币并销毁以维持稳定币价值的稳定。为降低篮子资产价值波动，发行方可能会对篮子中的资产在流动性、市场深度、信誉级别和集中度等方面设立一定的准入条件。这些操作非常类似于央行货币发行机制中的抵押品管理框架。

第三种稳定机制是利用发行机构的财务实力和稳定性。商业银行可以发行稳定币作为存款、票据或其他金融工具的替代品。在某些情况下，发行机构可能运行一个许可的分布式账本平台，机构客户可以使用该平台转移代币。这些代币可以与传统存款平价兑换，也可以兑换现金。表面上，它们就是以像传统存款一样的担保方式被"担保"的，即由银行资产负债表支持。

其他类型的稳定币，旨在维持与单种货币的稳定，但却没有这些货币支撑，包括加密货币支撑的稳定币和算法稳定币，它们通过债券发行和算法交易维持与基础货币的平价。但 G7 报告没有讨论它们，也对它们能否在中期保持稳定价值持怀疑。笔者也不相信算法稳定币有任何成功的可能性。

稳定机制的类型和管理对稳定功能的可能成功有影响。例如，如果稳定币由具有部分储备支持的机构发行人（如商业银行）发行，则该货币的稳定性依赖于用户对发行人在正常业务秩序下保持流动性的信任。如果稳定币由资产支持，则用户必须相信发行人是资金的忠实保管人。

二、稳定币示例

稳定币可以通过用户和汇率政策进行高层区分。用户是指谁能够持有和 / 或交易稳定币。"零售"一词用于指供任何人使用的稳定币，而"批发"是指访问受限的稳定币，通常限定于金融机构或金融机构的特定客户。例如，Libra 协会提议所有人都能使用其稳定币，因此它被视为零售稳定币，而 USC 仅供属于 USC 联合体的金融机构使用，因此它被视为批发稳定币。

汇率政策可以是固定的也可以是可变的。属于存托凭证模型的批发稳定币是其发行人的基础负债（客户存款）的代币形式的代表，因此具有固定汇率，如 Signet、JPM Coin 和 USC。这意味着这些代币以完全相同的名义价值购买和兑换。其他稳定币，即使那些声称 100% 由单一货币支撑的，价格可能会相对于该货币波动。Tether、TrustTokens、Paxos 和 Libra 都（将）在加密交易所上市，汇率随美元波动（在某些情况下比其他货币波动更多）。

迄今为止，只观察到两类稳定币：具有固定汇率的批发稳定币和具有可变汇率的零售稳定币。批发应用的目的是复制或取代现有的商业银行货币或中央银行货币结算处理，因此，以可变汇率进行批发应用不符合这一目标。目前尚未见到以固定汇率出现的零售稳定币的实例。

三、稳定币生态系统

典型的稳定币生态系统包含三部分核心功能：稳定币的发行、赎回和价值稳定；在用户之间转移；与用户交互（即用户界面）。发行和稳定通常需要一个中央治理实体来管理稳定机制，用户之间的转移通常由 DLT 协议控制。相反，稳定币的用户界面不一定包括高层治理实体或协议。实体可能在不同功能中扮演多个角色。例如，一些稳定币在发行和稳定以及转移方面设有中央治理机构。

A functional view of the stablecoin ecosystem

With selected examples

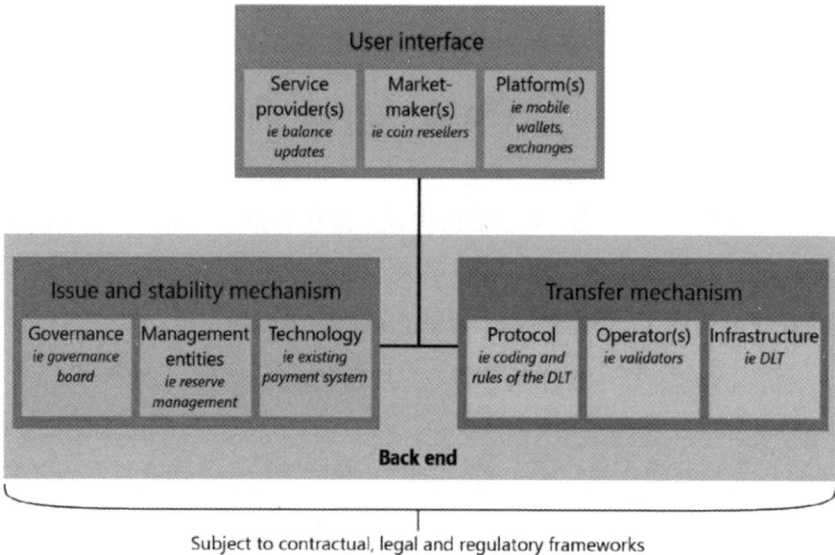

图 16-1 稳定币生态系统功能图

图片来源：BIS

（一）发行和稳定机制

发行和稳定功能包括治理、管理实体和基础技术，如 DLT、智能合约或传统的 FMI 技术（如银行账户）。

治理在稳定中起着关键作用，因为一个（或一组）中央代理必须为稳定币的价值稳定设计并制定规则。例如，治理机构必须制定资产管理人或稳定币发行人应遵循的规则，以确保任何稳定目标得以维持。

管理实体在发行和稳定稳定币方面也发挥着关键作用。他们按照治理层制定的规则，管理稳定币的发行和赎回、稳定币的稳定性或参考资产的保管。管理实体还可以包括持有参考资产（如法定货币、商品和其他金融资产）的保管人。此外，管理实体可以组成一个稳定币"造币厂"，发行新的稳定币，向用户筹集资金和管理赎回。第三方实体可用于执行管理角色，具体取决于稳定币的设计。

发行和稳定功能中使用的技术可以与传统的金融安排（如银行账户）交互，也可以依赖独立基础设施，如 DLT 和智能合约。例如，智能合约可用于管理稳定性机制。

（二）转移机制

转移功能涉及通过分布式账本技术进行稳定币交易所需的协议、操作员和基础设施。在转移功能中，DLT 的设计起着关键作用，不一定需要现有的支付系统。特别是，DLT 协议确定如何验证事务、谁有权访问稳定币、访问条件是什么、系统中存在哪些角色以及谁可以参与每个角色。这些体制和技术设计配置可以概括为四个特征：

1. 无许可（任何人都可以成为验证者）或受许可（只有选定的实体才能成为验证者）。
2. 公共（任何人都可以将 DLT 用于事务）或私有（只有选定的实体才能启动事务）。
3. 非分层（任何人都可以查看分类账的完整版本）或分层（只有指定的实体具有分类账的完整副本）。

4.开源（任何人都可以建议对源代码进行编辑）或封闭源代码（只有经过授权的开发者才能编辑源代码）。

（三）用户界面

稳定币生态系统需要一个为用户提供接入点的接口。此功能可以与现有支付系统进行高层交互。

在最基本的层面上，用户界面由客户端软件组成，这些客户端软件将DLT网络连接到计算机终端或命令行（基本平台）。但是，某些生态系统具有对用户更友好的平台，如钱包和网站，这些平台还提供其他服务，例如加密密钥存储、发起交易的网关以及查看余额和交易历史记录的地方。

用户界面中的实体和技术包括将生态系统与现有法币和FMIs连接起来的交易平台，例如通过连接到现有的银行账户或信用卡，从而使用户能够使用法定货币买卖稳定币。

最后，一些稳定币有做市商，从发行人购买稳定币并转售给公众，并在需要时反向操作。这不是生态系统的核心组成部分，但它让最终用户更容易访问稳定币。

第三节　公共政策、监督和管理的挑战和风险

从公共政策、监督和管理角度来看，稳定币会带来一系列潜在的挑战和风险。一个根本的挑战是，稳定币安排并非都一样，它们所呈现的机遇和风险取决于每种稳定币安排的结构和设计。这就是说，它们之间有一些共同点。

有些风险——例如，关于支付系统的安全和效率、洗钱和资助恐怖主义、消费者／投资者保护和数据保护——是熟悉的，至少可以部分在现有管理和监督框架内得以解决。然而，鉴于某些稳定币的性质，其实施和执行可能涉及额外的复杂性。稳定币安排应符合相同的标准，并遵守与传统支付系统、支付计划或支付服务提供商（即相同的活动、相同的风险、相同的法规）相同的严格要求，以确保它们合理设计，并以符合公共政策目标的方式安全、有效地运作。此外，稳定币安排的一些经济特征类似于支付系统、ETF、货币市场基金（MMFs）和银行进行的传统活动，这些活动可能有助于理解稳定币功能的可能风险。公共当局希望稳定币开发者在项目投入运营之前解决这些风险。

稳定币安排也可能带来现有法律或监管框架之外的风险。稳定币可以结合新技术、金融服务新进入者以及新的服务产品。零售稳定币，鉴于其公共性质，可能用于大量、小价值支付和潜在的高采用率，可能会产生不同于供受限用户群体访问的批发稳定币带来的风险。政策制定者认识到他们有责任调整现有规则，并在必要时引入新的监管。

G7 报告指出稳定币的九项风险，但隐式地体现了不同的优先级。

一、金融诚信——"三反"

金融诚信即"三反"。如果没有有效地监督和管理，加密资产包括稳定币，可以带来显著金融诚信风险，即为洗钱、恐怖主义融资及其他非法金融活动创造新机会。为缓解这些风险，稳定币和其他属于稳定币生态系统一部分的实体应符合与反洗钱（Anti-Money Laundering: AML）、反恐怖主义融资（Countering the Financing of Terrorism: CFT）和反超大规模破坏性武器扩散融资（Countering the Financing of the Proliferation of weapons of mass destruction: CFP）相关的最高国际标准。在某些稳定币安排中，点对点交易的可能性是应考虑的附加风险。

金融行动工作组（FATF）是 AML／CFT／CPF 国际标准制定机构。FATF

320

提供了一个强大和全面的框架，以打击洗钱、恐怖融资、融资扩散和其他非法金融的国家、金融机构和指定的非金融企业和行业。在认识到负责任创新重要性的同时，FATF还致力于确保其标准与新出现的风险保持一致。2018年10月，FATF通过了对其建议的更改，以阐明它们适用于涉及虚拟资产和虚拟资产服务提供商的金融活动。G7报告不仅支持FATF框架，而且要求G7国家"以身作则，以迅速有效地实施与虚拟资产有关的经修订的FATF标准"。

2019年10月24日被人称为加密货币领域的"中央银行"的Crypto Capital的总裁涉嫌为哥伦比亚贩毒集团洗钱而被波兰警方逮捕。

二、数据保护

随着越来越多的数据被收集并用于提供金融服务以及机器学习和人工智能技术的发展，围绕个人和金融数据保护和隐私的政策问题将变得越来越重要。数据政策难以跨境协调，尤其是跨辖区的法律法规不同以及对数据保护和隐私的不同文化观。2019年日本担任G20轮值主席国，确认了建立有关如何定义、保护、存储、交换和交易数据的全球标准的重要性。数据保护和隐私委员会国际会议为国家数据保护主管部门之间的讨论提供了一个论坛。数据隐私法应旨在解决关键的技术问题，例如：（1）定义和处理去识别数据；（2）法律所涵盖的实体的范围；（3）同意的方法，调阅的权利和更正不准确数据的权利。

稳定币用户可能没有明确信息，关于他们的个人数据将如何被生态系统的参与者使用以及他们将如何在参与者之间或与第三方共享。稳定币运营商收集不同类别数据和用户个人数据的进一步处理带来了额外的隐私考虑。最后，一些数据保护的问题可能来自使用行使某些消费者权利的技术，如删除用户数据或寻求追索未经授权的交易。例如，在使用的DLT应该与法律原则相兼容，如"有权被遗忘"（如果存在）。

稳定币在数据隐私方面的特性可能显著影响到其接受度。如欧盟国家高官就以 Facebook 在滥用用户隐私数据方面的不良记录为由阻止 Libra 在欧洲国家的运营。不同国家的文化观也显著影响各国政府和企业在数据隐私方面的态度，以及带来显著不同的商业结果。负面的案例来自中国的互联网企业。百度 CEO 李彦宏曾公开表达，"中国用户愿意用隐私换便利"为自己的商业模式辩护，自 2018 年 6 月欧盟发布《通用数据保护条例》（ General Data Protection Regulation: GDPR ）之后，中国最大的社交平台微信直接退出了欧洲运营。正面的案例同样来自中国。中国的大数据行业在过去数年中顶着"技术和金融创新"的高帽疯狂扩张以爬取、加工、处理和贩卖互联网用户信息为核心的业务模式。这一狂奔有可能被中国政府加速推出《个人金融信息（数据）保护试行方法》和大规模抓捕科技公司高管而终止。考虑到中国政府当前高调推出央行数字货币 DC/EP，以雷霆之势扭转中国企业对数据隐私的滥用和以刮骨疗毒的勇气重建中国负责任的数据隐私保护的"文化观"，对中国政府全球推广 DC/EP 助力人民币国际化，是重要的前提条件。否则其他国家只要攻击用户数据隐私保护这项软肋就可击溃中国在央行数字货币方面的全部努力。

三、法律确定性

在所有相关司法管辖区建立良好、清晰和透明的法律基础是任何稳定币安排的前提。

拥有完善、清晰和透明的法律基础是支付、结算和清算安排的核心要素。一个稳定币必须由明确的法律条款支持，有确定性和可预见性地，在物理层面定义和治理各方如何使用基础的技术安排。然而，稳定币的基础技术和合同安排可能有显著不同，适用的法律制度主要取决于特定的设计和特征。权利和义务含糊不清可能会使稳定币安排容易遭受信任丧失（对金融稳定性产生影响）。必须给予用户信心，稳定币将在实践中和广告中一样稳定。如果价值稳定依赖于市场机制，那么必须定义做市商的法律义务，以确保始终向所有客户提供流动性。

例如大部分稳定币价值的稳定多依赖于做市商（主要是各大加密资产交易所），但他们的白皮书并没有任何与做市义务相关的条款安排。此外，仅靠做市机制无法满足稳定币在极端情形下价格的稳定。当稳定币价格严重低于基准之后，做市商没有动力为市场提供流动性，因为他们缺乏对稳定币价格回归的信心。在这种情况下，稳定币发行人需要额外的机制保证稳定币价格回归，例如使用自有资金（如历史上积累的未分配利润）或者通过发行债券筹集资金来回购市场上多余的流动性，这与《巴塞尔协议 III》定义的银行总体吸收损失的能力的要求非常接近。一个合理的稳定币设计需要包含类似的发行人内部纾困（bail-in）机制。

关于稳定币的法律特征，最相关的决定性因素是它们是否被视为货币等价物；归类为合同规定的索赔或财产权利；或拥有针对发行人或支撑资产的权利。在某些司法辖区，稳定币可能构成一个证券或金融工具，例如作为一个债务工具，或代表在一个基金或联合投资工具中的利益，并会受制于适用的与证券和金融工具相关的法律。

由于需要确定哪个司法辖区的法律适用于总体设计中的各个要素，以及哪个辖区的法院具有解决争议的能力，因此在跨辖区的情况下可能会出现特定的问题。鉴于不同司法辖区的不同处理，也有可能发生法律冲突。在某些辖区，适用的金融部门法律可能没有跟上新商业模式和市场活动，例如稳定币。一些国家主管部门最近正采取举措努力解决这一不确定性。

如果一项安排依靠 DLT 记录和转移货币价值，则必须仔细考虑这种安排的法律基础，这种安排必须至少与传统体系一样稳健。例如，与相关方权利和义务还有结算最终性相关的法律基础必须始终明确。

四、完善的治理

在上线运营之前，必须建立完善的治理。

健全而有效的治理可提高支付和相关服务的安全性和效率。该安排的治理结构也必须明确定义并传达给所有生态系统参与者。良好的治理可以支持更广泛金融体系的稳定性以及其他相关公共利益的考虑（例如通过提高与该安排的设计相关的决策或通过引入广泛的利益相关方）。

依赖中介方和第三方的安排应该能审查和控制他们从其他实体承担的风险以及他们带给其他实体的风险。这可能特别重要，如果该安排包括多种有专门任务和责任的实体，且并不一定属于管理范围之内。这些实体可能仍然互相依赖，其中一些可能与整个金融体系互联起来。

在安排中使用DLT的情况下，需要仔细校准责任和义务以及恢复过程。健全的治理可能在无许可的DLT系统的情况下，尤其是具有挑战性的——没有责任主体去中心系统可能无法满足管理和监督要求。在对其他方面，一个高度复杂的治理结构会阻碍对安排的设计和技术演进的决策，或能减缓运营问题响应。

如果储备资产没有与稳定币发行人的权益区分开，则可能会滥用投资政策来私有化资产收益，而资产损失则会社交化给代币持有者。

五、市场诚信

稳定币安排必须确保一级市场和二级市场的定价公平透明。

市场诚信是定义金融市场价格形成的公平性或透明性的概念，这是保护投资者和消费者以及竞争的关键基础。由于稳定币旨在减少其价格相对法币的波动性，因此与其他加密资产相比，其价格操纵的机会可能更少。然而，目前尚不清楚如何确定某些稳定币的价格，这在很大程度上取决于稳定币安排的具体设计。在某些设计中，代理商（例如指定的做市商）可能具有重要的市场力量和稳定币定价能力，并有可能滥用市场。

稳定币在二级市场的价格稳定性取决于，除其他外，市场参与者对发行人以与合理用户预期一致的价值交换法币与稳定币的能力和意愿的信任程度。稳定币可能出现链接到资产组合的额外风险，组合的组成可随时间被发行人改变。如果投资者知道（或猜测）发行人的意图以重新平衡该篮子资产，他们可以通过买卖不同的资产来抢先购买并协同他们的稳定币投资／赎回请求。

最后，以类似于某些现有加密资产交易平台可能发生的方式，稳定币生态系统中的企业可能面临利益冲突。例如，他们可能有动机披露有关其活动的不实信息，例如客户数量和交易量，出于广告和其他目的的。另外，稳定币发行人可能有意（或无意）在他们执行的关键功能上误导客户，例如他们管理抵押资产的方式。这些类型的不实信息可能导致定价错误和市场失灵。由于一个单一的实体可以其他市场未见的方式在生态系统中扮演多种角色，如做市商，交易平台和托管钱包，该实体的市场失当行为的风险和影响可能被放大。

几乎所有中国人背景的加密资产交易所也属于单一实体扮演了资产交易、托管、做市和钱包等方方面面的角色。

六、消费者／投资者保护

√ 与任何新生技术一样，可能需要进行额外的工作以确保将所有重大风险及其个人义务告知消费者和投资者。

√ 如果一种稳定币被认为是一种证券或金融工具，市场参与者必须遵守相关资本市场法律和框架。

鉴于稳定币安排的复杂性和新颖性，用户（尤其是零售）可能无法完全理解风险。因此，监管者应考虑现有的消费者保护或投资者保护立法在多大程度上适用，如果不适用，则应确保参与生态系统的所有行为者都保障基本的消费者和投资者权利。

要做出明智的购买决策，消费者／投资者应给予有关稳定币的性质充分和可理解的信息披露，包括与稳定币相关的权利和它们带来的风险。因此，需要有管理的（也包括法律的）清晰度，以保护消费者和投资者，并看到足够的信息和披露可用。例如，如果一种稳定币构成一个证券或一个金融工具，则有关证券法律将适用，如果没有招股说明书或类似的披露文件描述发行人、其运营及其风险，那么也许发行人不可能合法地发行和随后交易稳定币。同样，从事结算和清算的当事人可能受制于与托管和结算机构有关的要求。

如果一个稳定币账户有未经授权的支付，则应该明确持有人拥有什么样的权利要求退款，有清晰的指令如何获得退款。正如在更广泛的加密资产市场中所观察到的那样，误导性营销和不当销售的可能性可能加剧对信息和消费者理解的担忧。

七、支付系统的安全、效率和完整性

√ 有效地监管和管理稳定币安排对于实现支付系统安全性和效率性的公共政策目标至关重要。

√ 预计监督和政策框架将保持技术中立，并且不妨碍创新，同时确保其安全和鲁棒性。

支付系统的平稳运行对金融体系和整个经济至关重要。个人和公司需要可访问且具有成本效益的支付方式。该系统促进商业活动并促进经济增长，从而使整个社会受益。金融市场依靠可靠的结算和清算安排来分配资金和管理流动性。

但是，设计和操作不当的支付系统可能会导致系统性风险，破坏可能会对实体经济产生不利影响。如果没有恰当管理，支付系统的问题可导致或加剧金融冲击，例如流动性错位或信贷损失，更广泛地影响金融体系的稳定性。相互依存关系也可能是系统性风险的重要来源。

由于这些原因，央行和一些其他相关当局有授权以确保支付系统在任何时候都安全 / 高效地运作。这些公共政策目标体现在支付与市场基础设施委员会（CPMI）和国际证券委员会组织（IOSCO）[CPMI—IOSCO（2012）]制定的《金融市场基础设施原则（PFMI）》中。法律、治理和操作风险（包括网络）都与支付系统和其他类型的金融市场基础设施（FMIs）相关。除其他外，PFMI 为解决这些风险和确保 FMI（包括具有系统重要性的支付系统）的效率提供了指南。PFMI 还涵盖信用和流动性风险，这在考虑批发支付安排的设计时尤其重要。

管理和政策框架预期保持技术中立，而不是阻碍创新，同时确保安全和稳健。稳定币安排预期与传统支付系统、支付方案和支付服务提供商（即同样活动、同样风险、同样管理）达到相同标准并遵守相同要求。创新应支持互操作性，并寻求减轻系统的相互依赖性。

八、网络和其他操作风险的考虑

√ 公共当局将要求通过使用适当的系统、政策、流程和控制来减轻稳定币带来的运营和网络风险。

网络和其他运营风险可能会在稳定币生态系统的不同组件中出现，包括支持价值转移的技术基础设施。运营弹性和网络安全是涉及支付系统安全的核心方面。对于消费者而言，一些加密资产钱包和交易平台已被证明容易受到欺诈、盗窃或其他网络事件的影响。网络事件（包括针对加密资产交易平台的）在增加，导致严重损失客户。尽管分布式账本技术可能具有可用性和完整性特性，使其比集中管理的分类账系统更能抵御某些操作和网络风险，但分布式账本系统的结构也可能会受到损害，从而可能破坏系统。而且，新技术可能会受制于尚未识别的操作风险。

稳定币可能受法律、法规和指南的约束，也可能属于操作风险的国际标准范围。例如，国际标准化组织（ISO）和国际电工委员会（IEC）提供了信息安全管理标准。国家框架，例如由美国国立标准与技术研究院（NIST）公布的网络安全框架提供了标准、指引和最佳实践来管理网络安全相关的风险，这可以适用于稳定币和其他加密资产生态系统。

凡使用分布式账本技术的稳定币安排，任何分布式设置内在的优缺点会发挥作用。使用多个同步分类账和多个处理节点可以降低单点故障带来的风险。

但是，分布式账本的复杂性可能会阻碍操作的可扩展性。支付安排通常需要处理交易量的重大波动，因此，需要在运营上可扩展。使用多个同步分类账和多个处理节点可能会受限于确保实时处理分布式账本的交易。

九、税收合规

√ 稳定币运营商和用户以及其他相关方应遵守适用的税法并减轻潜在的逃避税务义务。

稳定币，像其他加密资产一样，可能对税务管理机关带来两种类型的挑战。首先，关于稳定币的法律地位尚不确定，因此使用稳定币进行交易的税收处理尚不确定。例如，稳定币交易可以被处理类似于外汇支付。另外，稳定币可以被视为一种证券，在稳定币的支撑价值相对法币波动时，涉及一项税务义务。在这种情况下，赎回法币的稳定币可能需要缴税。几个国家已经发布了针对从事加密资产交易的纳税人的指引。但是，该指引的全面性有所不同。跨辖区的不同税收处理使稳定币的税收处理更加复杂。

税收征管当局面临的第二个挑战是，稳定币（与其他加密资产一样）还可以促进避免税收义务。司法管辖区可以应用金融机构的条款和义务到稳定币安排的运营商，但 DLT 系统中缺乏中央中介使这难以执行。此外，该稳定币安排的匿名程度使当局难以跟踪交易和识别稳定币的受益人，使得识别逃税更加困难。

十、Tether/Bitfinex 案例分析

稳定币发行机构 Tether 和加密资产交易所 Bitfinex 之间模糊的法律结构（拥有同一群高管的两家独立公司）就引起了广泛诟病。纽约总检察长办公室（New York Attorney General Office: NYAGO）欲起诉 Tether，因为相信 Bitfinex 损失了 8.5 亿美元随后利用其与关联的稳定币运营商 Tether 的资金秘密弥补了这笔庞大的损失。Bitfinex 先是质疑 NYAGO 没有司法管辖权，后否认了相关指控。

业界一直有针对 Tether/Bitfinex 操纵比特币价格的批评。最近一篇两名美国金融教授的学术论文《Is Bitcoin Really Un-Tethered?》即将发表在金融界顶级学术期刊上，通过严谨的方法得出结论：Tether 人为操纵比特币价格，捏造了虚假需求，滥发稳定币 USDT；USDT 并没有充足的 100% 美元储备，每个月末为应付审计和掩盖漏洞，Tether 会卖掉比特币换成美元。

从现代货币创造原理来看，商业银行通过购买金融资产（如外汇和黄金）创造存款货币是常识，当新增货币投入市场之后追逐有限的金融资产推高后者价格也是合理的结果，特别是加密资产市场目前比特币占据了几乎 70% 的总市值，所以伴随每次 USDT 增发而发生的比特币价格剧烈上扬也是一个可接受的预期。这里的本质问题在于 USDT 发行方、交易所、储备资产（即托管美元）管理方和托管方的法律和治理不清晰，存在严重的市场诚信问题。Tether/Bitfinex 毫无疑问作弊了。它并没有提供白皮书所声称的 100% 准备金，这个事实已经被其承认（Tether 曾在给 NYAGO 的应答中辩称，其他稳定币发行方都不是 100% 准备金，为什么要求 Tether 一定是）。USDT 的治理结构中，托管银行的职责也并不清晰，因此 Tether 得以有机会可以随意挪用托管资金买入比特币并在应付审计的时候卖出比特币，这样实际上形成了对比特币价格周期性地操控。Tether 也存在可能的动机从这种周期性买卖比特币的行为中赢利，毕竟其资金量已经让它成为"巨鲸"拥有了实际的影响价格的能力。因为 Tether 的比特币交易主要以法币美元在场外进行，因此实际上形成了比特币的价格由

场外交易定价的事实。这种场外和场内定价机制的不透明，是严重的市场不诚信行为。除操纵比特币价格的嫌疑之外，托管职责的缺失也让 Tether 可能有机会挪用用户托管资金去弥补兄弟公司 Bitfinex 的交易损失。尽管 Tether 一直辩称自己清白，但事实是到目前为止也无法提供一份有效的审计报告满足最基本的透明的要求。大家可能看到过 Tether 在其托管银行账户的余额数字，但这显然缺乏说服力，这并不能证明在展示余额数字之外的其他时间里这些资金的流向。

Tether 的操作不透明确实引起过用户信心丧失导致巨大的卖压，曾经与美元的汇率跌至 0.7 附近，几家头部交易所出面"力挺"才渡过难关。这里就涉及 Tether 流动性管理的问题。其流动性主要由做市商（即交易所）提供，但并无明确治理架构定义做市商的义务，例如在极端市场情形下做市商如何履行做市"义务"。目前 Tether 与交易所的关系更多像一种"绑定"，因为之前 USDT 极大的市场接受度，交易所开通基于 USDT 的交易对（trading pairs），贡献了交易所主要的手续费收入，因此 USDT 崩溃不符合交易所的利益。但这种利益的捆绑并不形成明确的治理架构和法律约束。有一次交易所力挺 USDT 渡过难关，并不能保证未来稳定币市场竞争发生变化后，在类似市场压力下交易所会再次选择力挺 USDT。

因此全球监管对稳定币未来的监管政策的制定和落实，对 Tether 当前的运营模式会形成致命的打击。如果 Tether 不能及时在治理、法律和市场诚信方面进行彻底改进，类似 Libra 的合规全球稳定币上线后，将以摧枯拉朽之势把 Tether/USDT 打入深渊。

第四节　全球稳定币（GSCs）的潜在的公共政策挑战

大型技术平台提供的稳定币（如 Libra）可以迅速扩展，因为其已建立全球客户群和提供易于访问平台的接口。这种安排有可能成为全球性的，超过小型稳定币带来的挑战，因此带来了额外的公共政策挑战，包括对整个支付系统的安全和效率的挑战，对竞争政策、金融稳定、货币政策传导以及国际货币体系①的长期影响。

√ 如果稳定币达到全球规模，则所讨论的公共政策挑战将被放大。

√ 如果稳定币达到全球规模，还会带来其他公共政策挑战。

随着稳定币的增长并达到全球范围，上述一些风险会被放大。鉴于 GSC 可能具有系统重要性并集中风险，支付系统的安全、效率和完整性至关重要。一个 GSC 安排预期会有应急安排以支持服务的连续性。此外，作为大额支付系统，GSC 安排可能会对央行的实时全额结算支付系统带来额外的信用和流动性风险。稳定币作为一种支付手段的规模化潜力也加大了洗钱和其他非法融资风险。在一些 GSC 安排中，点对点交易的可能性是一个额外的风险，应该加以考虑。网络风险可能会被放大，因为 GSC 可能会为潜在的恶意行为者提供更大的攻击面，从而损害账本的机密性、完整性和可用性。随着 GSC 背后的组织可能迅速成为数百万用户个人信息的保管人，数据隐私和保护问题更加突出。GSC 的跨境性质意味着它受制于不同司法管辖区的各种监管框架，因此提供适当水平的消费者和投资者保护变得更具挑战性。

一、金融市场的公平竞争

√ 从竞争的角度来看，金融服务的创新有望带来更好的用户体验和更广泛的金融服务访问。

√ 已出现某些 GSC 的安排，但是，可能会削弱金融市场的竞争。

√ GSC 应支持与其他支付系统的竞争和互操作性。

---

① G7 报告仅提及"国际货币体系"方面的公共政策挑战，但未着一字。G7 稳定币工作组主席 **Benoît Cœuré** 于 2019 年 9 月 17 日在卢森堡中央银行——图卢兹经济学院关于"国际货币体系的未来"会议上做题为"国际货币和金融体系面临的数字挑战"的发言，可以视为 G7 报告中未解答问题的补充。

竞争政策旨在促进市场创新和效率。为了实现这些目标，当局会监视市场是否存在反竞争行为的迹象，并旨在发现、调查和处理卡特尔滥用支配地位或垄断和反竞争合并的现象。

通过挑战现有金融机构的市场主导地位，引入创新型金融产品可以促进竞争和给消费者更多选择。但是，GSC 可能会对竞争和反托拉斯政策构成挑战，特别是如果 GSC 安排导致严重市场集中。

GSC 安排可能获得市场主导地位，由于最初促使其被采纳的强大的网络效应、建立大规模业务运营所需的高昂的固定成本和数据访问的指数级收益，GSC 可能影响市场竞争和公平竞争环境，如果 GSC 的安排是基于一个专有系统，这可能被用来禁止他人进入或增加对进入该系统的障碍。这种情况可能发生，如果主导稳定币安排的企业控制了消费者和商业用户用来访问一系列服务的关键渠道。

竞争当局正着手在个别案例，或有时在一般政策立场上进行跨司法辖区和市场的协调。2019 年 6 月，G7 的竞争当局发布了一个"竞争和数字经济"的"共同认识"文件，承认数字经济的优势将在竞争市场中得以最大化。强大的竞争框架可以帮助发扬数字化转型的好处，同时保护保障消费者对市场的信心。反垄断和执法负责人已经在各种国际论坛上讨论传统的竞争执法工具如何适应解决涉及技术和数字环境的问题。

目前虽然尚未见到明显的阻碍市场公平竞争的 GSC 案例，但中国国内两大科技公司的支付平台的竞争和中国监管的应对是一个接近的案例。蚂蚁金服的支付宝和腾讯支付的经济活动体量都可能使很多国家经济体量相形见绌。蚂蚁金服的数字货币因为捆绑了支付宝网络的支付服务、完整的电商经济活动、多样化的生活服务以及接近 10 亿的用户，获得了极强的竞争力，支付宝网络已经发展成为最大的人民币数字货币区。蚂蚁金服事实上已成为信息寡头，垄断了通过支付宝网络的数据价值，并且缺乏与其对等的网络平台如微信网络的互操作性，制造了跨网络交易的壁垒，形成了市场割裂。但中国央行有关余额宝余额与银行存款的强制兑换安排削弱了跨网络交易障碍。中国央行通过切断银行与所有第三方支付服务商（含蚂蚁金服）的通道并建立网联平台来负责非银行支付机构网络支付清算，也将蚂蚁金服和微信支付的备付金账户从商业银行收归央行、取消备付金利息并将备付金率要求从 20% 提升至 100%，因此显著削弱了他们垄断数据的特权和赢利能力，并且有效地把央行货币政策传导至支付宝网络的数字货币区，有效维护了央行的货币权威。

二、金融稳定性的影响

√ 在每个 GSC 及其生态系统中，可能存在脆弱性，例如信用风险、期限和流动性不匹配。

√ 将一个稳定币安排视为整体，和视为个别组件，同等重要。

√ GSC 可能会通过增加传统本币金融部门的脆弱性并促进冲击的跨境传播而潜在地影响金融稳定。

√ GSC 的中断可能最终会影响多个国家的实体经济。

（一）GSC 特定组件内的脆弱性

用于稳定 GSC 价值的机制需要纳入高标准的金融风险管理，以应对市场，信用和流动性风险。如果未充分解决风险，这可能会破坏信心并引发类似于银行存款的"挤兑"，在此情况下，用户都将尝试以参考值赎回其 GSC。

GSC 的信誉高度依赖于该安排本身的信誉，这意味着破坏 GSC 安排声誉的事件可能会导致突然的 GSC 售出流动。依赖于做市商在开放市场稳定价格的 GSC 可能会很脆弱，如果这些做市商没有义务在所有的情况下稳定价格并可能在当 GSC 承受强大抛售压力时退出市场。即使 GSC 致力于履行赎回，它仍然容易置信度受损并导致挤兑。这种情况更易发生，如果 GSC 发行人的储备持有不透明或其报告缺乏可信度。治理不善，例如储备中的非独立基金，发行人的法律义务含糊不清或被误解，或者使稳定币持有人能够从发行人实现或赎回价值的机制很弱，可能会导致 GSC 易挤兑或置信度受损。

参考资产包括银行存款的 GSC 可能暴露于下级银行的信用风险和流动性风险中。违约或流动性问题可能意味着 GSC 无法满足赎回要求。持有债券等广泛资产的 GSC 可能会面临这些资产的市场和流动性风险以及发行人的信用风险。由整体市场状况或资产基本面价值的特殊变化触发的储备资产价值下降可能会降低 GSC 的价值。此外，如果 GSC 有一个名义价值，降低的储备资产价值可能会导致名义和储备价值的缺口。这种缺口可能会引发挤兑，用户尝试赎回 GSC 的标的资产，可能需要发行人低于市场价值清算其资产（火线出售）。持有更广泛资产的 GSC 需要进行流动性安排，以确保即使在稳定币承受巨大卖压情况下，也始终有可用资金来兑现赎回。

（二）稳定币系统作为整体的脆弱性

从整体上考虑稳定币安排和考察他们的个别组件，至关重要。组件的治理和其间的关系可能很复杂。如果不同组件（如发行人和做市商）之间的义务和责任不明确，可能出现脆弱性。

在任何单个组件破坏之后，组件之间也可能存在不可预测的互动。这种复杂性可能使端到端的风险管理变得困难，并且使整个系统中的财务风险承受能力变得模糊，而没有适当地控制（例如，在中央治理机构、储备管理者和钱包之间）。此外，损失吸收能力在不同组件之间的位置、程度和可转移性可能不清楚，或者在危机情况下可能会遇到法律或操作上的困难。

虽然 Libra 声称 100% 储备金，其发行是代表基础资产组合的份额。Libra 协会不会将现金储备存入 FDIC 覆盖的商业银行赚取利息，因为利率过低（低于千分之一）和 FDIC 不为超过 25 万美金的额外部分提供存款保险计划，因此大概率会将储备资产投入货币市场基金。它将面临上述所有金融稳定性风险。Libra 协会声称自己与港币的货币局制度接近，作为对比，可以考察港币货币发行制度。第一，港币基础货币发行部分，2018 年其储备资产比例是110% 左右，并且中国的香港金融管理局的外汇基金持有香港特区政府庞大外汇储备，规模接近基础货币七倍多，可以在需要的时候创造几乎任何数量的流动性。第二，中国的香港金融管理局提供各种设施，例如强方 / 弱方兑换保证、贴现窗、最后贷款人等，为市场建立合理预期，在任何情况下都可以获得流动性。作为一种稳定币，Libra 既缺乏像港币这样的足够强大的吸收损失能力，也缺乏专业的工具管理流动性。

（三）对更广泛金融体系脆弱性的影响

GSC 可以通过几种渠道增加更广泛金融体系中的漏洞。

第一，如果用户在存款类账户永久持有 GSC，银行的零售存款可能会下降，银行不得不更依赖更昂贵和更不稳定的资金来源，包括批发融资。在那些（使用构成 GSC）储备金的货币的国家中，从银行系统中流出的部分存款（当零售用户购买 GSC 时）可能会（通过稳定币发行人）回到国内银行存款和短期政府证券。这意味着某些银行可能会从稳定币发行人那里获得比大量零售储户那里更多的批发存款。批发存款比零售存款对利息更加敏感，因此银行的融资变得更不稳定从而增大银行的利率风险和运营风险，进而影响银行向社会提供信贷的能力。这种风险对 Libra 是成立的。

第二，在对一个或多个银行的信心受损时，易获得的 GSC 可能会加剧银行挤兑。另外，根据储备金在银行之间的存放位置和方式，一些银行可能会经历融资分配的变化（即总存款增加或减少），其效果难以预测。

第三，如果新的金融中介在 GSC 生态系统获得大部分金融中介活动，这可能会进一步降低银行的赢利能力，可能导致银行承担更多的风险，或收缩给实体经济的贷款。这有可能特别影响较小的银行和非篮子货币国家的银行。虽然不能由公共当局来保护银行免受竞争或技术进步的影响，但需要评估和管理这些风险。

第四，根据吸收水平，为稳定币购买安全资产可能会导致某些市场中缺乏优质流动资产（High Quality Liquidity Assets: HQLA），从而可能影响金融稳定性。优质流动资产一般来自债券市场。一个国家债券市场严重缺乏深度，可能因为政府财政状况优良而发行很少量国债（如澳大利亚），也可能因为经济体量小而债券市场不成熟（大部分小国即是如此）。如果 Libra 在这些国家运营涉及购买大量的国债就会导致这种结果。

第五，在许多国家，挂钩一篮子外汇的稳定币可能比国内货币更稳定。连接到标的资产或是其索偿权的稳定币可能提供对主要（国际）货币和发达市场资产的访问，它们被认为比国内货币更稳定。因此，在国内金融不稳时，居民可能涌向特定的 GSC（类似于突然美元化）。从国内银行账户转移到主要是国外资产的 GSC 安排（取决于其所在地）可能会导致资本流出该国。GSC 的交易速度在正常时期可能是受欢迎的功能，但在动荡时期可能具有破坏性。当局可能缺乏所需时间来有效干预以阻止这一破坏性过程，GSC 可能充当资本外流的高速公路。这种"数字美元化"的过程比传统美元化发生更迅速并有更大的破坏性，不仅针对货币体系羸弱的国家，对拥有稳定货币的经济体也同样如此，只要后者在经济或社交上对 GSC 开放。Libra 即是拥有这种潜力的 GSC，因此引起了全球几乎所有主权国家包括欧盟成员国和中国的高度警惕。

（四）向实体经济转移风险

如果一种 GSC 成了一个被广泛使用的支付手段，任何对支付的破坏可能最终损害实体经济活动。如果将 GSC 用作金融市场内的结算手段，则此类错误可能会带来额外的金融稳定风险。影响将取决于其他支付系统（包括现金）在多大程度上可以替代。

如果一种 GSC 被用为价值存储，没有银行账户或银行服务不足的群体将其作为储蓄账户的一种形式，任何对 GSC 价值的冲击对它的持有者有财富效应。随着人们相应调整支出计划，这可能对经济产生更大影响。此外，如果有以 GSC 计价的借款，其价值波动也会对公司产生资产负债表效应。

如果 GSC 价值下降，直接暴露给 GSC 的银行和其他金融机构（例如，因为他们持有 GSC 为其客户提供服务）可能会遭受损失。如果没有存款保险和最后贷款人功能，这些中介将更容易受到挤兑。此外，对这些中介机构的破坏可能会破坏对整个 GSC 系统的信心。

GSC 的储备资产可能很大，这对金融市场有重大影响。大规模买入或出售其他资产（例如债券）可能影响那些市场的价格（和收益率）。极端情况下，在 GSC 挤兑发生时，如果发行人必须迅速出售资产以满足赎回要求，可能导致火线出售，并可能破坏托管行的融资。最后，在压力时刻，如果一种 GSC 提供一种法币的替代，它可能会破坏货币主权。

三、货币政策传导

√ GSC 对货币政策传导的影响将取决于使用稳定币作为支付手段，价值存储和/或记账单位以及特定货币在稳定机制中的作用。

√ 如果 GSC 被广泛用作价值存储，则可能会削弱货币政策对国内利率和信贷条件的影响，特别是在货币不是储备资产一部分的国家中。

√ GSC 可能会增加跨境资本流动并影响货币政策的传导。

√ 考虑到无法就此类替代对公共政策的影响进行主权对主权的讨论，对 GSC 进行货币替代可能与对外国法定货币（经典美元化）产生不同的影响。

（一）货币政策对国内利率和信贷条件的影响

1. 将 GSC 用作价值存储

如果将 GSC 广泛用作价值存储，则以 GSC 计价的资产将保留在公司和家庭的资产负债表上。在这种情况下，国内货币政策的影响可能会变弱，因为它对 GSC 所持资产部分的收益影响可能有限。这种影响将取决于 GSC 的设计和 GSC 持有范围，以及是否存在以 GSC 计价的金融中介（如下所述）。

如果 GSC 支付（利息）回报，任何通过利率对货币政策传导的影响将取决于如何确定回报率。该收益可能反映了储备篮中资产的收益。在这种情况下，如果本国货币是篮子中唯一的资产（例如单一挂钩某种法币的 Libra），那么 GSC 持有的收益将等于本国货币存款的利率（可能减去某些费用）。因此，如果有的话，通过利率的国内货币政策传导可能受到的影响很小。反之，如果篮子中有多种货币，则持有 GSC 的回报可能是利率对 GSC 储备货币的加权平均值，减弱了国内货币政策和 GSC 计价的存款利率之间的联系。当本国货币根本不包括在储备资产篮子中时，情况尤其如此，世界上大多数经济体可能就是这种情况。

在本币价值不稳定且支付基础设施不完善的国家，这种影响可能更大。在这些国家，GSC 盯住以本币之外的货币计价的资产，可能成为广泛使用的支付和储蓄工具，从而削弱货币政策的有效性，即使 GSC 不支付回报。这也将导致中央银行的铸币税收入（以及政府相关的财政收入）减少。这些影响将类似于因为美元化已经出现现金使用量减少的国家。然而，考虑到无法就此类替代的公共政策影响进行主权对主权的讨论，GSC 货币替代可能与外国法币替代（经典美元化）产生不同的影响。

此外，由于本国储蓄者将能够在本币存款和 GSC 持有之间进行转换，因此 GSC 的回报可能会影响本币存款数量，从而影响本币金融体系中的存贷利率，进一步削弱货币政策利率传导机制有效性。这类似于某些国家美元化已经出现的效果，在其他目前尚未受美元化影响的国家也可能出现。

如果 GSC 用户将 GSC 永久保存在类存款账户中，则银行零售存款可能会减少，从而增加银行对批发资金的依赖。这可能会放大货币政策的传递，因为批发存款通常比有"黏性"的零售存款对利率更为敏感。但是，对批发资金的更大依赖可能使其面对有更大波动的存款基础，因此银行对放贷尤其是期限长的贷款更加谨慎。

2. GSC 在金融中介中的使用

在上面的讨论中，GSC 被认为是一种储蓄形式，但储户和借款人之间的中介仍继续以本币和在本国金融体系内进行。但可能出现新的中介，他们以 GSC 借入（或接受存款）并将货币出借给借款方（从而"创造"货币）。这将进一步削弱国内货币政策的传导，因为国内储户的回报和国内借款人支付的利率都将对货币政策反应迟钝。

考虑到当前全球除中美央行基准利率尚在适当的水平外，其他央行普遍低息甚至负利率，因此挂钩美元的 Libra 在它未来可能运行的所有国家，都将直接削弱 / 放大该国基于利率的货币政策传导机制。

（二）国际资本流动与货币政策的跨境转移

通过辅助跨境支付，GSC 可能会增加跨境资本流动性以及本国和外国资产的可替代性，从而扩大国内利率对外国利率的反应能力，并削弱国内货币控制。

1. 将 GSC 用作国际支付账户单位

只要贸易继续以常规货币计价，将 GSC 用作国际支付手段本身并不一定会改变国际贸易对汇率的反应。但是，如果某 GSC 成为国际贸易的账户单位，并且贸易以该 GSC 开具发票，则以该 GSC 计价的国际价格可能会更有黏性。然后，贸易条款将取决于 GSC 对本币的价值，而不取决于贸易伙伴本币之间的双边汇率。因此，可以消除汇率对贸易和经济活动的影响——这种结果类似于经常归因于美元国际贸易定价的结果。

2. GSC 和国际资产持有

如果 GSC 在全球范围内得到广泛使用，从长远来看，对储备篮中包含的那些资产的需求可能会增加。这可能会引发非储备篮子货币的国家资本外流，以及储备篮子货币的国家资本流入，这可能会提高前者国家的市场利率而降低后者。由于合格抵押品变得稀缺，因此产生的任何 HQLA 短缺都可能损害公开市场操作。

第五节　适用于 GSCs 的法律、管理和监督框架

√ 标准制定机构正在加紧努力，以评估如何将其现有原则和标准应用于稳定币安排和 / 或为其制定新的政策建议。

由于 GSCs 的相关技术、治理安排和使用案例处于开发的早期阶段，目前尚不清楚将针对具体 GSC 安排作出何种设计选择。在一些情况下，需要 GSC 开发者提供更多信息，以全面评估如何实施监管。然而，生态系统所履行的功能——即稳定币的发行和稳定、稳定币转让和用户界面——将与现有的受监管金融活动相仿，这些职能将由各个实体执行，受不同司法管辖区的具体法规约束。虽然其设计的新颖性意味着它们可能不容易融入现有的监管定义和结构，但当局应要求 GSCs 受一个或多个监管框架的约束。

显然，现有的金融诚信、数据保护以及消费者和投资者保护的监管框架将适用于 GSC。然而，GSC 安排的组件可能属于不同类型的监管和审慎机构和（或）制度。提供支付服务、托管、发行和交易的组件可属于不同监管类别的范围。GSC 也可以作为集体投资计划中的一个单位或电子货币。

GSCs 是否构成特定司法管辖区的证券或金融工具将取决于 GSC 的特点和适用立法。

因此，适当的监管办法可能需要跨境和跨机构合作。由此，当局正在认真考虑最适当的监管处理方式，以及如何能够而且应该适用现有的金融管理和监督框架，并评估稳定币的经济和技术特性。除了对各个组件的监管之外，GSC 生态系统作为一个整体可能变得具有系统重要性。如果是这样，必须考虑如何将监管框架应用于整个生态系统。例如，GSC 的整个安排可构成一个支付系统、关键基础设施或金融服务提供商，加上额外的受监管服务，需要不同司法辖区的中央银行和其他公共当局进行监督和管理。

目前，一些现有的标准和做法将适用于具有系统重要性的 GSCs。CPMI-IOSCO PFMI 旨在促进支付和结算安排的安全和效率，并包括评估和监督方法。PFMI 阐明了在多边系统中识别和管理参与者（包括系统运营商）风险的高级别原则（以及一些具体的量化最低要求），这些原则用于支付、证券、衍生工具或其他金融交易的清算、结算或记录。PFMI 是管辖、组织和技术中立的 [CPMI-IOSCO（2012），CPMI（2017）]。CPMI-IOSCO 还制定了与 GSCs 相关的《金融市场基础设施网络弹性指南》[CPMI-IOSCO（2016）]。

金融行动工作组为打击洗钱、资助恐怖主义，资助扩散和其他非法金融的国家、其金融机构和指定的非金融企业和专业提供了一个有力和全面的框架。可能需要进一步澄清稳定币生态系统内各种活动在多大程度上受监管要求的影响。

为了降低跨境监管套利的风险，当局必须加强跨境合作，并评估现有国际标准的适用性，如金融行动工作组标准、PFMI、《巴塞尔协议 III》标准以及证券市场的相关 IOSCO 标准。

制定标准的机构正在加紧努力，评估其现有原则和标准如何适用于稳定币安排和（或）为之制定新的政策建议。巴塞尔银行监管委员会关于加密资产的工作包括：（1）对银行与加密资产相关的风险敞口和服务制定高阶监管预期［BCBS（2019年）］；（2）持续衡量银行对加密资产的风险敞口；（3）对银行加密资产风险敞口进行审慎处理的潜在规范。IOSCO 的工作包括评估 IOSCO 哪些原则和标准可能适用于稳定币提案，特别是 GSCs，包括：其货币市场基金的政策建议；ETF 的原则；保护客户资产；与加密资产交易平台相关的监管考虑；合作和缓解市场分化。CPMI 目前正在考虑如何可能使用私人数字代币安排进行批发交易结算，并寻求了解加密资产法律处理的不确定性。然而，重要的是，GSC 安排的某些参与者可能或可能不会被现有金融监管框架所涵盖，即使现有框架在技术上涵盖了该安排的其他部分。因此，在推出潜在的 GSC 之前，有必要对监管漏洞进行彻底评估。

金融稳定理事会（FSB）计划与标准制定机构合作，评估 GSCs 可能存在的监管漏洞，并将调查结果提交 G20。这项工作将包括评估有关当局的有效管理和监督办法和新出现的做法，以及对跨境协调与合作的必要性的看法。金融稳定委员会还将收集有关 GSCs 运作的具体方面的信息，以及与其运行有关的跨境问题，审查潜在的管理和监督方法，以解决金融稳定和系统性风险问题，并根据需要为其他多边对策提供咨询。

总体而言，当局充分了解这些实体在 GSC 生态系统中发挥作用的细节后，必须审查在其各自的监管框架内应给予相关法律实体何种法律地位。虽然这些评估在每个法域中自然会因现有金融监管和监督框架而异，但所有这些或部分实体可能受一个或多个现有框架的约束。跨境和跨机构合作有助于更好地捕捉风险，确保对可比实体进行一致的监管。

第六节　推进／改善跨境支付的途径

现有监管框架的应用

支付系统

具有系统重要性的 GSC 安排应遵守适用于国内框架中实施的 PFMI 中规定的要求。由于 GSC 安排具有跨境和多币种支付和结算系统的许多特点，因此它们与不止一个中央银行具有潜在的监管相关性。如果这种安排在多个司法管辖区具有系统重要性，则尤其如此。PFMI 的责任 E 处理这种情况，期望中央银行和其他有关当局恰当地在国内和国际上合作，促进 FMIs 的安全和效率。

金融机构和服务

金融机构可就 GSCs 提供若干功能。它们可能是托管人或钱包提供商或交易员／做市商。已经受国内法规和国际标准约束的金融机构可以开展若干活动。例如，新的和现有的托管或保管钱包服务提供者按金融行动工作组标准（建议 15）及其国家实施的约束，特别是从加密货币向法币的转换。

巴塞尔银行监管委员会就银行对加密资产和相关服务的风险敞口提出了审慎预期。至少，银行在从事此类活动之前应进行全面的尽职调查，建立明确和稳健的风险管理框架，披露任何重大风险敞口或相关服务，并告知其监管机构实际或计划的活动［BCBS（2019）］。

对于新型实体，确定相关风险和相关监管机构可能更为复杂，但当局将有法律工具作出反应。例如，储备池可被视为集体投资工具。这将附带关于披露和销售储备池中的单位或杠杆限制／限制的若干具体要求。同样，新的代币可归类为证券或电子货币，每种分类都会在不同法域产生额外要求。

证券市场

GSCs 可能在市场上交易或交换。在最近的一份咨询报告中，IOSCO 研究了《平台交易加密资产监管》[IOSCO（2019）]，发现这些问题与传统证券交易所类似。因此，IOSCO 原则和方法为监管机构提供了有益的指导，特别是在准入方面；保护参与者资产；利益冲突；运营；市场诚信；价格发现；网络安全和弹性。如果 GSC 是加密资产，则可能适用相同的注意事项。然而，虽然问题和风险可能相似，但它们可能会被这些交易平台的特定运营模式放大或改变。因此，可能需要相应调整管理和监督办法。

最近 GSC 的举措突出了跨境支付和访问交易账户方面的缺陷，以及改善获得金融服务和跨境零售支付的重要性。然而，GSCs 是否确实能够克服现有支付系统的缺陷，仍有待观察。此外，由于它们面临重大的法律、管理、监督和运营挑战，其被采用尚不确定。无论规模大小，稳定币都会对跨司法管辖区的 AML/CFT 工作以及运营弹性（包括网络安全）、消费者／投资者和数据保护以及税务合规构成挑战和风险。GSCs 就其潜在规模而言，可能放大这些挑战，也可能对竞争政策、金融稳定、货币政策以及在极端情形下对国际货币体系构成挑战。因此，私营和公共部门必须继续探索创新办法，使支付工作更好，减少效率低下，更具包容性。特别是，公共部门应加倍努力，减少国际付款中的摩擦，并支持改善金融包容性的措施。至关重要的是，必须及时和以最能支持有效交易和创新的方式完成此类工作。

G7 稳定币工作组建议相关公共利益相关方（财政部、中央银行和 CPMI 等标准制定机构）与相关国际组织合作，制定路线图，支持并加大持续努力，以提高支付和金融服务的效率和包容性。路线图可包括以下建议：

（1）支持改善跨境支付的举措。这可能包括促进支付流程的标准化，促进支付基础设施的直接或间接互联，考虑适用的法律框架是否为新兴支付产品和服务提供了充分的确定性基础，促进有用和负责任的创新和竞争。

（2）通过审查和更新所有相关利益攸关方的行动呼吁，以及促进对欠发达国家的支助方案，促进金融普惠。

（3）改善国内和跨境当局之间的协调，包括通过强有力的监管合作和协调的标准，在可行的情况下，在有关当局之间建立信息共享和合作监督的安排。

此外，中央银行将单独和集体地评估发行中央银行数字货币的相关性，以考虑到各自管辖区域的成本和效益。

除了努力减少国际支付方面的摩擦外，公共当局正在认真考虑对稳定币的最适当的监管处理，以及如何能够和应该应用现有的监管框架，以及评估其经济和技术特点。

FSB 和标准制定机构正在加紧努力，以全球一致和协调的方式，评估其现有原则和标准如何适用于稳定币安排和（或）为其制定新的政策建议。

此外，稳定币工作组建议公共部门当局继续强调 GSC 安排的监管期望。为了促进这种参与，报告有：

（1）拟订了如何定义稳定币安排的概念，包括哪些设计特征决定了定义和使用的词汇。

（2）详细说明与稳定币举措有关的管理、监督和政策问题，如果这些举措获得采用或看起来有可能大规模被采用，则：

（3）初步审查了可能适用于稳定币的现有管理和监督制度。为此，稳定币工作组欢迎 FSB 与标准制定机构的合作计划，去评估围绕 GSCs 是否存在监管漏洞，并将调查结果提交 G20。

第五篇

针对国外央行官员
发言的评论

第十七章　国际货币和金融体系面临的数字挑战①

这是一次高屋建瓴的发言，分析了数字潮下国际货币竞争和体系重塑的关键要素。

首先了解一下发言人。Benoît Cœuré 自 2012 年一直担任欧洲央行执委，负责国际和欧洲关系、市场运作、市场基础设施与支付，以及支付系统的监管。Cœuré 先生自 2013 年起担任 BIS 支付与市场基础设施委员会的主席，该委员会负责支付、清算和结算的全球标准制定。他还担任了 G7 稳定币工作组的主席，并继续担任 FSB 稳定币工作组的联合主席以领导全球稳定币监管政策建议的制定。Cœuré 先生将于 2019 年年底从欧洲央行离任，并担任 BIS 新成立的创新枢纽的负责人。G7 工作组提交的《全球稳定币评估报告》指出，全球稳定币"带来了额外的公共政策挑战，包括竞争政策、金融稳定、货币政策传导以及国际货币体系的长期影响"，但报告中仅讨论了前三者而对"国际货币体系的长期影响"未着一字。此次演讲内容与 G7 报告形成互补，可以认为是报告的"未尽之言"，可能是发言人最想表达但又极具争议因此没有写入

---

① 欧洲央行执行委员会成员 Benoît Cœuré 于 2019 年 9 月 17 日在卢森堡中央银行—图卢兹经济学院关于"国际货币体系的未来"会议上做如题发言。

官方报告的内容^①。

发言认为，私人数字形式的货币将更容易挑战美元霸权地位，原因有二。

第一，因为私人数字货币庞大的用户基数及其网络效应，能加速其被接受的速度和降低货币切换的成本。过去国际支付主要由公司、商人、银行和政府进行，主要形式是全球贸易和金融市场大型参与者的批发交易。对于公司、商人、银行和政府来说，就一个国际货币标准达成一致，以及从一个国际货币标准切换到另一个标准，都涉及重大成本。因此，国际货币使用的惰性历来很大。高转换成本、锁定效应和习惯持久性是有利于维持现状的强大力量。然而，这种情况已经改变。最近的全球化浪潮，加上在线服务的快速发展，支持了消费者对跨境支付服务的需求，需要这些服务更快、更便宜和更易于使用。因此，新的和新兴的私人支付解决方案主要针对消费者和劳动者。消费者和劳动者构成更大的潜在用户群，并产生相关的网络效应，这意味着现有的数字货币提案已经被更快接受。在中国，支付宝和微信支付这两种由国内大型科技公司开发的支付解决方案，在不到十年的时间里，已吸引近 10 亿客户。2018 年，大型科技公司的支付服务占中国 GDP 的 16%，高于其他国家和地区。现有证据表明，在零售消费者支付方面，交易和转换成本比用于批发跨境贸易和金融的传统货币要小得多。这种网络效应对于全球网络来说将更强大，可能使国际货币竞争在未来成为一场更具活力的竞争。

第二，数字时代国际货币使用的驱动因素可能发生变化。由于消费者是竞争的核心，我们可能不得不重新思考一系列因素及其相对重要性，这些因素将最终决定全球货币采用的规模和范围：首先是便利性。尽管 20 年前创立了单一货币，欧元区的跨境电子商务并未起飞。国内偏见依然强烈。只有三分之一的欧洲电子购物者从其他欧盟国家的卖家购买商品。大约 40% 的欧洲

---

① G7《全球稳定币评估报告》已经于 2019 年 10 月提交给 G20 财政部长和央行行长会议取得共识。出于达成共识的考虑，报告不会包含有争议性的内容。但往往有争议的内容才是最重要的，这即是本次发言的重要性所在。

网站不向其他成员国的消费者销售，而近 80% 的在线销售是国内的。也就是说，将新货币（如 Libra）连接到现有网络可能比在现有货币（欧元）上构建新网络更容易。很少有零售商将欧元的引入视为围绕欧元建立泛欧网络的机会。无论是否使用欧元，单一服务市场仍然不完整。全球"稳定币"提案可能反过来。他们可以改变付款的性质。例如，WhatsApp 是一种消息传递服务。增加支付功能以允许在其注册用户之间直接转账将不会改变其业务性质。但它将提供一个平台，将支付手段转变为全球货币。这与全球货币使用的理论模型预测完全相反。根据这些模型，支付领路而其他用途跟随。其次是与隐私有关的偏好。从历史上看，匿名是纸币的显著特征之一。通过分布式账本运行的私人数字货币也支持匿名性，使它们容易被用来资助非法活动，如逃税或恐怖主义。因此，监管要求任何"稳定币"提案都必须符合国际反洗钱/反恐融资/反大规模杀伤性武器扩散融资和客户身份识别法规。但是，假设它们确实遵守了适用的法规，"稳定币"可以根据他们收集和处理的个人数据量来进行区分。有些提案可以使用或销售客户数据，而另一些可能优先考虑保护其客户的隐私。Cœuré 认为很难判断隐私层面对国际货币的使用有多大影响。在与消费者数据隐私相关的文化观和法律方面，各国之间存在显著差异。欧盟于 2018 年 5 月通过《通用数据保护条例或 GDPR》之后，个人对其个人数据的控制一直受到该法案的保护。中国腾讯的微信因不能达到合规要求直接退出了欧洲运营。

数字化能显著改变货币相互竞争的方式。传统地，不同货币按照它们作为货币的价值存储、交换媒介和账户单位的角色进行竞争。货币切换成本的降低深刻地改变了传统货币的竞争范式，导致货币的解构，即某种货币可以更自由地专注于某种角色参与竞争。数字平台的经济性对货币竞争也产生了额外的影响。因此货币的竞争，除了货币功能有所不同之外，还与数字平台提供的经济活动、用户基数（即网络外部性）和其他功能（例如与隐私有关的）进行了绑定。这意味着与其相关的平台的特征，会显著影响数字货币的竞争力。

Cœuré 认为未来国际货币和金融体系格局可能存在三种均衡，每一种对国际货币和金融体系的未来形态有着非常不同的影响。

第一种均衡是维持现状。大部分司法辖区的监管当局都对 Libra 表示了相当顾虑，一些政府甚至宣布要禁止 Libra 在自己境内启动和运行。但类似 Libra 的提案针对性地帮助满足消费者对跨境支付服务日益增长的需要——更快捷和成本更低。因此 Libra 会促使各国央行努力改善现有支付系统。这对国际社会来说是一个双赢的局面。目前，全球已经有 45 个司法辖区拥有快速国内支付系统，预计很快将增加到 60 个。欧元区于 2018 年 11 月推出了目标及时支付结算（TIPS）系统，允许欧洲全境的用户全天候、实时和全年无休地进行资金转移。

第二种均衡是英格兰银行行长马克·卡尼提出的合成霸权货币——由各国央行的央行数字货币网络组成并由公共部门提供。马克·卡尼指出基于美元的国际货币和金融体系不可持续，其最佳的替代方案将是类似 Libra 的一篮子货币方案，即所谓的"合成霸权货币"。

第三种均衡是数字货币区，更具颠覆性，且为真正全球范围内私营数字货币的崛起奠定基础。Markus K. Brunnermeier, Harold James 和 Jean-Pierre Landau 等人在 2019 年 7 月的专栏文章中提出了颠覆性的概念"数字货币区"——数字货币区是使用特定于网络的货币（无论是法定货币还是其他货币）以数字方式进行支付和交易的网络。数字货币区通常与大型网络平台相关，例如分别基于蚂蚁金服电商平台和腾讯社交网络平台形成的人民币数字货币区。多个网络平台形成的数字货币区以数字互联性联结在一起，形成"终极"人民币数字货币区。基于 Facebook 网络平台可能形成美元数字货币区。数字货币区可能是未来全球货币体系格局的基本形态和决定因素。经济或社交上对大型数字货币区开放的经济体容易受到数字美元化的影响，即使这些经济体拥有稳定的货币。

发言最后总结，全球"稳定币"尝试将证明具有颠覆性，它们是快速技术进步、全球化和消费者偏好转变的自然结果。

建议读者结合本书的《数字货币潮下的货币竞争与体系重塑》一文阅读 Benoît Cœuré 的发言。

2020 年 1 月 1 日更新

请读者扫描如下二维码阅读英文发言的中文译稿。

第十八章　致 20 国集团财政部长们和央行行长们 ①

　　金融稳定理事会（FSB）主席于 2019 年 10 月 13 日发表了给 G20 财政部长和央行行长的公开信，信中三个话题之一即有关全球稳定币的潜在金融稳定性。FSB 主席在信中重申了 G20 领导人在《大阪宣言》的观点，"加密资产目前并不对全球金融构成威胁，但他们对现有和新出现的风险保持警惕"，并且列举了《宣言》中指出的加密货币对金融稳定的九种挑战：消费者和投资者保护；数据隐私和保护；金融诚信，包括反洗钱与反恐怖主义融资和客户身份识别合规；减少逃税；公平竞争和反垄断政策；市场诚信；健全和高效地治理；网络安全和运营风险；法律确定性。

　　公开信指出，具有潜在全球影响力和规模的稳定币项目必须符合最高监管标准，并接受审慎监督和监管。应优先评估和解决可能存在的监管空白。G7 稳定币工作组正在对全球稳定币带来的机遇和挑战进行初步评估，并将把监管问题的工作移交给 FSB。FSB 已经成立了一个工作组去形成监管政策。FSB 将于 2020 年 4 月向 G20 财长和央行行长提交一份咨询报告，并在 2020 年 7 月提交最终报告。

　　这里的重点是：公开信的口吻没有体现之前欧盟领导国德法对 Libra 的明

---

① FSB 主席、美联储监管副主席 Randal K. Quarles 于 2019 年 10 月 13 日给 G20 财长和央行行长的公开信，着重讨论全球稳定币的潜在金融稳定性风险。

确反对意见，无论 G7 稳定币工作组的报告结论如何，稳定币监管的问题已经被移交给 FSB，FSB 会按照给定的时间表提交最终报告。需要明确 FSB 的使命是以前瞻性的方法为 G20 政府提供有关全球金融体系的政策建议，一般的工作方法是 FSB 就全球金融体系的问题进行分析、研究并制定监管政策建议，提交给 G20 各国负责具体实施。相关工作从 G7 稳定币工作组移交给 FSB 工作组，可以理解为一件事情从最初的小范围提案进入了正式的工作流程去形成监管政策细则建议。FSB 的最终报告就是针对某一具体问题详细的监管政策建议。FSB 在近期有关稳定币的语调，基本和美英央行的态度保持一致，即"符合最高标准监管"，FSB 现任主席也是美联储负责监管的副主席。我们认为 FSB 保持了之前对稳定币监管的态度和原则，没有变化。从 FSB 的工作进程来看，2020 年 7 月提交最终报告，Libra 完全有可能在这个过程中具体实现 FSB 最终报告建议的监管要求，并且能够遵守其 2020 年年底推出 Libra 的时间表。如果 FSB 提交最终报告时，全球稳定币项目只有 Libra 达到其监管要求，这会是一种什么格局？ Libra 可能成为唯一被主流央行"认证"并获得全球监管共识的全球稳定币项目，它的全球推广可能呈现一种"摧枯拉朽"之势。细思极恐！

2019 年 10 月 14 日
2020 年 1 月 1 日更新

请读者扫描如下二维码阅读英文发言的中文译稿。

第十九章　加密资产在支付系统中的作用 [①]

　　法国央行副行长在题为《加密资产在支付系统中的作用》的讲话中讨论了加密资产为支付系统带来的新机会以及挑战，承认加密资产为支付系统带来的创新价值并指出了风险，强调了央行通过尝试发行央行数字货币和加强全球政策协调等来应对这些挑战。我们可以从欧元区成员国央行官员的视角来了解他们对加密资产、稳定币、Libra 以及央行数字货币等的态度。注意区分欧洲央行和欧盟成员国的态度，前者更多体现推进欧洲一体化的精英群体的意志，后者更多体现个别国家的主权意志，因此对代表全球一体化方向的 Libra 会有不同的评估。

　　他承认加密资产具有独特的金融、货币和技术的特点，使它们有别于金融机构和央行发行的货币和支付工具，并指出基于区块链技术的加密货币可以帮助满足市场的需要和需求，如全天候、快速、安全的支付服务，并可以弥补现有批发市场基础设施的限制，如各国实时全额清算系统缺乏互操作性、跨境支付成本高 / 延迟大 / 缺乏可追溯性等。但加密资产包括稳定币寻求绕过中央当局和金融中介机构，会带来重大风险，可能引入市场割裂、引发金融不稳定和成为欺诈新来源。

　　针对加密资产带来的机会和风险，公共当局适当地回应，应该是建立适度的规章制度，既解决提及的风险，也保护加密资产提供的技术创新能力。通过对现有的监督和管理框架进行调整可以解决一部分风险，此外，需要建立一

[①] 法国央行第一副行长 Denis Beau 先生于 2019 年 10 月 15 日在伦敦举行的官方货币和金融机构官方论坛（OMFIF）会议上的讲话。

个更大的全球采用的监管框架，依据"同样的活动、同样的风险和同样的规则"的原则以防止进行监管套利并应对现有框架之外的风险。

央行可以发行公众使用的零售央行数字货币和只有金融中介机构使用的批发央行数字货币，来改善现有的结算资产的条件。发行零售央行数字货币的动机之一是避免只能通过私人支付工具（如 Libra）或非欧元区央行数字货币来满足数字支付的巨大需求，它们可能获得巨大的市场支配力，对安全和金融稳定构成风险；其他动机包括确保公众能够获得公共货币的政治意志。但这些举措不能视为制衡 Libra，因为后者在解决跨境支付的弱点，而央行数字货币可能并不容易做到。

央行可以做的一个贡献是解决跨境零售支付的缺陷。在欧元区，将相关系统进行互联，技术和法律上都是可行的，但是在全球范围内，挑战要大很多。央行也可以推动采用共同的国际行业标准，促进全球范围内支付系统的互操作性。这要求采取协调一致的国际处理方式，因此目前金融稳定理事会正在进行的工作（制定稳定币监管政策框架）是重要和有希望的。

2020 年 1 月 1 日更新

请读者扫描如下二维码阅读英文发言的中文译稿。

第二十章　数字货币、稳定币和不断发展的支付格局 ①

本篇美联储理事 Lael Brainard 的长篇发言，是有关美联储在数字货币相关问题上立场非常重要的一篇讲话。Lael Brainard 因其国际经济外交的背景，经常代表美联储在货币政策问题上发言，2018 年 5 月她曾发言称比特币因其巨大的波动性、有限的吞吐量、不可预测的交易成本、缺乏治理和透明等原因限制其作为支付工具和记账单位的使用。

美联储在稳定币和央行数字货币（CBDC）等问题上发言相对较少，本篇相对系统地说明了美联储在这些热点问题上的立场和逻辑。Brainard 理事在 2019 年 12 月 18 日题为《有关数字货币、稳定币和前方挑战的更新》的发言中又强调了本次发言的主要观点。

Brainard 认为美国／美联储拥有相当长发行和管理私有货币的历史和经验，包括非银行机构发行的用于辅助特定网络内交易的货币或资产，例如礼品卡、积分和虚拟游戏货币等。随着私有网络规模和范围的扩展，其网络外部性让基于数字平台的支付系统获得极大的发展，如中国的支付宝和微信支付。Libra 作为稳定币项目最独特之处是其拥有全球三分之一人口的活跃用户，以及通过其支付系统，Libra 网络可以快速扩张至全球规模。

---

① 2019 年 10 月 16 日在彼得森国际经济研究所和普林斯顿大学本德海姆金融中心赞助的"数字时代货币的未来"会议上联邦储备系统理事会成员 Lael Brainard 的讲话。

Brainard 理事认为 Libra 和任何有全球规模和范围的稳定币项目，都必须解决一系列法律和监管挑战才能上线，并且特别强调了四个方面的法律和监管问题：

第一，需要做到"知晓你的客户"（即 know-your-customer: KYC）规则和监管的合规性来避免稳定币被用于非法活动和非法金融。Libra 的商业模式天然就是跨境的，Libra 系统的每个参与者都被视为金融机构，需要遵守每个司法辖区的反洗钱法律。Libra 的全球业务可能要求一个一致的全球反洗钱框架，以降低非法交易的风险。

第二，旨在方便消费者支付的稳定币的发行人必须明确展示如何确保消费者保护。消费者必须接受培训，明确他们的权利与银行账户有何不同。在美国，针对银行账户已经实施法规和监管的保护，以便消费者合理预期他们的存款被保险的额度；欺诈性的交易是银行的责任；有关账户费用和利息支付的清晰、标准化的披露等。现在还不清楚 Libra 是否有类似的保护，消费者如何拥有索偿权；目前尚不清楚消费者面临多少价格风险，因为他们似乎对稳定币的基础资产没有权利。消费者需要注意，稳定币很可能与主权发行的法币有截然不同的法律条款。需要明确为个人身份识别信息和交易数据的安全性负责任的实体，以及个人数据如何存储、访问和使用。过去几年中大量的网络攻击事件凸显这些问题的重要性。

第三，有必要界定 Libra 生态系统中各参与者进行的金融活动，以便司法当局评估现有的监管和执法机制是否完善。作为 Libra 协会的合法注册地，瑞士尤其关心这些话题。瑞士当局设立了三个新类别以帮助按照功能来进行监管："支付代币"是加密货币，用于支付或价值转移；"实用代币"是基于区块链的应用程序；"资产代币"是类似于股票、债券和衍生工具的加密资产。

第四，一个全球范围的稳定币网络可能带来金融稳定性风险，如流动性、信用、市场和操作风险等，不管是个别还是组合一起发生，可能触发失去信心和引发"挤兑"。一个全球稳定币网络提出了许多法律上独立但相互依存的复杂问题，在储备物管理和网络中市场参与者权责方面缺乏透明度。

有关央行数字货币，Brainard 表示，美元的现行制度令人信服，因为：流通中的物理现金继续上升；美元是全球重要的储备货币，保持公众对主权货币的信任至关重要；美国也有一个强大的银行系统，以满足消费者的需求；美联储已经广泛提供并扩大了各种数字支付的选项。发行（零售）CBDC 还可能面临法律问题——如保护用户隐私和打击非法活动的复杂均衡。作为对比，中国央行发行 DC/EP 的决策就显得更为果断——DC/EP 的"前台匿名，后台实名"的可控匿名设计实质上是牺牲了物理现金的绝对匿名性。发行 CBDC 可能有助于解决零利率下限的难题，但美联储倾向于使用现有的货币政策工具而不是引入 CBDC 来解决这些问题。发行 CBDC 还可能引发金融稳定性的风险，例如存款大规模和 / 或突然被兑换为 CBDC 的"挤兑"，以及商业银行去媒的风险。发行 CBDC 也可能带来操作风险，如央行需要运营上亿账户，或存在电子伪造和网络风险等。因此，Brainard 的结论是美联储短期内不会发行 CBDC。在笔者看来，Brainard 理事所陈述的理由除金融稳定性之外大都站不住脚，最重要的理由她并没有讲——发行零售 CBDC 将削弱商业银行的商业模式。

美联储支持支付领域的创新，并乐于见到未来数年内在支付体系有长远影响的创新，包括稳定币的选项。美国国内的快速支付系统 FedNow 将于 2023 年或 2024 年上线。笔者非常惊讶于美国作为最发达经济体，其国内支付系统竟然处于这么落后的状态，不仅落后于欧洲，也大幅落后于中国，这体现了创新与既得利益群体的复杂均衡。

发言体现出美联储对大型平台的网络外部性和全球稳定币对传统法币的替代作用有清晰认识，可能带来数字美元化的效果，对金融羸弱的国家的货币进行代替，甚至对其他发达经济体的主权货币也有很强渗透性。显而易见，美联储已经把中国的支付宝和微信支付作为通过网络效应获得货币新"霸权"的样板，并且欣赏 Libra 拥有同样的网络平台和更大的用户基数。美联储倾向于私人机构而非央行来推动全球稳定币的创新。

虽然也提到 Libra 等全球稳定币必须解决一系列法律和监管的问题才能上线，但这是监管机构的合理关切，并且通过解决这些潜在问题，实际上监管机构获得了对 Libra 们的完全掌控能力。

笔者一直认为，Libra 代表了美元霸权在数字经济世界的延伸，Brainard 理事的发言为这个判断做了很好的解释。Libra 未来的主要场景不在美国国内而可能在"美元化"的国家或地区，因为"国内现行系统已经有优势"。Libra 的网络平台和近全球三分之一人口的用户基数，是实现数字美元化最好的工具，其威力可能远超传统"美元化"，这自然符合美联储的利益，所以只要纳入监管，美联储不会反对 Libra。

Libra 的命运只取决于美联储，因为美联储实际上承担了全球央行的角色，在货币体系顶层制度设计和政策制定方面拥有权威。Libra 在美国国会的遭遇只是烟雾弹和政治秀，次要目的是平衡美国国内利益群体的利益，主要目的是为 Libra 制造"悲情"赢得全球广泛同情有利于其在美国之外的国家和地区被接受，因此 Libra 被最终放行是注定的事情。

我们也要深刻理解 Libra 将为中国维护货币主权和人民币国际化带来更大的挑战。中国政府将区块链作为核心技术自主创新突破口，并强调数字金融和数字资产交易等应用场景，这是未雨绸缪和占领数字经济制高点，是完全正确和英明的决定。

2019 年 10 月 27 日
2020 年 1 月 1 日更新

请读者扫描如下二维码阅读英文发言的中文译稿。

第二十一章 丹麦国家数字化经验 [1]

丹麦央行行长分享了丹麦国家数字化的经验教训。丹麦是一个高度数字化的国家，自 2017 年 1 月 1 日起丹麦央行已经停止印刷纸币和硬币现金，丹麦可能会成为最早的无现金国家之一。

丹麦政府的支持对丹麦成为全球数字领跑者有积极作用，例如早在 1968 年和 1985 年分别为公民和公司建立民事登记系统收集其基本信息。这为之后的丹麦数字化公共战略奠定了基础，并且成为金融部门进一步推进数字化的基础。丹麦央行推出的即时支付系统，支持免费的境内支付结算，并且快速获得广泛接受，但跨境支付仍然是国际金融体系的不足。

丹麦数字化转型的成功，有几个原因。第一，公民对公共当局的高度信任，因此隐私问题在数字化转型中不是挑战。第二，丹麦人对变革的意愿促进了数字化，这种意愿也体现在丹麦人比大多数其他国家的人更信仰全球化。丹麦人对变革的意愿来自灵活的劳动力市场（雇主雇用和解雇员工的高度灵活性）和丹麦福利制度（为有高失业风险的低收入者提供广泛的社会安全网）的结合。这种模式的特点是雇主雇用和解雇雇员的权利具有高度的灵活性，在失业的情况下，有广泛的社会安全网。对于有高失业风险的低收入者来说，情况

---

[1] 丹麦央行行长 2019 年 10 月 16 日在纽约 SUERF 会议上的讲话，分享了丹麦国家数字化的经验教训。

尤其如此。除此之外，丹麦工会和雇主组织之间还达成了广泛的共识。该模式在灵活性和安全性之间取得平衡，这是应对技术变革的一个优势。丹麦政府通过提供必要的资金来支持数字化转型引发的大规模裁员。

为应对数字化带来的网络威胁，丹麦央行为金融部门的网络议程做了三方面的工作。第一，危机管理，它确保整个金融部门在可能影响金融稳定的情况下协调努力。第二，从系统的角度识别最重要的风险。因此由央行主持、情报机构领导的红队测试计划，通过模拟实际网络攻击提升应对攻击的能力。第三，知识分享。

针对数字化对货币和金融的影响，金融当局应该拥抱创新并且适当运用监管工具，为防范系统稳定性问题和滥用金融基础设施，必须在全球范围内进行监管合作和协调。

总结来看，丹麦国家数字化领跑全球最重要的经验有两点：一是政府远见卓识建立起国家级的身份识别制度，为公共战略和金融部门数字化奠定基础；二是合理的制度（灵活的劳动力市场和福利制度的结合）让丹麦人更乐意拥抱变革。

2019 年 10 月 25 日
2020 年 1 月 1 日更新

请读者扫描如下二维码阅读英文发言的中文译稿。

第二十二章 掀开支付未来的帘幕：从科技巨头和金融科技企业到智能手机和稳定币①

德国央行执委在演讲中着重讨论了科技巨头、用户支付行为的变化和 Libra 稳定币对支付的影响。

作者②指出科技巨头正在彻底地改变金融部门——通过支付作为切入，围绕支付构建多样化的经济活动生态，并且垄断由此产生的数据的价值，利用庞大用户基础的网络效应，形成"赢家通吃"的局面。虽然它们目前与传统金融机构有合作，但倾向于未来构造封闭的体系，并严重剥夺后者的金融中介活动。作者的担忧正是 G7 工作组在报告中指出的全球稳定币可能会影响金融市场的公平竞争。中国政府对科技巨头如蚂蚁金服和腾讯支付平台的监管经验为应对这种挑战提供了有益借鉴。

作者指出用户支付行为的改变推进了数字化和无现金化的进程。中国读者可能会认为这是"少见多怪"，谁让中国已经是目前世界上移动支付最领先的国家呢？中国用户对移动支付的接受程度直接提升了中国的数字化进程和无现金程度。

---

① 德国联邦银行执行委员会成员 Burkhard Balz 先生于 2019 年 10 月 30 日在德国日本研究所数字化圆桌会议上的讲话。
② 第五篇中，"作者"指发言的央行官员，"笔者"指龙白滔。

作为央行官员，作者对 Libra 的创新保持开放态度，但指出一系列担忧，包括谁能监管、如何监管、如何应对反洗钱等核心问题。

为应对数字支付的挑战，德国央行也在评估央行数字货币的可能性，但并不确定它是最佳答案，因为可能带来金融稳定性风险。为应对 Libra 的挑战，德国央行也倾向于来自私营部门的应对方案，例如建立泛欧支付系统的想法，去应对多种场景的支付需求。

作者的发言更多体现出欧洲国家在金融科技和数字化浪潮下的忧虑和危机感，也提供给读者一个快速了解欧洲数字化、支付和央行数字货币等概况的机会。作为对比，中国在移动支付、央行数字货币和数字经济等多个领域不仅有强有力的政策引导也有位于全球领先地位的商业实践。这确实是一个伟大的时代，中国在数字经济领域不再是跟随者而是领跑者。

2019 年 11 月 7 日

2020 年 1 月 1 日更新

请读者扫描如下二维码阅读英文发言的中文译稿。

第二十三章 货币市场和联邦基金利率：前进之路 [①]

本文是纽约联储主席 John C. Williams 阐述美联储货币政策操作框架的发言。发言体现的准确性和时效性，都显著超过任何货币金融的教科书。身为美联储的 12 家地区联储之一，纽约联储地位超然，其交易室负责执行美联储的公开市场操作。

美国国会赋予美联储最大的两项任务是最大限度的就业和物价稳定，美联储主要通过控制联邦基金利率——即银行间无担保贷款形式的隔夜拆借利率——来实现这些目标。美联储通过"充足储备"制度来维持联邦公开市场委员会（FOMC）所期望的利率。充足储备框架有三个要素，其目的在于保持联邦基金利率在目标范围之内：为银行提供在美联储持有的"充足"储备金；利率，包括美联储自己设定的利率，以及影响联邦基金利率的利率；公开市场操作，即纽约联储交易室执行 FOMC 的指令，可以通过直接购买或回购国债和机构债券永久性或临时性增加系统中的储备水平。

2008 年全球金融危机（Global Great Crisis: GFC）之后，美联储通过几轮大规模的 QE 大幅增加了长期证券的持有量（"扩表"），这导致储备出现了大幅度增长，在 2014 年达到 2.8 万亿美元的峰值。这些操作在一定程度上发挥

---

① 2019 年 10 月 17 日纽约联储主席 John C. Williams 在纽约 2019 年 MFA 展望会上的讲话。

了作用，美国成为第一个从 GFC 中恢复的发达经济体。随后，随着货币等非储备负债的增长和美联储证券持有量的减少（"缩表"）导致储备水平下降。货币等非储备负债的增加反映了企业和家庭对持有现金的偏好和对经济衰退前景的担忧。

美联储官员一直在检测"充足"储备金的水平。为了能平稳过渡到符合"充足储备"框架的储备水平，FOMC 在 2019 年 3 月宣布了减缓减持证券（"缩表"）的步伐，并在 2019 年 7 月完全停止了减持。但货币市场不稳定——回购利率和联邦基金利率同时上升并且价差不断扩大，美联储于 9 月启动了回购操作并且取得了预期的效果。

为使储备金达到"充足"水平并且保持联邦基金利率在目标范围内，美联储决定将持续购买美国国债至少到 2020 年第二季度。同时，将继续临时公开市场操作（隔夜和定期回购）到 2020 年 1 月。按照计划，到 2020 年第二季度末，美联储将扩张 6000 亿美元的资产。美联储一直拒绝承认这是启动新一轮 QE，但半年内，连续两次降息似乎暗示了美国不能在全球衰退的预期下独善其身。

发言中特别强调了重要的回购基准利率，即有担保隔夜融资利率，或 SOFR。它被选择来作为伦敦银行同业拆借利率 LIBOR 的替代。

LIBOR 曾经是最重要的市场基准利率，但因为几个原因，美联储决定替换之。首先，因为 GFC 之后对银行业和货币市场基金的监管改革，导致银行间短期贷款减少，因此 LIBOR 流动性正在消失。根据美联储 2018 年的报告，2016—2017 年，三个月 LIBOR 每日拆借量的中位数仅有 10 亿美元。其次，LIBOR 并不是基于实际交易而是基于银行的估算，因此容易被操纵。一些美国和欧洲银行被发现在 2007—2009 年金融危机之前和期间操纵 LIBOR 以（在 LIBOR 衍生品上）获利。

美联储一直着手使用 SOFR 代替 LIBOR，因为 SOFR 改善了 LIBOR 最致命的两个缺陷。首先，SOFR 不是通过报价而是通过成交价计算，这增加了操纵的难度。其次，SOFR 基于国债回购市场，回购市场是货币市场成交量最大品种，2008 年之后占据了绝对份额，保证 SOFR 能最大程度地反映市场资金利率水平。因此，SOFR 比 LIBOR 更能代表目前银行间的融资成本。

美联储以 SOFR 代替 LIBOR 对中国利率市场化具有重要启示——只有把利率决定机制交给有深度、交易活跃、覆盖广泛的市场，才是真正的利率市场化。中国 2019 年施行的 LPR（Loan Prime Rate）扮演的是基础利率的角色，LPR 的计算基于 18 家银行根据公开市场操作利率（主要是 MLF，中期借贷便利的利率）加点形成的方式报价。因此 LPR 并不是基于真实成交的结果，和 LIBOR 很类似，存在流动性枯竭和易被操纵的风险。我国存在有效市场支撑的利率品种中（国债利率、LPR、SHIBOR、R007 和 DR007[①]），基础利率的最优选择是 DR007 这一反映银行业金融机构最核心流动性状况并由充分交易支撑的指标。因此中国的 DR007 是可以与美国的 SOFR 对照的基础利率。

基础利率普遍为短期市场化利率，其久期远小于贷款。为解决期限匹配问题和实现有效的利率风险管理，需要发展利率互换（或称掉期）这一套期保值工具以实现短期浮动利率和长期固定利率的转换。此外，为更好地支持基础利率的价格发现和在更多时间点上对冲掉和基础利率相关的利率风险，还需要（基础利率）期货工具。因此，美联储在大力鼓励银行业发展 SOFR 的期货和掉期产品。中美对比显示，尽管中国存在依托于 DR007 等指标的利率互换产品，但其规模远小于贷款规模，利率互换尚未真正发挥贷款利率市场化定价

---

① R007 是七天回购利率，是银行间市场参与者（参与证券交易的机构投资者）以利率债或信用债为质押的七天回购利率，回购标的为债券。DR007 是存款类机构间（交易者主要指银行机构）利率债质押（质押品仅限于国债、央行票据、政策性金融债）的七天回购利率。SHIBOR 是上海银行间同业拆放利率，包括隔夜、1 周、2 周、1 个月、3 个月、6 个月、9 个月、1 年。SHIBOR 是大银行之间的借钱行为引发的利率。

中套期保值和期限转换的关键作用，因此利率互换市场仍需深化。中国亦缺乏DR007 等指标的利率期货产品。

2019 年 12 月 1 日

请读者扫描如下二维码阅读英文发言的中文译稿。

第二十四章　货币颜色的变化——支付系统、货币的新方向 ①

　　国际清算银行（BIS）总经理 Agustín Carstens 在本篇评论中，通过介绍 BIS 创新枢纽的首次登台亮相向世界宣告了其重大使命。BIS 因其善于把握历史机遇进行转型而闻名，其最初设立仅仅为安排一战后德国战争赔款，历经二战为德国进行战争融资，战后布雷顿森林体系建立差点被 IMF/WB 边缘化，推进欧洲一体化进程和欧元区的建立，到现在成为全球央行的"央行"。在全球数字化浪潮面前，BIS 同样精准地把握了历史机遇，创立了 BIS 创新枢纽，并精心选择了中国香港地区、瑞士和新加坡作为其三个中心，这三个地方目前都处于加密资产的监管、业务和技术创新最前沿。BIS 同时任命了即将卸任的欧洲央行执委 Benoît Cœuré 作为这一机构的负责人，这位资深的银行家领导了上个月结束工作的 G7 稳定币工作小组并继续领导金融稳定理事会的稳定币工作小组，是目前全球稳定币顶层治理结构设计的最核心人物（没有之一），凸显了 BIS 希望再次引领全球央行在数字货币创新的雄心。作者明确提出在当前公共和私营部门分工合作是数字经济最安全的基础，即央行提供公共货币基础，而私营部门专注货币的使用为用户提供创新的产品和服务。作者强调为更好地服务公共利益，货币本身不需要为持续变化的环境而重新发明，重点应放在改进货币的提供和使用方式上。作者倾向于不改变货币制度的根本。不过在

---

① 本文为国际清算银行总经理 Agustín Carstens 于 2019 年 11 月 13 日发表于《新加坡商业时代》的评论文章。

是否允许大型科技公司管理全球稳定币的问题上，作者并没有给出明确答案，让我们拭目以待。

请读者扫描二维码阅读英文发言的中文译稿。

第二十五章　央行眼中的现金和数字货币[①]

德国央行执委 Johannes Beermann 在发言中讨论了现金提供了独特的独立形式、数字支付增加了支付方式的多样性以及 CBDC 作为现金替代品的话题。

Beermann 指出在德国和欧元区，在数字浪潮中，现金的使用和流通水平仍然很高，因为现金提供了三种独特的独立形式——独立于一个人的社会经济背景、独立于技术生态系统和独立于社会控制和数据收集：

（1）独立于一个人的社会经济背景。现金是可触摸的，不需要任何技术设备。现金的使用易于理解，能跨越代沟。现金的触觉性质，正是加强金融包容性的一个重要因素。在银行或技术基础设施不足的农村地区，确保获得现金可能特别重要。因此，现金也是维护社会凝聚力的手段。

（2）独立于技术生态系统。鉴于欧洲的支付格局仍然碎片化，在欧元区的P2P（个人对个人）交易中，现金目前仍然是真正通用的支付手段之一。金融科技公司正在动摇欧洲的传统银行体系。这些公司通常可以利用其全球影响力和庞大的客户群。这也许能为消费者带来好处，例如跨境支付。但这也意味着

---

① 德国央行执委 Johannes Beermann 博士在 2019 年 11 月 22 日中国深圳支付亚洲峰会上发表主题演讲。

客户正被锁定在特定的支付生态系统中。现金提供了一个简单的出路，至少对于某些交易是这样。

（3）独立于社会控制和数据收集。作为法定货币，现金完全由国内中央银行支持。如果个人隐私是顾虑，现金是明显的支付方式选择。这加强了个人自由。

这些特征使得现金有助于加强金融包容性、维护社会凝聚力、保护用户被锁定到特定的支付生态系统以及保护用户的个人隐私等。

在中国，发展一种新的支付工具，从监管机构到推动创新的企业到一般民众，都较少把这些因素纳入发展一种新的支付工具时的考量。社会舆论热烈讨论的是新的支付工具和技术带来的快捷、便利、低成本、易用等用户体验，而较少关心对数字技术不理解或无法访问它的特殊群体（如老年人或残疾人等），这带来数字鸿沟的风险。

在中国，蚂蚁金服和腾讯支付占据了移动支付93%的市场份额和13亿的用户人群，它们平台上提供多样化的经济活动几乎"绑架"了用户的全部生活方式。这表面上看起来对消费者是不错的，但消费者不仅通过自身在平台上的经济活动为平台贡献了宝贵的用户数据，还可能忽视其他（产品和服务的）选择，这使得其他收费的商业模式吸引力大大降低。这带来了公平竞争的风险。

中国企业和民众普遍对个人隐私不够重视，这也导致了一度普遍滥用用户隐私数据的现象。这种现象随着近期中国政府大刀阔斧地治理得到遏制。不过相比较欧美传统一直重视个人隐私的文化观，中国仍有相当提升空间，这在短期内都会显著影响到中国数字货币领域的竞争力，无论是中国央行的DC/EP，还是由中国企业推广的加密资产稳定币。作为一个负面案例，在2018年6月欧盟推出《通用数据保护条例》之后，微信以直接退出欧洲市场运营了事，这体现出中国企业在这方面短期内难以逾越的短板。中国央行声称 DC/EP 实现了"前台匿名，后台实名"的可控匿名。结果 DC/EP 实际上失去了物理现金提供的绝对匿名性。

Beermann 指出"向现金较少的社会过渡必须由用户而不是供应商推动"。在数字潮下，中国企业和民众都有一种不切实际的自豪感，来自所谓的"无现金程度"，天真地以为货币数字化程度代表了社会技术和文明领先程度，因此企业和监管机构都在积极地以数字化程度为 KPI 促进创新。数字化转型（包括针对货币的），虽然存在巨大的效率、便利性、成本等方面潜在收益，但所有事情都存在两面性。数字技术的潜在负面影响是将巨大的权力放到不适当的人手里，这样带来的结果可能是权力的不受束缚和滥用。例如，实现 100% 无现金社会后，个体可能被剥夺使用货币的权力——最基本的金融服务；个体所有的金融活动都无一遗漏被记录、跟踪和滥用。因此，在缺乏一个良好的治理体系的前提下，数字技术带来的核武器一般的权力不可能得到有效的约束和制衡，不应该将数字化程度作为单一的追求目标。具体到现金的问题上，正如德国央行执委指出，向无现金社会过渡不应该由用户之外的力量所推动。

Beermann 最后讨论了 CBDC 对现金的替代问题。批发 CBDC 是对现有结构的改进，对货币政策影响很小或者根本没有影响。对于现在家庭、商业银行和央行之间的经济关系而言，零售 CBDC 可能意味一种范式的转变。Beermann 的潜台词即是，批发 CBDC 是可以发展的，但零售 CBDC 的影响太大需要谨慎对待。笔者已经多次分析过，欧洲央行高官对零售 CBDC 的谨慎和批发 CBDC 的偏爱，本质上是希望保护商业银行的铸币权，因为零售 CBDC 意味着央行向商业银行剥夺一部分创造货币的权力。这背后体现的是欧盟银行和央行群体的反国家意识。作为对比，中国的金融精英群体直接选择了发展零售 CBDC 以抵御人民币货币主权被侵蚀的风险。

总体来说，中国在支付和数字货币方面的创新，虽然领先但显得冷冰冰，缺乏德国／欧洲那种温度和人文关怀。中国与欧盟在 CBDC 创新方面的差异，体现了主权意识和超主权背后的反国家意识的区别。

2019 年 12 月 4 日

2020 年 1 月 1 日更新

请读者扫描如下二维码阅读英文发言的中文译稿。

第二十六章　数字世界中的欧洲金融主权 [1]

法国央行第一副行长 Denis Beau 讨论了数字化热潮中欧洲金融主权的问题。这里有两个有趣的话题，什么是金融主权？为什么欧洲有这种担忧？

数字化浪潮正在深刻地改变金融行业的商业模式，最突出的特征是大型科技企业基于数字优势（如庞大客户基数的网络效应、大数据和数据处理经验）和现金储备渗透、主导一个市场并建立进入壁垒，让传统金融企业产生严重依赖甚至被脱媒。

欧洲虽然已经基本形成一个统一市场（欧盟）和货币联盟（欧元区），但实际上欧洲一直未能在互联网大潮下形成本土的互联网科技巨头，其传统互联网领域基本被美国科技巨头，如 Google、Facebook、Apple 和 Amazon 等所垄断。过去欧洲针对这些巨头的渗透尚有一些应对措施，如反垄断调查、反避税调查和客户隐私保护法案等，但一旦这些巨头携带其数字优势进入支付和资金转移领域时，它们正在挑战传统金融监管的轮廓和功能，欧洲感到了巨头们对其金融主权的威胁：如何有效保护用户数据和数据的控制权；如何增强金融体系应对网络风险的能力和弹性；面对非欧洲企业的支付领域的竞争，如何鼓励泛欧支付解决方案；加密资产为匿名和规避法规设计，如何应对反洗钱／反恐怖主

---

① 2019 年 10 月 17 日，法兰西银行（即法国央行）第一副行长 Denis Beau 先生在巴黎"科技金融协会"会议上的讲话。

义融资的需求等。虽然作者没有提到货币主权，但结合近期德国央行执委的发言，我们可以了解到大型科技企业以支付作为切入点、在自有网络平台上建立封闭的生态系统为用户提供多样化的服务，发行全球稳定币，这引起了监管当局极大的担忧。

在应对欧洲金融主权的挑战时，作者认为应坚持三项基础：首先，监管当局应当查明新的风险的本质和规模，对监管框架进行适当调整，以确保对潜在风险进行适当地管理。例如在处理法国开立远程账户的客户体验不流畅的问题时，法国央行就采取措施对《欧洲反洗钱指令》的法国转换进行必要的修订，既保证了充分利用新技术的优势，也确保了反洗钱/反恐怖主义融资框架的效率。

其次，要有足够开放的思想提出适应新范式的框架。从开放角度来思考，《支付服务条令》规定的监管框架消除了访问支付账户数据的技术和法律障碍，导致了一个新的生态的发展，为消费者提供了丰富的新服务。监管当局必须要充分承担前瞻性的观察、实验和行动承诺，例如推进泛欧支付系统改进跨境支付效率、开发了第一个基于区块链协议的非中心化登记系统，以及定义人工智能受控发展的条件等。

最后，要有创新的勇气。要动员所有的公共部门，充分参与欧洲生态系统的建设。我们也鼓励体制内的创新，如涉及广泛公共参与者之间合作的、使用人工智能分析"弱信号"来发现脆弱公司的项目。也探索工作方法和项目实施方面的创新，如在 ACPR 建立的"内部创业"机制。

与欧洲相比，中国拥有蚂蚁金服和腾讯等本土大型科技企业并且正处于世界数字化转型的前沿，但仍然面临 Libra 对人民币货币主权侵蚀的挑战。欧盟国家在应对金融主权挑战时的策略值得中国监管当局借鉴。中国的通常做法是针对创新（如近几年的 P2P、金融科技、加密资产等）给予一定灰度空间，让行业在不确定和不可预测的环境下自发野蛮生长，在产生负面结果后进行

"一刀切"式的粗暴监管。各个公共部门之间也缺乏沟通和协作，难以形成一致和协调的监管框架。因此法国监管当局在面对挑战时开放的思想和切实创新态度尤其值得中国借鉴，作者引以为傲的"法国和欧洲生态系统的基因"正是如此。唯有如此，中国不仅可以引领数字潮下的技术和商业模式创新，也才有可能引领数字潮下的机制和制度创新，才能更有效践行习近平总书记"把区块链作为核心技术自主创新的重要突破口"的号召。

2019 年 11 月 13 日

请读者扫描二维码阅读英文发言的中文译稿。

第二十七章 数据、技术和政策协调①

　　BIS 总经理在演讲中讨论了个人数据在数字金融创新中的作用，提出了由此带来的金融稳定性、公平竞争和数据保护等方面的公共政策目标的复杂均衡，强调了未来国际和国内政策协调的必要性。

　　个人数据对金融服务的价值毋庸置疑，但如何最好地定义数据的权限或对数据的控制，基于数据使用的收益分配，以及对竞争的影响，都存在问题。

　　针对三项公共政策目标复杂的均衡，存在诸多挑战，包括：明确界定个人数据的所有权；数据使用的网络效应；不同国家和不同年龄组对数据隐私的文化观有不同；在如何处理数据，以及歧视、金融排斥和剥削的可能性等。

　　政策考虑面临三个挑战。第一，国内层面，央行和金融监管者可能尚未了解个人数据问题的最新情况。第二，在国际层面，个人数据使用的法规存在很大差异。第三，所有相关国际当局就金融中个人数据问题进行讨论和协调也面临挑战。

　　BIS 可以从两个方面为有关数据的国际讨论做出贡献。首先，与全球标准

---

① 国际清算银行（BIS）总经理 Agustín Carstens 先生于 2019 年 11 月 14 日在新加坡举行的第 55 届 SEACEN（东南亚央行总裁联合会）行长会议和主题为"数据和技术：拥抱创新"的高级别研讨会上发表的主题演讲。

制定机构合作，可以在国际公共部门当局之间召集协作性的讨论。其次，BIS创新枢纽可以帮助开发与个人数据相关的公共产品，包括数字身份和所谓的全局堆栈。BIS力图在央行的创新努力中发挥领导作用。

作者在演讲中提到一些国家有国家数据或人工智能战略，而其他国家尚在犹豫是否将稀缺资源投入数据战略。这里暗指中国。虽然中国在国家数据战略方面拥有优势，组合了近10亿的用户基数、人才和财务资源方面的优势，但在数据隐私保护方面传统地是明显短板，最明显的体现是中国最大的社交平台腾讯因不能适应欧盟的数据隐私保护法规而直接退出欧洲市场运营。此外，中国过去几年以"技术和金融创新"为名野蛮生产的大数据行业疯狂爬取、加工、处理和贩卖互联网用户信息，也促使了个人信用贷款业务的急剧膨胀。但中国政府显然已经意识到数据隐私保护在未来数字经济的核心位置，因此加速推出《个人金融信息（数据）保护试行办法》并以雷霆之势扭转中国企业对数据隐私的滥用和以刮毒疗伤的勇气重建中国负责任的数据隐私保护的"文化观"。此外，作者强调身份识别是数字经济的重要基础设施，笔者在其他文章中有介绍丹麦作为欧洲数字化最成功的国家，其成功原因之一就是丹麦政府在数十年前就建立了国家级的个人和企业身份识别系统。中国政府也在积极推进类似的工作。综合来看，中国政府在全面地从各个方向为引领数字经济的大潮做好准备。

请读者扫描如下二维码阅读英文发言的中文译稿。

第二十八章　数字时代的金融包容性
——如何改变现状？[①]

本发言内容相对简单和清晰，笔者无意针对发言内容做点评，但希望借"金融包容性（也称'普惠金融'）"发挥一下。"普惠金融"是一个被几乎所有金融机构滥用的词，用来凸显自己的社会责任感和道德高地。在笔者看来，这一切都是胡扯。现实世界，以银行业为核心的金融服务领域，无一不是少数人垄断社会公共权力并从多数人身上进行剥削的故事。在这个天然具有垄断性的行业里面谈"普惠金融"是一件很可笑的事情。在不改变垄断本质的前提下，为不能访问银行服务的人提供基础的银行服务，最多只能称为"改善服务质量"，绝对没有资格自称"普惠金融"。

在拥有金融服务的社会里，个体能够访问的最基础的金融服务是获得和使用资金的权利，因此普惠金融应该是围绕货币的创造和使用的基本权利，以及货币利益（即铸币税）的分配的权利。货币是一项社会公共产品，货币体系应该以公共利益最大化的方式运行，意味着它需要满足金融稳定性的要求并支持可持续地经济增长。

现代社会中，货币当局以政府名义垄断了货币发行的公共权力和铸币税。

---

① 法国央行第一副行长 Denis Beau 先生于 2019 年 11 月 13 日在 2019 年新加坡金融科技节上作的小组讨论。

在真实的货币体系运营中，央行和商业银行分享了货币的创造和发行的权力，央行基于储备物（可以是国债、黄金或者外汇等）创造和发行基础货币（如现金和储备金），商业银行通过发放贷款或者购买资产（如黄金、外汇和证券等）的方式创造存款货币，并在归还贷款或者出售资产时销毁存款货币。商业银行的存款货币一般能占到流通货币的 95% 以上，甚至在某些快要实现无现金社会的国家（如瑞典和丹麦等），这个比例能无限接近 100%。为简单起见，我们统称央行和商业银行为银行业。因此现代社会中，银行业垄断了货币发行权和独享了铸币税。在强制结售汇并且以外汇作为储备物发行本国基础货币的国家，向央行"出售"外汇的居民实际上在为本国货币贡献储备物，但他们无权分享铸币税。在不得不采取货币增发的货币政策时，由于"坎蒂隆效应"，即新增货币不会以完全公平的方式通过各种渠道分配给所有的货币持有者，因此货币增发容易导致贫富差距扩大或收入失衡。

绝大部分经典货币金融教科书都把资本描述为像土地一样的稀有物，因此使用资金需要付出（利息）成本。但如上所述，超过 95% 的货币的创造基于商业银行的（私人）信贷创造。理论上来说，新增信贷只取决于银行家对宏观经济的乐观程度以及对借款人还款能力的评估，所以新增信贷理论上是可以无限的[1]。因此货币的价格，即利息不应该是"非常高"的。2018 年美国银行业平均利差水平约为 3.45%，其他国家可能只会更高。为什么这个数字不是 2.45% 或更少？因为银行业垄断了货币发行权，商业银行之间并没有形成充分地竞争，它们甚至可能"共谋"来操纵市场利率水平[2]。垄断的制度带来了垄断利润。

威胁金融稳定性最根本的风险是金融危机，金融危机的根源是商业银行创造了过量的货币用于资产投机形成的信贷盛衰和资产价格周期。新增货币的 10%、10% 和 80% 分别被用于生产性投资、消费和资产投机，它们分别的作

---

[1] 实际上，需要考虑央行通过各种货币政策工具来约束商业银行创造货币的能力。

[2] 一些美国和欧洲银行被美联储指控在金融危机前和期间操纵伦敦银行同业拆借利率——LIBRO——以图在衍生品市场谋取暴利。

用是贡献实际的 GDP、推高 CPI 和形成资产价格周期。因此，抑制金融危机最有效的方式是控制信贷的创造和分配进入资产投机领域。这是根本和简单的解决方案，但却会损害银行阶层和拥有金融资产数量最多的富人群体的利益，也存在技术上的困难，导致无法在现实世界中实施这种解决方案。因此，几百年的近现代史上，金融危机和每次危机过后财富更加集中于更少数群体是永恒不变的变化。

银行业的道德风险属于无解难题。银行的有限责任公司制、存款保护计划、央行的最后贷款人制度和政府的救助等，能够帮助处于困境的银行（因为遭遇流动性风险、清偿性风险或者金融危机）减少其股东的损失，或者将银行的私人债务转化为公共债务，由此将风险转嫁给政府/全社会。因此商业银行的股东和高管有很强的动力追求高风险行为并独享潜在的高收益，却把风险全部甩锅给全社会。这就是银行的道德风险——银行的利益分配和风险承担严重不对等。

2008 年中本聪创造了比特币，从此推开了数字世界货币的大门。笔者认为数字时代，普惠金融存在如下的可能性。

第一，人人获得铸币的权力。原生数字资产拥有天然的安全、透明、匿名、不可撤销和高度流动性。因此任何原生数字资产，只要能够被管理好其市场风险（指价格在短周期内发生剧烈波动的风险）和流动性风险，并提供托管和清结算功能，即能够以去中心资产抵押的形式参与稳定币的发行。通过这种方式，参与铸造加密货币稳定币的门槛就变得足够低让所有居民可以参加。如果能够形成人人可以参与铸币的去中心金融商业模式，自然会降低货币的使用成本。

第二，以公平的角度看待所有人对货币体系的贡献并相应给予奖励。一个货币生态体系的成功运转需要至少以下四方参与者并公平地对待他们的贡献度：（1）储备物的贡献者，他们为货币的铸造提供黄金或者外汇，或原生数字资产等的储备物；（2）央行和商业银行基于储备池创造货币并管理货币的供给；（3）能够影响货币接受度的非终端用户，例如商户或者加密资产交易所可以鼓励或者替终端用户选择对某种货币的使用；（4）使用货币的最终用户，他们决定在自己的支付场景下使用何种稳定币。数字时代货币的网络外部性变得极其重要并吸引更多用户的使用和接受，货币生态的第四类参与者即是货币网络外部性的来源。区块链和智能合约等数字技术允许量化地测量每个参与者对货币生态的贡献度并相应分配铸币税。铸币税以加密资产稳定币的形式，可以直接被分配到智能合约地址中。

第三，使用智能合约可以精确和精细地控制货币的创造和分配到定向领域，因此可以更有效地激励新增货币流向生产性投资领域和抑制新增货币流向资产投机领域。这种货币流向的控制是通过智能合约实现的事前或事中控制，而不是事后控制，能够显著提升货币政策的有效性。这从根本上带来了消除或者显著降低金融危机发生的可能性。

第四，使用公链和智能合约也可以更有效地实现如"直升机撒钱"和避免货币增发的"坎蒂隆效应"，因此避免传统货币增发带来的不公平的负面效应。

第五，通过货币的通证机制设计，可以更好地实现收益和风险的匹配，显著缓解银行的道德风险难题。

因此数字时代下，笔者憧憬的"终极普惠金融"应该是：人人无门槛参与铸币；人人以合理的成本使用资金；公平地度量每个参与者对货币生态的贡献并给予奖励；健全、金融稳定和可持续发展的货币金融体系。

2019 年 12 月 3 日

请读者扫描如下二维码阅读英文发言的中文译稿。

第二十九章　一个国家拥有支付系统有多重要？①

　　挪威曾经是欧洲穷国之一，祖上最兴盛的阶段就是维京时代的北欧海盗。20 世纪 70 年代北海发现油田后兴起的近海石油工业成为挪威国民经济的重要支柱，挪威因此才步入高度发达工业国之列。挪威是高度发达的资本主义国家，经济是市场自由化和政府宏观调控成功结合的范例。虽然挪威不是欧盟成员国，但执行欧盟委员会指令比例高达 99.3%。挪威央行管理着总资产约为 11 000 万亿美元的全球最大的主权财富基金，其投资组合的 3% 投资于中国证券市场。因此，与英德法不同，挪威是欧洲国家中比较典型的另一类存在。

　　高效和安全的支付系统是一个国家货币体系地位的基础。支付市场新的结构化的特征，如垂直整合、国际化、新的市场进入者和供应商集中度提高，都表明挪威央行必须评估自己将如何发挥作用。

　　支付市场的垂直整合让传统产品公司极大地延伸了在支付价值链上的影响力。支付系统的所有权越来越被国际资本所拥有，这引发了对支付系统不从挪威社会的最佳利益出发的担忧。

　　在挪威现有的支付体系中，大型银行间的支付要在央行单独结算，而银

---

① 挪威央行副行长 Jon Nicolaisen 先生在 2019 年 11 月 14 日奥斯陆挪威金融支付会议上的讲话。

行客户之间的结算需要先发送到清算所，然后再由央行结算银行头寸。从支付效率来看，更便宜和更安全的 IT 基础设施的发展以及其他国家在发展实时全天候支付结算方面的进展，都激励了挪威央行考虑建立一个中立平台和一组规则以支持所有类型的支付在央行可以直接实时结算。

当越来越多挪威的关键基础设施成为全球科技巨头的一部分，安全和国家治理与控制的问题就变得相关了。挪威的银行和私人金融基础设施提供商依赖于极少数 ICT 和数据中心提供商，这可能对一些具有系统重要性的机构形成挑战。挪威央行认为需要考虑对这种类型的 ICT 和数据中心的监管框架，需要测试它们的网络安全性和应急安排，并且识别哪些私营实体对基本的国家职能至关重要因此应受到《安全法》的约束。

全球很多国家都已经遭遇到金融基础设施日益依赖少数 ICT 和数据中心提供商的风险，这已经引起国际标准制定机构的高度关注。金融稳定理事会于2019 年 12 月 9 日发表的报告——《云服务中的第三方依赖关系：对金融稳定性的考虑》——认为云服务供应商可以显著提高个体机构的弹性，并允许它们更快速地扩张和更灵活地运营。规模经济也可能降低客户的成本。使用第三方服务供应商的金融机构可能会遇到一些问题，特别是在跨国界的情况下，并且与这些供应商潜在的集中度有关。报告认为，金融机构使用云服务似乎不会带来直接的金融稳定性风险，但有必要进一步讨论以评估：（1）外包安排的监管标准和监管实践是否充分；（2）在考虑金融机构使用的云服务时，它们之间是否有能力进行协调和合作，并可能在它们之间共享信息；以及（3）当前确保云环境中的互操作性和数据可移植性的标准化努力。中国央行的穆长春为两份报告贡献了中国案例。

类似 Libra 的全球稳定币是封闭的生态系统，虽然促进了创新并且改善了用户跨境支付的体验，但可能带来诸多风险，包括隐私、网络安全和金融稳定性等。对它们可能的应对方案是央行数字货币，它可以在银行系统中断时提供备份解决方案并有利于促进支付市场的竞争。

可以拿中国的支付体系和大型科技企业的创新与挪威或欧洲做一个比较。

中国的境内支付体系在全球都处于领先地位。第二代中国现代化支付系统（CNAPS）自 2013 年大额（实时）支付系统和小额支付系统（批量发送业务、定时清算轧差）全部投入运营。作为欧元体系中人民币 CNAPS 的对标物，TIPS 直到 2018 年 11 月才上线；作为美联储中 CNAPS 的对标物，FedNow 要到 2023 年或 2024 年才上线。此外，为满足人民币跨境支付和结算的需要，中国央行于 2018 年 5 月完成了人民币跨境支付系统的二期全面投产。

在支付的前端市场，中国市场从充分的市场竞争中诞生支付宝/蚂蚁金服和微信这样的科技巨头。它们不仅提供了几乎最好体验的移动支付服务，而且已经发展成为以 DNA 商业模式为核心的大型科技企业，能够提供广泛的金融和非金融服务。境外的支付巨头，例如 PayPal 也已经于 2019 年 9 月获得中国支付的牌照，这体现了中国金融对外开放和监管自信。

在蚂蚁金服和腾讯的发展过程中，中国监管机构也积累了针对大型科技企业（它们都是以支付服务切入和为核心）的监管经验。大型科技公司的发展对公共政策带来了数据隐私、公平竞争和金融稳定性等方面的挑战。中国央行对大型科技企业的监管经验或许对全球央行有借鉴意义。

蚂蚁金服和腾讯都是独立封闭的生态系统，以支付切入发展了完整的经济活动。它们利用其大数据和大数据分析擅长的优势，对其管理的货币市场基金的流动性模式进行分析和预测，可以有效管理流动性风险并将货币市场基金的余额作为一种支付工具，因此发展了数字货币业务。与传统以银行为中心的金融层级不同，它们发展出以支付业务为中心并延伸出资产管理、借贷、保险等金融服务的产业组织。它们事实上已成为信息寡头，垄断了通过其网络的数据价值，并且缺乏与其对等的网络平台的互操作性，制造了跨网络交易的壁垒，形成了市场割裂。中国央行要求它们发行的数字货币与法币的强制可兑换性降低了支付网络设置的交易障碍。中国央行通过切断银行与所有第三方支付服务商的通道并建立网联平台来负责非银行支付机构网络支付清算，因此削弱了它们垄断数据的权力并且为其他小的支付服务商创造了更公平的竞争环境。央行也将它们的备付金账户从商业银行收归央行、取消备付金利息并将备付金率要求从 20% 提升至 100%，因此消除了它们占用备付金利息的可能和挪用备付金（以为他途）带来的金融稳定性风险。央行还为单只货币基金每日提现设置了 10 000 元人民币的上限，有效缓解了货币市场基金（的余额作为支付工具）的流动性风险。当蚂蚁金服和腾讯的金融服务发展到相当规模之后，央行本着"同样的业务，同样的风险，同样的监管"的原则已经要求它们持有必要的金融牌照按照与传统金融企业对等的监管预期进行一致地监管。

　　总体来说，中国在支付技术、大型科技企业的数字货币创新以及对它们的有效监管，都显著领先于全球其他国家。

2019 年 11 月 29 日

2020 年 1 月 1 日更新

请读者扫描如下二维码阅读英文发言的中文译稿。

第三十章　金融科技和大型科技公司以及中央银行——利益冲突还是共同的使命？[①]

德国央行执委 Burkhard Balz 在发言中介绍了德国金融科技的概况，分析了大型科技公司带来的风险和对公共政策的影响。

德国的金融科技处于市场成熟阶段，这体现在两个方面。首先，从投资和投资方式来看：2019 年上半年德国金融科技投资激增，比 2018 年最后一个季度增长了近 80%，但投资不再多样化而是集中于几轮大型融资。其次，金融科技公司和现有企业之间的合作风险企业数量不断增加，这是一个双赢的结果。

Balz 认为大型科技公司以庞大用户基数、技术专长和财务资源，已经成为银行的重要竞争对手。它们在努力建设大型封闭生态系统，以免费的服务交换消费者宝贵的数据资源，并且主导了与消费者的客户关系使得银行面临脱媒的风险。大型科技公司也已经扩展到支付服务之外，甚至进入了银行业最核心地带——货币创造。作为应对，银行之间的合作正变得越来越重要，欧洲银行业作为一个整体能为客户提供有吸引力的解决方案时，欧洲的银行才有生存能力。

[①] 2019 年 11 月 11 日，德国联邦银行（即德国央行）执行委员会成员 Burkhard Balz 先生在德国驻新加坡大使馆发表演讲。

Balz 认为大型科技公司为公共政策带来了诸多挑战，例如公平竞争等。但监管需要本着"同样的业务，同样的风险，同样的监管"的原则对它们进行监管。

作为对比，笔者希望对比一下中国与德国的大型科技公司的发展和监管。

如果让 Balz 来中国央行担任周小川或易纲的工作，他可能会觉得在德国央行的工作太简单。中国大型科技公司在金融服务领域的商业模式迭代和演进速度，针对它们监管的深度和广度，都是冠绝全球。蚂蚁金服和腾讯已经成为全球大型科技企业最典型的代表。它们的发展历程除去自身的庞大用户基数、品牌、巨大的技术和财务优势之外，还与中国单一市场优势和 2008 年全球金融危机（GFC）后中国宏观经济和金融的相对稳定的优势密不可分。

德国（甚至扩大到欧洲）在互联网时代最大的遗憾就是未能形成本土的大型互联网企业，这与欧洲"看似单一实则割裂"的市场有关，因此目前欧洲移动互联网的搜索、电商、社交、内容等巨头无一例外都是美国企业，它们因此也是欧洲在这一轮数字潮中最为忌惮的对象。在中国，支付宝（蚂蚁金服集团的前身）为解决电商业务中可信第三方的问题切入了第三方支付，并且建立了与中国几乎所有重要银行进行直连的私有网络平台。支付是这个网络平台的核心，连接了平台上所有的经济活动，而这些经济活动也产生了新的数据，因此支付宝网络平台能够垄断通过平台的全部数据。基于这些大数据以及支付宝的大数据处理经验[①]，支付宝网络能够为用户提供更定制化的产品，因此吸引更多用户进入支付宝网络。支付宝于 2013 年推出了货币市场基金余额宝。这并非首创，美国的 Paypal 早在 1999 年就推出了美国版的"余额宝"，并且在 2007 年最高峰的时候达到 10 亿美元的规模，但最终在 2011 年宣布关闭。这里最重要的原因是 GFC 之后美联储实施了三轮大规模的量化宽松政策导致超

[①] 蚂蚁金服已经建设了多项具有世界领先水平的数据库平台，其中金融级别分布式数据库 OceanBase 在 2019 年 10 月刷新了 TPC-C 世界纪录。

low利率政策，接近零利率的政策一直延续到 2015 年。货币市场基金本质上是集合零售储蓄资金到银行间市场进行套利的投资行为。当银行间市场的利率长期接近零，这种套利机制就失效，因此导致货币市场基金获利困难或经营亏损。GFC 之后，中国的宏观经济和金融一枝独秀，银行间市场的资金利率一直在 4% 以上，直到最近两年才有所回落到 2% 附近。因此余额宝能够为投资者创造稳定的收益。余额宝也因此惊人地发展成为世界上最大的货币市场基金，超过 10 000 亿元人民币规模。支付宝利用其大数据和擅长大数据分析的优势，对其管理的货币市场基金的流动性模式进行分析和预测，因此可以有效管理流动性风险并将货币市场基金的余额作为一种支付工具。它因此发展了数字货币业务。在余额宝发展货币市场基金和支付（实质上是人民币数字货币）业务过程中，这不可避免触碰到传统银行的利益。但中国监管机构非常有智慧地给予了余额宝一定的"宽限期"，这让它有机会巩固其优势并发展成为以 DNA 商业模式为核心的大型科技巨头。因此中国科技巨头的形成与中国宏观经济的优势和监管智慧有密切关系。

支付宝 / 蚂蚁金服和微信能够提供广泛的金融和非金融服务。大型科技公司的发展对公共政策带来了数据隐私、公平竞争和金融稳定性等方面的挑战。中国央行对大型科技企业的监管经验或许对全球央行有借鉴意义。

蚂蚁金服和腾讯都是独立封闭的生态系统，以支付切入发展了完整的经济活动，它们的移动支付已经占到中国 GDP 的 16%。与传统以银行为中心的金融层级不同，它们发展出以支付业务为中心并延伸出资产管理、借贷、保险等金融服务的产业组织。它们事实上已成为信息寡头，垄断了通过其网络的数据价值，并且缺乏与其对等的网络平台的互操作性，制造了跨网络交易的壁垒，形成了市场割裂。中国央行要求它们发行的数字货币与法币的强制可兑换性降低了支付网络设置的交易障碍。中国央行通过切断银行与所有第三方支付服务商的通道并建立网联平台来负责非银行支付机构网络支付清算，因此削弱了它们垄断数据的权力并且为其他小的支付服务商创造了更公平的竞争环境。央行也将它们的备付金账户从商业银行收归央行、取消备付金利息并将备付金率要求从最初的 10% 提升至 100%，因此消除了它们占用备付金利息的可能和挪用备付金（以为他途）带来的金融稳定性风险。央行还为单只货币基金每日提现设置了 10 000 元人民币的上限，有效缓解了货币市场基金（的余额作为支付工具）的流动性风险。当蚂蚁金服和腾讯的金融服务发展到相当规模之后，央行本着"同样的业务，同样的风险，同样的监管"的原则已经要求它们持有必要的金融牌照按照与传统金融企业对等的监管预期进行一致地监管。

相比较对大型科技企业的监管，中国对其他金融科技领域的监管，如 P2P 和加密资产行业等，就显得相对简单、直接和粗暴。要么忽视金融风险，让行业如脱缰野马狂奔，造成一地鸡毛后再来一刀切，把"脏水和孩子"一并全倒掉（例如针对 P2P 金融）；要么一竿子打死，不给予任何发展空间，在发现行业潜力之后又给予"超礼遇"。从业者如坐过山车，时而浪底时而峰顶，不清楚自己是匪徒还是先锋。因此中国监管需要给从业者一个确定和可预测的环境，并且各个公共部门之间也应加强沟通和协作，形成一致和协调的监管框架。

2019 年 12 月 3 日

请读者扫描二维码阅读英文发言的中文译稿。

第三十一章 走向明天的零售支付
——欧洲的战略 [①]

欧洲央行执委 Benoît Cœuré 在本文中表达了欧洲金融精英群体对欧洲支付系统自主性的忧虑以及应对措施——欧元体系零售支付战略，该项战略的核心是市场化的泛欧零售支付解决方案。

虽然欧洲在单一市场和货币联盟方面已经取得重要进展，但针对零售支付市场，仍然缺乏欧洲解决方案。这是因为缺乏泛欧行事的方式，国家碎片化，以及（非欧洲的）大型科技公司以创建单独的新的支付生态的方式来满足消费者日益增长的跨境支付的需求。

完全依赖非欧洲的和新的生态系统可能带来两种风险。第一，全球稳定币带来的未经验证的性质的风险。第二，可能损害欧洲支付系统自主性和弹性。依赖非欧洲的全球参与者，使得欧洲支付市场更容易受到外部干扰。拥有全球市场力量的服务提供商（以 Apple、Googlge、Facebook 和 Amazon 等为代表的全球大型科技企业）不一定会从欧洲利益相关者最佳利益出发。其他国家的货币力量不会从欧盟的最佳利益出发，甚至被用来对付欧盟。

[①] 欧洲央行执委 Benoît Cœuré 先生在 2019 年 11 月 26 日于布鲁塞尔举行的欧洲中央银行和比利时国家银行联席会议上就"跨越明天的零售支付的鸿沟"的讲话。

美元货币体系被用作对付欧洲，这不是风险，而已经成为了现实。SWIFT
已经成为美国挥动制裁大棒并且玩弄"长臂管辖"的利器，甚至被用来对付
美国的盟友。美国已经威胁要通过切断 SWIFT 连接来制裁仍与伊朗保持贸易
关系的欧洲公司。欧洲的国家包括英国、德国和法国已经开始与伊朗建立一
个独立的支付体系①以规避美国对伊朗以及与伊朗保持贸易关系的欧洲公司的
制裁。

Cœuré 认为应对这些风险的唯一有效对策是欧洲银行合力提供既反映消
费者需求又加强单一市场的支付解决方案，因此欧洲央行理事会已经决定积极
推动零售支付的泛欧市场举措。这些举措必须实现五个关键目标：泛欧覆盖和
客户体验；方便且经济高效；安全和保障；欧洲身份认同和治理；全球认可。
欧元体系零售支付战略的核心是泛欧的市场化支付解决方案。

笔者认为，欧洲实施零售支付战略的挑战有两点——全球大型科技公司的
挑战和欧盟国家的碎片化。欧洲最佳应对方式应该是巩固和扩大欧元贸易结算
量和发行零售的欧元央行数字货币，但欧洲金融精英因为希望保护商业银行利
益而选择自断手臂放弃了零售 CBDC 方案。

欧洲一直没能形成本土的大型互联网企业，因此当全球大型科技企业携
庞大用户基数和多样化的经济活动的生态系统进入支付和更广泛的金融服务领
域时，欧洲几乎无力抵抗。虽然单一的欧洲支付方案能够提供给消费者全球一
致的支付体验，满足其对支付快捷、低成本、安全、易用的需要，但与大型科
技企业的 DNA 商业模式相比，几无胜算。DNA 商业模式的关键特征是数据分
析（Data Analytics）、网络外部性（Network Externalities）和紧密结合的（经济）
活动（Interwove Activities）。这三种元素互相增强：网络外部性为用户带来更
多用户和更多价值，反过来又允许大型科技公司生成更多数据，这有助于增强

① 贸易结算支持机制（INSTEX），欧洲—伊朗结算机制的创始股东包括法国、德国和英国，2019
年 12 月，比利时、丹麦、芬兰、挪威、荷兰和瑞典也宣布加入。欧盟已经表示欢迎中国和
俄罗斯加入 INSTEX。

现有服务并吸引更多用户。与大型科技公司相比，欧洲银行（特别是单个银行）拥有的客户基数小得多，提供的服务类型（经济活动）局限于传统金融服务，缺乏大数据和大数据处理经验。银行在利用数据、网络外部性和紧密结合的活动之间的反馈循环方面远不如大型科技公司有效。银行与大型科技公司在提供金融服务方面的竞争力差异还体现在后者的增长已经对金融服务业的行业组织产生更深远的影响。金融等级制度正在逆转，银行从传统金融系统的中心正在降级为从属于大型科技公司提供的支付服务，中国的蚂蚁金服和腾讯已经表现出这种特征。

欧洲国家的碎片化可能削弱欧洲实施零售支付战略的效果。这体现在两个层面。首先，统一的支付解决方案的欧洲利益相关者是碎片化的欧洲银行业，作为对比，大型科技公司的支付解决方案背后是一个强大的网络平台和一个经济生态系统。其次，单一欧洲市场实际非常碎片化。Cœuré 在《国际货币和金融体系面临的数字挑战》的发言中指出："尽管 20 年前创立了单一货币，但欧元区的跨境电子商务并未起飞。国内偏见依然强烈。只有三分之一的欧洲电商购物者从其他欧盟国家的卖家购买商品。大约 40% 的欧洲网站不向其他成员国的消费者销售，而近 80% 的在线销售是国内的。"Cœuré 继续说："将新货币（如 Libra）连接到现有网络可能比在现有货币（欧元）上构建新网络更容易。很少有零售商将欧元的引入视为围绕欧元建立泛欧网络的机会。"无论是否使用欧元，单一服务市场仍然不完整。

为巩固欧洲支付系统的自主性，欧洲首要任务是巩固和扩大以欧元结算的贸易计算量。2018 年，美国和欧盟分别占全球贸易总量 10% 和 11%，但美元和欧元结算的全球贸易量分别为 50% 和 30%。欧洲贡献了相当额度的美元计价贸易量（即使贸易双方与美国都没有关系）。欧盟委员会前主席容克曾表示，欧洲每年进口价值 3000 亿欧元的能源，但却要用美元支付 80% 的订单，这十分荒唐。任何一种国际货币的地位都是先以其支付的贸易总量来衡量的。

欧洲央行也应该像中国央行坚决地发展央行数字货币以增强人民币国际化的潜力一样，抵御类似 Libra 全球稳定币对自己货币主权的侵蚀[①]。德国和法国央行的高官出奇一致地表示，目前欧洲央行会考虑发展批发央行数字货币，但对零售央行数字货币[②]持审慎态度。法国央行第一副行长 Denis Beau 表示，"在欧元区范围内推动零售 CBDC 的"商业案例"有点薄弱"。德国央行执委 Johannes Beermann 指出"对于发展至今的家庭、商业银行和中央银行之间的经济关系而言，零售形式可能意味着一种范式转变"。这里本质的原因是零售 CBDC 意味着央行削弱商业银行创造货币的权力，"批发形式是对现有结构的改进，但它对货币政策的影响很小或根本没有影响"。这解释了为什么德法的财政高官强烈呼吁"欧洲发行自己的央行数字货币"，而央行官员（不管是欧洲央行还是成员国央行）反馈并不积极。

因此欧洲所谓的零售支付战略，只是在面临全球大型科技公司在跨境支付和数字货币创新带来的挑战时，欧洲金融精英的权宜之策——丧失（主权政府的）货币主权和零售支付的阵地，还是从商业银行回收一部分铸币权给"央行"（政府）以增强抵御其他货币对其主权的侵蚀。欧洲金融精英做了与他们的中国同行们截然不同的选择，这种选择是有理由的。超主权的欧盟的成立基础是反国家意识和削弱成员国主权，欧洲的银行背后更是一群没有国家意识的精英们。在面临这种挑战的时候，自然的选择是维持银行手中的"铸币权"要高于去维护在他们意识中一直淡薄甚至不存在的国家（货币）主权。这也解释了欧洲央行高官对 Libra 暗许态度的理由。Cœuré 在 10 月份接受布隆伯格采访时表示，"全球金融监管机构没有计划禁止 Facebook Libra 或其他稳定币，但这些以官方货币为支撑的数字货币必须符合最高的监管标准"。

[①] 提出"数字货币区"概念的 Markus K. Brunnermeier 等人的文章指出，对抗数字美元化的最佳防御措施可能是各国通过创建 CBDC 以数字形式发行本国货币。此处不详细展开发行 CBDC 能增强货币国际化能力的理由。

[②] 零售央行数字货币是指向非银行用户开放的央行数字货币。

推崇反国家意识、缺乏主权理念，欧洲金融精英的选择，令人意外又如此合情合理！

2019 年 11 月 29 日

请读者扫描如下二维码阅读英文发言的中文译稿。

第三十二章　现代金融科技的风险与收益，源自 17 世纪的教训 ①

　　荷兰银行总裁 Klaas Knot 先生于 2019 年 12 月 2 日在阿姆斯特丹召开的 RiskMinds 国际研讨会第一天"风险监管峰会"上，以阿姆斯特丹银行货币治理失败的历史教训为例，讨论了现代金融科技的风险与收益。阿姆斯特丹银行作为存款和支付银行成立，在长达 170 年的时间内拥有绝对安全的资产负债表，但 18 世纪 70 年代后期在服务客户时不时偏离其章程——通过透支向市场参与者提供流动性援助。储备资产的质量逐渐消失，到 1795 年因挤兑破产时其金属库存仅有 25%。该银行对现代的经验教训是：金融创新和风险管理是所有时代的共同点；私人发行稳定币存在根本悖论——要求完全储备以建立信任，但也限制了清算流动性。现代金融科技的收益有：在传统金融机构可能忽视的领域出现商机，为新进入者开辟了道路；为社会福祉和福利带来巨大潜力；消费者从中受益。金融科技活动仍然需要承受传统风险，如流动性错配、潜在的挤兑、投机泡沫、公司达到足够规模后形成系统重要性等。金融科技的风险和收益之间面临复杂均衡：技术本身目前并不对金融稳定性造成重大风险，但大型科技公司进入金融服务领域可能对金融稳定性带来风险。

　　BIS 和荷兰银行近期将发布一篇论文以阿姆斯特丹银行（1609—1820 年）

---

① 荷兰银行总裁 Klaas Knot 先生于 2019 年 12 月 2 日在阿姆斯特丹召开的 RiskMinds 国际研讨会第一天"风险监管峰会"上的演讲。

为例来分析银行货币治理失败的原因。

阿姆斯特丹银行是作为存款和支付银行成立的，它为储户提供基于账户的货币。商人向银行支付金币，银行发行由这些硬币支持的存款。反过来，这些存款可用于支付和结清财务索赔。

在基于账户的货币的创建和管理方式上，阿姆斯特丹银行与"稳定币"十分相似。存款的价值由资产支持来维持。因此，基于账户的货币不仅可作为账户单位和支付手段，而且可以作为价值存储。170年来，非常成功的阿姆斯特丹银行拥有绝对安全的资产负债表，负债几乎完全由金属库存支撑。该行的良好声誉使该银行在通过透支向市场参与者提供流动性援助时，不时偏离其章程。然而，在18世纪70年代后期，它向最大的客户荷兰东印度公司的贷款越来越多，从而进一步偏离了章程。随着其信誉的逐渐消失，以及其（储备）支持的质量（金属库存接近50%）逐渐消失，公众对其基于账户的货币的信任也逐渐消失。结果1795年的挤兑导致银行崩溃（金属库存接近25%）。

阿姆斯特丹银行的历史在目前关于稳定币的争论中引起强烈反响。教训是，良好的治理至关重要。治理不仅仅是宪章的条文，而且必须足够强大以抵制可能破坏宪章的力量。即使一种稳定币由非营利实体经营，其长期可持续性仍然受到其治理安排的信誉和范围的限制，特别是在其资产支持、储备管理等方面。Benoît Cœuré 领衔完成的《G7报告》中列举了稳定币带来的法律和监管的挑战，包括法律方面的明确性、健全地治理、反洗钱 / 反恐融资 / 反大规模杀伤性武器扩散融资、市场诚信等，交易对手风险以及在需要时谁将提供流动性和援助，也是稳定币可持续性的关键因素。

近期即将卸任的瑞士联邦主席兼财政部长 Ueli Maurer 表示，Libra 目前的设计"没有机会"，因为央行不会接受基于一篮子资产来支持发行稳定币并稳定其价值的方案。Libra 协会负责人在2019年10月已经表示将简化其设计——从挂钩—篮子资产修改为挂钩单一法币。相应地，Libra 的储备管理机制可能从最初类似货币市场基金的管理方式转变为简单的法币存托模型。这有助于提升 Libra 的法律明确性、加强其治理并降低金融稳定性风险。一般地，货币市场基金的收益率会显著高于银行存款。因此 Libra 变更储备管理机制后，其盈利能力将被严重削弱。这可能解释了为什么 Libra 协会近期修改白皮书，删除了"向 Libra 协会成员支付分红"的描述。

阿姆斯特丹银行货币治理失败的案例的经验教训有：

首先，金融创新是所有时代的共同点，所以，金融风险也是如此。充分地风险管理、完善地治理、金融监管、存款保险、危机管理——所有这些都是维护金融体系信心的必要条件。

其次，这一事件指出了私人发行稳定币的根本悖论。要求完全的（储备）支持可以建立信任，但也意味着有限的清算流动性。需要信贷来"推动"，尤其是在批发支付方面。因此，稳定币的发行人可能有动机开始放贷，但是这样做与他们既定的目标背道而驰。

现代金融科技的收益：（1）与大数据、人工智能、分布式账本和算力等相关的技术不断演进，指数级地提升了金融科技的采纳率。在传统金融机构可能忽视的领域中出现了商机，为新进入者开辟了道路。（2）金融科技为社会福祉和福利带来了巨大潜力，特别是在发展中国家。（3）在发达经济体中，消费者也将从中受益。

尽管具有创新特性，金融科技活动仍然要承受传统风险。类似吸收存款的行为仍会遭受流动性错配和潜在的挤兑。新的金融资产仍可能遭受投机泡沫。早期加密资产，例如比特币，表现出极大的价格波动性。如果公司达到足够大的规模，那么它们仍有潜力变得具有系统重要性。某些大型科技公司以数据驱动的商业模型尤其能够产生强大的和自我增强的网络效应。新的互联形式仍然可以跨越机构和市场传递冲击。例如，外包将增加价值链的复杂性，并增加新形式的集中度风险，因为第三方承担的角色可能具有系统重要性。另外，针对金融机构和市场基础设施层的高级网络攻击，可能会导致金融体系的不稳定。

如何看待金融科技的风险与收益的均衡？

至少到目前为止，技术本身似乎并没有对于金融稳定性造成重大风险。与在全球拥有 382 万亿美元资产的现有金融体系相比，金融科技活动仍然微不足道。新的金融科技商业模式很少带来大型的风险转移。与此同时，尽管引入全球稳定币会带来许多挑战，但鉴于加密资产市值有限，加密资产目前不会对金融稳定构成威胁。

大型科技公司（具有成熟技术平台的大公司）进入金融服务，可以显著提升创新的规模和步伐。大型科技公司有能力通过一些比较优势迅速扩大规模。这些优势包括他们已建立的庞大的全球客户群、品牌认知、专有的客户数据，以及最先进的技术。

在某些新兴市场和发展中经济体，大型科技公司已覆盖了一大批之前无银行账户的人群。例如，大型移动支付公司占中国 GDP 的 16%。从那里开始，它们逐步扩大了服务范围，例如借贷、保险和资产管理。

大型科技公司在欧洲支付市场上不仅为零售客户提供服务，还为金融机构提供云服务。因此，大型科技公司进入金融服务价值链的两端，可能给金融稳定带来比金融科技公司更大的风险。

金融稳定理事会（FSB）于 2019 年 12 月 9 日发布的报告——《金融业中的大型科技公司：市场发展和潜在的金融稳定影响》——承认大型科技公司进入金融业有诸多好处，包括在提供金融服务方面有可能实现更大的创新、多样性和效率，以及促进金融包容——尤其是在新兴市场和发展中经济体——并帮助中小企业访问金融市场，但也可能对金融稳定构成风险，例如源于杠杆、期限错配和流动性错配的风险，以及操作风险。

2020 年 1 月 1 日

请读者扫描如下二维码阅读英文发言的中文译稿。

第三十三章　美国针对加密货币的监管和方法 ①

纽约联储法律组执行副总裁 Michael Held 在发言中重点介绍了美国针对私人发行的数字货币的监管格局，称美国政策制定者和监管机构尚未制定出监管私人数字货币的总体框架。虽然各家联邦监管机构都表现出将现有监督工具用于数字货币的意愿，但监管效果一部分取决于数字货币的功能使用，一部分取决于有权监督数字货币的各种立法者和监管机构的优先事项。这里存在的挑战有，数字货币的资产类别（商品、证券或货币）的边界模糊；各州方法有不一致处理的风险，可能有对许可标准进行"底线竞速"的风险；联邦银行监管机构对数字货币的发行、持有和转移等活动的可准许性基本上保持沉默。

Held 首先回顾了美国历史上私人发行货币的历史——自由银行时代。各州的自由银行可以发行可兑换为黄金或白银的银行券。这些银行券是可转让债务，由发行它们的银行的一般信誉来支持，再加上债券、房地产抵押等资产提供支持。但自由银行缺乏管制，美国当时也缺乏联邦银行监管机构，因此自由银行时代是混乱的——各州甚至不确定建立了多少家银行；一些银行发行银行券也没打算赎回它们；各州对支持银行券的资产估价要求各不相同，并且银行从事投机活动。一些自由银行被设立在仅有野猫出没的地方，被称为

---

① 纽约联邦储备银行法律组执行副总裁 Michael Held 先生于 2019 年 12 月 3 日在巴塞尔的国际清算银行央行法律专家会议上的发言。

"野猫银行"。

后来《国家银行法》授权建立可以发行国家银行券的国家银行。国家银行券普遍由联邦政府债券和其他货币存款支持。《国家银行法》还引入了美国银行与商业之间的区分，这种区分本可以消除自由银行时代某些投机性较高的银行活动。联邦干预和更严格的监管意味着国家银行及其钞票比其"野猫"前辈更加安全、更具交换性。美国过渡到国家银行券。数十年后，联邦储备系统的建立，意味着美国几十年来私人货币的整体消亡。

Held 认为当今的数字货币与"野猫时代"发行的银行券之间存在某些相似之处——数字货币是在缺乏完善的监管体系的情况下发展起来的，并且存在无数种数字货币，有无数的特质，有无数不同质量的实体可以发行它们。

各家联邦监管机构都表现出将现有监管工具应用于数字货币的意愿。但是，政策制定者和监管者仍在监测数字货币的发展，尚未完全制定出一致的政策应对措施。数字货币可以落入多种类别：商品、证券或其他工具。如何对数字货币进行分类，一部分取决于数字货币的功能使用，另一部分取决于有权监管数字货币的各种立法者和监管机构的优先事项。数字货币的资产类别（商品、证券或货币）的边界也很模糊。

金融犯罪执法网络（FinCEN）是美国负责执行美国反洗钱法律的主要机构，也是美国最早发布数字货币指南的机构之一。FinCEN 要求任何从事数字货币转移或交换业务的人都必须遵守 FinCEN 的要求，以建立一个反洗钱计划，其中包括记录保存、报告以及客户识别和验证要求。

监管证券的联邦机构证券交易委员会（SEC）认为："结合了功能和营销努力的代币和产品，强调了基于他人创业的或管理的努力而带来的潜在利润，继续体现出美国法律规定的证券特征。"在 2018 年，SEC 工作人员发布了指南，以阐明以数字资产（即数字资产证券）进行交易的交易所、投资工具、投资顾问和交易商将受到证券法的约束。

作为联邦监管工作中持有和转移资金的重点，银行基本上没有参与持有、转移或发行数字货币的活动，美国的联邦银行监管机构对这些活动的可允许性基本上保持沉默。货币审计署（OCC）试图制定一项特殊目的的章程，即所谓的"金融科技章程"，大概是将其中一些活动纳入 OCC 的监管范围。但此后，OCC 一直就签发这些特殊用途章程陷入与美国各州的诉讼中，这些州希望根据当地法律对这些活动进行许可。

美国各州已开始采纳数字货币业务的法律和法规，但是州一级的方法很少进行协调。这突出表明，州与州之间的方法既有不一致处理的风险，也有可能对许可标准进行"底线竞速"的风险，这可能使人联想到"野猫时代"。各州在制定合理规则时将面临的挑战只会在数字货币方面得到放大，因为数字货币往往是跨境运作的。

Held 认为在运用从过去到现代的经验教训时，前进的道路可能是在确定更广泛的监管方案是否明智时考虑以下问题：

第一，应授权谁担任数字货币的发行人或担任可以代表持有人持有或转让数字货币的中介的角色？并且，现有法规是否足以覆盖每个问题？如果不是，我们是否应考虑从审慎监管角度扩大监管范围，以解决每个问题？这样做将为我们提供一种途径以解决对持有人或整个系统构成的每项风险。

第二，从监管或政策角度来看，数字货币是否具有某些合意或不可取的功能？如果是这样，我们应该采取一些限制或激励措施来避免类似"野猫时代"的景观再次出现。至少我们应该瞄准使某些基本特征变得清晰，例如，使数字货币持有人的权利以及支持数字货币的资产的性质变得清晰。

第三，是否有关键活动是数字货币功能的基础，需要监管机构特别关注？

这些可能包括创建、分发、销毁或转移数字货币的动作，还可能包括关键基础设施，例如支撑特定数字货币的技术。如果这些关键活动是由不在监管范围内的行动者执行的，那么我们是否应填补这一潜在的监督空白？

第四，我们是否应该就完善的监管方法至少在某些方面达成跨辖区的共同方法？数字货币可以被设计为跨境使用。关键参与方可能遍布全球。如果我们要达到监管的普遍性，或者至少接近这个目标，可以通过协调来做到这一点。金融稳定理事会和巴塞尔银行监管委员会可能会解决其中一些问题，但要知道他们的结论为时尚早。

第五，我们是否应该考虑其他视角来审查这些活动？常识使我们从一个方法开始，这个方法会考虑保护数字货币持有人免受不公平损失和考虑某些数字货币可能对金融稳定构成风险。还有其他要考虑的因素吗？

还应该考虑一些更基本的问题：（1）最实用的方法是什么？（2）哪种方法可以使我们在功能性监管和基于风险的监管之间取得适当的平衡？（3）哪种方法对技术变革最为中性？（4）哪种方法最大程度地提供了清晰度（承认每种模型都会存在缺陷）？（5）什么样的方法将持续到下一个创新周期？

Held 发言两周后，12 月 19 日《福布斯》文章称美国国会正在起草和讨论《2020 加密货币法案》，法案初步审核内容将数字资产分为三类，并将数字资产的监管权按三种类别——加密货币、加密商品和加密证券——分别分配给金融犯罪执法网络、商品期货交易委员会和证券交易委员会。设计的监管方案缺乏跨部门协调、美联储作为最适当的监管者"可耻"地保持沉默，这体现了美国国内针对数字货币行业强大的监管游说力量。

2020 年 1 月 1 日

请读者扫描如下二维码阅读英文发言的中文译稿。

第三十四章　单一货币：未完成的议程 [1]

　　欧洲央行执委 Benoît Cœuré 先生在发言中指出，欧洲央行既需要加强体制框架以使货币联盟更具弹性，也需要实施正确的政策以提高经济的增长潜力。发言中阐述了"欧元区的三道防线"：（1）要完善单一市场，特别是服务业，促进资源有效分配和成立资本市场联盟。（2）建设可持续和促进增长的财政政策。有财政空间的国家应该利用它来促进投资。债务高企的国家应调整其政策，以便在将来重新获得财政空间，从而限制他们对邻国带来的风险。所有国家都可以提高支出质量。（3）加强有效的区域工具包——统一存款保险计划、共同的财政能力和共同的安全资产。Cœuré 以直截了当的方式道出了欧洲央行权力核心的政治诉求——获得欧元区成员国财政政策的权力。当作为经济与货币联盟的欧元区的成员国政府，将自身的财政权力从民选政府移交到未经选举的欧洲央行技术官僚手中时，欧洲央行将成功地实现经济、货币和财政联盟的政治目标。在已经移交了外交权力（到欧盟政府）、军事权力（到北约）、货币和财政权力（到欧洲央行）以后，成员国政府还剩下什么？将会扮演什么角色？最可能的结果是变成一场财政战争中代表金融征服者来对付本国人民。理解这些逻辑有助于理解国际货币和金融体系格局，以及欧洲央行在面临数字货币革命时的应对策略。

---

[1] 2019 年 12 月 3 日欧洲央行执行委员会成员 Benoît Cœuré 先生在布鲁塞尔欧洲央行代表处的讲话。

Cœuré 认为，2011 年的欧洲主权债务危机的部分代价反映了危机之前和期间所犯的政策错误，以及对欧盟的经济和货币联盟（EMU）设计缺陷的迟迟认识。欧元区的失业率实际上已降至危机前的水平。工资正以 10 多年来最快的速度增长。在这些成就的基础上，ECB 已成功地保护了单一货币的完整性，克服了金融碎片化问题，使经济走上了复苏之路。

Cœuré 指出欧元区的架构仍然无法抵御危机。这里面临诸多挑战，如：在公共债务高得令人无法接受的国家，经济增长周期性太弱以致无法完全恢复财政空间。而生产力增长是支撑生活水平和社会安全网的主要组成部分，在许多成员国中仍然很低。潜在的增长乏力和高债务的组合在一个具有分散的财政政策和金融市场整合不足的货币联盟中是有害的。这意味着针对特定国家的冲击仍然是整个欧元区不稳定的潜在根源。它削弱了对进一步一体化的政治支持。这意味着面对不利冲击，单一货币政策必须承担宏观经济稳定的重担。

新的欧洲议会和委员会的到来提供了一个重要的机会，可以更加果断地解决剩余的漏洞，重新确定重点并相应地采取行动。Cœuré 指出，ECB 既需要加强体制框架以使其货币联盟更具弹性，也需要实施正确的政策以提高其经济的增长潜力。

Cœuré 认为，灵活和富有活力的市场是欧元区的第一道防线。它们是开启持续生产率增长的关键，从而使货币政策更快地正常化。它们还减少了对宏观经济稳定的需求，并遏制了有关危机管理的争议性辩论。第二道防线涉及可持续和促进增长的财政政策。有财政空间的国家应该利用它来促进投资。债务高企的国家应调整其政策，以便在将来重新获得财政空间，从而限制它们对邻国带来的风险。所有国家都可以提高支出质量。第三道防线涉及加强欧元区的共同工具包——涉及新的政策工具。如果冲击太大而无法被市场或国家财政政策吸收，则需要新的政策工具来保护货币联盟的稳定。新的政策工具还提供一个防止贫困和社会排斥的安全网。

第一道防线：整合和灵活的市场。

欧元区国家商业环境不那么友好，导致欧洲的商业活力很弱。低商业活力助长并加剧了欧元区企业间资源的错误配置。越来越多的资本集中在生产率较低的企业。疏通创新渠道要求改善市场在国家内部和国家之间分配资源的方式。因此，Cœuré 认为有三个方面需要特别注意。

有效分配资源。

首先，需要减少公司面临的进入壁垒，尤其是在服务行业，需要提高破产框架的质量。ECB 的经济治理框架——欧洲学期——有效地通报和交换了对经济的看法。但是成员国没有说到做到。宏观经济失衡程序始终缺乏切入点，2018 年针对欧元区国家的建议没有一项得到充分落实。在这方面，国家生产力委员会是可以加强欧洲学期讨论的有益补充。

完善单一市场。

其次，我们必须更好地利用单一市场提供的规模经济。完成单一市场方面缺乏进展，现在这阻碍了经济与货币联盟的深化。最初建立单一市场时考虑到商品的自由跨境贸易。但自那以后，欧元区经济结构发生了根本变化。如今，服务业占欧洲就业的 75% 以上，而 1970 年是 45%。随着增值和就业从制造业转向服务业，作为增长引擎的单一市场日益失去吸引力。尽管有一揽子服务，但仍有 5 000 项国家法规保护各成员国提供不同类型的服务。这些障碍阻碍了欧洲服务公司实现规模和盈利。碎片化使竞争缺失长期存在，并阻碍了围绕效率最高的公司的健康整合。因此，完善单一市场，特别是针对服务业，是 ECB 努力提振疲软的生产力增长的核心支柱。

成立资本市场联盟。

最后，如果公司要扩张和成长，ECB 需要扩大和深化可用于生产性投资的资金组合。欧元区的公司主要依靠银行贷款为其债务融资。这引起了两个广泛的关注。首先是欧元区 80% 以上的银行贷款仍然是国内贷款。这限制了对良好信用的竞争，并加剧了主权信用和银行信用之间的恶性循环，ECB 未能根除这种恶性循环。其次，银行常常不愿为抵押品价值难以量化的无形资产提供资金，或为未来付款流高度不确定的新型可持续技术提供资金。欧元区的资本市场必须变得更深，同时，对于初创企业和中小型企业来说，必须更容易进入。实现真正的一体化资本市场是面对巨大的全球挑战（例如气候变化或数字化）时找到所需的集体对策的唯一方法。迫切需要资本市场联盟的另一个原因是，资本市场有助于各国更好地分担经济风险。例如，在美国，对一个州的 GDP 的冲击有 70% 是由金融市场缓冲的，而在欧元区，这一比例接近 20%。资本市场联盟可以极大地帮助分散并降低风险。

第二道防线：健全的国家财政政策。

国家财政政策在货币联盟中扮演着两个关键角色。首先是支持融合、增长和资源的有效分配。但是，在许多欧元区国家，特别是针对低收入者和次要收入者的劳动税楔子 ① 仍然过高，抑制了劳动力的供求。通过将税收从劳动力转移到环境外部性或财产上，许多欧元区国家有空间以税收中性的方式减少其税收体系的扭曲影响。这种国家的努力应辅以更紧密的税收合作。在欧盟一级商定并执行资本收入的最低税率，将有助于各国重新获得减少劳动所得税的空间，从而促进就业增长。

支持增长还意味着更加明智地支出。欧元区的公共投资从 2009 年的 GDP 的 3.7% 下降到 2018 年的 2.7%。与此同时，包括学校、医院和道路在内的大部分公共基础设施都迫切需要维修和现代化。财政政策在货币联盟中的第二个作用与稳定和弹性有关。在繁荣时期，建立足够的财政缓冲以应对经济衰退的

---

① Tax wedge, 即税收楔子，是指政府税收在供求关系曲线之间打入一个"楔子"使得供应和需求曲线的交点偏移导致无谓的社会总收益减少。

必要性被忽略了。在经济不景气的时候，它会放大顺周期性。而且，即使在最近几年，欧元区的总体财政立场被大体认为是适当的，它在各个国家之间的分配也是错误的。有财政空间的国家没有使用它，没有财政空间的国家正在尝试发明一些。

第三道防线：有效的区域性工具。

危机表明，系统性冲击可能超出国家财政预算提供的有效稳定的能力。欧洲稳定机制（ESM）在运作上取得了巨大的成功。但是，ESM 应该能够通过以合格多数决定在危机中采取果断行动，并且应该根据共同体法律对欧洲人民负责——这两项目标在当前改革提案中没有涉及。ECB 缺少的是三个相辅相成的工具——共同的欧洲存款保险计划和加强解决框架、共同的财政能力和共同的安全资产。

Cœuré 以直截了当的方式道出了欧洲央行权力核心的政治诉求——要求欧元区成员国财政政策的权力。给出的理由似乎也符合逻辑——2011 年欧洲主权债务危机的经验教训。虽然欧洲央行已经"成功使经济走上复苏之路"，但欧元区的架构仍然无法抵御危机。这里的挑战是"潜在的增长乏力和高债务的组合在一个具有分散的财政政策和金融市场整合不足的货币联盟中是有害的"，因此"单一货币政策必须承担宏观经济稳定的重担"。

从政治和经济层面评价欧盟和欧元区是一件超出笔者能力的任务，但笔者尝试给出一些线索启发读者的思考。

最近很火的英国首相 Boris Johnson 的首席政治顾问 Dominic Cummings 认为，欧洲共同体实质是帮助欧洲最恶劣的企业掠夺者，为了自己的垄断地位，打击欧盟中其他国家的企业（暗指法德通过欧盟统一的货币财政体系掠夺东欧和南欧）。

著名央行评论员、量化宽松（Quantitative Easing: QE）概念的发明人、畅销书《日元王子》作者 Richard Werner 在 2003 年就预测欧洲央行会通过持续大规模量化宽松操作创造资产价格泡沫，以制造衰退逼迫欧元区国家向欧洲央行出让财政主权，从而促进建设财政联盟和推进欧洲一体化进程。不论该书对欧洲央行的动机判断准确与否，对其行为的预测是如实的。Werner 近年多次批评欧洲央行在欧元区贯彻实施《巴塞尔协议 III》"正在杀死德国境内的 1500多家经营良好的社区银行"。社区银行（包含合作银行和储蓄银行）是有特色的德国银行业"三极架构"中的其中两极。虽然其商业合理性曾遭受质疑，但 2008 年全球金融危机（GFC）前后社区银行的盈利水平、盈利波动性和运营成本等指标都优于私人商业银行（德国银行业三极中的另一极），并且成立近 200 年来，无一破产或需要政府资金救助。因此 GFC 之后社区银行重新被业界所认可。《巴塞尔协议 III》本是适应于跨国银行，其高昂的合规成本并不适宜于规模小、雇员少并且集中于本地业务的社区银行。但欧洲央行不顾事实，强烈要求欧元区整个银行业合规《巴塞尔协议 III》，这其实是在帮助德国私人商业银行消灭曾经强大的竞争对手——社区银行。德国法律禁止商业银行并购社区银行，因此过去 200 年，私人商业银行一直无法通过资本手段"解决"社区银行这个强有力的对手。

美国金融历史学者和经济学家 Michael Hudson 用更深刻的文字描述了欧洲如何从社会民主转向寡头政治。在 2008 年后的欧洲主权债务危机中，欧洲央行要求债务国出售公共资产——土地、供水和下水道系统、港口和公共领域的其他资产，同时削减对民众的养老金和其他支出。ECB 的理念与 IMF 在 20 世纪 60 年代至 80 年代对第三世界债务国实施的紧缩政策相同，它们声称在引入自由市场的同时稳定国际收支，并将出口部门和基础设施卖给债权国买家。这样做的结果是，迫使那些饱受紧缩之苦的经济体更加深陷债务泥潭——它们债务的对象是外国银行家和本国寡头。在金融危机的政治保护伞下，工资和生活水平将被削减，政治权力将从民选政府转向代表大型银行和金融机构的技术官僚（ECB 官员）。公共部门的劳动力将被私有化——并取消工会，同时社会保障、养老金计划和医疗保险也将缩减。银行家们假装致力于价格稳定和自由市场，利用信贷膨胀了房地产泡沫。租金收入被资本化为银行贷款并作为利息支付。对银行家来说，这是一个巨大的盈利空间，但它让波罗的海国家和中欧大部分国家在 2008 年深陷债务困境和负资产。新自由主义者称赞它们不断下降的工资水平和不断萎缩的 GDP 是一个成功的故事，因为这些国家将税收负担转移到就业上，而不是财产或金融上。政府以纳税人为代价救助银行。

理解欧盟和欧元区成立的背景对理解前述事实至关重要。欧盟是在"欧洲一体化"的理念下形成的政治、经济与货币联盟，在单一货币和单一市场方面取得了一定的成功。欧盟成员国的外交由欧盟政府——即欧洲理事会、欧洲议会等——负责，军事由北约负责。欧盟 27 个成员国，其中 19 个形成货币联盟属于欧元区成员国。欧洲央行是欧元区货币政策唯一的决策者，拥有很强的独立性，这种独立性建立于欧洲法律的最高级别之上，超越了成员国的所有法律——它不从欧盟政府、成员国政府接受指令。英国已经脱离欧盟，法国和德国是欧盟领导国。欧盟的成立基础是超越主权的经济与货币联盟，实际上是削弱成员国的主权，这是一种反国家意识——将过去民选政府的权力转移给未经选举的一群技术官僚手中，特别是将一个国家的货币政策决策权转移给未经选举的一群央行技术官僚手中，以超越个别国家宪法的合法形式。欧洲央行的权力核心，与 FED、BIS 和 FSB 等一样，是一群代表了"不代表任何主权国家和民族的跨国资本集团"的央行技术官僚、银行家和学者。欧洲央行的目标是不仅拥有货币政策权力，也拥有财政能力，这样欧元区能够形成货币与财政联盟，欧元区的货币和财政规划从民选政府转交给这一群未经选举的、由银行卡特尔任命的代理人。这些顶层逻辑，是理解全球货币金融体系格局和主要经济体央行运作机制的基础。

2020 年 1 月 1 日

请读者扫描如下二维码阅读英文发言的中文译稿。

第三十五章　央行数字货币与创新支付 ①

　　法国央行行长 Galhau 先生在发言中讨论了与支付行业私人举措相关的进步和挑战，并且重申了法国央行作为监管者的双重目标——维护信心和支持创新。作为 G7 轮值主席国法国的央行推动了对 Libra 为代表的全球稳定币的调查工作。从支持创新角度，法国央行在大力推进真正的泛欧支付解决方案，作为针对支付行业私人举措挑战的应对。为应对国际货币和金融体系未来面临的挑战，法国央行可能会创建 CBDC。发行 CBDC 有三项理由——维护公众对金融体系的信心、央行货币"代币化"后的降本增效和在应对 Libra 等私人举措时有强大的杠杆可以维护货币主权。法国央行至少应该首先发行批发 CBDC 以成为世界第一个这样的发行人，获得基准 CBDC 的好处，对零售 CBDC 保持高度警惕，因为在流动性、盈利能力和银行中介行为方面产生潜在的负面外部性。法国央行在 CBDC 方面的立场和欧洲央行一致——不仅体现了法国人的政治投机心态，不放过任何一次充当世界领袖的机会，也体现了在面临 Libra 等私人举措挑战欧洲货币主权时，欧洲金融精英选择维护商业银行的铸币权优先于维护欧洲货币主权的复杂均衡。

　　目前欧洲支付市场的主要趋势包括：（1）非银行参与者的崛起推动了非现金支付的日益数字化，这导致在某些国家，从瑞典到中国，现金使用量急剧下

---

① 法国央行行长、法国审慎监管管理局（ACPR）主席 François Villeroy de Galhau 先生于 2019 年 12 月 4 日在巴黎 ACPR 的讲话。

降。支付的"重心"正在向这些新的参与者，特别是大型科技公司转移。这种转移对银行的经济模式构成了挑战，但也可能对欧洲主权构成威胁，因为这些支付的基础设施、知识和技术主要由非欧洲公司所拥有。（2）虽然第一波投机性加密资产（例如比特币）可能没有真正的未来，但第二波加密资产稳定币可能为跨境支付提供一个切实的解决方案。这些全球覆盖的加密资产项目也引发了相当大的合规性、财务和政治风险。

"当然，作为央行行长和监管者，我们毫无疑问地待在这，让这一变化不受阻碍。我们必须全力致力于实现我们的双重目标——维护信心／支持创新——这已写入我们机构的 DNA 中。"

法国央行首先决心通过强有力的协调行动，在全球范围内维护信心。2019年6月 Facebook 宣布 Libra 之后，G7 轮值主席国法国的央行立刻委托欧洲央行执委 Benoît Cœuré 领导了 G7 工作组对全球稳定币进行调查。Benoît Coeuré 在 2019 年 10 月将报告提交到 G20 财政部长和央行行长会议。报告不仅从微观经济的角度，考虑反洗钱和保护消费者，也从宏观经济的角度，考虑金融稳定性，全面评估了稳定币带来的风险。Benoît Cœuré 继续在金融稳定理事会（FSB）的框架内，领导工作组准备针对这些挑战的协调的监管应对措施，这些应对措施将于 2020 年夏天发布。

从支持创新角度，法国央行必须利用数字革命提供的机会开发真正的泛欧洲支付解决方案，Galhau 希望法国央行能够（超越"国家"惯例）推动并迅速提出一个单一的泛欧支付解决方案，从而避免市场分割和非欧洲解决方案的主导地位。欧洲央行执委 Benoît Cœuré 在《迈向明天的支付——欧洲战略》发言中详细讨论了泛欧支付解决方案，笔者也做过详细的分析和点评。

为应对国际货币和金融体系的未来构成的重大挑战，法国央行可能会创建中央银行数字货币（CBDC）。在私人举措（尤其是金融机构之间的支付）和技术正在加速发展，公共和政治需求不断增长的时代，作为央行必须并且希望接受创新的呼吁。

　　为此，法国银行将进行重组。当前的市场监督和基础架构方向（DSPM——支付和市场基础设施监督局）将成为基础架构，创新和基础方向（DIIP——基础设施，创新和支付局）及其下属机构范围将扩大到涵盖所有支付创新、基础设施和CBDC。央行将吸收更多技能来增强其专业知识，DIIP将与私营部门的行业创新者合作；央行希望迅速开始进行实验，并将在2020年第一季度结束前发起项目征集。尤其热切参与将批发CBDC集成入用于交易和结算代币化金融资产的创新程序的实验。法国央行的行动自然地将为欧元体系的工作做出贡献，欧元体系的工作应探讨其下一个重点："电子欧元"的可能性；法国央行还打算参加BIS最近建立的"创新枢纽"的工作。

　　Galhau认为发行CBDC有三个目标：（1）在现金使用量迅速下降的国家（如瑞典）保证所有公民都能访问到央行货币。CBDC将有助于维护对金融系统的信任。（2）CBDC有助于效率提高、中介成本降低和弹性，这些好处可能来源于央行货币的"代币化"，尤其是在结算和交易后活动中。（3）对包括法国和欧洲在内的政治当局而言最重要的原因，是建立CBDC将为他们提供强大的杠杆，使之在面对像Libra这样的私营部门倡议时能够维护主权。他认为"至少先发行批发CBDC将具有一定的优势，因为我们将成为世界上第一个这样的发行人，因此将获得拥有基准CBDC的好处"。这非常符合法国人的德行——不放过任何一个扮演世界领袖的机会。德国央行执委Johannes Beermann称"批发形式是对现有结构的改进，但它对货币政策的影响很小或根本没有影响"，因此发行批发CBDC是一次无害的尝试。

　　虽然迫切成为"世界上第一个CBDC发行人"，法国央行乃至欧洲央行却对发行零售CBDC保持高度警惕。Galhau表示"要检查（零售）CBDC对流动性、盈利能力和银行中介行为产生的潜在负面外部性"，法国央行第一副行长Denis Beau称"在欧元区范围内推动零售CBDC的商业案例有点薄弱"，德国央行执委Johannes Beermann称"对于发展至今的家庭、商业银行和中央银行之间的经济关系而言，零售形式可能意味着一种范式转变"。"范式转变"的表达委婉而又艺术，潜台词即是发行零售 CBDC 破坏商业银行"通过发放贷款创造货币"的商业模式。

公众对 CBDC 的期望与金融机构的期望有很大不同。因此，从长远来看，CBDC 的两种不同用途可能并存：一种用于金融机构参与者（所谓的"批发"货币）之间的支付，他们会使用区块链技术及其所有可能性（尤其是智能合约）；另一种针对普通大众（所谓的"零售"货币），简单一些，更适合零售交易。

通过提高金融部门的生产率、扩大经济规模以及增强对货币和金融体系的信心，批发 CBDC 的发行能产生大量正面的外部效应。但是，与此同时，（零售）CBDC 对流动性、盈利能力和银行中介行为产生潜在负面外部性，对此需要格外警惕。Galhau 没有讲出来的话是，发行零售 CBDC 将破坏商业银行"通过发放贷款创造货币"的商业模式，所以需要对零售 CBDC 保持高度警惕。

法国央行在 CBDC 方面的立场和欧洲央行一致——不仅体现了法国人的政治投机心态，不放过任何一次充当世界领袖的机会，也体现了在面临 Libra 等私人举措挑战欧洲货币主权时，欧洲金融精英选择维护商业银行的铸币权优先于维护欧洲货币主权的复杂均衡。

2020 年 1 月 1 日

请读者扫描如下二维码阅读英文发言的中文译稿。

附　录

相关人名索引

A. E. Berriman，大英帝国官佐勋章获得者，曾是牛津工程师，《历史计量学》作者。

Adair Turner，勋爵，英国金融服务管理局前主席，新经济思想学会资深研究员（之前任主席），清华五道口金融学院访问教授，《债务和魔鬼：货币、信贷和全球金融体系重建》作者。

Adam Lebor，英国作家和记者，《巴塞尔之塔：揭秘国际清算银行主导的世界》作者。

Adam Smith，18世纪哲学家，以"现代经济学之父"而闻名，也是自由放任经济政策的主要支持者。

Agustín Carstens，国际清算银行总经理。

Alan M. Taylor，加州大学戴维斯分校经济学和金融学教授，美国国家经济研究局研究助理和经济政策研究中心研究员。

Alexander Del Mar，1836—1926年，美国政治经济学家、历史学家、货币主义学家和作家。

Alfred Mitchell-Innes，1864—1950年，英国外交官、经济学家和作家。

Ammi-Saduqa（阿米萨杜卡），公元前1646—前1626年，巴比伦第一王朝的国王。

Anna Schwartz，1915—2012年，美国经济学家，被Paul Krugman誉为"世界上最伟大的货币学者之一"。

Ben Dyson，英格兰银行央行数字货币和加密资产负责人，之前曾担任Positive Money研究负责人。

Benjamin Butler，1818—1893年，美国南北战争期间联邦军队的一位少将，马萨诸塞州政治家、律师和商人。

Benjamin Franklin，1706—1790 年，美国博学家，美国开国元勋之一。

Benjamin Jowett，1817—1893 年，牛津大学著名导师和行政改革家，是柏拉图和修昔底德神学家和翻译家，《货币史：1252—1896》作者。

Benoît Cœuré，欧洲央行执行委员会前成员，国际清算银行创新枢纽负责人，七国集团稳定币工作组主席，金融稳定理事会稳定币工作组联席主席。

Burkhard Balz，德国央行执行委员会成员。

Carl Menger，1840—1921 年，奥地利著名经济学家。

Caroline Humphrey，英国科学院院士，剑桥大学社会人类学系教授，人类学家。

Charles de Montesquieu，1689—1755年，法国法官、文学家和政治哲学家。

Christine A. Desan，哈佛法学院教授。

Clare Noone，澳大利亚储备银行国际金融部门负责人。

Claudio Borio，国际清算银行货币与经济部门负责人。

Colin M. Kraay，《古希腊硬币》作者。

David Graeber，人类学家，《债：第一个 5000 年》作者。

David Ricardo，1772—1823 年，英国政治经济学家，与 Thomas Malthus、Adam Smith 和 James Mill 一起，是最有影响力的古典经济学家之一。

David T. Llewellyn，英国 Loughborough 大学货币与银行学教授。

Denis Beau，法国央行第一副行长。

Edward Christian Prescott，美国经济学家，与 Finn Erling Kydland 分享了 2004 年诺贝尔经济学奖。

Emilio Peruzzi，《罗马早期的货币》作者。

Emily Clayton，英格兰银行数字货币分析师。

Emrah Arbak，欧洲委员会，从事金融稳定、金融服务和资本市场联盟方面的工作。

Eric L. Cripps，英国利物浦大学，考古学、古典学和埃及学学者，亚述学研究员。

Farley Grubb，特拉华大学教授。

Finn Erling Kydland，挪威经济学家，与 Edward Christian Prescott 一起于 2004 年获得诺贝尔经济学奖。

Francisco Rodriguez–Fernandez，西班牙 Granada 大学经济历史系学者。

François Villeroy de Galhau，欧洲央行管理委员会成员，法国央行行长，法国审慎监管管理局主席。

Frederic S. Mishkin（弗雷德里克·S·米什金），美国经济学家，哥伦比亚大学商学院银行与金融机构 Alfred Lerner 教授，曾任美联储理事。

Friedrich Hayek，奥地利 – 英国经济学家和哲学家，1974 年诺贝尔经济学奖获得者。

G. William Domhoff，加州大学圣克鲁斯分校心理学和社会学研究教授，《谁统治美国？》作者。

Georg Friedrich Knapp，1842—1926 年，德国经济学家，创立了国家货币理论学派。

George Berkeley，1685—1753 年，爱尔兰哲学家，他的主要成就是提出了一种他称之为"非物质主义"的理论。

Harold James，研究德国历史和欧洲经济史的经济史学家，普林斯顿大学历史学教授。

Hecataeus（赫克特斯），希腊旅行家。约公元前 550 年生于迈利特，约卒于公元前 476 年。赫克特斯继承了泰勒斯的理性传统，特别将它用于说明地球表面。他在波斯王国（当时该国统治小亚细亚）作了广泛旅行，著有论述埃及和亚洲的书籍，然而该书未流传下来。

Henry Calvert Simons，1899—1946 年，芝加哥大学经济学家，他的反垄断和货币主义主张影响了芝加哥经济学派。

Henry George，1839—1897 年，美国政治经济学家和记者。

Hjalmar Schacht，全称 Hjalmar Horace Greeley Schacht，1877—1970 年，德国经济学家、银行家，曾任魏玛共和国德意志银行行长。

Irving Fisher，1867—1947 年，美国经济学家、统计学家、发明家和进步的社会活动家，美国最早的新古典主义经济学家之一。

J. B. Salmon，剑桥大学古代史教授，《富裕的科林斯：至公元前 338 年这座城市的历史》作者。

Jack Meaning，英格兰银行货币与策略部门经济学家。

Jaromir Benes，国际货币基金组织高级经济学家。

Jean-Pierre Landau，巴黎政治学院副教授，曾担任法国央行副行长、国际货币基金组织和世界银行执行董事。

Jeremy Bentham，1748—1832年，英国哲学家、法学家和社会改革家，被认为是现代功利主义的创始人。

Johannes Beermann，德国央行执行委员会成员。

Johannes M. Renger，德国柏林自由大学亚述学教授。

John Barrdear，英格兰银行货币评估和战略部门高级研究经济学家。

John C. Williams，纽约联储主席，联邦公开市场操作委员会副主席。

John Chadwick，1920—1998年，英国科学院院士、英国语言学家和古典学者，与Michael Ventris一起，以破译B类线形文字而著名。

John Howland Cochrane，美国经济学家，斯坦福大学胡佛研究所高级研究员。

John Locke，1632—1704年，英国哲学家和医生，被广泛认为是启蒙思想家中最具影响力的一位，被誉为"自由主义之父"。

John Marcus Fleming，1911—1976年，英国经济学家，曾担任国际货币基金组织研究部副主任。

John Maynard Keynes，1883—1946年，勋爵，英国经济学家，他的思想从根本上改变了宏观经济学的理论和实践以及各国政府的经济政策。

Jon Nicolaisen，挪威央行副行长。

Joseph Stiglitz，美国经济学家、哥伦比亚大学教授，2001年诺贝尔经济学奖获得者，曾任世界银行高级副行长兼首席经济学家，曾任（美国）经济顾问委员会成员和主席。

Josiah Ober，美国古希腊历史学家和古典政治理论家，斯坦福大学古典文学和政治学教授。

Karl Polanyi，1886—1964年，匈牙利哲学家，政治经济学家，20世纪公认最彻底、最有辨识力的经济史学家。

Katrine Skjærbæk Rasmussen，丹麦央行经济学家。

Kirsten Elisabeth Gürtler，丹麦央行专家。

Klaas Knot，荷兰经济学家，荷兰银行总裁，金融稳定理事会副主席，欧洲央行管理委员会成员，国际货币基金组织理事。

Lael Brainard，美联储理事，曾任美国财政部副部长。

Laurence Jacob Kotlikoff，美国学者和政治家，波士顿大学教授。

Lycurgus，传说中公元前 8 世纪斯巴达的国王，著名的立法者。

Mark Carney（马克·卡尼），加拿大 – 英国 – 爱尔兰经济学家和银行家，英格兰银行行长，曾任金融稳定理事会主席。

Markus K. Brunnermeier，普林斯顿大学经济学教授。

Martha T. Roth，芝加哥大学近东语言与文明系和东方学院的杰出服务教授，《芝加哥亚述词典》主编。

Maurice Obstfeld，加州大学伯克利分校经济学教授，曾任国际货币基金组织首席经济学家。

Mervyn King，勋爵，英格兰银行前行长，《金融炼金术的终结》作者。

Michael George Francis Ventris，1922—1956 年，大英帝国官佐勋章获得者，英国建筑师、古典学者和语言学家，他破译了古老的迈锡尼希腊语 B 类线形文字。

Michael Held，纽约联邦储备银行法律组执行副总裁。

Michael Hudson，美国经济学家、金融史学家，《金融帝国》作者。

Michael Kumhof，德裔英籍经济学家，英格兰银行研究中心高级研究顾问，之前任国际货币基金组织经济模型部门副主任。

Miles Spencer Kimball，美国经济学家，科罗拉多大学博尔德（Boulder）分校经济学教授和国家经济研究局的研究助理。

Milton Friedman，1912—2006 年，美国经济学家，1976 年诺贝尔经济学奖获得者。

Morten Linnemann Bech，国际清算银行支付与市场基础设施委员会秘书长。

Morten Spange，丹麦央行经济学家和首席货币政策顾问。

Ole Bjerg，哥本哈根商学院管理、政治和哲学系助理教授。

Patrizio Lainà，芬兰经济学家。

Paul A. Samuelson，1915—2009 年，美国著名经济学家，1970 年诺贝尔经济学奖得主。

Paul Volcker（保罗·沃克尔），美联储前主席。

Per Callesen，丹麦央行行长。

Randal K. Quarles，美联储监管副主席，金融稳定理事会主席。

Reinhard H. Schmidt，德国法兰克福歌德大学国际银行和金融 Wilhelm Merton 主席，以前是哥廷根大学和特里尔大学以及华盛顿乔治城大学金融学教授。

Richard Werner，德裔英籍经济学家，《日元王子》作者，"量化宽松"概念发明人，牛津大学利纳克里（Linacre）学院银行和金融学教授。

Robert A. Mundell，全名 Robert Alexander Mundell，加拿大籍经济学家，1999 年获得诺贝尔经济学奖。

Robert E. Lucas, Jr.（罗伯特·卢卡斯），美国著名经济学家、芝加哥经济学派代表人物之一、芝加哥大学教授，1995 年诺贝尔经济学奖得主。

Rod Garratt，加州大学圣巴巴拉分校经济学教授，曾担任国际清算银行技术顾问、英国央行研究顾问，并曾任纽约联邦储备银行副行长。

Ruchir Agarwal，国际货币基金组织经济学家。

Rym Ayadi，CASS 商学院教授、伦敦城市大学银行研究中心成员、欧洲政策研究中心（CEPS）高级顾问、欧洲银行管理局主席以及欧洲 – 地中海经济学家协会创始人和主席。

Santiago Carbo–Valverde，英国班戈（Bangor）商学院教授。

Solon（索隆），约公元前 640—约前 560 年，雅典政治家、立法者和诗人，他因重组雅典的社会和政治组织，从而为雅典民主奠定了基础而备受赞誉。

St. Thomas Acquinas，1225—1274 年，意大利多米尼加牧师、哲学家、天主教神父和教会医生。他是一位极具影响力的哲学家、神学家和法学家，对西方思想的影响相当大。

Stephen A. Zarlenga，1941—2017 年，美国货币学会联合创始人，《失落的

金钱科学》作者。

Søren Truels Nielsen，丹麦央行经济学家。

Thomas Jefferson，1743—1826 年，美国政治家、外交家、律师、建筑师、哲学家和开国元勋，美国第三任总统。

Thomas Paine，1737—1809 年，英国出生的美国政治活动家、哲学家、政治理论家和革命家。

Ueli Maurer，瑞士财政部长，前联邦主席。

Urukagina（乌鲁卡基那），美索不达米亚城邦拉格什（Lagash）的统治者。

Willem Pieter De Groen，欧洲政策研究中心（CEPS）金融市场和机构部门主管。

William Arthur Shaw，1865—1943 年，是英国历史学家和档案学家。

William Vernon Harris，哥伦比亚大学教授。

Zoltan Jakab，国际货币基金组织研究部高级经济学家。

胡华智，亿航无人机创始人。

机构缩略语

ACPR Autorité de Contrôle Prudentiel et de Résolution 法国审慎监管管理局

BCBS Basel Committee on Banking Supervision 巴塞尔银行监管委员会

BIS Bank of International Settlements 国际清算银行

BIS Innovation Hub 国际清算银行创新枢纽

BOE Bank of England 英格兰银行（英国央行）

CPMI Committee on Payments and Market Infrastructures（国际清算银行）支付与市场基础设施委员会

ECB The European Central Bank 欧洲中央银行

FATF Financial Action Task Force 金融行动工作组

FED The Federal Reserve System（美国）联邦储备系统、美联储

FOMC Federal Open Market Committee 联邦公开市场会员会

FSB Financial Stability Board 金融稳定理事会

FSOC Financial Stability Oversight Council 金融稳定监察委员会

G20 二十国集团

G7 七国集团

IEC International Electrotechnical Commission 国际电工委员会

IMF International Monetary Fund 国际货币基金组织

INET Institute for New Economic Thinking 新经济思想学会

IOSCO International Organization of Securities Commissions 国际证券委员会组织

ISO International Organization for Standardization 国际标准化组织

NIST National Institute of Standards and Technology 美国国立标准与技术研究院

NYAGO New York Attorney General Office 纽约总检察长办公室

OCC Office of the Comptroller of the Currency 货币审计署

SEACEN The South East Asian Central Banks 东南亚中央银行组织

WB World Bank 世界银行

其他缩略语

AML Anti-Money Laundering 反洗钱

CBDC Central Bank Digital Currency 中央银行数字货币

CFT Countering the Financing of Terrorism 反恐怖主义融资

CNAPS China National Advanced Payment System 中国现代化支付系统

CPF Countering the Financing of the Proliferation of weapons of mass destruction 反超大规模破坏性武器扩散融资

DC/EP Digital Currency/Electronic Payment（中国）央行法定数字货币

DCA Digital Currency Area 数字货币区

DLT Distributed Ledge Technology 分布式账本技术

DAPP Decentralized application 去中心应用

DRCA Digital Reginal Currency Area 数字区域性货币区

DSGE Dynamic Stochastic General Equilibrium 动态随机一般均衡

EMU Economic And Monetary Union（欧洲）经济与货币联盟

ERM European Exchange Rate Mechanism 欧洲汇率机制

ESM European Stability Mechanism 欧洲稳定机制

European Semester 欧洲学期

FTPL The Fiscal Theory of the Price Level 价格水平财政理论

FinCEN Financial Crimes Enforcement Network 金融犯罪执法网络

GDPR General Data Protection Regulation 通用数据保护条例

GFC Great Financial Crisis（2007—2009 年）全球金融危机

GSC Global Stable Coin 全球稳定币

G-SIBs Global Systemically Important Banks 全球系统重要性银行

HQLA High Quality Liquidity Assets 优质流动资产

HSC Synthetic Hegemonic Currency 合成霸权货币

INSTEX Instrument in Support of Trade Exchanges 贸易结算支持机制

IOU I owe you 借据 / 欠条

KYC know-your-customer 知晓你的客户

LIBOR London Inter-bank Offered Rate 伦敦银行同业拆借利率

LPR Loan Prime Rate（中国）贷款基础利率

MMF Money Market Fund 货币市场基金

OCA Optimal Currency Areas 最优货币区

PFMI Principles for Market Infrastructures 市场基础设施原则

PSP Payment Service Provider 支付服务提供商

QE Quantitative Easing 量化宽松

Retail CBDC 零售央行数字货币

SDR Special Drawing Right 特别提款权

SOFR Secured Overnight Financing Rate 隔夜担保融资利率

RTGS Real-time Gross Settlement 实时全额结算

SWIFT Society for Worldwide Interbank Financial Telecommunications 环球同业银行金融电讯协会

TIPS Target Instant Payment Settlement（欧元体系）目标即时支付结算

Tether/USDT 泰达币，美元稳定币

TLAC Total loss-absorbing capacity 总体吸收亏损能力

TNB The Narrow Bank 狭义银行

USC Utility Settlement Coin 公用事业结算币

Wholesale CBDC 批发央行数字货币

图书在版编目（CIP）数据

数字货币：从石板经济到数字经济的传承与创新 / 龙白滔著 . —北京：东方出版社，2020.4
ISBN 978-7-5207-0543-1

Ⅰ.①数… Ⅱ.①龙… Ⅲ.①电子商务—电子支付—支付方式—研究
Ⅳ.① F713.361.3

中国版本图书馆 CIP 数据核字（2020）第 021497 号

数字货币：从石板经济到数字经济的传承与创新
（SHUZI HUOBI: CONG SHIBANJINGJI DAO SHUZIJINGJI DE
 CHUANCHENG YU CHUANGXIN）

作　　者：龙白滔
责任编辑：陈丽娜　许正阳
出　　版：东方出版社
发　　行：人民东方出版传媒有限公司
地　　址：北京市朝阳区西坝河北里 51 号
邮政编码：100028
印　　刷：北京汇瑞嘉合文化发展有限公司
版　　次：2020 年 4 月第 1 版
印　　次：2020 年 4 月第 1 次印刷
印　　数：1—5000 册
开　　本：710 毫米 ×1000 毫米　1/16
印　　张：30.25
字　　数：411 千字
书　　号：ISBN 978-7-5207-0543-1
定　　价：79.80 元
发行电话：（010）85924663　85924644　85924641

版权所有，违者必究
如有印装质量问题，我社负责调换，请拨打电话：（010）85924728